HISTOIRE GÉNÉRALE

DES

ARTS APPLIQUÉS A L'INDUSTRIE

DU Ve A LA FIN DU XVIIIe SIÈCLE

Ouvrage honoré d'une souscription du Ministère de l'Instruction publique et des Beaux-Arts

VI

LES TAPISSERIES

DU XIIe A LA FIN DU XVIe SIÈCLE

PAR

JULES GUIFFREY

MEMBRE DE L'INSTITUT

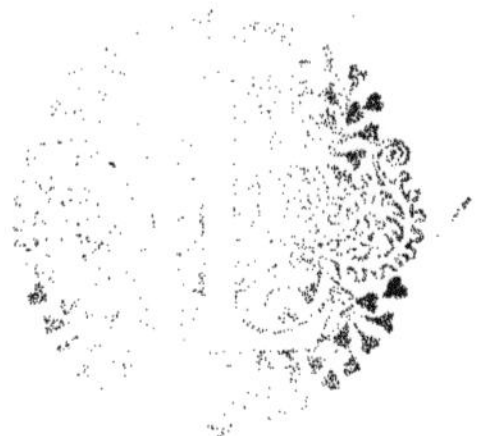

PARIS

LIBRAIRIE CENTRALE DES BEAUX-ARTS

E. LÉVY, ÉDITEUR

13, RUE LAFAYETTE, 13

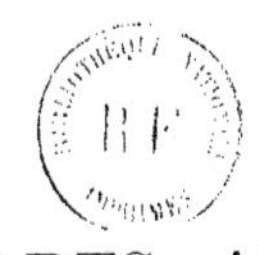

HISTOIRE GÉNÉRALE

DES

ARTS APPLIQUÉS A L'INDUSTRIE

TOME VI

LES TAPISSERIES

DU XIIe A LA FIN DU XVIe SIÈCLE

MACON, PROTAT FRÈRES, IMPRIMEURS

HISTOIRE GÉNÉRALE

DES

ARTS APPLIQUÉS A L'INDUSTRIE

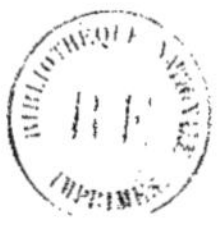

DU Ve A LA FIN DU XVIIIe SIÈCLE

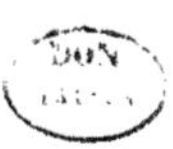

Ouvrage honoré d'une souscription du Ministère de l'Instruction publique et des Beaux-Arts

VI

LES TAPISSERIES

DU XIIe A LA FIN DU XVIe SIÈCLE

PAR

JULES GUIFFREY

MEMBRE DE L'INSTITUT

PARIS

LIBRAIRIE CENTRALE DES BEAUX-ARTS

E. LÉVY, ÉDITEUR

13, RUE LAFAYETTE, 13

AVERTISSEMENT

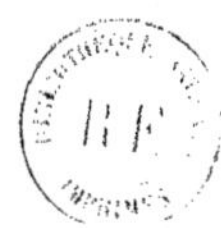

La tapisserie représente une des plus hautes expressions de l'art décoratif, de l'art par excellence. Aussi jouit-elle depuis plusieurs siècles d'une faveur particulière, surtout dans les pays auxquels elle paraît plus spécialement destinée par sa nature et par son essence. En effet, le travail de la haute et de la basse lisse a toujours été une industrie des contrées septentrionales; il n'a été pratiqué dans le Midi de l'Europe que par exception, comme un objet de luxe raffiné, à la cour de princes fastueux.

C'est en France et dans les régions limitrophes ayant participé de tout temps au développement économique et artistique de notre nation que l'art de la tapisserie a jeté ses plus profondes racines. A toutes les époques, depuis le XIVe ou même le XIIIe siècle, on constate l'existence de nombreux ateliers dans les grandes cités industrieuses du Nord. A Paris même, — la preuve de ce fait n'a été acquise que tout récemment, — les tapissiers déploient déjà une activité remarquable sous le règne des premiers Valois, et ces ateliers parisiens, après avoir traversé les désastres de la guerre et de l'occupation étrangère, se retrouvent encore pleins de vie au début de la Renaissance, sous les règnes de François Ier et de Henri II.

Que si l'on nous taxe de partialité en faveur des artisans français, nous ferons remarquer que la France a le droit de revendiquer comme siens les ateliers d'Arras et ceux des États de la maison de Bourgogne jusqu'au jour où les provinces flamandes furent incorporées dans l'immense Empire de Charles-Quint. Autre argument encore plus décisif peut-être en faveur de notre thèse : depuis trente-cinq ans et plus que nous avons entrepris l'étude de l'histoire de la tapisserie et la recherche des monuments qui subsistent encore après tant de pertes et de ruines, nous avons constaté que nul pays ne possède actuellement, dans ses églises, dans ses musées, ses châteaux et ses collections particulières aussi, une collection aussi nombreuse, aussi remarquable d'anciennes tentures que la France. Combien d'églises conventuelles, de cathédrales, gardent encore soigneusement les riches tapisseries à personnages, offertes, il y a quatre ou cinq siècles, par la piété de nos ancêtres. Après la cathédrale d'Angers, toutes les vieilles églises du nord de la Loire ont reçu, l'une après l'autre, d'admirables séries de tableaux tissés célébrant l'histoire, le martyre et les miracles de leurs patrons.

Jubinal, dans son grand ouvrage, avait jadis tiré de leur obscurité ces glorieuses productions du génie national. L'exposition spéciale des tapisseries de tous les temps et de tous les pays, ouverte en 1876 par nos soins, avec l'assistance de notre ami Louvrier de Lajolais, établit, sans hésitation possible, la prééminence de la France dans la pratique de l'industrie textile, tandis qu'antérieurement on oubliait trop, devant les prétentions de l'étranger, les titres de gloire de nos vieux artisans. Voici donc trente années et plus que nous plaidons en faveur d'un des plus nobles joyaux de la couronne artistique de notre pays. Nous avions espéré un moment que la vaste enquête instituée par le marquis de Chennevières, et dont les résultats devaient être consignés dans l'« Inventaire des Richesses d'Art de la France », apporterait une preuve décisive à notre cause. Pourquoi sommes-nous réduit à déplorer que cette entreprise ait été dénaturée ou abandonnée par les successeurs de l'administrateur éminent qui fit ce beau rêve de dresser un catalogue complet de tous les trésors de l'art national? Ah! si ceux qui lui ont succédé n'avaient pas montré autant d'indifférence et de dédain pour ce projet magnifique, que de pertes nous eussent été épargnées, que de détournements, que de larcins rendus impossibles! Dans tous les cas, les chercheurs qui s'occupent d'une branche spéciale de l'art d'autrefois eussent été renseignés complètement sur les richesses accumulées par le labeur de plusieurs siècles.

Sans doute, les vingt ou trente mille tapissiers qui peuplaient les ateliers de Bruxelles, d'Audenarde, de Bruges, d'Enghien, de Tournai ont laissé une œuvre immense; mais que savons-nous au juste des travaux de ces cités industrieuses, comme Arras, Amiens, Aubusson, Felletin, dont les anciens historiens vantent l'activité? Tout au plus est-il acquis que la révocation de l'édit de Nantes enlevait aux ateliers de la Marche et de l'Auvergne plusieurs milliers d'habiles travailleurs; c'est là le seul renseignement positif qu'on possède sur la population de nos ateliers provinciaux. De longues recherches n'ont abouti qu'à d'infimes résultats. Ce qu'on connait n'est presque rien en regard de ce qu'on ignore, de ce qu'on ignorera toujours. Il n'en est pas moins nécessaire de constater les points définitivement établis. C'est la tâche que nous avions assumée jadis en présentant une Histoire générale de la Tapisserie, en collaboration avec MM. Müntz et Pinchart. C'est le programme que nous nous sommes encore tracé dans ce livre en résumant, dans ce suprême testament scientifique, les résultats de longues années d'études, de recherches et de voyages. Bien des questions que nous avions cherché à élucider restent obscures; bien des faits nous échappent; bien des incertitudes subsisteront toujours. Espérons cependant que nos efforts nous vaudront quelque indulgence, et que le résumé des connaissances acquises sur la tapisserie, que nous consignons ici, sera considéré comme un effort sincère pour nous rapprocher le plus possible de la vérité.

L'histoire des manufactures royales des Gobelins et de Beauvais occupera la majeure partie du tome deuxième, en même temps que les dernières vicissitudes des ateliers de Bruxelles et d'Audenarde, les travaux des tapissiers d'Aubusson, de Felletin, de Tours et des autres centres français, et aussi les efforts tentés en différents pays de l'Europe, en Italie, en Angleterre, en Allemagne, en Suède, en Russie, etc., pour y introduire et y développer l'art textile par excellence.

Quelques détails sur l'illustration du présent volume compléteront ces explications préliminaires.

Tout en nous étudiant à réunir les types les plus caractéristiques, nous avons recherché surtout des exemples encore peu connus. Ainsi, à côté des reproductions fournies par les musées de Berne et de Bâle, nous donnons un curieux fragment de l'Histoire du Chevalier au Cygne conservé au Musée de Cracovie, une Chasse à l'ours appartenant au duc de Devonshire, et la réduction de la fameuse tenture, aujourd'hui détruite, qui consacrait dans la Chambre des Lords, au Parlement anglais, le glorieux souvenir de la victoire remportée par la flotte de la Grande-Bretagne sur la formidable Armada de Philippe II.

Pour sauver de l'oubli des monuments historiques à jamais perdus, nous reproduisons aussi les vestiges de certaines pièces autrefois célèbres et dont il ne reste que de vagues croquis. Telle est cette gravure donnée par Bernard de Montfaucon, montrant les Douze Pairs de France au couronnement de Charles VI, et ce dessin retrouvé par Jules Lair dans un manuscrit de la Bibliothèque nationale, seul vestige connu d'une tapisserie, autrefois conservée à Fontainebleau, commémorant le glorieux combat de Formigny et l'expulsion des Anglais. Enfin, nous avons rapproché un certain nombre de tapisseries des modèles peints ou dessinés dont elles procèdent, notamment la pièce de Saint Luc peignant la Vierge, du Musée du Louvre, littéralement copiée sur le tableau de Van der Weyden de Munich; la Naissance de la Vierge appartenant à M. Hoentschel, inspirée directement par une gravure d'Albert Dürer; la Déposition de croix du Musée de Bruxelles, reproduisant fidèlement la composition d'un tableau du Pérugin conservé à Florence. Enfin, nous avons placé en regard d'un des dessins de la collection Gaignières, où sont représentées les armoiries du médecin François Miron, la tapisserie qui avait servi de modèle au dessinateur. C'est le seul cas d'ailleurs où nous ayons pu rapprocher une des aquarelles de Gaignières de la pièce originale.

Le riche Cabinet du Louvre nous a fourni quelques documents précieux pour l'illustration de notre ouvrage. Les dessins de Rogier van der Weyden pour les Chasses de Maximilien, d'Antoine Caron pour l'Histoire d'Artémise suggéraient des rapprochements instructifs; nous n'avons eu garde de les négliger. Il y a là un champ nouveau d'investigations à explorer; nous voulons parler de la recherche des œuvres originales ayant guidé le talent des auteurs de cartons. A toutes les époques, les tentures historiées ne sont la plupart du temps que l'imitation ou l'agrandissement d'un tableau de maître ou de l'illustration d'un roman en vogue.

Comme on le voit, l'histoire de la tapisserie présente encore bien des lacunes, bien des obscurités. Connaîtra-t-on jamais les noms des artistes éminents qui ont donné les cartons de ces chefs-d'œuvre conservés dans la collection royale d'Espagne? Peut-être ne parviendra-t-on à faire un peu plus de lumière qu'en abordant les questions séparément, en cherchant à les approfondir une à une, en appliquant enfin aux chefs-d'œuvre de l'art qui nous occupe les procédés d'analyse scientifique et d'investigation documentaire pratiqués aujourd'hui par les historiens de l'art, comme l'ont tenté en ces dernières années Eugène Müntz pour les tapisseries de Raphaël, et M. le colonel Astié de la Vigerie dans la savante monographie consacrée à la tenture de Scipion. Ces deux séries méritaient bien d'ailleurs cet hommage exceptionnel, car elles sont certainement de celles qui ont porté à son apogée l'art de la tapisserie.

LES TAPISSERIES

CHAPITRE I

Les origines de la tapisserie jusqu'à la fin du XIIIe siècle. — Les plus anciens monuments connus : Tapisseries de Cologne, d'Halberstadt, de Quedlinbourg. — Les statuts des tapissiers parisiens à la fin du XIIIe siècle

Les origines d'une industrie quelconque restent toujours obscures; la tapisserie ne saurait échapper à la règle commune. La nécessité et la recherche du luxe ont suggéré à l'ingéniosité humaine bien des découvertes avant que les chroniqueurs ou les historiens eussent songé à noter la date et le point de départ des inventions primitives. La fabrication des étoffes remonte certainement aux époques les plus reculées de la civilisation. Et comment distinguer les premières tapisseries d'un tissu de laine ou de soie? L'étoffe proprement dite comporte la répétition indéfinie du même dessin, tandis que le tapissier suit un modèle sans cesse varié, fait à l'imitation des objets naturels ou des figures humaines composant une scène. De là, des différences notables dans le mode d'exécution, dans les procédés employés, dans la technique suivie par les générations successives.

Les anciens n'avaient pas manqué de donner à l'invention des étoffes comme à celle des tapisseries une origine divine. La fable de Minerve et d'Arachné, souvent retracée sur les vases antiques, nous a conservé les plus anciennes notions sur les instruments primitifs du tissage, en même temps qu'elle soulignait cette lutte perpétuelle de l'humanité contre la puissance mystérieuse et jalouse à laquelle est attribuée l'origine de toutes les industries.

Tous les modes de tissage ont donc été pratiqués par les peuples anciens, on peut l'affirmer sans crainte d'erreur. Dès l'aurore des civilisations asiatiques, les femmes surent mener au plus haut degré de perfection l'art de couvrir d'ornements brillants et délicats les tissus destinés aux vêtements ou à la décoration des habitations et des temples. Les premiers procédés se transmirent en se perfectionnant de génération en génération.

Les récentes révélations des nécropoles égyptiennes sur les travaux des Coptes (fig. 1) ont établi que, si l'art s'était peu à peu corrompu, si le dessin avait dégénéré, si les copies des ouvriers de la basse époque s'étaient éloignées de plus en plus des modèles originaux, les anciens métiers survivaient à cette décadence et se perpétuaient à travers d'incessantes transformations. Dans les régions occidentales, dans la Gaule, la civilisation romaine avait poussé de profondes racines, et les industries introduites par les conquérants, développées chez les nations soumises et assimilées, avaient résisté aux irruptions dévastatrices des peuplades germaniques encore barbares. Les relations avec l'Empire de Byzance, où se conservaient fidèlement les antiques traditions, ne furent jamais complètement interrompues. On en a la preuve sous le règne de Charlemagne. Développés par les Croisades et aussi par l'établissement d'une dynastie d'origine occidentale sur le trône de Constantinople, les échanges internationaux répandirent dans nos pays les productions et les industries de l'Orient. Aussi, toutes les créations architectoniques, ornementales, de l'art du XIIe et du XIIIe siècle gardent-elles l'empreinte de ces influences byzantines ou asiatiques. C'est ce qui se produit pour la plupart des étoffes remontant à une date reculée, et aussi pour les plus anciennes tapisseries connues. Sur la technique et le mode de fabrication de ces tapisseries primitives nous ne savons presque rien; il semble assez probable que les anciens métiers, très rudimentaires, se rapprochaient de ceux qu'on voit figurés sur les monuments antiques et aussi des instruments encore en usage chez les peuples à demi sauvages de l'Afrique. Qu'il s'agisse de la fabrication d'une étoffe ou d'une tapisserie, l'outil ne saurait guère différer [1] puisque, dans les deux cas, l'œuvre résulte de la combinaison des mêmes éléments : chaîne et trame.

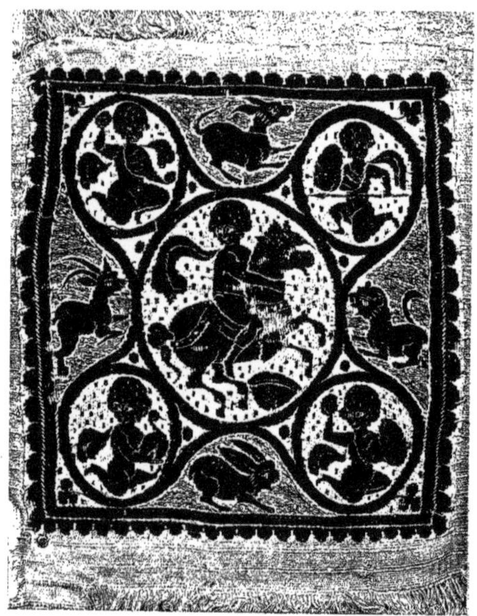

Fig. 1. — Tapisserie Copte (ancienne collection Blanchet).

Le nom d'un artisan ou d'un artiste, conservé dans un vieil auteur, n'offre pas grand intérêt quand on ne connaît pas une seule œuvre de la même époque. Mais on possède si peu de renseignements positifs sur la période primitive s'étendant de la mort de Charlemagne à la fin du XIIIe siècle qu'il convient de recueillir les moindres indices un peu précis. Ainsi, certain auteur [2] signale les grands travaux commandés, vers 985, par un abbé de Saint-Florent de Saumur, nommé Robert, et destinés à la décoration de son église. L'énumération comprend des dosserets, des bancquiers, des courtines, des tapis de pied et de muraille; sur plusieurs de ces étoffes étaient figurés des éléphants, sur d'autres des lions se détachaient d'un fond rouge. Ces éléments décoratifs s'inspiraient de modèles orientaux, c'est incontestable. Mais s'agit-il là d'étoffes de laine ou de soie, ou bien de tapisseries, au sens que nous attachons à ce mot? La question nous paraît sans réponse.

1. Il y a quelques années, nous avons vu une femme d'une des peuplades du sud algérien travailler sur un métier composé de quelques pièces de bois, servant à maintenir la tension de la chaine à une de ces écharpes algériennes en soie d'une si remarquable finesse. C'est avec les doigts qu'elle passait les fils colorés de la trame entre ceux de la chaine. L'étude des industries actuelles des habitants encore presque barbares de l'Afrique centrale serait du plus haut intérêt pour faire connaître les débuts et les progrès du tissage dans les temps primitifs.

2. Jubinal, *Recherches sur l'usage et les origines des tapisseries à personnages, dites historiées*, 1840, in-8, p. 13.

Il aurait existé à Poitiers, dès le XIe siècle, un atelier dont les produits étaient renommés, ainsi que le prouve la requête adressée, en 1025, au comte de Poitou Guillaume V, par un évêque italien qui sollicitait l'envoi d'un riche tapis « tapetum mirabile [1] ».

Dans le cours du XIe siècle, un abbé de Saint-Riquier, Jervin, mort en 1075, achète et commande des tentures pour la décoration de son monastère. De quelle nature étaient ces tentures ? Impossible de le savoir. Encore à Saint-Florent de Saumur, vers 1133, l'abbé Mathieu de Laudun fait représenter sur des dosserets destinés au chœur de l'église les vingt-quatre vieillards de l'Apocalypse avec des cithares et des violes [2]. Les bords de la Loire semblent donc avoir été un centre actif de fabrication d'étoffes richement décorées dès le Xe ou le XIe siècle.

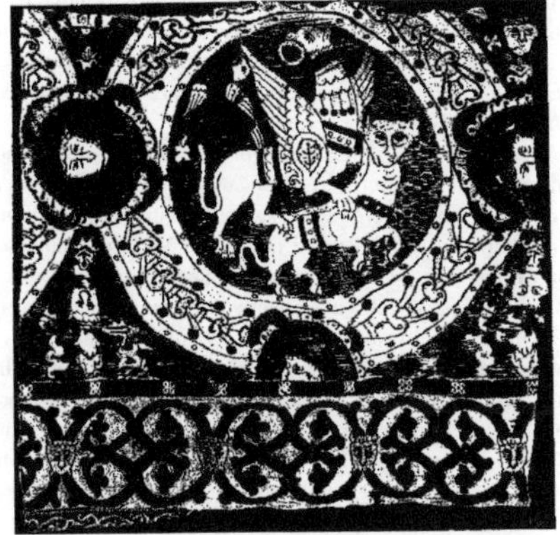

Fig. 2. — Tapisserie de l'église de Saint-Géréon, à Cologne. XIIIe siècle (Musée industriel de Lyon).

L'Angleterre et l'Allemagne, elles aussi, peuvent citer des exemples aussi anciens de travaux identiques. C'est la veuve d'un duc de Northumberland qui fait hommage à l'église d'Ély d'une tenture sur laquelle sont retracés les hauts faits de son époux. Un abbé Geoffroy, contemporain de Henri Ier (1100-1135), donne en présent à l'abbaye de Saint-Alban un grand dosseret où étaient représentés *l'Invention du corps de saint Alban*, *le Bon Samaritain* et *l'Enfant prodigue* [3]. Observons toutefois que la broderie fut en grand honneur en Angleterre au Moyen Age; aussi, les termes dont se servent les chroniqueurs, souvent peu au fait des procédés techniques, ne sauraient-ils être invoqués comme une preuve décisive qu'ils ont entendu parler de dessins faisant corps avec le tissu, et non superposés au moyen de l'aiguille sur une toile ou une pièce de soie. La fameuse broderie retraçant la conquête de l'Angleterre par les Normands, longtemps connue sous le nom de *tapisserie de Bayeux*, est un exemple fameux de l'incertitude et de la confusion des termes employés par les anciens auteurs.

L'Allemagne possède des artisans qualifiés *tapeciarius* ou *tapifex*, dès le XIIe siècle. Eugène Müntz a signalé [4] un certain Meginwart de Weltinburch, et ses « fratueles » Gerwich et Chounrad, prenant ce titre dans un acte de la fin du XIIe siècle. Il a retrouvé le nom d'un « Fredericus, tapifex », au couvent de Chiemsee, en 1177, et celui d'un « Aschwin, tapeciarius », au couvent de Weihenstephau entre 1182 et 1197 ; de ces artisans on ne connaît que les noms ; de leurs travaux, nous ne savons rien.

La chronique de Zimmern [5] signale, comme une des sources les plus sûres d'informations sur la première croisade, une tenture dont les origines ont été soigneusement notées. Sur cette tapisserie

1. Jubinal, *Recherches...*, p. 15, 16.
2. Jubinal, *Recherches...*, p. 14, et Lacordaire, *Notice historique sur les manufactures des Gobelins et de la Savonnerie*, Paris, 1853, in-8, p. 6.
3. Rock, *South Kensington Museum, Textile Fabrics*, London, 1870, p. CXI.
4. Voyez l'*Art* du 4 juin 1882 : article d'Eugène Müntz sur l'histoire de la tapisserie allemande au Moyen Age. Cette étude a été reproduite dans l'*Histoire générale de la tapisserie*, in-fol.
5. *Étude sur la chronique de Zimmern, renseignements qu'elle fournit sur la première Croisade*, par Henri Hagenmeyer, traduction de M. Furcy Raynaud (*Archives de l'Orient latin*, t. II, 1882, p. 17-88). Voy. pages 30 et suivantes du tirage à part, gr. in-8.

étaient tracées de grandes figures avec inscriptions latines. Exécuté après 1100, par Elisabeth, duchesse de Tegk, avec l'aide de neuf damoiselles qu'elle gardait auprès d'elle, ce précieux panneau représentait en tapisserie, faut-il lire broderie, toute l'histoire de la marche vers Jérusalem, comment les beaux-frères de la duchesse, Conrad et Albert de Zimmern, avaient été tués à Nicée, et comment Frédéric de Zimmern, blessé, était revenu avec le comte de Schwarzenburg et d'autres.

La duchesse travailla neuf ans à cette tenture qui était tellement vaste qu'elle pouvait couvrir entièrement les deux côtés du chœur de Herrenzimmern, au-dessus des stalles. On la porta au monastère d'Alpirsbach, où elle se trouvait encore en 1520. Elle fut en partie brûlée et déchirée pendant la guerre des paysans. L'auteur de la chronique de Zimmern en vit les restes en 1566; ils ont disparu depuis. Le château de Herrenzimmern dans la Forêt Noire est aujourd'hui en ruines.

Cette tenture rappelle nécessairement la broderie de Bayeux et devait avoir avec ce travail à l'aiguille quelque analogie; les faits représentés sont presque contemporains et les deux ouvrages remontent à peu près à la même date.

C'est du reste l'Allemagne qui conserve les plus anciens monuments de l'art du tapissier. Le fameux tissu de Saint-Géréon de Cologne (fig. 2), dont les musées de Lyon, de Nuremberg et de Kensington se sont partagé des fragments, appartient-il à l'art local ou provient-il des ateliers byzantins? Les opinions sont partagées; tandis que M. Essenwein incline pour une origine orientale, M. Alfred Darcel soutient un avis opposé, sans contester d'ailleurs l'influence des modèles exotiques. Elle est tout à fait visible cette influence dans ce monstre ailé à tête d'aigle et à corps de lion qui tient entre ses griffes un quadrupède de race indéterminée. Les bordures, les rosaces à têtes humaines rappellent, elles aussi, des types fréquents dans les tissus byzantins. Quant à l'exécution, elle trahit les inexpériences d'une industrie naissante : tissu lâche, dessin rudimentaire, petit nombre de couleurs se réduisant à quatre ou cinq tons, bleu, rouge, vert, brun, sur un fond de tonalité indécise, tout cela n'indique-t-il pas un art qui bégaye et ne sait qu'imparfaitement s'exprimer.

Elles se rattachent aussi à la tradition orientale les précieuses et célèbres tentures du dôme d'Halberstadt. Des reproductions fidèles permettent d'en étudier les détails[1]. Au nombre de trois, tissées probablement dans quelque monastère de l'Allemagne centrale, puisque les monastères, au milieu de la barbarie universelle, restaient les derniers refuges des sciences et des arts, ces tapisseries auraient été données, d'après une très ancienne tradition, — cette donation remonterait à l'année 1205 environ, — par l'évêque Conrard à l'église qui les possède encore. Elles servent de dosserets, et décorent ordinairement les stalles du chœur. Leur caractère rappelle certaines peintures romanes de la même période; elles procèdent de la même inspiration. Peut-être reproduisaient-elles quelque décoration murale aujourd'hui disparue. Ou bien encore, ce qui a dû se produire dans un grand nombre de cas, et nous en rencontrerons plus d'un exemple positif, le dessinateur des figures a-t-il tout simplement copié à une plus grande échelle les miniatures d'un manuscrit qui lui avait été confié à cette intention. M. Henri Martin a fait observer, dans une étude récente sur les miniatures et les miniaturistes[2], que tout l'art du Moyen Age dérive des manuscrits historiés où les artistes séculiers trouvaient, lorsqu'il était nécessaire, toutes les traditions de l'Église et tous les dogmes sacrés fixés par les moines calligraphes et peintres du XIe et du XIIe siècle. Ainsi, la plupart des tapisseries au Moyen Age, et l'Apocalypse d'Angers nous en offre un exemple catégorique, ne sont que des amplifications de miniatures. Il se pourrait bien qu'il en fût ainsi pour les tentures du dôme d'Halberstadt. Au nombre de trois, ces tapisseries montrent des scènes d'un caractère fort différent.

1. Dr Julius Lessing, *Wandteppiche und Decken des Mittelalters in Deutschland*, Berlin, Wasmuth, 1900, in-fol., 3 liv. avec 30 planches en noir et en couleurs. — Soil, *Tapisseries conservées à Quedlimbourg, Halberstadt et quelques autres villes du nord de l'Allemagne*, 1889, in-4. Extrait (22 pages) du XXIIe Bulletin de la Gilde de Saint-Thomas et de Saint-Luc. — Kugler, *Kleine Schriften*, B. I. S. 133. — Les photographies publiées dans l'étude de M. Soil ont l'avantage de montrer certaines des tapisseries en place.

2. *Les Miniaturistes français*, par Henri Martin, administrateur de la Bibliothèque de l'Arsenal, Paris, in-8, 1906, planches.

Voici d'abord le Christ dans sa gloire, assis sur l'arc-en-ciel, entouré de l'auréole supportée par deux anges, dans l'attitude, avec le caractère consacré que lui donnent les peintures murales du XIIe siècle. De chaque côté se tiennent les apôtres nimbés, avec leurs attributs et leur nom inscrit sur un phylactère se relevant auprès d'eux (fig. 3).

Ces figures naïves respirent un caractère de grandeur barbare qui se reproduit sur la deuxième série faisant pendant à la précédente. Ici, l'artiste a retracé en quatre tableaux l'histoire d'Abraham et d'Isaac. Dans un premier sujet, les trois anges viennent demander l'hospitalité au patriarche. Celui-ci les reçoit à sa table dans la composition suivante ; puis, c'est le départ pour le sacrifice ; enfin, la substitution du bélier au jeune adolescent, au moment où celui-ci va recevoir le coup mortel. Ces bandes, longues de 10 mètres sur 1 m 10 de haut, servent, comme la tenture du Christ

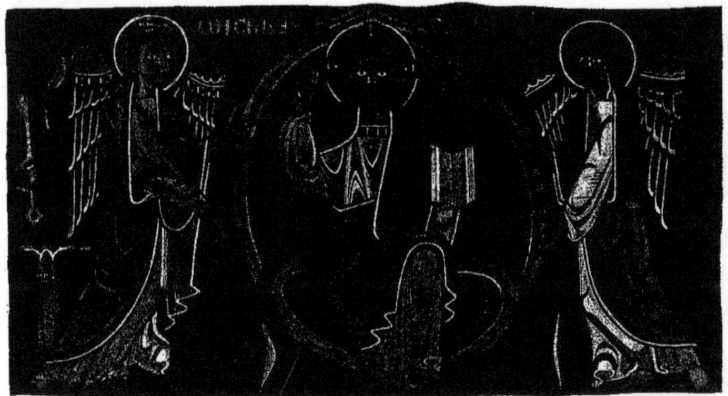

Fig. 3. — Le Christ entre Michel et Gabriel, XIIIe siècle (Dôme d'Halberstadt).

et des Apôtres, à revêtir les stalles du chœur aux jours de fêtes solennelles. L'auteur des dessins de l'histoire d'Abraham, plus libre de son interprétation, introduit dans ses tableaux des arbres dont la silhouette trahit une certaine préoccupation de style décoratif.

Quant à la troisième tapisserie d'Halberstadt, elle diffère complètement par son sujet, sa composition, son dessin, des deux autres. Pour cette dernière, pas de doute possible ; elle est bien inspirée par l'œuvre d'un miniaturiste du XIe ou du XIIe siècle. Le modèle qui a servi de type et de guide appartenait certainement à quelque ancien manuscrit. Le tapissier nous montre Charlemagne, couronne en tête, sceptre en main, assis sur son trône, un riche coussin sous les pieds[1] (fig. 4). Dans les quatre coins sont cantonnés quatre philosophes de l'antiquité, avec leurs noms inscrits au-dessus de leur tête. Les mots *Cato* et *Seneca* surmontent les deux personnages inférieurs ; la partie supérieure de la pièce manque avec la tête des deux philosophes ; on a supposé que l'artiste avait représenté Platon et Socrate. Chacun d'eux tient un phylactère avec une légende latine vantant la générosité. Caton nous dit : « *Denigrat meritum dantis mora* », et Sénèque réplique : « *Qui cito dat bis dat.* » Les tons du tissu, le bleu, le vert, le rouge, se rapprochent beaucoup des couleurs des autres tentures d'Halberstadt ; mais on ne saurait rien conclure de cela quant à la provenance. D'un côté

1. E. Soil, *Tapisseries conservées à Quedlinbourg, Halberstadt*, etc., 1889, in-4. Cette brochure donne les photographies des tentures d'Halberstadt.

comme de l'autre, l'air et la lumière ont atténué les colorations anciennes et donné à l'œuvre cette harmonie tranquille, principal charme des vieilles tentures.

Non moins célèbres que les tapisseries dont nous venons de parler, les tentures conservées dans l'église du château de Quedlinbourg, autrefois église abbatiale, sont d'une fabrication toute différente (fig. 5). A proprement parler, ces tissus ne sont pas des tapisseries, pas plus que les fameuses toiles de Bayeux relatives à la conquête de l'Angleterre par les Normands. A Bayeux, bien que le terme de *tapisseries* ait résisté à toutes les preuves de son inexactitude, le travail constitue une véritable broderie dont on ne connaît ni l'auteur, ni la date, tandis que la tenture de Quedlinbourg se rapprocherait plutôt du travail des tapis veloutés. Est-ce là ce qu'on désigna plus tard en France sous la dénomination d'ouvrage ou de tapis sarrazinois, par opposition aux tapis nostrez? Question à laquelle il est presque impossible de répondre, car nous possédons vraiment pour cela trop peu d'éléments sur la signification des mots techniques employés par le Moyen Age.

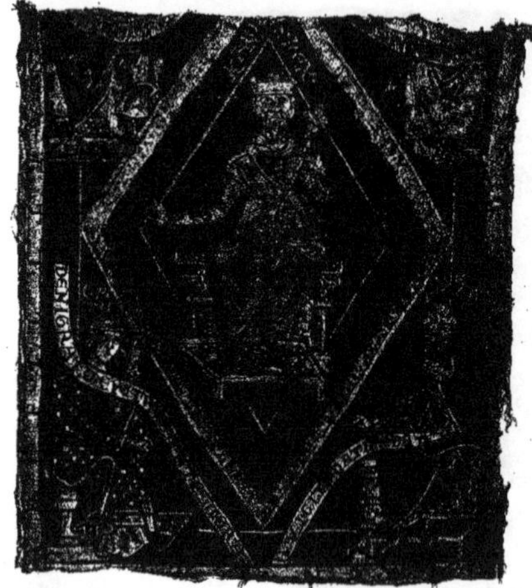

Fig. 4. — Charlemagne et les quatre philosophes anciens, XIIIe siècle (Dôme d'Halberstadt).

Dans tous les cas, nous sommes mieux renseignés sur les origines et l'histoire de cette tenture de Quedlinbourg que sur celles de la broderie de Bayeux. Elle serait l'œuvre d'une abbesse de Quedlinbourg qui la termina, avec le concours de ses religieuses, entre les années 1186 et 1203, dans l'intention de l'offrir en présent au Pape. Par suite de quelles circonstances ce tapis ne quitta-t-il jamais la maison où il avait été fabriqué, nous l'ignorons. Il ne nous est parvenu d'ailleurs que très incomplet et fort dégradé. Tel qu'il est, il offre un intérêt capital, et par son mode d'exécution, et par le sujet qu'il représente. Ici encore, nous nous trouvons en présence d'une série de compositions tirées d'un ancien manuscrit, agrandies en vue de la nouvelle destination qui leur est assignée.

Les scènes sont empruntées à l'ouvrage du poète africain de la décadence, Martianus Capella. Sous une forme allégorique et fabuleuse, cet auteur avait entrepris de présenter un résumé et une classification des sciences connues de son temps. Dans sa belle étude sur l'art religieux du Moyen Age M. Émile Mâle[1] a démontré l'influence persistante et universelle du roman poétique de Capella. L'auteur avait conçu, dit M. Mâle, l'idée singulière « d'égayer l'austérité de la science par les grâces de « l'imagination ». A cet effet, il invente une fiction étrange : Mercure, décidé à prendre femme, demande la main de la Philologie. A la cérémonie nuptiale, célébrée devant dame Vénus, la jeune

1. *L'art religieux du XIIIe siècle en France*, thèse pour le doctorat par M. Émile Mâle, Paris, Leroux, 1898, in-8, fig. Un autre témoignage de l'immense influence du rhéteur africain sur les lettrés du XIe et du XIIe siècle résulte de ce fait, signalé par Eug. Müntz (*La Tapisserie*, p. 88), que, dès la seconde moitié du Xe siècle, Hedwidge de Souabe avait brodé pour l'abbaye de Saint-Gall une aube où était retracé le *Mariage de Mercure et de la Philologie*. Il s'agit cette fois d'une broderie. A Quedlinbourg, c'est un tissu velouté à haute laine : ces deux exemples établissent de manière indubitable le succès inouï des inventions de Martianus Capella.

épouse arrive avec un cortège formé des sept sciences du *trivium* et du *quadrivium*, c'est-à-dire la Grammaire, la Dialectique, la Rhétorique d'une part, et, de l'autre, la Géométrie, l'Arithmétique, l'Astronomie et la Musique. « Nous rencontrons là pour la première fois, observe notre auteur, les sciences « personnifiées. Les figures bizarres enfantées par l'imagination africaine de Martianus Capella s'im« posèrent à la mémoire du Moyen Age plus tyranniquement que les plus pures créations des maîtres. « Elles vécurent jusqu'à la Renaissance de la vie puissante de l'Art : un obscur rhéteur d'Afrique a « fait ce que peu d'hommes de génie ont su faire : il a créé des types... »

N'est-il pas étrange de voir des religieuses choisir ce thème presque païen pour sujet d'un présent destiné au chef de la chrétienté, et passer leurs longues veilles à retracer les images de Mercure, de Vénus ou de la Philologie. Car ce sont là les figures qui se présentent sur le tapis de Quedlinbourg, ouvrage unique par son mode d'exécution, unique aussi par le choix des scènes représentées. Évidemment, un manuscrit du traité de Capella est tombé entre les mains des bonnes religieuses et leur a dicté ces allégories qui ne manquent ni de fantaisie, ni d'élégance[1].

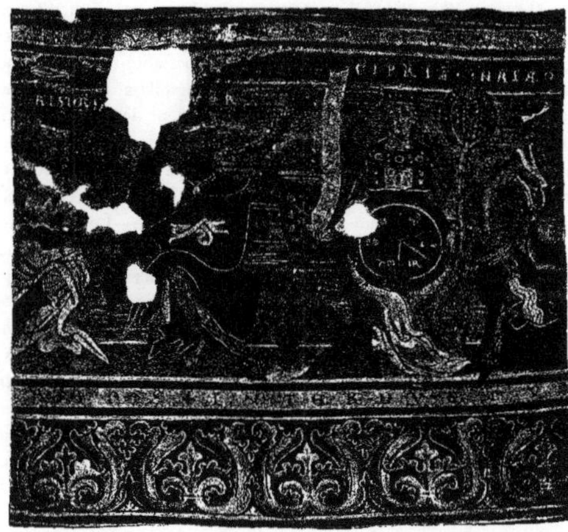

Fig. 5. — Mariage de Mercure et de la Philologie, XIIIe siècle (Église de Quedlinbourg).

Si les rares spécimens de l'art médiéval sur lesquels nous venons de nous étendre datent bien réellement, comme on le prétend, des dernières années du XIIe siècle ou de la première moitié du XIIIe, il existe une lacune de plus d'un siècle entre ces vénérables monuments et ceux qui viennent immédiatement après eux. Ce n'est guère qu'au milieu du XIVe siècle qu'apparaissent les plus anciennes tapisseries dont nous allons parler ; et encore, les tentures authentiques du XIVe siècle sont-elles d'une insigne rareté.

De ce brusque arrêt de l'art de la tapisserie une seule explication paraît plausible. Jusqu'au XIIIe siècle, les ouvrages de toute nature destinés au culte furent tissés dans des communautés religieuses.

Les précieux monuments qu'on vient de décrire se rencontrent tous en Allemagne, où les couvents et les sanctuaires anciens ont su conserver leurs trésors, en dépit des luttes politiques ou religieuses. Les églises de France ne possèdent pas de tapisseries d'une date aussi reculée. Elles ont subi tant d'actes de vandalisme depuis cinq siècles ! Mais nous avons vu récemment dans une collec-

1. Sur le tapis de Quedlinbourg, nous renvoyons au docteur Lessing et à l'ouvrage cité plus haut, *Wandteppiche und Decken*, etc. On y trouvera les renseignements les plus complets sur le mode de fabrication, sur les développements du sujet, sur les auteurs qui se sont occupés de ce monument, avec un essai de reconstitution de la tenture entière.

Kügler a consacré une étude attentive aux tentures de Quedlinbourg et a fait certaines observations dignes d'être retenues : « Le style est « inégal, dit-il (les cartons sont évidemment dus à deux artistes diffé« rents) ; tantôt, il se rapproche du style courant de l'époque, tantôt, « malgré de certaines réminiscences byzantines, il s'élève à une telle « perfection de formes, à une telle harmonie de proportions, à une telle « noblesse, à une telle science de la draperie, que l'on croit y recon« naître la manifestation d'un art parvenu à la perfection. » (Voy. Müntz, *La Tapisserie*, p. 103.) En exagérant quelque peu l'expression de son enthousiasme, le critique allemand a cependant raison de s'étonner d'une pareille science décorative à la fin du XIIe siècle. Il y a là un phénomène bizarre, difficile à expliquer et susceptible d'inspirer des doutes sur l'origine attribuée à ce tissu.

tion parisienne une pièce dont l'origine est attribuée à un atelier français du XIIIe siècle. Certes, à en juger par le travail primitif du tissu, par ces tons plats des figures où les traits sont accusés par un filet noir paraissant ajouté après coup, par ce fond sommaire d'un ciel bleu semé d'étoiles jaunes, ce fragment remonte aux origines mêmes de l'art. Le Christ y est représenté sur la croix, entre la Vierge et saint Jean accompagnés de deux saintes. Les figures sont d'une naïveté qui ne manque ni de caractère ni de sentiment. On en jugera d'ailleurs par la reproduction donnée ici (fig. 6). L'attribution de ce débris précieux à un atelier français du XIIIe siècle semble très soutenable, car nous verrons bientôt que la ville de Paris possédait des tapissiers de haute lisse organisés en corporation en 1290. Il serait bien nécessaire de savoir de quel couvent, de quelle église provient cette tapisserie. Il a été impossible d'obtenir sur son origine aucun renseignement positif.

Au XIIe siècle, les couvents fournissent les architectes des cathédrales comme des plus modestes églises de campagne; une congrégation a la spécialité de la construction des ponts. En même temps, les religieuses ont le monopole des travaux d'aiguille et des combinaisons variées servant à décorer les étoffes destinées au culte. Après l'affranchissement des communes, l'art et l'industrie se sécularisent; mais, à la puissante organisation de la hiérarchie monastique il devient urgent de substituer des associations laïques assurant aux travailleurs la protection nécessaire à l'exercice de leurs talents. En vue de ces besoins s'établissent les corps de métier, s'organisent les corporations. C'est alors que les tapissiers codifient et rédigent leurs statuts. Les plus anciens que nous connaissions sont ceux des tapissiers parisiens. Dans le *Livre des Métiers* d'Étienne Boileau [1], dont la rédaction est placée aux environs de 1250, parmi les corporations vivant à cette époque figurent celles des tapissiers sarrazinois et des tapissiers nostrez. Le sens de ces mots a donné lieu à diverses interprétations, toutes assez discutables. Le terme de tapis sarrazinois, suivant l'explication la plus plausible, s'appliquerait à des tapis velus, à la façon des ouvrages orientaux, comme les tapis qu'on exécute encore dans l'atelier de la Savonnerie, tandis que le mot *nostrez* désignerait des tapis ras et communs, comme ceux qu'on a fabriqués de tout temps dans notre pays. En tout cas, ce terme de sarrazinois implique l'idée d'une industrie orientale, par opposition aux ouvrages de *notre pays*. Dans ce règlement primitif, le fabricant de tapisseries ne paraît pas. Il ne figure pas davantage dans la confirmation des statuts des tapissiers sarrazinois, octroyée par le prévôt de Paris en 1290. Mais voici une addition à ces règlements, portant la date du samedi 10 mars 1303, dans laquelle se trouve inscrit pour la première fois le mot de haute lisse. Sur la réclamation des tapissiers sarrazinois, les « tappiciers que l'on appelle ouvriers en la haulte lisse » sont obligés de faire acte d'adhésion aux statuts de la corporation plus ancienne, et les comparants, au nombre de dix, s'engagent non seulement pour eux, mais aussi « pour tout le commun de leur métier ».

Un texte comme celui dont nous parlons est capital dans l'histoire de l'industrie qui nous occupe, et, puisque ni Depping, ni M. René de Lespinasse qui le signalent, ne l'ont publié en entier, il est indispensable d'en donner le texte intégral et de faire connaître du même coup les noms de ces dix ouvriers parisiens, ancêtres de cette nombreuse lignée de travailleurs qui soutient depuis des siècles la renommée de l'industrie nationale. A la suite des règlements des tapissiers sarrazinois, rédigés en 1290, se lit donc l'addition suivante [2] : « Après ce, descort [fu meu] entre les tappiciers sarrazinois devant diz, d'une

1. Voyez le *Livre des Métiers* d'Étienne Boileau (édition des *Documents inédits*, publiée par Depping). La réimpression publiée pour la ville de Paris en 1879 (p. 105), par MM. René de Lespinasse et François Bonnardot, ne donne pas l'addition, capitale pour nous, de 1302. Les règlements des Sarrazinois furent certainement applicables à nos tapissiers de haute lisse; aussi, verra-t-on plus loin le texte fixant à huit années la durée de l'apprentissage; ce long stage s'explique par la difficulté du travail. L'article 7 des statuts des Sarrazinois interdisait le métier aux femmes : « Nule feme ne puet ne ne doit estre aprise au mestier devant dit, pour le mestier qui est trop greveus. » Il ne semble pas avoir été maintenu dans les règlements de la haute lisse. Par contre, le travail de nuit est interdit aux uns comme aux autres. « Mes ne puet ne ne doit ouvrer de nuiz, car la lumière de la nuit n'est pas souffisanz a ouvrer de leur mestier. »

2. Bibliothèque nationale, man. fr. 24069, fol. 241. La couverture de ce manuscrit porte les armes du cardinal de Richelieu. — Voy. aussi : Archives nationales, KK 1336, fol. 145 v°, où le même passage se trouve reproduit dans les mêmes termes, sauf une différence assez notable. Les expressions techniques *à la marche*, *à la besche*, qui sont ici entre parenthèses, ne se rencontrent que dans le manuscrit de la Bibliothèque. Nous donnons, sauf cette addition, le texte des Archives nationales. Le texte complet de cette addition a été imprimé dans notre article sur *les origines de la tapisserie de haute et basse lice à Paris* (*Mémoires de la Société de l'histoire de Paris*, t. VIII, 1881, p. 107-124).

« part, et une autre manière de tappiciers que l'en appelle ouvriers en la haute lice, d'autre part, sur « ce que les mestres des tappiciers sarrazinois disoient et maintenoient contre les ouvriers en la haute « lice que il ne povoient ne devoient ouvrer en la ville de Paris jusques à ce que il fussent jurez et « sermentez, aussi comme il sont, de tenir et garder tous les poins de l'ordenance dudit mestier en la « manière qu'il est contenu es lectres dessus transcriptes et ou registre de Chastellet pour ce que ce(?) « aussi comme un semblable mestier; et estoit li Roys domagiez par ses amendes qu'il perdoit, et « moult d'autres bonnes gens, pour ce que il ouvroient de nuiz et faisoient à celle heure ouevre qui « n'estoit boine ne souffisant, et par pluseurs autres raisons que il disoient. Et nous requeroient « que nous voulsissions mettre conseil sur ce et remède, et euls adjoindre l'un mestier à l'autre, et que « il feussent maintenuz et gardez tous ensamble, et chascun par soy en toutes chozes, selon les poins

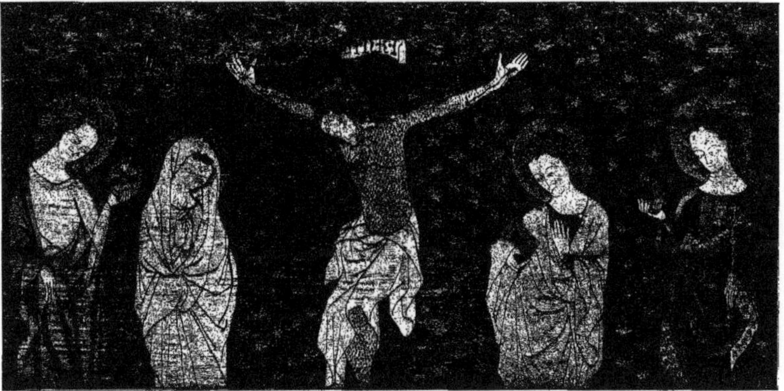

Fig. 6. — Le Crucifiement, fin du XIIIe siècle (Collection Hoentschel).

« et l'ordenance dudit mestier, en la manière que il est dessus escript et en la manière que il est « contenu ou registre du Chastellet, par quoy le droit nostre seigneur le Roy ne fust perduz; les- « queles choses contenues es devant dictes lectres, toutes et chascune d'icelles en la manière que elles « sont dessus escriptes et devisées, Andrivet de Crequi, Nicolas le Barbier, Philippot filz, Remy le « Deschargeur, Guillaume et Jehannot, frères dudit Philipot, Pierre Du Castel, Guillaume le Vasseur, « Raoul Langlais et Raoul Ferné, touz ouvriers en la haute lice, presens par devant nous, pour euls « et pour tout le commun de leur mestier, de la volenté et de l'assentement Regnaut le tappicier, « Symon le Breton, Olivier le tappicier, Jehan Bonnet, Denise le Sergent, et de Eustace de Reins, « pour euls et pour le commun des tappiciers sarrazinois, vouldrent, louèrent et approuvèrent et pro- « mistrent à tenir et à acomplir en la manière que elles sont dessus escriptes, et sur la poine des « amendes paier toutesfois que cas s'i offerroit, ce adjousté par nous, de leur commun accort, que yces « maistres ouvriers en la haute lice pourront prendre et avoir aprentiz à VIII ans de service et à C « sous parisis d'argent donnant, et à moins de temps ne d'argent ne le pourront prendre, et que il pour- « ront ouvrer en la haute lice tant comme il pourront veoir de lueur de jour senz chandoille, pour esche- « ver la mauvaise oeuvre qu'il faisoient de nuiz, non contrestans l'ordonance première dessus trans- « cripte. Et quiconques sera trouvez mesprenant ou faisant au contraire, il sera tenuz à paier teles

« amendes qu'il appartendra selon ce qu'est dessus ordené. Œuvre cousue sera tenue pour fausse. « Et pour les choses dessus dictes faire, tenir et garder en la manière dessus dicte seront establiz, « c'est assavoir : un maistre dudit mestier de tappiz sarrazinois [à la merche] et un autre maistre « du mestier de la haute lice [dict à la besche] qui gardent lesdiz mestiers et corrigent tous ceuls « qui à ce mesprendront ou feront contre les chozes dessus dites. En tesmoing de ce nous avons mis « en ces lectres le seel de la Prevosté de Paris, l'an de grâce mil CCCII, samedi devant les Brandons. »

Ainsi, dès l'apparition de la tapisserie dans leur cité, les Parisiens font usage du métier vertical ou de haute lisse et ils ont persisté pendant des siècles dans cette pratique, sans vouloir jamais se servir du métier horizontal dit de basse lisse, dont le produit figure souvent dans les textes anciens sous la désignation de tapisserie à la marche.

Il existait donc, dès 1302, un certain nombre d'ouvriers de haute lisse à Paris. Si dix d'entre eux seulement signent l'accord avec les sarrazinois, ils donnent à entendre qu'ils représentent un corps de métier déjà nombreux et puissant. A la même époque, la province de l'Artois et surtout sa capitale sont réputées comme les principaux centres de fabrication de l'industrie textile dont nous nous occupons. En effet, dès le Moyen Age, les tapisseries portent en Italie la dénomination d'*Arazzi* à cause de leur origine artésienne. Et toutes les tentures indistinctement, qu'elles provinssent des ateliers d'Arras, de Bruges ou de Paris, avaient reçu dès lors dans la péninsule ce nom d'*Arazzi*, inexact sans doute bien souvent, mais qui présentait du moins l'avantage de ne donner lieu à aucune équivoque, comme le terme de Gobelins, appliqué indistinctement par certains pays étrangers à toutes les tentures anciennes ou modernes. Ce terme d'*Arazzi* s'emploie encore de nos jours en Italie comme synonyme du mot tapisserie, et, tout récemment, lors d'une visite en France des souverains italiens, les journaux de la péninsule consacrèrent de nombreux articles aux *Arazzi* des Gobelins offerts à la reine.

De l'habileté de ces tapissiers parisiens du XIIIe siècle un seul témoignage (fig. 6) est parvenu jusqu'à nous. Comme on l'a dit, entre les tentures allemandes du dôme d'Halberstadt et celles du XIVe siècle, il y a un intervalle de plus d'un siècle. Tout au plus, les miniatures à date certaine, dont on n'a pas jusqu'ici suffisamment utilisé les indications pour les travaux archéologiques, pourraient-elles fournir quelques éléments sur le mode de décoration en honneur sous les règnes de saint Louis et de Philippe le Bel. Ces enluminures naïves restent, il est vrai, très sobres de détails sur les ornements du costume et de l'ameublement; encore, pourrait-on y surprendre les caractères propres des tissus indigènes. On constaterait peut-être que l'imagination des dessinateurs industriels ne concevait pas de motif plus riche qu'un ornement géométrique, produit par des combinaisons de lignes et de cercles ou par des semis de fleurs de lis et d'autres figures héraldiques. Un peu plus tard, en plein XIVe siècle, le nombre est encore bien grand des « tapis à compas », c'est-à-dire à dessins arrondis tracés à l'aide du compas, figurant dans les inventaires. D'autre part, les rares fragments d'étoffes de provenance française remontant au XIIIe siècle, qui ont été sauvés de la destruction, ne comportent guère pour toute décoration que des semis de fleurs de lis.

Les procédés techniques de nos premiers tapissiers se réduisaient à une extrême simplicité. Ils ne disposaient que d'un nombre de tons fort restreint. Une vingtaine de couleurs suffisait à tous les besoins. Ces ressources si limitées étaient compensées par une grande habileté de main et par d'ingénieux procédés. Était-ce d'ailleurs un mal de n'employer que des gammes très réduites? Le travail y gagnait certainement en solidité, en franchise d'exécution. Les couleurs très simples étaient assurées d'une résistance à la lumière et à l'air bien plus durable que les milliers de demi-teintes mises aujourd'hui à la disposition des tapissiers. Aussi, les œuvres des époques primitives jusqu'au milieu du XVIe siècle se distinguent-elles par la vivacité des tons, par un éclat harmonieux qu'on chercherait vainement dans les ouvrages plus modernes.

On a récemment analysé une des plus belles pièces de la période de la Renaissance. C'était une tapisserie comparable aux purs chefs-d'œuvre de la collection de la Couronne d'Espagne. Le résultat de cet examen fut celui-ci : le tapissier avait eu vingt tons à sa disposition, pas un de plus ; et cela suffisait pour tous les bleus, les rouges, les verts et les carnations [1]. Les draperies, très largement traitées et modelées au moyen de hachures qui constituent la base fondamentale de l'art du tapissier, passaient de la lumière à l'ombre avec trois tons seulement. Tandis que les progrès de l'industrie et de la science encombrent nos magasins de milliers d'échantillons de nuances insensiblement dégradées et pouvant en cas de nécessité être employées l'une pour l'autre, le matériel d'un tapissier du Moyen Age comptait tout au plus une trentaine de laines de diverses nuances et un nombre moindre d'échantillons de soie. Cette extrême limitation des matières premières offrait plus d'un avantage. Les tons employés étaient plus francs, plus colorés, résistaient mieux aux influences de l'air et de la lumière. Le teinturier, de qui on n'exigeait pas des délicatesses infinies, donnait tous ses soins à la bonne qualité de la teinture. N'ayant pas à ménager des transitions presque insensibles pour créer une gamme dégradée de vingt ou vingt-cinq tons, il cherchait surtout la fixité de quelques nuances assez distantes. Un clair, un foncé, avec une ou deux demi-teintes intermédiaires, le tapissier n'en demandait pas plus, et le travail ne pouvait qu'y gagner. Quant aux matières colorantes dont nous pouvons constater l'étonnante qualité sur les tentures du xve et du xvie siècle, ou même du xive, elles se bornaient probablement aux matières végétales employées encore dans certains ateliers, comme celui des Gobelins, et connues de toute antiquité. La cochenille et la garance procuraient ces rouges brillants dont on admire encore la franchise sur les plus anciens tissus indigènes. Les bleus étaient tirés de l'indigo qui fournit aujourd'hui les teintures les plus résistantes. Quant aux jaunes, les demandait-on à la gaude, comme maintenant, ou à des bois exotiques, il est difficile de s'en rendre compte. Ce qui est certain, c'est que les artisans du Moyen Age se sont montrés très habiles dans la teinture des laines. Il ne faut pas oublier enfin qu'un des plus renommés parmi les teinturiers parisiens du xve siècle se nommait Jean Gobelin et qu'il était venu se fixer sur les bords de la Bièvre, précisément à l'endroit où s'élève depuis plus de trois siècles la manufacture de tapisseries à laquelle il a laissé son nom.

1. Alfred Darcel a fait jadis une expérience de même nature. Il constate la présence de 19 tons dans *la Présentation de l'Enfant Jésus au temple*, tapisserie de 1460 environ, appartenant aujourd'hui au Musée des Arts décoratifs de Bruxelles. Il en trouve vingt-quatre dans *l'Apocalypse* d'Angers et quarante-un dans *la Vierge glorieuse* donnée au Louvre par le baron Davillier (*Gazette des Beaux-Arts*, 1876, t. XIV, p. 105-204, 273 et 414). Nous serions assez disposé à croire que les décolorations de la laine ont fait illusion à notre prédécesseur et qu'il a peut-être vu plus de nuances différentes qu'il n'en existait à l'origine. Une pièce très importante, récemment tissée aux Gobelins d'après une des principales scènes de *l'Histoire du Roi* de Le Brun, représentant *l'Audience du cardinal Chigi*, a demandé soixante-dix-neuf couleurs seulement. C'est fort peu vu les habitudes courantes. Le tapissier chargé de ce travail, un des plus habiles artistes des Gobelins, était depuis longtemps convaincu de la nécessité de réduire au strict minimum le nombre des tons. La question est capitale pour l'avenir de la tapisserie.

CHAPITRE II

La tapisserie au xive siècle. — Les ateliers d'Arras. — La comtesse Mahaut. — Les premiers princes de la maison de Valois. — L'Apocalypse d'Angers et Nicolas Bataille. Technique de la tapisserie a cette époque.

Au début du xive siècle, les arts du dessin et tous les métiers qui en dépendent reçoivent une impulsion féconde. C'est alors que les peintres enlumineurs, s'affranchissant des formules séculaires, abandonnent la tradition et les types consacrés pour se rapprocher de la nature. L'avènement des Valois marque l'introduction du naturalisme dans l'art. La sculpture, elle aussi, renonce aux types rigides et compassés du siècle précédent pour imprimer plus de mouvement, plus d'expression aux figures comme aux draperies. Les artisans haultlisseurs suivent l'exemple général et subissent l'influence des miniaturistes ; aussi, allons-nous constater une évolution complète de la tapisserie.

Les tentures du xive siècle, est-il besoin de le dire, sont d'une extrême rareté. Tandis que les textes fournissent des listes interminables de sujets de toute nature reproduits sur le métier, tandis que tous les inventaires des princes et des grands personnages énumèrent des séries considérables de scènes empruntées, soit à la Bible et au Nouveau Testament, soit à la légende et aux romans de chevalerie, soit à l'histoire ancienne et moderne, à peine existe-t-il encore quelques tapisseries de date certaine, antérieures à 1400. Et cependant, les documents du temps ont conservé les noms de quantité d'artisans de haute lisse ; nombreux sont les articles de comptes enregistrant les sommes payées pour acquisition ou réparation de tentures à personnages, rehaussées de soie et d'or. Les princes de la maison de France rivalisent de luxe et de prodigalité en formant des collections de joyaux, de manuscrits et d'objets précieux de toute nature, parmi lesquels la tapisserie richement historiée occupe une place d'honneur. Sur cette période, à défaut de monuments anciens, nous aurons pour nous renseigner les inventaires et les comptes ; nous leur ferons de larges emprunts. Ils nous diront quels étaient alors les sujets en vogue, comment s'appelaient les artisans les plus réputés.

Dès le début du siècle se rencontre une princesse de haute intelligence, ayant exercé la plus heureuse influence sur le développement des industries somptuaires dans les provinces du nord de la France. Mahaut, comtesse d'Artois et de Bourgogne [1], encourageait les peintres et les tapissiers ; elle se plaisait dans la société des poètes et des musiciens. Ne serait-ce pas à cette influence féconde que la ville d'Arras dut la réputation d'avoir été, vers cette époque, le centre principal et comme la capitale de l'art de la tapisserie, alors que la fabrication de la haute lisse avait d'éminents représentants dans plusieurs autres villes? Car il convient de noter que le métier qui nous occupe s'est développé en même temps à Paris et dans l'Artois. Nous avons eu déjà l'occasion de le constater,

1. J.-M. Richard, *Mahaut, comtesse d'Artois et de Bourgogne*, 1302-1329, Paris, 1887, in-8. Chapitre XVI : *Les tapis, la hautelisse* (p. 212-220).

de très bonne heure nos tapissiers parisiens jouissaient à la cour de France d'une faveur dont les comptes de dépenses ont conservé de multiples témoignages [1].

C'est donc à Arras et à Paris simultanément qu'on rencontre les premiers tapissiers de haute lisse nommés dans des textes authentiques. Mais, avant de poursuivre l'examen des faits historiques, il convient de bien définir le sens des termes dont nous nous servons. Les mots tapissier, tapisserie ont des sens multiples et assez différents. Le Moyen Age a connu trois ou quatre genres de tapissiers : les sarrazinois, les nostrez, les tapissiers à la marche, les hautlisseurs. Nous ne nous occuperons ici que des artisans de haute lisse et des tapissiers à la marche ou de basse lisse. On a essayé de déterminer dans le premier chapitre, le genre de tissu désigné sous la dénomination de tapis sarrazinois. Au xve siècle et même antérieurement, c'est un fait indubitable, les tapis persans et orientaux sont connus et fort appréciés en Italie, en France comme dans les autres États d'Europe ; un savant allemand l'a démontré [2]. Qu'on ait cherché à imiter la décoration et le mode de fabrication d'un objet mobilier déjà très répandu, cela se conçoit aisément. Quant au terme de tapis nostrez, tapis toujours très simplement ornés et le plus souvent d'un bas prix, il paraît avoir servi à désigner non seulement des tapis communs, d'un usage courant, comme on l'a dit plus haut, mais aussi bien souvent des étoffes très ordinaires, bon marché et d'un usage répandu, telles que des serges, des futaines, des tissus enfin n'ayant aucun rapport avec la tapisserie proprement dite.

Le premier nom de tapissier rencontré par M. Richard dans les registres de dépenses de la comtesse Mahaut d'Artois est celui d'un certain Isabeau Caurée, de Hollenes, vendant en 1313 « cinq draps ouvrés en haute lisse ». C'est le plus ancien fabricant ou marchand de tapisserie d'Arras dont le nom nous soit parvenu [3]. Vers la même date, le terme de haute lisse apparaît pour la première fois sur les registres des corporations parisiennes, ainsi qu'il a été dit dans le précédent chapitre. De l'addition de 1302 aux statuts des tapissiers parisiens il résulte, comme on l'a vu, que le travail de la haute lisse était connu à Paris avant la fin du xiiie siècle, puisque, dès les premières années du siècle suivant, les représentants de cette industrie étaient assez nombreux, assez puissants pour se faire agréer par une de ces corporations les plus considérables et les plus riches de la capitale.

D'ailleurs, l'ouvrage de ces premiers artisans de la haute lisse paraît limité à une décoration très rudimentaire. Elle consiste presque exclusivement en dessins géométriques ou à compas, c'est-à-dire en lignes arrondies tracées avec le compas. Les écussons armoriés figurent aussi naturellement parmi les motifs en honneur dans les ateliers de tapisserie. Les oiseaux, accompagnés de petits animaux, de « bestelettes », ne tardent pas à faire leur apparition. Puis, dans l'espace d'un demi-siècle, une véritable révolution s'opère dans l'ornement des tissus. Tandis qu'en 1350, les dessins des tentures sont encore bornés aux éléments les plus simples, nous voyons, dix ou vingt ans plus tard, les tapissiers aborder des scènes avec nombreux personnages, des compositions compliquées, des représentations de paysages et même de sujets contemporains. Dès 1370, l'évolution est consommée, et les inventaires contiennent de nombreux témoignages des progrès considérables réalisés depuis la fin du siècle précédent.

Inutile de recueillir ici les noms des tapissiers cités dans les textes du Moyen Age et signalés par les historiens modernes. De leurs ouvrages on ne sait, on ne saura jamais rien. Tout au plus, en feuilletant les inventaires de cette première période, peut-on réunir quelques détails caractéristiques sur la nature du décor appliqué à la tapisserie.

1. J. Guiffrey, *Les origines de la tapisserie de haute et de basse lisse à Paris* (Mémoires de la Société de l'histoire de Paris et de l'Ile-de-France, 1881, t. VIII, p. 107-124).

2. Julius Lessing, *Alt orientalische Teppichmuster, nach Bildern und Originalen des XV-XVI Jahrhunderts.* Berlin, in-fol., 1877. Dans les trente planches de cette publication sont reproduits en couleur les dessins de tapis orientaux recueillis dans les tableaux de Memling, Van der Goes, Ghirlandajo, Van Eyck, Holbein, Pinturicchio, etc.

3. Voy. Richard, ouvrage cité, p. 214 ; Guesnon, *Sigillographie du diocèse d'Arras*, p. 18, et aussi les brochures de M. Guesnon sur la décadence des ateliers d'Arras énumérés dans notre bibliographie de *La Tapisserie*, Paris, Picard, 1904, in-8, n°s 413 et 414.

L'inventaire de la reine Clémence de Hongrie, veuve de Louis Hutin, contient une énumération curieuse de tapis de laine « ouvrés de papegais et de compas ». C'est un ornement alors très répandu; mais les « huit tapis à ymages et à arbres de la devise d'une chasse » peuvent compter parmi les premières manifestations du goût du XIVe siècle pour les épisodes de la vie réelle qui se passent au milieu des champs et des bois.

Les rois de France montrèrent d'assez bonne heure un goût prononcé pour ces lourdes tentures à riches dessins qui embellissaient les salles nues de leurs demeures et les garantissaient en même temps du froid et des intempéries de la mauvaise saison. Les tapisseries comme les tapis deviennent les

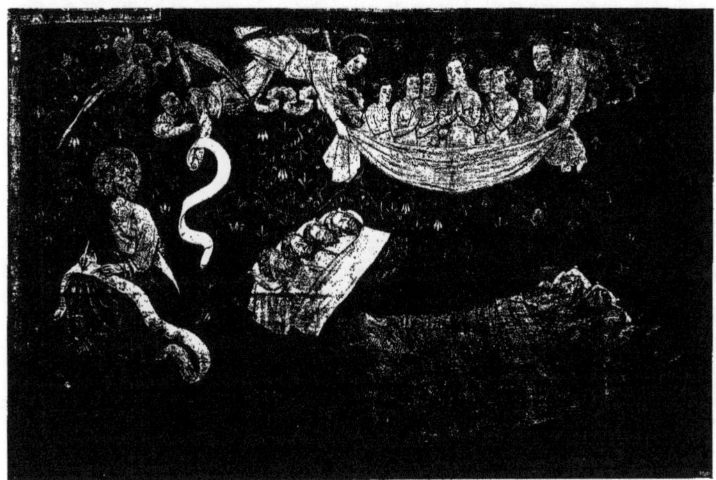

Fig. 7. — Saint Jean voit les âmes de ceux qui sont morts dans le Seigneur enlevées au ciel. Apocalypse d'Angers. XIVe siècle. Tapisserie de Nicolas Bataille.

meubles indispensables des appartements princiers; elles divisent les pièces trop vastes, les galeries trop longues; elles ferment les baies donnant entrée aux appartements privés; elles accompagnent leur propriétaire dans sa vie errante, et voyagent constamment de château en château, empilées sur des chariots. A la rigueur, on peut s'étendre sur les tapisseries pour se reposer et dormir. Ces usages multiples avaient bien vite raison des étoffes les plus solides; aussi, voyons-nous les artisans en vogue procéder sans cesse à des réparations. Les continuels déplacements des tentures imposaient l'obligation de les rendre très mobiles. Des anneaux les suspendaient à des crochets fixés dans le haut des murailles; on n'eût pas songé à les immobiliser avec des clous plantés sur les quatre côtés de la bordure, comme cela se fait trop souvent de nos jours. Ce mode ancien de suspension laisse l'étoffe flotter librement et lui prête une souplesse, une vie qui lui manquent quand elle est tendue comme une toile peinte sur son châssis.

Sans doute, le roi Philippe VI ne manqua pas de s'entourer de ces tentures de prix dont la mode s'était répandue dans toute la France du nord; mais il ne reste aucun document précis sur le mobilier placé dans les demeures du premier des Valois. Nous sommes mieux renseignés sur les goûts de son successeur : les documents contemporains nous apprennent que, durant un espace de quatorze années, de 1350 à 1364, le roi Jean n'avait pas reçu moins de deux cent trente-neuf tapis décorés de fleurs de lis ou d'armoiries, destinés à l'ameublement de ses châteaux, à la garniture des chambres de ses fils. Les comptes ne citent pas de tapis à personnages; mais il est probable que dans le nombre se trouvaient des sujets religieux, des scènes de chasse. Ainsi, dès leur enfance, le roi Charles V et ses trois frères prirent-ils l'habitude de voir sans cesse autour d'eux ces tableaux mobiles, pour lesquels ils se prirent par la suite d'une véritable passion. Et, en effet, peu de princes ont autant contribué au développement, à la diffusion de cette industrie, française par excellence, que le roi Charles, que les ducs d'Anjou, de Berry et de Bourgogne. L'examen de leurs inventaires et de leurs comptes procure les notions les plus précises sur l'importance de l'art du tapissier à la fin du XIVe siècle et au début du XVe. Si le roi Jean avait commandé deux cent trente-neuf tentures pendant son règne, l'inventaire de son fils en mentionne près de deux cents, la plupart très précieuses. Les frères de Charles V partagent ce goût pour les belles étoffes historiées, et nous verrons dans leurs collections l'énumération des scènes très variées que les artisans de Paris et d'Arras représentaient sur la demande de leurs opulents clients.

Avant d'entrer dans le détail des sujets auxquels se complaisait le goût de nos ancêtres et de passer en revue les tapissiers les plus renommés de cette époque, nous nous arrêterons à un des monuments les plus précieux de l'art textile du XIVe siècle. Cette œuvre unique, encore existante, dont, par une bonne fortune bien rare, nous connaissons l'histoire dans ses moindres détails, depuis ses origines jusqu'à nos jours, cette œuvre unique, dis-je, va nous fournir l'occasion d'exposer toute la série des opérations préparatoires, de rechercher comment s'exécutait le modèle, le plus souvent inspiré d'une miniature, de connaître enfin toutes les phases successives de la fabrication d'une tenture au XIVe siècle.

Il s'agit de la tapisserie conservée dans la cathédrale d'Angers, représentant les scènes de l'Apocalypse de saint Jean, si populaire au Moyen Age. C'est un spécimen unique de l'art du XIVe siècle, aussi précieux en son genre que la fameuse toile brodée de Bayeux, et dont les aventures ne sont pas moins curieuses à rappeler que la fabrication.

La tenture de l'Apocalypse était destinée par le duc d'Anjou, frère du roi Charles V, à la décoration de la chapelle du château d'Angers où il faisait sa résidence habituelle. Ce n'est que bien plus tard qu'elle devint la propriété de l'église d'Angers. M. de Farcy, qui n'a cessé d'étudier depuis trente ans et plus la tenture d'Angers avec une patience et une sagacité admirables, avait d'abord supposé qu'elle était destinée à la grande salle du château. En examinant dans leurs moindres détails la division des panneaux et le plan de la chapelle, il finit par arriver à cette conclusion que la tapisserie fut commandée pour la chapelle, et non pour la grande galerie du château; que la deuxième pièce ne comptant que huit sujets au lieu de quatorze s'arrêtait à l'autel, que les deux derniers panneaux de la zone supérieure devaient encadrer. La troisième bande, commençant de suite après l'autel, ne débute pas, comme les précédentes, par une grande figure, de toute la hauteur de la tenture. Ces six grands personnages initiaux se répondaient symétriquement de chaque côté de la chapelle mesurant de trente à trente-cinq mètres de long sur douze ou quatorze de large ; ils correspondent assez exactement à la longueur totale des panneaux, en tenant compte de la largeur des portes et de l'emplacement de l'autel. Autre observation digne d'être rappelée : les deux grandes figures des premiers panneaux ne portent pas le nimbe caractéristique des saints, ce qui suggère à M. de Farcy l'hypothèse, peut-être un peu subtile, mais toutefois fort ingénieuse, que l'auteur aurait eu l'intention de représenter un personnage historique, peut-être le duc d'Anjou lui-même, méditant sur les scènes qui se déroulent devant lui (fig. 8).

Grâce aux registres de la Trésorerie du duc, on connaît dans le plus grand détail les diverses phases des opérations préparatoires de ce grand travail, comme les noms de tous les collaborateurs qui s'y trouvèrent associés. Ces préliminaires diffèrent peu aujourd'hui de ce qu'ils étaient autrefois. En racontant l'histoire de l'exécution de l'Apocalypse, nous aurons donc fait connaître tous les travaux que nécessite la fabrication d'une tapisserie.

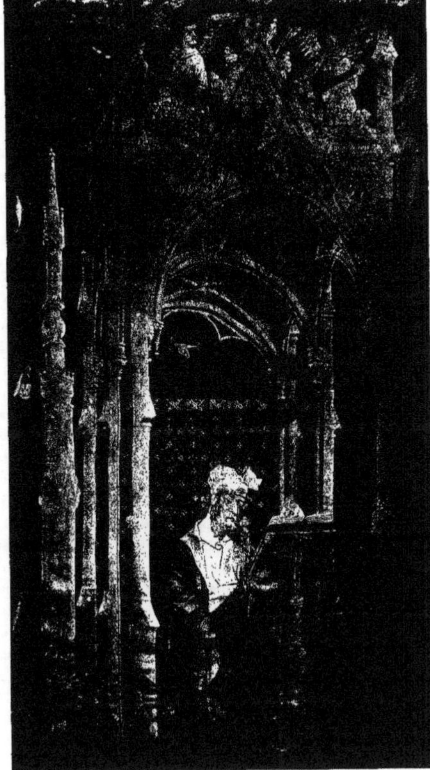

Fig. 8. — Une des grandes figures de l'Apocalypse d'Angers.

Tout d'abord, un peintre dessine et colorie les cartons ou patrons destinés à guider le tapissier. Ces compositions, il les tire de son imagination, à moins qu'on lui indique un modèle à reproduire, ce qui est le cas de l'Apocalypse. Un des artistes les plus renommés du temps, Jean ou Hennequin de Bruges, peintre en titre du roi Charles V [1], reçoit la mission de se conformer littéralement et sans aucune modification aux scènes de la vision de saint Jean, telles qu'elles sont retracées sur un manuscrit ancien [2].

Les commentaires de l'Apocalypse enrichis de miniatures sont nombreux à partir du XIe siècle ; mais on n'en connaît guère qu'un seul dont les scènes concordent exactement, par leurs divisions et leur disposition, avec les tableaux de la tapisserie d'Angers, c'est celui de la bibliothèque municipale de Cambrai [3]. Comme il résulte de textes positifs que le roi Charles avait prêté à son frère un des manuscrits de sa collection pour servir de guide à Hennequin de Bruges, il paraît certain que l'Apocalypse de Cambrai appartenait alors à la librairie du Louvre. Jean de Bruges dessine donc sur de grandes pièces de toile, ainsi qu'on le faisait alors [4], les scènes agrandies des miniatures. Ces modèles ou cartons terminés, le

1. Arthur Giry a signalé le premier le rôle de Hennequin de Bruges. Voy. *L'Art*, 1876, 3e vol., p. 301.

2. L'identité complète des scènes de la tapisserie et des miniatures du manuscrit de Cambrai a été établie par M. Léopold Delisle dans son étude sur l'Apocalypse.

3. Dans un de ses travaux successifs sur les tapisseries de la cathédrale d'Angers, M. L. de Farcy, à qui revient l'honneur d'avoir étudié dans ses moindres détails l'histoire de la tapisserie de l'Apocalypse, indique un volume du séminaire de Namur dont les miniatures présentent de frappantes analogies avec les scènes de la tapisserie. M. de Farcy ne connaissait pas, quand il donnait ce renseignement, le travail de M. Delisle.

4. Voy. la publication de M. Ph. Guignard sur les *Mémoires fournis aux peintres chargés d'exécuter les cartons d'une tapisserie destinée à la collégiale Saint-Urbain de Troyes, représentant les légendes de saint Urbain et de sainte Cécile*. Troyes, 1851, in-8, 96 p. — Les *toiles peintes de Reims*, décrites et commentées par M. Louis Paris, donnent une idée de ces anciens cartons pour tapisseries. Ces peintures sur toile sont conservées au Musée de Reims.

tapissier entre en scène. Le duc d'Anjou avait jeté les yeux sur un artisan que sa réputation plaçait au premier rang de ses contemporains. Nicolas Bataille, c'est le nom de cet habile homme[1], est occupé durant près de quarante ans, de 1360 à 1400, par tous les princes de la maison de France, par le duc de Bourgogne, le duc de Berry, en même temps que par le duc d'Anjou, à quantité de travaux de la plus haute importance. Il se trouvait, par suite, naturellement désigné pour l'exécution d'une œuvre comme l'Apocalypse. Les comptes de la trésorerie du duc font mention d'un payement de 50 franz (*sic*) à Hennequin de Bruges, en date du 31 janvier 1378[2], à compte « sur ce « qui lui peut ou pourra estre deu à cause des poutraiteures et patrons par lui faiz pour lesdiz tappis à « l'istoire de l'Apocalice ». D'autres articles relatent diverses sommes remises à Nicolas Bataille, tapissier de Paris, montant en tout à 3.000 franz « par marchié fait pour trois tappis de l'istoire de « l'Apocalice, rendus dedans Noel 1379, » soit 1.000 francs pour chaque pièce de tapisserie. Toutes les conjectures pour établir la valeur de cette somme de 1.000 franz nous paraissent dénuées de base sérieuse. Nous avions proposé jadis d'évaluer le franc de 1375 à 70 francs de notre monnaie. Ne serait-ce pas quelque peu excessif? Mais si on considère la rapidité de l'exécution, et elle ne s'explique que par la simplicité du procédé et le petit nombre des couleurs employées, on sera moins surpris du bon marché d'un travail aussi vaste.

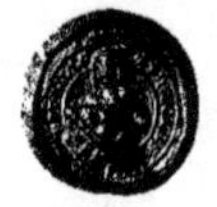

Fig. 9.
Sceau de Nicolas Bataille, tapissier de l'Apocalypse d'Angers.

Une année paraît avoir suffi au tapissier pour terminer une pièce mesurant 24 mètres de cours sur 5 m 50 de hauteur environ, soit en superficie 132 mètres carrés. Et cette entreprise n'empêchait pas Bataille de vaquer en même temps aux autres commandes de sa nombreuse clientèle. Sans doute, il employait un certain nombre de compagnons habiles pour l'assister dans ses travaux. Mais combien occupait-il d'ouvriers? On l'ignore complètement. La tenture entière compte à l'origine sept pièces. Chacune d'elles, sauf la deuxième et la troisième, est divisée en quinze sujets, ainsi disposés : tout à fait à gauche, un grand personnage assis sous un édicule d'architecture gothique, surmonté de pinacles et de clochetons, paraît méditer sur un livre ouvert devant lui ; il occupe toute la hauteur de la bande (fig. 8). Après cette figure commencent les scènes tirées du livre de saint Jean, superposées sur deux rangs, chacun de sept tableaux. Ces sujets se détachent sur des fonds alternativement rouges et bleus, tout unis au début, puis garnis de fleurons, de pampres, de quadrillés à partir du milieu de la troisième tapisserie. De distance en distance, sur de petits étendards ou sur des ailes de papillons se voient les armoiries du duc, les initiales de son nom, de celui de la duchesse, et aussi les doubles croix de l'ordre qu'il venait d'instituer sous le nom d'Ordre de la Croix[3]. Au-dessus de la zone supérieure règne une frise chargée de nuages, où paraissent des anges jouant de divers instruments de musique. Dans le bas, une bande garnie de fleurettes, d'oiseaux, de petits lapins, d'autres animaux, comme on en voit dans la Dame à la licorne, figure la terre. Cette partie inférieure a entièrement disparu. Il ne reste rien non plus des légendes en caractères gothiques, empruntées au texte sacré, qui donnaient, sous chaque tableau, l'explication de la scène.

En étudiant de près l'exécution, on remarque que les figures, souvent assez nombreuses, de chaque sujet large de trois mètres sur deux de hauteur, sont traitées avec la plus grande simplicité. Des tons presque plats sont séparés par un trait accentué qui accuse les contours et rend le modelé superflu. Le nombre des couleurs est des plus limités ; on en compte à peine douze ou quinze en tout. Les tapissiers de la grande époque, du début du XVIe siècle, n'ont pas eu besoin de beaucoup plus de tons. Combien en a-t-on relevé dans les plus belles tapisseries de la cour d'Espagne? Une vingtaine

1. Voyez Jules Guiffrey, *Nicolas Bataille, tapissier parisien du XIVe siècle ; sa vie, son œuvre et sa famille*, Paris, 1884. — Extrait du t. XI des Mémoires de la Société de l'histoire de Paris et de l'Ile-de-France.

2. Archives Nationales KK 242, fol. 66 v° et 92. Ce registre embrasse la période s'étendant de 1375 à 1379.

3. La double croix de Lorraine, dont on avait cru voir une représentation sur les bannières de l'Apocalypse, n'est signalée nulle part avant la fin du XVe siècle. Une croix à double traverse, comme on sait, surmontait les reliquaires contenant un fragment de la Sainte Croix. C'est pour rappeler cette relique vénérée que le duc d'Anjou avait créé l'ordre de la Croix.

au maximum. Les mêmes colorations reparaissent dans les diverses parties du tissu et assurent à l'ensemble une harmonie durable. Ces couleurs si simples ont opposé à l'action de l'air et de la lumière une résistance victorieuse. Les rouges, les bleus et les verts ont gardé une vivacité qui rappelle l'intensité de coloration des vitraux. Les tons rabattus, comme les gris, les chairs, ont seuls subi une décoloration sensible ; c'est un effet qu'on constate dans toutes les tapisseries anciennes ou modernes. Quoi qu'il en soit, on reste frappé de la richesse de ton de ces laines qui comptent aujourd'hui plus de cinq siècles d'existence.

Nous ne saurions entrer dans l'examen des scènes symboliques qui se déroulent sur ces longues frises. Encore certains détails méritent-ils d'être relevés : c'est d'abord la présence sur la plupart des tableaux du prophète qui a raconté ses tragiques hallucinations. Presque partout, saint Jean assiste

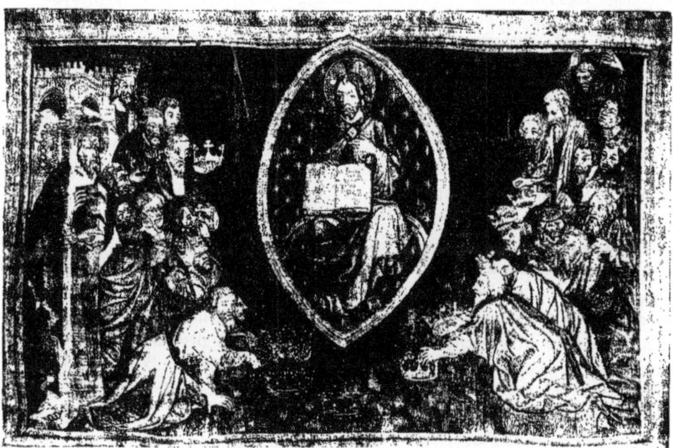

Fig. 10. — Les vieillards déposant leurs couronnes aux pieds du Christ. — 6e tableau de l'Apocalypse.

en personne à l'apparition ; souvent, il se tient debout dans un petit édicule dressé à la gauche du tableau ; parfois, il devient lui-même acteur et prend part au drame. M. de Farcy a noté avec un soin méticuleux ces diverses attitudes.

Dès l'origine, l'ensemble se composait de sept pièces. Cette division avait été nécessitée par le plan de la chapelle à laquelle était destinée cette décoration. Chaque pièce comptant quinze sujets, y compris la figure colossale de gauche, Nicolas Bataille avait dû tisser quatre-vingt-dix compositions différentes, dont quelques-unes présentaient jusqu'à vingt-cinq personnages et davantage. De ces quatre-vingt-dix tableaux, douze ont complètement disparu ; il ne reste que des fragments de huit autres ; soixante-dix sont intacts. Seules, les quatrième et cinquième pièces demeurent entières avec leurs quinze sujets. Il est extraordinaire que ce précieux monument n'ait pas subi plus de dégradations au cours des vicissitudes sans nombre qu'il a traversées et où il faillit plus d'une fois périr. Empressons-nous d'ajouter que des restaurations modernes ont fait disparaître bien des blessures, et ces travaux récents sont difficiles à distinguer, ce qui montre qu'ils ont été exécutés avec un soin extrême.

Le duc d'Anjou avait destiné, a-t-on dit, la tenture à la chapelle du château d'Angers. Elle ne quitta guère la ville jusqu'au jour où le roi René la légua par testament à l'église de Saint-Maurice ;

la donation reçut son effet en 1480. Tendue autour de la nef et du chœur lors des grandes fêtes religieuses, l'Apocalypse paraît fréquemment dans les registres capitulaires. M. de Farcy a soigneusement noté ces mentions. En 1767, une délibération des chanoines décide que la tapisserie ne sera plus exposée désormais dans l'église. C'était son arrêt de mort. En 1782, le vandalisme du clergé va plus loin : la vente de l'Apocalypse est résolue. Heureusement, il ne se présente pas d'acquéreur, et les chanoines doivent se résigner à garder le plus vénérable joyau de leur trésor. Après des vicissitudes sans nombre pendant la période révolutionnaire, la tenture, arrivée à un état de délabrement lamentable, est mise en vente par l'administration des domaines. Ceci se passait en 1843. Cette fois, la précieuse relique trouve un acquéreur. Mgr Angebault, évêque d'Angers, pour qui cette libéralité intelligente restera un titre d'honneur impérissable, se rend acquéreur des débris de la vénérable tapisserie, moyennant la somme de 300 francs, et en fait don à la fabrique. C'était noblement réparer l'erreur des chanoines de 1782 et l'aveuglement de l'administration des domaines.

Il restait à reconstituer ces débris presque informes, à les mettre en état de reprendre leur place dans l'église. Il s'est trouvé pour entreprendre cette œuvre délicate des hommes prudents et dévoués dont le nom mérite d'être conservé. L'abbé Joubert, chanoine et custode de la cathédrale, s'imposa la tâche méritoire de rétablir la suite des tableaux et entreprit la réparation des fragments les plus compromis. Que n'avait-il à sa disposition le manuscrit de Cambrai ! La partie la plus ardue de l'entreprise se fût trouvée singulièrement facilitée. Un atelier de réparation est organisé, et, peu à peu, les débris de la vieille tenture, dûment reconstitués, reprennent leur ancienne place. M. le chanoine Machefer a continué depuis lors l'œuvre de l'abbé Joubert ; ainsi a été arraché à une destruction totale un des plus précieux chefs-d'œuvre de l'ancien art français. Il fut même question un moment de compléter les fragments conservés, de reconstituer les tableaux disparus, de rétablir les légendes effacées. Certes, avec le secours des manuscrits de Cambrai ou de Namur, ce résultat pouvait être obtenu. Mais à quoi bon ? Telle qu'elle est aujourd'hui conservée, l'Apocalypse n'est presque jamais exposée en son entier[1]. Elle occuperait toute l'église. Souhaitons qu'après tant de vicissitudes, elle trouve un asile définitif dans un musée, si elle doit être enlevée à l'église à laquelle elle appartient à tant de titres.

Pour donner une idée des scènes de notre tenture, voici la description sommaire des cinq premiers tableaux, empruntée à M. de Farcy.

1er sujet : Saint Jean écoute la voix qui lui parle et prend le livre où il va écrire sa vision pour l'envoyer aux sept églises qui sont devant lui et que gardent sept anges.

2e sujet : Jésus-Christ est assis sur un trône entre sept chandeliers, le glaive passé en travers dans la bouche et sept étoiles rouges dans la main droite. Saint Jean se prosterne à ses pieds.

3e sujet : Saint Jean, sur le seuil d'une porte ouverte, regarde Jésus-Christ entouré de l'arc-en-ciel comme d'une auréole et assis sur un pliant à têtes d'animaux. Sept lampes pendent à la hauteur de son visage. Il est accompagné des quatre animaux, symboles des évangélistes. Les vingt-quatre vieillards sont rangés de part et d'autre : à gauche les prophètes, à droite les apôtres.

4e sujet : Un ange déroule le phylactère contenant l'appel à celui qui est digne d'ouvrir le livre. Saint Jean pleure de tristesse. Un vieillard s'approche de lui et, le prenant par son manteau, cherche à l'entraîner.

5e sujet : Debout à l'intérieur d'un édifice crénelé, saint Jean, regardant par la fenêtre, voit les

1. L'*Apocalypse* a été reproduite au trait par M. de Joannis dans un album in-folio sous ce titre : *Les tapisseries de l'Apocalypse de la cathédrale d'Angers, réduites au 10e*, avec texte, Angers, Lainé, 1864. — Mgr Barbier de Montault leur a consacré une notice explicative intitulée : *Les tapisseries du sacre d'Angers*, 1848, in-24. Mais c'est à M. de Farcy qu'il faut surtout avoir recours si on désire des renseignements exacts et complets. Depuis trente ans, M. de Farcy n'a cessé de creuser le sujet qu'il avait étudié dès 1876, et il a présenté récemment le résultat de ses patientes recherches dans son *Histoire et description des tapisseries de la cathédrale d'Angers* (Desclée, de Brouver et Cie, à Lille, in-4, s. d., 80 pages avec planches), qui forme un des chapitres de sa *Monographie de la cathédrale*. — Signalons aussi la série des photographies exécutées par M. Mieusement pour la Commission des Monuments historiques et reproduisant toutes les scènes de la tapisserie d'Angers.

vingt-quatre vieillards se prosterner devant Jésus-Christ en déposant leurs couronnes à ses pieds[1].

L'Apocalypse d'Angers présente, comme on l'a dit, un exemple excellent des opérations qui précèdent l'exécution d'une tapisserie. Et ce n'est pas seulement aux tapisseries du Moyen Age que s'applique cette remarque. Aujourd'hui encore, on doit se conformer aux mêmes travaux préparatoires qu'autrefois. Le tapissier, en effet, a besoin d'un modèle très précis, donnant, avec tous les détails de la composition, le dessin bien arrêté des personnages et des accessoires. L'auteur du modèle, pour procéder méthodiquement, ou bien s'est inspiré d'un dessin, c'est le cas de l'Apocalypse, ou il a inventé lui-même la composition. Le peintre présente une esquisse réduite, et, sur cette esquisse, acceptée ou reçue à correction, il exécute à la grandeur requise le carton définitif. Seulement, de nos jours, le modèle, presque toujours conçu comme un tableau et rendu avec les couleurs à l'huile, condamne le

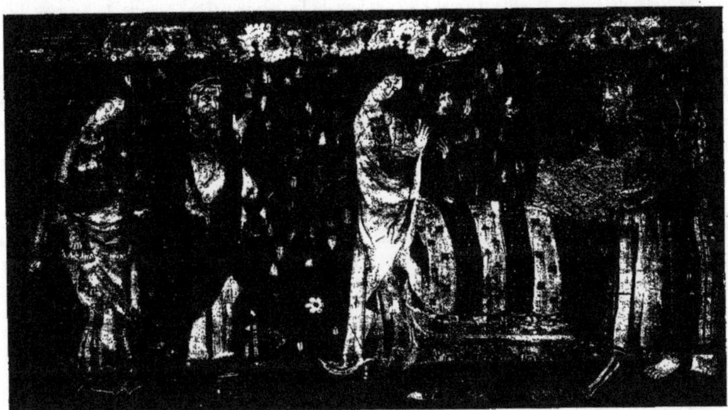

Fig. 11. — La Présentation au Temple, XIVe siècle (Musée des Arts décoratifs à Bruxelles).

tapissier à une reproduction minutieuse, on pourrait dire à une réplique servile de la peinture, tandis qu'autrefois, si les contours et les tons locaux se trouvaient très nettement arrêtés sur l'œuvre du peintre, le tisseur conservait une grande liberté d'interprétation dans l'application des couleurs. Aujourd'hui, un magasin de laines et de soies pour tapisseries contient des milliers de tons, afin que l'exécutant puisse rendre toutes les délicatesses du pinceau, alors qu'autrefois le tapissier ne disposait que d'éléments très restreints. Ils suffisaient aux anciens artisans pour produire d'incomparables chefs-d'œuvre; leur habileté professionnelle a su tirer un merveilleux parti de modèles souvent dus à de grands artistes. Aussi, ces modèles ne les condamnaient-ils pas à des recherches de couleurs presque intraduisibles. Mais combien il est difficile de rompre avec des habitudes séculaires, de renoncer à une routine où l'insouciance et la médiocrité trouvent leur compte! Et surtout, comment parviendra-t-on à démontrer aux peintres que le tapissier ne doit pas être un copiste, mais un collaborateur respectueux, bien que, dans une certaine mesure, indépendant. C'est à cette liberté d'exécution, il convient de le dire et de le répéter bien haut, que sont dues ces tentures du temps jadis, dont l'étude approfondie démontre que nos vieux artisans connaissaient et pratiquaient les véritables lois de l'art décoratif.

1. C'est le sujet qui a été reproduit en chromolithographie par M. Pralon, d'après une aquarelle de M. de Farcy pour *l'Histoire de la tapisserie depuis le Moyen Age jusqu'à nos jours*, publiée par la maison Mame, et que nous donnons ici à la page 19 (fig. 10).

La *Présentation au Temple* du Musée d'art décoratif de Bruxelles (fig. 11) est, croyons-nous, la seule tapisserie contemporaine de la tenture d'Angers qu'on connaisse. Découverte par un peintre espagnol, M. Leo y Escosura, dont elle décora longtemps l'atelier, elle parut à l'exposition spéciale de tapisseries de 1876 et fut immédiatement reconnue comme un des plus vénérables spécimens de l'art textile de notre pays. Comment les conservateurs de nos Musées ne cherchèrent-ils pas à assurer à leurs collections la possession de ce monument précieux? Comment le laissèrent-ils passer à l'étranger? C'est une question qu'on a malheureusement trop souvent l'occasion de répéter. Et cependant, dès son apparition, cette étoffe si délabrée avait été reconnue comme une précieuse relique de notre art national. Les analogies frappantes des figures de la Vierge, de saint Joseph, de l'enfant Jésus avec les miniatures du milieu du XIVe siècle avaient frappé tous les érudits et furent de nouveau constatées quand la *Présentation au Temple* reparut à Paris, lors de l'exposition des Primitifs français, en 1904. Que cette pièce date du dernier tiers du XIVe siècle ou remonte aux environs de 1360, comme le veulent certains archéologues, elle est certainement contemporaine de l'Apocalypse d'Angers. Ce sont à peu près les deux seuls ouvrages de haute lisse pouvant être attribués avec certitude au XIVe siècle, si on excepte toutefois les tapisseries de Cologne, d'Halberstadt et de Quedlinbourg, dont il a été question dans le chapitre précédent, et aussi quelques pièces égarées dans les Musées comme ces bandes d'origine allemande par le style et le sujet que l'on voit au Louvre et où des seigneurs et des dames se livrent à des divertissements champêtres [1].

1. Voyez, dans la *Notice des Émaux* du Louvre par M. Léon de Laborde, l'énumération de plusieurs ouvrages de fabrication allemande du XIVe et du XVe siècle (t. I, p. 415, n°s 1118, 1120, 1121). Comme les tapissiers allemands paraissent avoir reproduit fort tard les modèles anciens, ainsi que le prouvent certaines pièces datées, il en résulte une grosse difficulté pour assigner une date approximative aux œuvres d'origine allemande.

CHAPITRE III

Les tapisseries du xive et du début du xve siècle d'après les inventaires de Charles V et de ses frères. — Classification des tapisseries d'après leur sujet : 1° Scènes religieuses ; 2° Tableaux empruntés a l'histoire contemporaine ; 3° Sujets tirés des Chansons de geste et des romans de chevalerie ; 4° Chasses et scènes de la vie champêtre ; 5° Conversations galantes ; 6° Sujets allégoriques et satyriques ; armoiries. — Les tapissiers renommés de la fin du xive siècle. — Les peintres de modèles. — La tapisserie en Allemagne, en Italie, en Espagne, en Angleterre.

A aucune époque peut-être la tapisserie n'a été aussi recherchée que sous le règne des premiers princes de la maison de Valois. Les inventaires des grands seigneurs, des églises, des bourgeois, établissent le besoin de luxe et de magnificence qui se répandit subitement dans toutes les classes de la société sous le règne de Charles V et de son successeur. Ce fut une ère de prospérité inouïe pour notre industrie. Jamais les tapissiers n'eurent à interpréter un aussi grand nombre de sujets différents. Cela tient sans doute à diverses causes ; mais surtout à la modicité du prix de la main-d'œuvre et à la rapidité d'exécution de ces décorations mobiles faites pour donner l'illusion de la vie et de la campagne aux habitants des sombres demeures féodales.

Afin d'introduire quelque méthode dans l'étude des anciennes tentures, nous les classerons d'après les sujets qu'elles représentaient et dont nous ne connaissons plus guère que les titres. Elles peuvent se grouper de la manière suivante :

1° Scènes religieuses empruntées à l'Ancien et au Nouveau Testament ; la Vie de Jésus ; la Passion, l'histoire de la Vierge ; les légendes des saints.

2° Sujets de l'histoire contemporaine, tels que les victoires de Duguesclin, les batailles, les tournois, dont les héros vivaient encore.

3° Épisodes tirés des chansons de geste et des romans de chevalerie. Cette matière si abondante a fourni des thèmes inépuisables à l'imagination de nos vieux artistes, en même temps qu'à la poésie des troubadours et des trouvères.

4° Très goûtées de nos ancêtres, les chasses, les scènes de la vie champêtre, la représentation des mœurs des bergers ou des bûcherons sont représentées sur de nombreuses tentures.

5° La galanterie est en grand honneur dans les derniers temps du Moyen Age ; aussi, les scènes amoureuses, les conversations galantes obtiennent-elles un vif succès et sont-elles souvent retracées sur les tentures d'appartement.

6° Une dernière catégorie embrasserait les moralités, les scènes allégoriques et satiriques, avec les tentures armoriées.

Ces divisions vont nous permettre de présenter un tableau méthodique et succinct des manifestations de la tapisserie pendant la seconde moitié du xive siècle et la première partie du xve. Une fois les œuvres connues, nous étudierons leurs auteurs, nous signalerons les tapissiers les plus renommés de cette période, ceux qui, comme Nicolas Bataille, ont attaché leur nom à une œuvre capitale.

1° *Sujets religieux.* — Les tentures à sujets religieux ont naturellement une importance exceptionnelle ; elles sont souvent tissées des matières les plus riches. Ce sont les seules dont nous possédions quelques spécimens remontant au XIVe siècle dans l'*Apocalypse* d'Angers et dans *la Présentation au Temple* du Musée de Bruxelles. L'inventaire de Charles VI et ceux de ses frères signalent de nombreuses tapisseries de chapelle à sujets religieux. Beaucoup de ces scènes avaient certainement leurs prototypes dans les illustrations des manuscrits, car il n'était pas permis au peintre de s'abandonner aux caprices de son imagination quand il représentait les mystères de la foi. La méthode suivie par Hennequin de Bruges pour la peinture des scènes de l'Apocalypse fut sûrement pratiquée par les auteurs des modèles destinés au roi de France ou à ses frères.

A la mort de Charles V sont inventoriés, dans son garde-meuble, un grand tapis de *la Passion de Notre-Seigneur*, un grand tapis de la *Vie de saint Denis*, un autre grand tapis de la *Vie de saint Theseus*[1]. Il n'est pas question d'autres sujets religieux ; avouons que c'est peu. Le document se borne à une sèche énumération et n'entre dans aucune description.

Le mobilier du duc d'Anjou, le frère puîné de Charles, n'est pas beaucoup plus riche en scènes pieuses ; cela s'explique aisément[2]. Il fallait moins de tentures pour la décoration de la chapelle que pour la garniture des galeries, des chambres et des appartements princiers.

Louis d'Anjou possédait une *Annonciation de Notre-Dame avec les Trois Rois*, une *Vie de sainte Catherine*, un *tapis de saint Georges* et un autre *tapis de saint Georges qui se bat avec les Sarrazins*. Le duc semble avoir professé une dévotion particulière pour saint Georges, le type de la chevalerie militante.

Chez les autres frères du roi, Philippe le Hardi et Jean duc de Berry, les sujets de cette catégorie sont à peu près les mêmes. En 1395, le duc de Bourgogne achète pour neuf cents francs, de Jacques Dourdin, un de ses fournisseurs attitrés, un *Crucifiement*, un *Mont Calvaire* et une *Mort de la Vierge*, le tout destiné au roi d'Angleterre[3]. Il envoie, en 1398, au roi d'Aragon, une tapisserie des *Miracles de saint Antoine*. La même année, les Comptes mentionnent l'acquisition d'une *Histoire des Trois Rois*, table d'autel rehaussée d'or et de soie. Les scènes religieuses figurent en assez grand nombre dans l'inventaire du mobilier ducal dressé en 1404, après la mort de Philippe. C'est un *Couronnement de Notre-Dame*, tapisserie de chapelle, rehaussée d'or, une *Vie de sainte Marguerite*, deux pièces de la *Vie de saint Antoine*, une *Vie de saint Georges*, l'*Histoire de saint Denis*[3] ; toutes ces tentures sont enrichies d'or de Chypre. Chez la duchesse de Bourgogne, morte en 1405, l'inventaire mentionne une *Histoire de saint Georges* et un *Crucifix avec les quatre Évangélistes* ; peut-être quelques-unes de ces pièces avaient-elles appartenu au duc Philippe.

Notons un *Saint Louis* dans le mobilier de l'hôtel de Bohême, habité par Valentine de Milan lors de sa mort, en 1408. C'est la seule image du saint roi signalée par les inventaires du temps. La duchesse d'Orléans possédait aussi plusieurs tapisseries des *Credo* ou du *Grand Credo* et deux pièces de *l'Ancien et du Nouveau Testament*.

Le duc Jean de Berry, ce type achevé de l'amateur raffiné, ne pouvait manquer de professer pour les belles tentures un goût passionné. Dans le compte de liquidation de sa succession (1416) est inscrit en première ligne un « tapis de l'ouvrage d'Arras, hystorié à ymages d'or et « de soye, du *Trespassement de nostre Dame* », estimé 172 livres[4] ; puis, c'est un tapis de *l'Apocalypse*, sans or, et cepen-

1. Jules Labarte, *Inventaire du mobilier du roi Charles V*, p. 378, nos 3671, 3672, 3673.

2. Ledos, *Inventaire des joyaux de Louis Ier duc d'Anjou*, 1364-1365. La date donne un intérêt particulier aux tapisseries du duc. *Bibliothèque de l'École des Chartes*, t. L, 1889.

3. Jules Guiffrey, *Histoire de la tapisserie*, Mame, p. 36.

4. Jules Guiffrey, *Inventaires du duc de Berry* (1401-1416), Paris, 1894-96, 2 vol. in-8, t. II, p. 206, n° 1.

dant porté à un prix plus élevé que le précédent. Viennent ensuite deux tentures du *Petit* et du *Grand Credo* avec or[1], un *Couronnement de Notre-Dame*[2] rehaussé d'or et d'argent, la *Trinité*, aussi avec or et argent, un tapis de *la Madeleine*. Toutes ces pièces sortaient, d'après le compte, des ateliers d'Arras. Toutes accusent, par la richesse de la matière, le goût délicat du possesseur.

S'il nous était parvenu des documents sur le trésor des églises vers 1400, nous y rencontrerions certainement nombre de scènes religieuses tissées en laine et en soie. L'inventaire de l'église du Saint-Sépulcre de Paris[3] le prouve de reste; on n'y compte pas moins de sept ou huit tapis ou tapisseries dont voici le sujet : *La gezaine* (*gesine*) *Notre-Dame et les Trois Rois de Coulongne; Comment Nostre Seigneur presche aux Juifs en son enfance;* la *Remembrance Nostre Seigneur quand il va à l'escolle; l'Annonciation* et *le Couronnement de Notre Dame; Notre Dame et les III Rois de Coulongne; la Passion* et *la Résurrection Nostre Seigneur; Comment Nostre Seigneur entra en Jérusalem* et *l'Invention de la vraie Croix*. Les mêmes motifs reviennent souvent; il ne saurait en être différemment.

Un simple greffier au Parlement de Paris, Nicolas de Baye, avait décoré son logis de deux tapisseries de haute lisse; l'une d'elles représentait *la Passion et l'Ascension de Notre-Seigneur*[4]. Cet exemple montre assez à quel point les tapisseries à personnages étaient répandues jusque dans la classe bourgeoise.

En poursuivant cette énumération jusqu'à la mort de Charles VI nous atteindrons la fin de la période la plus prospère de la tapisserie. Après 1420, les événements politiques mettent la France entière dans une situation désastreuse pour les industries somptuaires. Les règnes de Charles VII et de Louis XI, tout absorbés par la lutte contre l'envahisseur étranger ou contre des vassaux trop puissants, laissent les métiers qui faisaient naguère la gloire des artisans parisiens disparaître l'un après l'autre. Les tapissiers de Bruxelles, de Tournai, de Bruges accaparent toutes les commandes au détriment des tisseurs de Paris et d'Arras.

L'Inventaire des tapisseries royales, prises et vendues, de 1422 à 1435, par les Anglais maîtres de Paris[5], nous a conservé d'instructifs détails sur les débris des trésors amassés par Charles V et par son fils. Voici les articles mentionnant des sujets religieux : « Deux grands tappiz des *Vielz Testament et du Nouvel*, appelez *les Passions*[6], une table d'autel de tappicerie d'Arras, à or et soye, où il y a un *Crucifiement*. » — « Une autre table d'autel, de tappicerie, à or et soye, où il y a un *Jugement*. » — « Une autre table, de tappicerie d'Arras, à or et soye, où il y a un *Saint Sauveur à deux espées*. » — « Ung tappiz de chappelle, de tappicerie de fille de Paris, à ung *Crucefilz*. » — « Ung autre tappiz de chappelle, de tappicerie de fille de Paris, à une *Annonciation*[7]. » Les tapisseries profanes sont bien autrement nombreuses dans les textes du temps que les tentures de chapelle.

Remarquons que les pièces dont l'origine est attribuée aux fabriques d'Arras contiennent des fils d'or, tandis que celles dites « de fil de Paris » semblent d'un travail plus ordinaire, d'une matière plus commune. Les tapissiers d'Arras ont gardé leur prestige, et la réputation de leurs œuvres prime celle de leurs rivaux. N'est-il pas singulier qu'en présence de cette universelle réputation des métiers de l'Artois, on connaisse à peine une seule tenture qui puisse leur être attribuée avec certitude? Car l'origine du précieux panneau de *la Présentation au Temple*, exposé au Musée de Bruxelles, restera toujours douteuse, et nous avons vu que l'*Apocalypse* était l'œuvre d'un artisan parisien.

1. Peut-être la tapisserie de la duchesse d'Orléans signalée plus haut.
2. Le duc de Bourgogne possédait une tapisserie semblable.
3. Émile Molinier, *Inventaire du trésor de l'église du Saint-Sépulcre de Paris en 1379*, dans les *Mémoires de la Société de l'Histoire de Paris et de l'Ile-de-France*, t. IX, p. 239-286.
4. L'autre était consacrée à « *l'istoire de Béatrix, fille du roy de Tyr*. » Voy. A. Tuetey, *Inventaire du trésor de Nicolas de Baye, chanoine de Notre-Dame, greffier du Parlement de Paris* (1419).
5. Cet inventaire a été publié dans la *Bibliothèque de l'École des Chartes* en 1887, t. XLVIII. — Il existe un tirage à part de cet article.
6. N°s 165 et 190 de l'Inventaire des tapisseries de Charles VI.
7. N°s 192, 193, 210, 211 de l'Inventaire des tapisseries de Charles VI.

L'*Histoire de saint Piat et de saint Éleuthère*, conservée dans le trésor de la cathédrale de Tournai, est donc la seule œuvre authentique, encore existante, des ateliers d'Arras. Cette tenture précieuse date de la fin du XIVe siècle, car l'inscription, aujourd'hui disparue, mais dont le texte a été conservé par d'anciens auteurs, portait le millésime 1402 et ajoutait que la tenture, donnée à l'église de Tournai par le chanoine Toussaint, avait été tissée à Arras par Pierrot Feré[1]. Aujourd'hui, l'*Histoire de saint Piat et de saint Éleuthère*, dont les dimensions primitives sont ignorées, mesure 21 m 85 de cours sur une hauteur de 2 m 08. Divisée en quatre bandes, comprenant quatorze tableaux dont la longueur varie de 1 mètre à 2 m 25, elle retrace, dans les premiers sujets, la vie et les miracles de saint Piat, dans les autres, l'histoire de saint Éleuthère. Le tout est tendu dans la sacristie qui renferme le trésor de l'église. Le tissu est en laine, sans mélange de soie ni de métal. La bordure a été ajoutée postérieurement à l'exécution des sujets. Les couleurs conservent encore une certaine fraîcheur, malgré les traitements barbares dont la tapisserie garde la trace. C'est d'ailleurs une qualité commune à tous les tissus anciens que cette vivacité de la coloration. Nous avons ici une nouvelle preuve que, si les anciens teinturiers ne savaient produire qu'un nombre restreint de tons, ces tons résistaient du moins longtemps à l'effet de la lumière.

Nous n'entrerons pas dans le détail des scènes représentées sur ces tentures. On en trouve l'explication avec une reproduction assez infidèle, il faut l'avouer, dans la monographie de M. Soil. D'ailleurs, les épisodes de cette légende rentrent dans le cycle habituel des hagiographies du Moyen Age. Le peintre fait successivement passer sous nos yeux la mission de saint Piat et de ses compagnons, son arrivée à Tournai, sa prédication, la destruction des idoles, la construction de l'église de Notre-Dame, le baptême d'Irénée et de sa famille. Scènes identiques pour saint Éleuthère : baptême des païens à Blandain; saint Éleuthère part pour Rome; il est confirmé évêque de Tournai; son sacre; il est tenté par Blanda; résurrection de Blanda; la peste de Tournai. Ces différents tableaux offrent d'intéressantes particularités : introduction du paysage dans les fonds, avec détails architectoniques rappelant le style flamand du temps. Les costumes civils ou religieux méritent aussi l'attention. En somme, bien que fort incomplète et très altérée par la vétusté et les restaurations, la tapisserie de Tournai doit être comptée pour un des plus précieux débris de l'art décoratif du Moyen Age.

2° *Scènes historiques contemporaines.* — De quel prix serait aujourd'hui la moindre tenture du XIVe siècle, représentant des sujets ou des personnages contemporains! On n'a évidemment représenté sur la trame que les événements dont l'importance avait causé une profonde impression dans la société du temps, les victoires ou les conquêtes retentissantes, ou bien encore les guerriers dont les services signalés avaient conquis une immense popularité. C'est précisément le cas pour le grand patriote dont la figure fut retracée maintes et maintes fois par les tapissiers parisiens et picards de la fin du XIVe siècle. Dès le jour de sa mort, Bertrand du Guesclin devient le héros populaire par excellence. Les inventaires enregistrent six ou sept tapis rappelant sa personne et ses luttes avec les Anglais. Quel homme de guerre, quel héros fut jamais l'objet d'un hommage aussi glorieux? Comme elle serait curieuse pour nous cette tapisserie de la *Bataille de Pont-Vallain*, mentionnée en 1404 dans l'inventaire après décès du duc de Bourgogne! Le plus fameux des succès du connétable ne pouvait être oublié quand on commémorait la rencontre de Pont-Vallain, et, de fait, une *Bataille de Cocherel* fait partie du mobilier de la veuve de Philippe le Hardi au moment de son décès (1405). Sur le sujet

1. Voici l'inscription, rappelant ces circonstances, publiée dans le volume de M. Eugène Soil sur *Les tapisseries du XVe siècle conservées à la cathédrale de Tournai*, avec XIV planches lithographiées par M. Ch. Vasseur (1881, in-4, Tournai, Vasseur-Delmée), d'après le manuscrit de la Bibliothèque de Bourgogne, n° 13762, p. 82 :

« Hujus episcopi tempore, Toussaint Prier, canonicus tornacensis, dedit tapetos pendentes et sedilia chori, ut patet in hos versus, iisdem tapetibus inscriptos :

Ces draps furent faicts et achevés
— En Arras par Pierrot Feré
L'an mil quatre cent et deux
— En décembre mois gracieux.

Paulo inferius :

Veuillez à Dieu tous saincts prier
Pour l'âme de Toussaint Prier. »

Le donateur, aumônier de Philippe le Bon, mourut le 15 octobre 1437.

de ces deux pièces, les textes sont assez explicites pour ne laisser place à aucune incertitude.

Mais à quel fait contemporain faisait allusion cette « *Histoire de Bertrand du Guesclin* », vendue au duc de Bourgogne, dès 1386, pour 800 francs, par le tapissier parisien Pierre de Beaumetz, le rival en réputation de Nicolas Bataille et de Jacques Dourdin. Cette tapisserie, terminée cinq ans à peine après la mort du connétable et commandée par conséquent au lendemain même de ses funérailles, ne serait-elle pas la même pièce que la *Bataille de Cocherel* ou la *Bataille de Pont-Vallin*; c'est possible; mais comment prouver cette identité? La difficulté est d'autant plus grande que les deux autres maîtres tapissiers dont les noms viennent d'être rappelés livrent chacun, au cours de l'année 1395, « *un tapis de Paris de Bertram de Claiquin.* » Pas de confusion possible cette fois, puisque ces trois

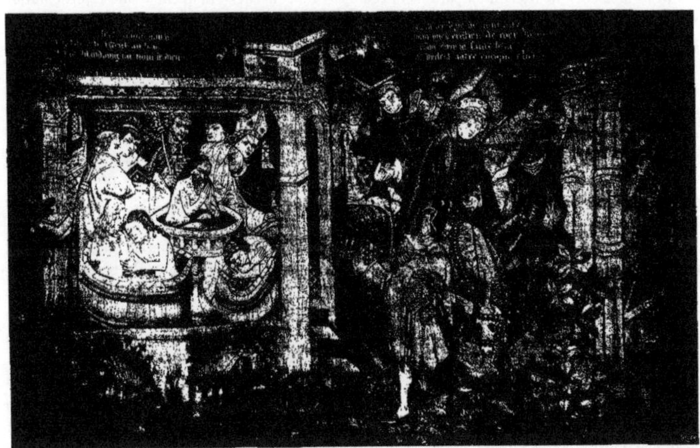

Fig. 12. — Saint Piat et Saint Éleuthère baptisant les païens, atelier d'Arras, 1402 (Cathédrale de Tournai).

pièces, achevées en 1386 et 1395, sont de trois auteurs différents : Beaumetz, Bataille et Dourdin. Quel témoignage plus éclatant pourra-t-on jamais citer de la glorieuse popularité du grand batailleur breton! Et ce n'est pas tout. Les Anglais trouvèrent dans le mobilier du roi Charles VI[1] « *un grand tappiz de haulte lice, appelé Bertram.* » Il fut mis à l'encan avec les autres tentures de la couronne de France. A peine mort, Du Guesclin est donc jugé digne d'honneurs plus qu'humains. L'antiquité l'eût mis au rang des demi-dieux. Le XIVe siècle en fit un dixième preux et lui accorda cette consécration suprême dès le lendemain de son trépas; c'est le titre que lui donne la complainte funèbre composée par un poète anonyme et patriote[2]. C'est aussi sous cet aspect qu'il paraît dans l'inventaire

1. *Bibliothèque de l'École des Chartes*, t. L, n° 182 de l'inventaire.

2. La complainte, écrite aussitôt après la mort du vaillant connétable et que Crapelet a publiée dès 1835, d'après un manuscrit de la Bibliothèque nationale contenant aussi le Poème sur le Combat des Trente, consacre l'intronisation de Duguesclin parmi les Preux dans la strophe suivante :

Puisqu'il est mort, qu'il soit mis en la table
De Machabée, premier preux de renom,
De Josué, David le raisonnable,
D'Alexandre, d'Hector et Absalon,
D'Arthus, Charles, Godefroy de Bouillon;
Or soit nommé le dixième des lors
Bertrand le Preux qui servit en prodon
L'écu d'azur à trois fleurs de lis d'or.

M. Édouard Toudouze a tout récemment inscrit les vers de cette complainte funèbre sur la tapisserie destinée à la grand'chambre du palais de justice de Rennes, représentant les Funérailles de Duguesclin.

d'un des châteaux du comte de Savoie en 1497-98[1] : « Neuf pangs de tappisserie où sont en chascun « ung des neuf Preux et une fame, les armes auprès d'eulx dessoubz ung pavillon, leurs nomz « dessus escrips et ung petit pang de mesmes verdure, où *est la pourtraicture de Bertrand de « Charguin.* » C'est, au total, sept mentions de tapisseries rappelant et exaltant les hauts faits du héros breton dans le petit nombre de textes connus. Trouverait-on dans toute notre histoire un autre exemple d'une pareille apothéose? Rien ne saurait donner une idée plus exacte du sentiment populaire qu'un pareil hommage, et, à ce titre, la tapisserie devient en quelque sorte un étiage de la renommée des personnages historiques.

Quant aux grandes scènes historiques, on en rencontre de deux sortes qui frappèrent vivement l'imagination des nobles seigneurs contemporains et leur parurent mériter l'honneur d'une représentation en tapisserie. Ce sont d'abord les faits militaires, comme la *bataille de Pont-Vallin* ou de *Cocherel*; ce sont aussi ces images de la guerre, auxquelles se complaisaient les vaillants chevaliers, quand la paix leur imposait des loisirs. D'un côté donc, représentation de batailles et de victoires; d'un autre, commémoration des plus célèbres tournois, où les meilleurs champions des nations rivales se rencontraient en champ clos. Dans la première de ces catégories rentrent la *Bataille de Roosebecke* et la *Bataille de Liège*, appartenant l'une et l'autre au duc de Bourgogne. Aux jeux guerriers et aux tournois se rattachent le *Combat des Trente*, aussi dénommé le *tapis Beaumanoir*, les *Joutes de Saint-Inglevert*, dites parfois *tapis Boucicaut*, enfin les *Joutes de Saint-Denis*. De ces précieux monuments, pas un débris ne subsiste. Nous allons du moins grouper ici les détails qu'il a été possible de recueillir sur chacun d'eux.

On rappellera enfin le souvenir d'un curieux panneau en tapisserie où le roi Charles VI paraissait sur son trône au milieu de ses pairs et dont une médiocre planche du XVIIe siècle a seule conservé la disposition générale. Il était conservé, quand Montfaucon le connut et le fit reproduire[2], dans la chapelle impériale de Bruxelles. On ignore ce qu'il est devenu. A signaler aussi une pièce du XVe siècle représentant le Mariage de Catherine de France avec le roi d'Angleterre Henri V, mentionnée par un auteur du XVIIIe siècle[3]. C'est le seul souvenir qui nous reste de ce petit monument historique.

La tapisserie de la *Bataille de Roosebecke* avait été commandée par Philippe le Hardi à un des artisans les plus habiles d'Arras, Michel Bernard. Si on en juge par le prix, le duc attachait une importance capitale à ce travail. Le modèle coûtait 200 francs d'or, et le prix de la tapisserie s'élevait à 1.600 francs d'or; aussi, était-elle ouvrée d'or et d'argent de Chypre sur fond de verdure. Le duc témoignait d'une grande hâte à entrer en possession de cette glorification du succès des Français sur les Flamands révoltés. L'événement datait de 1382; dès 1387, la tapisserie était livrée. Et cependant, elle ne mesurait pas moins de 56 aunes de longueur sur 7 aunes un quart de hauteur, soit 395 mètres carrés environ. Jamais tenture n'avait atteint de pareilles proportions. On constata bientôt les défauts de ces dimensions exagérées. Quelles difficultés pour remuer et transporter un pareil poids, pour soulever et tendre une pièce de cette étendue! Aussi, fallut-il trouver un remède à ces inconvénients. Dès 1402, la tapisserie de Roosebecke était coupée en trois panneaux; elle devint ainsi plus maniable; cela ne devait pas suffire, car, plus tard, on divisa encore en deux pièces chacun des trois panneaux. C'est dans cet état qu'elle paraît, en 1536, pour la dernière fois, dans un inventaire de Charles-Quint qui la déclare « fort vieille et trouée ».

Trois tentures du temps de Charles VI, avons-nous dit, célébraient des combats en champ clos; c'étaient le fameux *Combat des Trente*, les *Joutes de Saint-Inglevert*, et ce *Tournoi de Saint-Denis*

1. Pietro Vayra, *Inventari dei castelli di Ciamberi, di Torino e di Ponte d'Ain* (1497-98), Torino, 1873, in-8, n° 580.

2. Dom Bernard Montfaucon, dans ses *Monuments de la Monarchie française*, a fait graver cette tapisserie en une gravure qui donne peu l'idée du caractère de l'original. Nous l'avons cependant fait reproduire à cause de la rareté des sujets historiques de cette date.

3. Grignon Vandeberghe, dans ses *Voyages de Genève et de Touraine*, 1779, in-12.

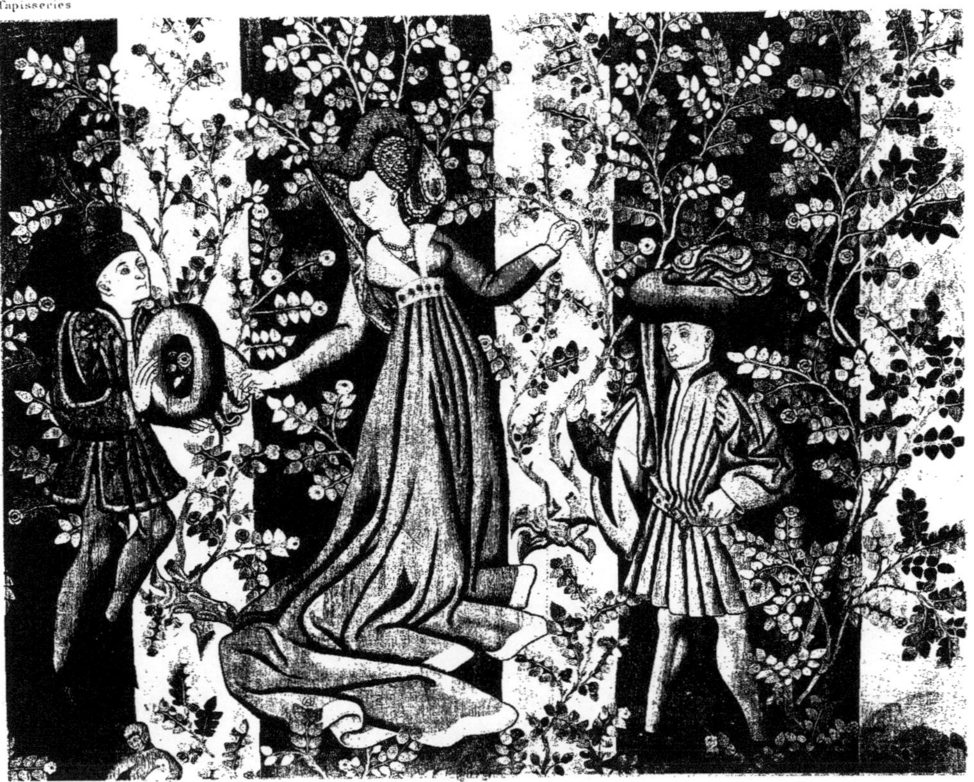

TAPISSERIE À FOND TRICOLORE AVEC PERSONNAGES

ATELIER FRANÇAIS _ MILIEU DU XVe SIÈCLE

dont l'éclat avait laissé un brillant souvenir chez tous les contemporains. La rencontre des trente Bretons contre trente chevaliers ou écuyers anglais près de Ploermel eut lieu en 1351 ; elle reçut, avant la fin du XIVe siècle, la consécration de la tapisserie. Un article des comptes du duc de Bourgogne, en date du 23 novembre 1383, mentionne la dépense d'un ruban pour « rubanner quatre grans draps de hautliche, l'un de la bataille des Trente, que Monseigneur a nagueres fait acheter[1]... » La même scène reparaît encore dans l'inventaire de 1422 dont il a été question ci-dessus ; elle y est estimée 91 livres 4 sous parisis. Son exécution était bien antérieure, puisque, dès 1396, un tapissier parisien de marque, Jean de Jaudoigne, avait été chargé de réparer plusieurs trous et déchirures. Cet article constate que la tapisserie était de laine fine avec mélange d'or et d'argent.

Ce Combat des Trente porte quelquefois le nom de *tapis Beaumanoir*, d'après l'assimilation qui attri-

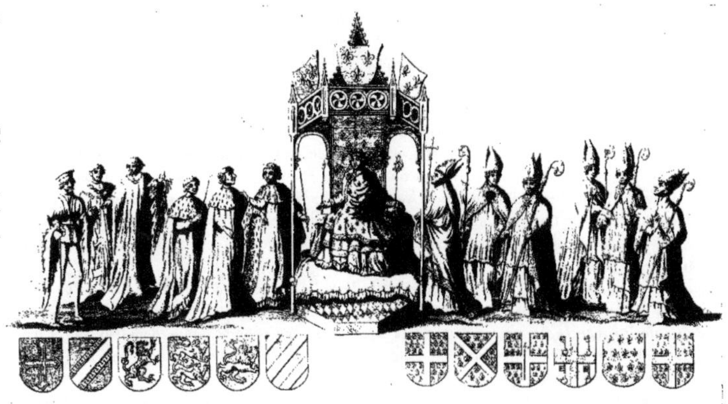

Fig. 13. — Couronnement de Charles VI entouré des douze pairs. Gravure de Montfaucon d'après une tapisserie du XVe s.

bue souvent à la représentation des Joutes de Saint-Inglevert le nom de *tapis Boucicaut*. Jean Malingre, sieur de Boucicaut, dont les hauts faits ont été célébrés en vers par un poète contemporain, avait fait proclamer en tous pays que, pendant trente jours, du 20 mars au 20 avril 1390, il se tiendrait, assisté de deux bons compagnons, à la disposition de tous gentilshommes étrangers voulant se mesurer avec lui. Le lieu de la rencontre était fixé à Saint-Inglevert, entre Boulogne et Calais. Ce défi répondait trop bien aux goûts du temps pour ne pas obtenir un vif succès. Les champions de l'Angleterre ne firent pas défaut. On se sépara avec la plus grande courtoisie, après avoir combattu plusieurs jours[2]. Telle était la scène qu'un tapissier dut représenter presque aussitôt après l'événement, car, dès 1396, ce Jean de Jaudoigne, à qui avait été confié le *Combat des Trente*, était appelé à donner les mêmes soins aux *Joutes de Saint-Inglevert*, déjà fort dégradées[3]. Cette tapisserie se retrouve, en 1422, dans le mobilier de Charles VI avec deux autres pièces de haute lice qui, sous la dénomination de *tapis Boucicaut*, reproduisent aussi les épisodes du glorieux tournoi.

1. Bernard et Henri Prost, Inventaires mobiliers et extraits des comptes des ducs de Bourgogne, t. II, n° 815.

2. Voyez le récit détaillé du tournoi de Saint-Inglevert dans l'*Histoire de M. Jean de Boucicaut, mareschal de France*, etc., publiée par Théodore Godefroy, en 1620, Paris, Pacard, in-4, chap. XVII, p. 58. « De l'emprise que messire Boucicaut feit luy troisiesme de tenir « champ trente jours à tous venans, entre Boulougne et Calais, au lieu « que ou dict Sainct Tin le Vert. »

3. Douet d'Arcq, *Comptes de l'Argenterie des rois de France au XIVe siècle*. Voy. à la table le mot *Tapissiers*.

Un souvenir de même nature que le brillant exploit de Boucicaut fut encore retracé sur la tapisserie des *Joutes de Saint-Denis*. A l'occasion de la réception de son frère Charles d'Orléans et de son cousin Louis d'Anjou dans l'ordre de la chevalerie, le roi Charles VI donna dans la vieille abbaye des fêtes qui se terminèrent par une orgie épique dont le retentissement fut immense. Telle est l'origine de cette tapisserie. Le prince avait voulu consacrer par un monument durable la mémoire de ces réjouissances dont l'anonyme de Saint-Denis a noté dans sa chronique les principaux épisodes. Il commanda aux deux tapissiers parisiens en vogue, Nicolas Bataille et Jacques Dourdin, toute une chambre, « à ymagerie d'or et de fin fille d'Arras... de tappisserie de haute lisse », ne comprenant pas moins de dix pièces et mesurant 285 aunes carrées ; elles furent payées, en 1398 et 1399, six mille cent trois livres. L'inventaire, déjà souvent cité, de 1422, donne une description curieuse d'un des sujets de la tenture. « Le champ vermeil, dit le texte, a feuilles de « chesne d'or et arbroyé de plusieurs arbres d'or, et a deux personnes, l'un d'un homme armé, à « cheval, et l'autre d'une dame qui le maine, et au dessus, les personnaiges de deux Roynes et « d'une dame, tous lesdiz personnaiges ouvrez et faiz d'or et de soye ; et oudit ciel a une touffe de « boys de chesnes grans, tous d'or et de soye, un estendart d'or tout desployé et des lances, et à « chascun costé un personnage de hommes qui ferrent lances et plusieurs lances qui sont espandues « par le champ[1] ». Avec une telle précision de détails il serait presque possible de reconstituer la scène. La fameuse tapisserie du *Tournoi*, conservée à Valenciennes, donne une idée approximative de ces *Joûtes de Saint-Denis*. La tenture, comme on l'a dit, ne comptait pas moins de dix tableaux, le tout estimé 344 livres 10 s. Quelle diminution de valeur en une vingtaine d'années seulement ! En 1422, ces panneaux formaient la décoration complète de ce qu'on appelait alors une chambre de tapisserie, comprenant ciel, dossier — c'est sur le dossier qu'était tissée la scène décrite plus haut, — couverture, dix grands tapis et un petit.

D'une date plus récente étaient les six pièces de la *Bataille de Liège*, où le duc Jean sans Peur avait fait retracer la sanglante répression de la révolte des Liégeois. C'était en quelque sorte le pendant de la *Bataille de Roosebecke*. Le prix s'élevait à la somme énorme pour le temps de 3.080 francs d'or. Un tapissier d'Arras, Rifflard Flaymal, avait été chargé de l'exécution qui dura trois ans à peine, car la tenture était terminée en 1411[2].

Nous avons à peu près épuisé la liste des tapisseries de la fin du XIVe siècle, représentant des scènes d'histoire contemporaine, car on ne saurait comprendre dans cette catégorie ni l'*histoire du roi Clovis*, dont la cathédrale de Reims possède plusieurs panneaux, ni la *Conquête de l'Angleterre par Guillaume de Normandie*. Ces pièces, consacrées au souvenir d'événements déjà anciens, rentrent dans une autre catégorie et appartiennent plutôt à la famille des sujets inspirés des chansons de geste et des poèmes chevaleresques. C'est une série qui occupe d'ailleurs une large place dans les commandes des grands seigneurs du Moyen Age.

Rien ne caractérise mieux l'évolution de l'art au XIVe siècle que ce goût des sujets modernes ou contemporains. Auparavant, peintres et sculpteurs étaient soumis à des formules étroites et invariables ; ils ne devaient pas s'écarter d'un certain rituel dont les règles précises arrêtaient tout essor, empêchaient toute initiative. De l'avènement des Valois date l'affranchissement de la peinture et de la sculpture. Les statuaires désormais chercheront à se rapprocher de la nature, copieront les traits des personnages vivants, donneront aux corps et aux draperies la vie et l'apparence de la réalité. Les peintres s'essayeront à reproduire les scènes qu'ils ont sous les yeux ; le paysage se substitue aux dessins géométriques et réguliers. La tapisserie, elle aussi, bénéficie des idées nouvelles ; elle va se

1. *Inventaire des tapisseries de Charles VI, vendues ou dispersées par les Anglais de 1422 à 1435.* Bibliothèque de l'École des Chartes, 1887, t. XLVIII, p. 88 et 407 et p. 63 du tirage à part.

2. Dom Plancher, l'historien de la Bourgogne, a laissé une description détaillée de cette tenture, description bien précieuse en raison de la perte du monument.

débarrasser de ces conventions imposées par l'art monastique du XIIe et du XIIIe siècle. Elle demandera désormais ses inspirations aux personnages et aux événements récents. C'est une véritable révolution dans toutes les manifestations de l'art ; cette révolution date du règne de Charles V, du dernier tiers du XIVe siècle, et c'est à la cour de France qu'on en surprend les premières manifestations, il ne faut pas l'oublier. Car l'Italie restera enfermée pendant un siècle encore dans le cycle de l'Ancien et du Nouveau Testament. L'artiste donnera, il est vrai, aux personnages anciens les traits et le costume de ses contemporains ; mais il ne se hasardera guère, avant le XVIe siècle, à représenter les scènes dont il a été le témoin.

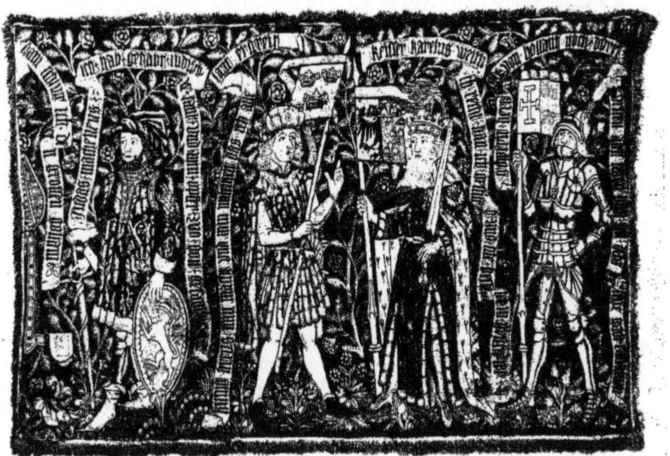

Fig. 14. — Judas Macchabée, Artus, Charlemagne et Godefroy de Bouillon. Tenture des Preux. XVe siècle (Musée historique de Bâle).

3° *Sujets empruntés aux chansons de geste et aux romans de chevalerie.* — Les chansons de geste et les romans de chevalerie, avons-nous dit, fournissent d'innombrables motifs à l'imagination des artistes du Moyen Age et notamment aux tapissiers. Dans l'impossibilité de passer en revue tous ces sujets fabuleux, dont l'explication se trouve dans les manuscrits anciens, nous nous arrêterons à trois ou quatre épisodes qui jouissaient d'une faveur spéciale et ont par suite tout particulièrement inspiré les dessinateurs de modèles.

Au premier rang de ces légendes populaires se place celle des Preux. Elle apparaît dès le début du XIVe siècle et acquiert bien vite une si grande faveur qu'on ne tarda pas à lui donner un pendant en créant la suite des Preuses [1]. Nous avons cité plus haut les vers décernant à la mémoire de Du Guesclin, comme un suprême honneur, le titre de dixième Preux. Trois héros païens, Hector, Alexandre, César ; trois Hébreux, David, Josué, Judas Macchabée ; trois chevaliers chrétiens, Artus, Charlemagne,

1. M. Paul Meyer a publié dans le *Bulletin de la Société des anciens textes* de 1883 (n° 2) une étude sur les Neuf Preux ; d'après lui, cette légende remonterait au poème des *Vœux du Paon*, composé par Jacques de Longuyon vers 1312, et où les neuf paladins sont cités dans l'ordre qu'ils gardent durant tout le XIVe siècle ; mais il constate qu'on rencontre, à une date antérieure, c'est-à-dire dès le XIIIe siècle, notamment en Provence, des poèmes célébrant les trois héros de l'antiquité mis en regard de trois héros hébreux.

Godefroy de Bouillon, composent cette trilogie dont il est très souvent question dans les inventaires du Moyen Age. Un tapis des neuf Preux appartenait au duc Louis Ier d'Anjou; deux autres sont mentionnés dans l'inventaire de Charles V. Nous les retrouvons dans le mobilier du duc de Bourgogne et de Jean de Berry; cette fois, ils ont pour compagnon le héros de la guerre contre l'Angleterre. Si de ces représentations anciennes des Preux il subsiste très peu de fragments, des tentures du début du XVIe siècle attestent que leur souvenir resta très vivant et très populaire jusqu'en pleine Renaissance [1]. On a signalé précédemment un article de l'inventaire du comte de Savoie où paraît Duguesclin et où chacun des Preux se présente accompagné d'une femme; il s'agit évidemment d'une Preuse; nous ne connaissons que cet exemple d'un pareil rapprochement. L'origine des Preuses remonterait au règne de Charles VI; dans l'inventaire de ce prince, plusieurs articles [2] nous donnent les noms des héroïnes ainsi glorifiées. Toutes appartiennent à l'antiquité; la plupart figuraient parmi les Amazones. C'est d'abord la reine Pentasilée, dont l'église d'Angers possède une si curieuse représentation en tapisserie, qui passait naguère pour une figure de Jeanne d'Arc; les autres Preuses s'appelaient Déyphile, Argentine, Synope, Hippolyte, Thamaris, Teuca, Ménalipe, Sémiramis et Lampheto.

Comme on le voit par la tapisserie récemment découverte à Saint-Maixent [3], les Preux sont souvent représentés à cheval; chacun d'eux porte un écusson qui pourrait le faire distinguer de ses compagnons, même si son nom n'était pas inscrit à côté de lui. Bien souvent, près du guerrier, un sixain en vers monorimes célèbre ses exploits. Une de ces pièces débute ainsi :

Je sui Hector de Troie où li pooir fu grans.

Il existe encore un certain nombre de tentures des Preux; d'abord les pièces de Saint-Maixent avec six personnages : Josué, David, Hector, César, Artus, Godefroy de Bouillon; un Godefroy de Bouillon décorait, il y a une vingtaine d'années, le château du vicomte de Matharel, à La Grange-sur-Allier. Les statues des Preuses garnissaient le manteau de la cheminée monumentale du château de Coucy dont le dessin nous a été conservé par Ducerceau [4]. Une des preuves les plus caractéristiques de l'immense succès de cette double trilogie héroïque est la survivance de nos personnages dans les figures des jeux de cartes. Ces types furent consacrés dès le XIVe siècle, et on leur donna les noms des héros légendaires en vogue. Les habitués de nos cercles modernes ne se doutent guère que les quatre rois de cœur, de carreau, de pique et de trèfle, Charles, César, David et Alexandre, sont tout simplement les Preux du Moyen Age, célébrés par les poètes et les tapissiers. Josué, Judas Macchabée, Artus et Godefroy ont été laissés de côté. Hector est devenu le valet de carreau. Cette tradition se transmet sans changement à travers les révolutions de la mode, et, dès le début

1. De très nombreux travaux ont été consacrés à l'histoire des Preux. Sans prétendre donner ici la bibliographie complète du sujet, nous signalerons les études les plus importantes après celle de M. Paul Meyer, signalée plus haut : Jules Guiffrey, Note sur une tapisserie représentant Godefroy de Bouillon et sur les représentations des Preux et des Preuses, au XVe siècle, dans les *Mémoires de la Société des Antiquaires de France*, 1879; X. Barbier de Montault, La tapisserie marchoise des Neuf Preux, dans le *Bulletin de la Société archéologique et historique du Limousin*, 1894, t. XLI; du même, Les tapisseries des Preux à Saint-Maixent, dans la *Revue Poitevine et Saintongeoise*, 1893, avec planches. Une partie des tapisseries décrites dans ce dernier article sont aujourd'hui au château de Langeais.

Dans l'inventaire des meubles trouvés au château de Josselin après la mort du connétable de Clisson (1407), inventaire publié par M. François Bruel (*Bibliothèque de l'École des Chartes*, 1905, t. LXVI), figurent « quatre tapiz d'Arras qui sont des douze pers ». La présence de la représentation des douze pairs chez le compagnon d'armes de Duguesclin ne mérite-t-elle pas d'être notée ?

Les Preux figurent encore dans divers manuscrits, notamment dans le no 12598 du fonds français de la Bibliothèque Nationale. — Pierre Gérard, imprimeur d'Abbeville, publie, en 1487, le *Triomphe des Neuf Preux*, réimprimé, en 1507, à Paris, par Michel Le Noir. Enfin, l'Armorial du héraut Berry (Bib. Nat., fr. 4985) contient une suite d'estampes xylographiques des plus curieuses où chaque Preux est représenté à cheval, avec une inscription en six vers monorimes de douze pieds. On trouvera ici la reproduction d'une de ces estampes (fig. 15).

Didron écrit dans les *Annales archéologiques* (XVII, 131) : « Les sculptures, les peintures murales, les émaux, les tapisseries, les vitraux qui représentaient les Neuf Preux et leurs exploits étaient autrefois innombrables. Les manuscrits sont encore remplis de précieuses miniatures qui reproduisent leurs effigies et leurs écussons armoriés. »

La reproduction de la tapisserie allemande du Musée de Bâle représentant les trois Preux chrétiens (voy. ci-contre fig. 14) avait déjà paru dans la publication intitulée *Kunst im Hause*, Detloff, Bâle, vers 1880.

2. Sur les Preuses, voyez l'Inventaire des tapisseries de Charles VI, articles 150, 151, 152, 153, et les notes où sont donnés quelques éclaircissements sur ces personnages fabuleux.

3. X. Barbier de Montault, *La tapisserie des Preux à Saint-Maixent* (Deux-Sèvres). Extrait de la *Revue Poitevine et Angevine*, 1893, in-8, 119 p. et 6 planches.

4. Viollet-le-Duc, *Dictionnaire d'architecture*, t. III, p. 201, au mot cheminée.

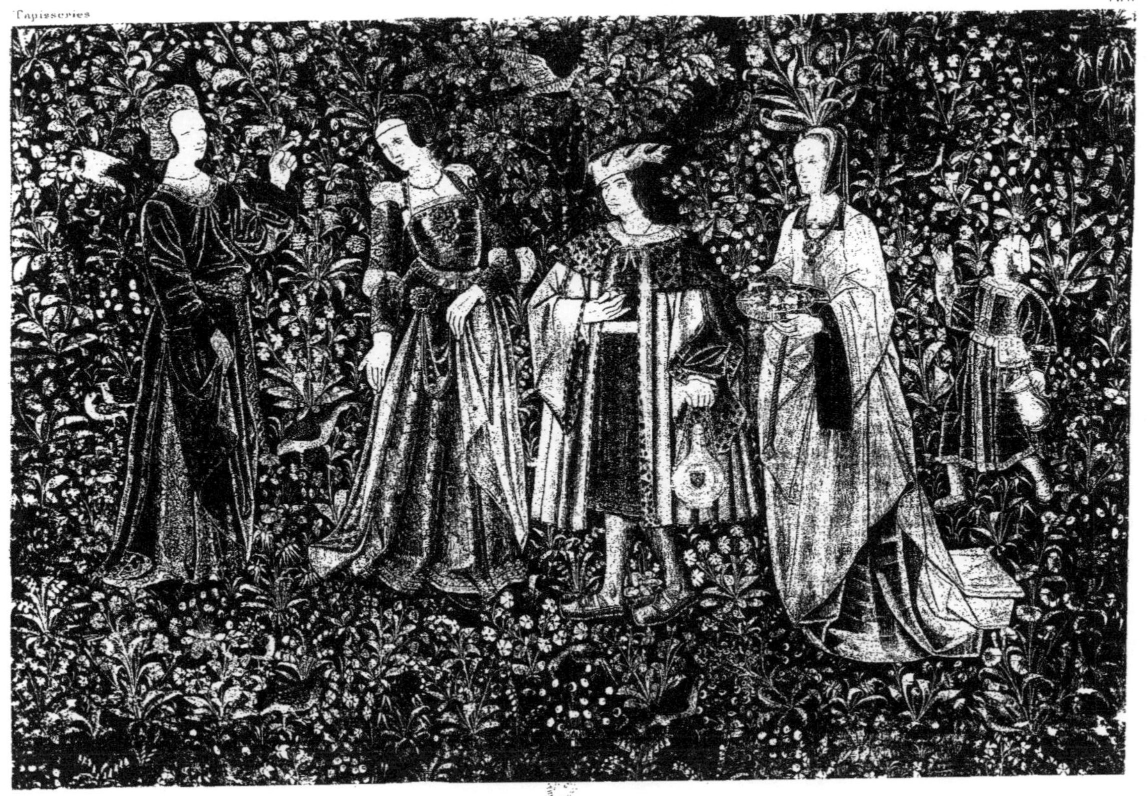

PROMENADE DANS LA CAMPAGNE

ATELIER FRANÇAIS FIN DU XVe SIÈCLE

Musée des Arts décoratifs de Paris

du XVIIe siècle, les noms des quatre rois du jeu de cartes sont fixés ; ils n'ont guère varié depuis [1].

Après la légende des Preux, le cycle de Charlemagne et de ses Pairs est le souvenir historique le plus souvent reproduit sur les tapisseries du roi Charles VI et de ses frères. La légende de Charlemagne fut répétée à maint exemplaire ; puis paraissent *Charlemainnet*, les *Quatre fils Aymon* [2], *Roland et Olivier*, les *Douze Pairs de France*, enfin quantité de héros légendaires qui ont laissé leur nom à des poèmes connus : Doon de Mayence, Guy de Bourgogne, Renaud de Montauban, Beuve de Hanstonne, Milon de Beauvais, Lyon de Bourges, Parceval le Gallois, Guillaume au Court Nez, le duc d'Aquitaine et Fleurence de Rome, Lancelot et la reine Guemenie, Girart de Nevers,

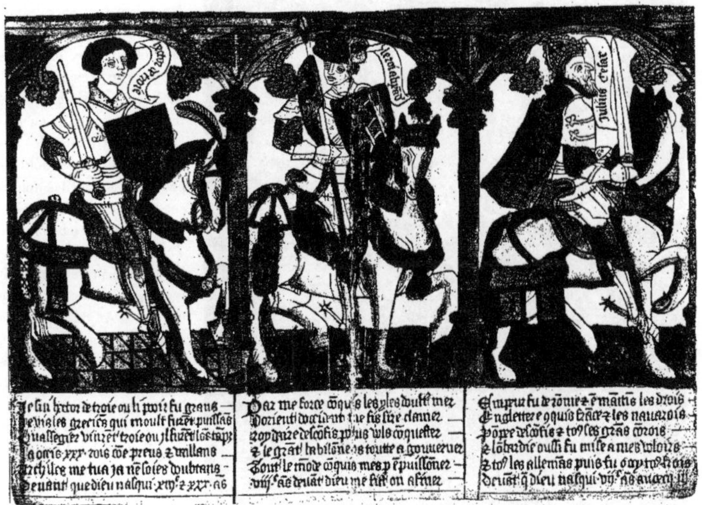

Fig. 15. — Hector, Alexandre, César, de la suite xylographique des Preux.

Aubri le Bourguignon, etc. [3]. Cette énumération donne une idée de l'extrême variété d'inspirations fournies par les textes littéraires et ayant probablement pour point de départ les miniatures des manuscrits.

Rien de plus utile pour l'explication des tentures médiévales que l'étude des anciennes poésies ; par contre, il est arrivé qu'un personnage encore inconnu des érudits était signalé sur une tapisserie dont une découverte ultérieure dans les bibliothèques venait ensuite révéler la biographie. Ainsi, l'histoire des tapisseries anciennes se lie intimement à celle des traditions et des manuscrits de cette période.

1. Henry D'Allemagne, *Les Cartes à jouer du quatorzième au vingtième siècle*, 2 vol. in-4, Hachette, 1906. Nous ne parlons pas ici, bien entendu, des jeux de cartes avec allusions politiques.

2. Quelquefois le texte indique sommairement l'épisode choisi par le peintre, ainsi : « les quatre filz Haymon, comment ils combattent l'ost de Charlemagne » ou « comment ils furent assaillis près de Valcouleur » (Inv. du duc Louis I d'Anjou, n°s 33, 36).

3. Ces mentions sont empruntées aux inventaires des rois Charles V et Charles VI, et des ducs d'Anjou, de Berry et de Bourgogne. Il arriva sans doute que plus d'une pièce passa de l'un à l'autre de ces princes, et, ainsi, la même tapisserie peut se rencontrer dans plusieurs inventaires sous des dates différentes.

Il faudrait, pour les bien commenter, connaître à fond toutes les productions poétiques de l'ancienne littérature nationale. En même temps, la connaissance des inventaires de tapisseries apporterait souvent des révélations imprévues aux éditeurs d'anciens textes. Mais le jour n'est pas encore arrivé où ces deux études parallèles auront été poussées assez loin pour se compléter et se prêter une assistance réciproque.

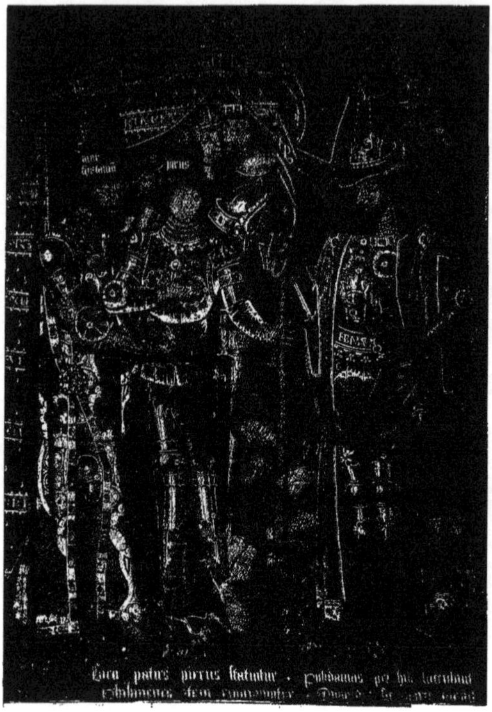

Fig. 16. — Pyrrhus revêtant son armure. Sujet de la guerre de Troie, xve siècle. (Musée de Kensington.)

Dans la classe des légendes poétiques rentrent les souvenirs de la guerre de Troie et du siège de Jérusalem. Ces deux grands événements historiques ont produit une profonde impression sur l'esprit de nos ancêtres; aussi les ont-ils rappelés souvent, en les embellissant d'épisodes romanesques, et se sont-ils plu à en retracer les détails sur les murs de leurs châteaux. La *Destruction de Troie* a trouvé de nombreux interprètes; elle est racontée sur une tapisserie du duc d'Anjou[1], sur une autre pièce appartenant à Valentine de Milan[2]; elle figure enfin dans les inventaires des comtes de Savoie[3]. Elle a pour nous cet intérêt spécial de figurer sur de nombreuses tapisseries qui ont échappé à la destruction. Dès 1840, Achille Jubinal faisait dessiner deux fragments mutilés, retrouvés au château de Bayard dans le Grésivaudan; sur l'un d'eux se voyait la reine des Amazones, Penthasilée, combattant au milieu d'une mêlée furieuse de Grecs et de Troyens; l'autre montrait le jeune Pyrrhus s'armant pour le combat, scène reproduite en tous ses détails sur un des dessins récemment acquis par le Musée du Louvre[4]. Les épisodes de la guerre de Troie se déroulent aussi sur les pièces d'Aulhac, également publiées par Jubinal, et aujourd'hui conservées au tribunal d'Issoire. Plusieurs sont également conformes aux dessins du Louvre. Naguère, nous signalions divers fragments d'une série de

1. Exécutée en 1365.
2. L'inventaire de la duchesse d'Orléans est de 1407.
3. En 1494.
4. Voy. les fig. 16 et 17, aux pages 34 et 35.

tentures sur la Guerre de Troie, égarée en quelque sorte dans la salle d'audience du tribunal de Montereau[1]. Les noms d'Hélène, d'Ajax, de Priam, d'Enée ne laissent aucun doute sur les personnages représentés ; mais ce dernier travail est certainement d'une date plus récente que les précédents ; il nous paraît avoir été exécuté au plus tôt au XVIe siècle. Enfin, deux autres fragments plus anciens, gracieusement signalés par leur propriétaire, le comte Schouwaloff, furent reproduits jadis dans notre *Histoire générale de la tapisserie*[2].

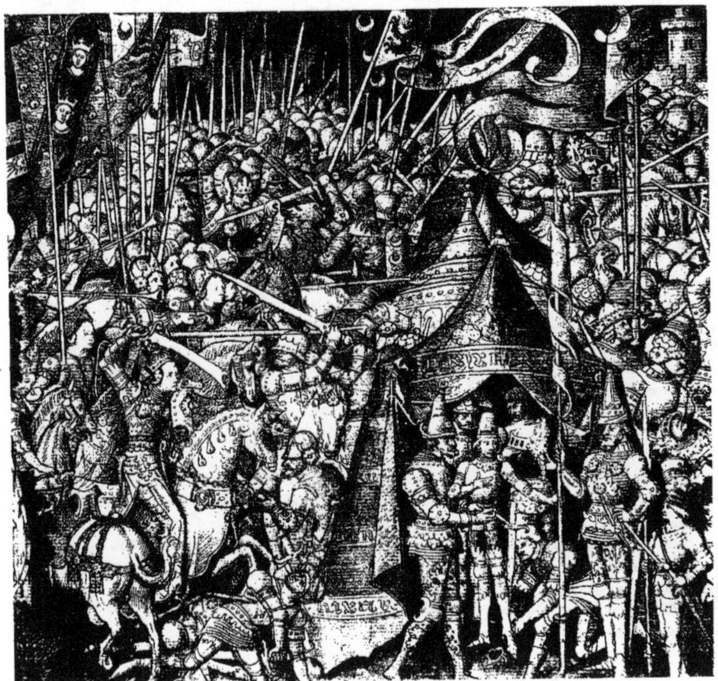

Fig. 17. — Pentasilée combattant. — Pyrrhus armé sous sa tente. XVe siècle (Dessin du Louvre).

A cette liste déjà longue viennent encore s'ajouter d'autres panneaux d'une importance capitale.

D'abord, la grande tapisserie appartenant à la cathédrale de Zamora, en Espagne ; elle présente cette particularité rare qu'une double inscription, l'une latine, l'autre française, explique la catastrophe finale, caractérisée par le cheval de bois qui introduit les Grecs dans la ville, où ils égorgent ses derniers

1. *Les tapisseries de Montereau*. — Annales de la Société historique et archéologique du Gâtinais, 1890, p. 1-19.

2. Publiée par la maison Dalloz, 1879-1884, 3 vol. in-folio, 105 pl. hors texte.

défenseurs, au nombre desquels sont spécialement nommés Priam et Polyxène. L'ancienne pièce du château de Bayard, publiée dans l'ouvrage de Jubinal, appartient aujourd'hui au Musée de Kensington ; elle représente la réception de la reine des Amazones par Priam ; Pyrrhus armé chevalier ; un combat, etc. Dans le château de Sully-sur-Loire est conservée la scène des funérailles d'Hector, avec des détails singulièrement expressifs[1]. Sans doute, presque toutes les tapisseries dont nous venons de parler sont du milieu ou de la fin du xve siècle, plutôt que des environs de 1400 ; mais elles donnent une idée des scènes que les artistes se plaisaient à représenter d'après les récits de leurs contemporains, scènes retracées dans la précieuse suite de dessins français du xve siècle, acquise par le Musée du Louvre il y a quelques années[2]. D'ailleurs pour que le défenseur de la ville de Troie fût mis au nombre des Preux, il fallait que les chants d'Homère, plus ou moins dénaturés par les traducteurs et commentateurs, n'eussent cessé de jouir d'une faveur universelle.

De tous les souvenirs de l'Ancien Testament, la Prise et la Destruction de Jérusalem sont de ceux que les tapissiers eurent le plus à reproduire. Sans doute, on voit citer dans les documents du début du xve siècle les épisodes de Judith et Holopherne, de Daniel, le Jugement de Salomon, David et Goliath, Jacob et Esaü, Machabée et Antiochus, Samson ; mais ces pièces ont disparu, tandis qu'il subsiste encore quelques fragments de la Prise de Jérusalem. A l'église de Notre-Dame de Nantilly, près Saumur, se voient encore des panneaux d'une certaine étendue, bien qu'incomplets, retraçant le Triomphe de Titus sur les Juifs.

4° *Sujets de chasse ; scènes rustiques.* — Les chasses, les scènes de la vie champêtre, les prairies garnies de moutons, les forêts avec les bûcherons occupés à abattre ou à équarrir les troncs d'arbres étaient naturellement fort appréciées des grands chasseurs, constamment par monts et par vaux, toujours à cheval, et mêlés, bien plus que nous ne le sommes depuis trois ou quatre siècles, à la vie rustique. Aussi, les inventaires énumèrent-ils fréquemment des scènes de chasse ou des sujets champêtres. Le genre laisse carrière à l'imagination de l'artiste, à la fantaisie du décorateur ; c'est évidemment dans cette sorte de sujets que les *verdures* ont trouvé leur première expression ; mais les hommes du xve siècle ne se contentaient pas de la pure reproduction des sites de la nature ; ils les animaient toujours par l'introduction de quelqu'un de leurs exercices favoris : tournoi, chasse, danse. A quel point ils connaissaient et savaient rendre la nature, on peut en juger par le dessin de ces fleurs, œillets, ancolies, marguerites des champs, qu'ils sèment sur ce « champ vert herbu » dont il est si souvent question dans leurs descriptions et sur lequel se détachent les personnages occupés à des scènes familières, comme dans les pièces de la *Dame à la licorne* du Musée de Cluny, ou dans le *Concert* et l'*Orgue* des Gobelins et d'Angers, ou encore dans les tapisseries de M. Martin Le Roy. Sans doute, ces tentures sont d'une date bien postérieure au début du xve siècle : mais, comme il ne reste plus de spécimens de motifs champêtres remontant aussi haut, il nous faut bien donner des exemples plus récents d'un demi-siècle. Ils ne différaient probablement pas beaucoup des modèles antérieurs.

Presque tous les inventaires auxquels nous avons déjà fait de si larges emprunts mentionnent donc des scènes de chasse, des épisodes de la vie champêtre[3]. C'est dans le mobilier de Charles V, « un tapis à dames qui chassent et vollent », « un tapis à hommes sauvages » à comparer avec le « Bal de

1. Une notice sur les dessins de la guerre de Troie du Louvre et sur les tentures du château de Sully-sur-Loire a paru dans la *Revue de l'Art ancien et moderne* (année 1899, t. I, p. 205-303), sous la signature de M. Jean Guiffrey. Dans la scène des funérailles, la tête d'Hector est maintenue par une chaîne pour que le cadavre assis ne tombe pas en avant. Cet article est accompagné des reproductions des dessins du Louvre et de celles de plusieurs miniatures sur la guerre de Troie.

2. Ces dessins sont au nombre de huit. Les figures tracées à la plume sont légèrement rehaussées d'aquarelle. Les auteurs de diverses tentures ont fidèlement suivi la composition du dessin. Ainsi, la scène du cheval de bois avec la mort de Priam et de Polixène, représentée dans la pièce de Zamora, copie exactement le dernier dessin (n° VIII). La tapisserie de Kensington, autrefois au château de Bayard, *L'arrivée de Penthasilée à la cour de Priam*, *Penthasilée combattant et Pyrrhus armé chevalier*, est la copie du dessin portant le n° VI. Enfin, on retrouve les détails de l'*Ambassade d'Anténor en Grèce* du château d'Aulhac sur le dessin n° I et *la mort de Penthasilée*, avec un fragment de combat de la même origine, sur le n° VII. Comme ces modèles ont fait l'objet d'une publication en Allemagne sous le titre « *Das Trojanische Krieg* », il est aisé de les rapprocher des tentures elles-mêmes, ou des reproductions de Jubinal.

3. La Chasse à l'ours de la page suivante est la reproduction partielle d'une tapisserie appartenant au duc de Devonshire. Elle caractérise bien le genre de tentures dont il est ici question.

Sauvages » de Saumur, « neuf tapis semés d'arbres et un homme sauvage au milieu, tenant le heaume du Roi », enfin un « tapis ouvré à une tour, à daims et à bisches pour mettre sur le bateau du Roi. » Le duc d'Anjou, outre des « Demoiselles qui chacent en un bois », possédait « deux tapis de bergiers ». Ces réunions de bergers, dont l'histoire de Gombaut et de Macé offre le type le plus répandu, apparaissent souvent dès la fin du XIVᵉ siècle. Avec des scènes de chasse, l'inventaire de Philippe le Hardi

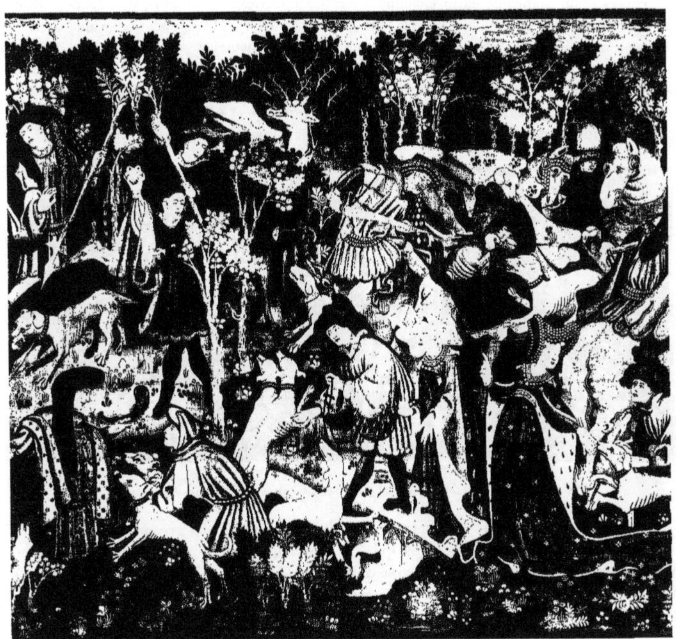

Fig. 18. — Chasse à l'ours, Flandre française. XVᵉ siècle (Collection du duc de Devonshire).

signale une série de six « tapis à bergerie », « un art de bergerie », « une danse de bergers » et une pièce rehaussée d'or montrant des « Dames sarrazinoises et enfans cueillant florettes ». L'énumération de ces sujets presque identiques nous entraînerait trop loin. Nous ne pouvons négliger cependant un certain nombre de motifs donnant l'idée bien nette de la prédilection de nos ancêtres pour les scènes familières. Sur une tapisserie de la duchesse de Bourgogne (1405), on voyait des personnages « jouant à haussepied » ; sur un autre une « fontaine et une demoiselle qui plante un pot de marjolaine ». Valentine de Milan paraît avoir eu un goût très vif pour ces épisodes de la vie de chaque jour. Dans ses appartements se rencontrent des « bergers et bergères mangeant noix et cerises », des « petits enfans en une rivière », une « dame et écuyer cueillant cerises en ung panier », « des enfans avec une dame qui vest un chien », une « dame vestue de blanc tenant un escureul ». Les pièces consacrées aux bergers et aux boscherons (bûcherons) reviennent souvent. Le Musée des Arts décoratifs de Paris expose plusieurs panneaux représentant ces « boscherons » occupés à couper des arbres, à entasser le bois. Enfin, ce sont des chambres « à rosiers et enfans, tenans les dits enfans chascun un rouleau où est escript son dit » ou bien une « chambres à arbrisseaux, au milieu a ung lion et quatre bestes aux quatre coings », ou enfin une autre chambre « ouvrée a devises de connins, de liépars et d'autres bestes ». Veut-on plus de détails? L'inventaire du duc de Berry (1416) mentionne une « chambre aux enfans, faict d'or et de soye, sans laynne, à l'ouvrage de hautelisse », et plus loin « douze tapis avec arbres de pin, dessoubz un ours et un lion ». Nombreux aussi sont les tapis de chasse, de volerie, de scènes rustiques dans l'inventaire de Charles VI. Quelques citations compléteront ce qui vient d'être dit. Une des tapisseries de chasse est décorée d'une dame et d'un chien ; en une autre se voient un chevalier, une dame et un faucon sur une perche ; la plupart de ces sujets sont dits *sur champ*

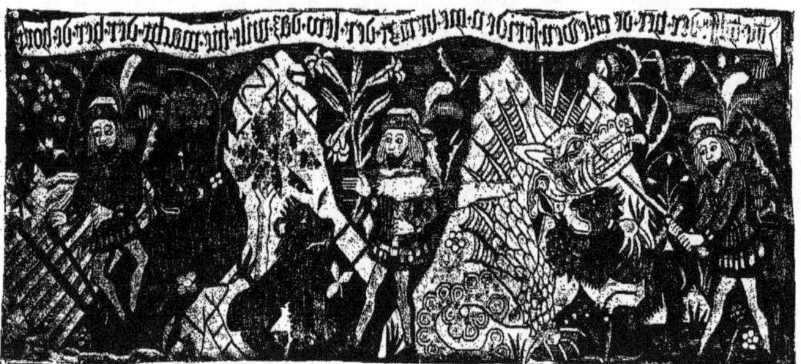

Fig. 19. — Combat avec des animaux fantastiques, Suisse ou Allemagne. xve siècle (Musée de Bâle).

vermeil, comme la tenture de la Dame à la licorne ou sur ce *champ vert herbu*, si commun au xve siècle. Puis, voici les sujets facétieux qui font leur apparition : c'est « ung tappiz vermeil de gros file, à deux personnages, dont l'un pisse en une orine (urinoir) ». Trois banquiers ou bancs sont garnis de tapisserie à la marche, ou de basse lisse, « de gros file, à chappeaulx, connins, et chiens dedans les chappeaulx ». Nous avons déjà rencontré chez Valentine de Milan un bain d'enfants. Serait-ce le même sujet qui reparaîtrait dans l'article suivant : « ung tappiz à plusieurs personnaiges de petiz enffans et arbres, et une rivière ou les enffans se baignent. » L'usage d'expliquer les scènes par des légendes en caractères gothiques, inscrites sur des banderoles ou des cartouches, a pris une grande extension au Moyen Age. Voyez les scènes historiques ; le nom des principaux personnages paraît souvent écrit en grosses lettres au-dessous ou à côté d'eux. Les scènes champêtres comportent de leur côté des inscriptions explicatives. L'inventaire de Charles VI nous en montre plusieurs exemples. C'est une tapisserie « à plusieurs personnages d'enffans, et au-dessus est escript d'autre part : *Povez regarder* ». En voici une autre « ouquel a plusieurs personnages et arbres, où y a plusieurs escripteaulx dont le premier commence : « *Droit cy à l'erbette jolye* ». Ne peut-on voir dans cette simple mention comme une première idée de l'histoire de Gombaut et Macé ? Nous devons nous arrêter, si attrayant que soit le sujet. Il y aurait certainement une étude bien nouvelle à écrire sur ces tapisseries de chasse ou de bergeries, dont le goût s'est toujours conservé.

Il ne faut pas oublier les tableaux représentant des jeux de cartes, de dames, d'échecs, ou bien les assemblées de musiciens qui contiennent de si précieux détails sur les mœurs, les costumes et les divertissements de nos pères, documents qu'on chercherait vainement ailleurs. A cette famille de scènes familières appartiennent les curieuses petites tentures du Musée de Bâle dont on trouvera ici la reproduction.

5° *Scènes amoureuses. Conversations galantes.* — Les chapitres précédents enregistrent les scènes empruntées à l'histoire ancienne et moderne, aux traditions religieuses, à la vie contemporaine des

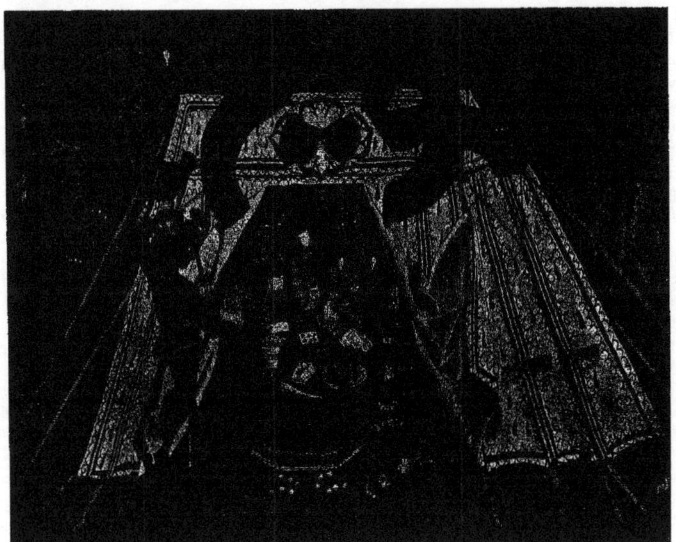

Fig. 20. — Dame et seigneur jouant aux cartes, Suisse ou Allemagne. xve siècle (Musée de Bâle).

seigneurs et des vilains. Elles offrent un accent de réalité qui ne reparaîtra plus dans les compositions dont il reste à parler. Qu'il s'agisse en effet de scènes galantes, de conversations amoureuses ou bien d'allégories morales et satyriques, la fiction va jouer le principal rôle ; les éléments naturels employés par l'artiste pour exprimer sa pensée sont subordonnés à l'inspiration littéraire. Ce n'est pas dire pour cela que la traduction des épisodes comme ceux dont le Roman de la Rose nous offre le type le plus célèbre ne soit pas obligée d'emprunter aux costumes, aux personnages du jour la mise en scène de fictions plus ou moins romanesques. Mais, tandis que d'un côté est représentée la vie dans ses manifestations expressives, de l'autre sont interprétées les inventions subtiles et vagues de la poésie.

Les exemples qui suivent feront mieux ressortir cette distinction. Certains articles de l'inventaire du duc d'Anjou rentrent tout à fait par leur caractère dans la présente catégorie : tel est le tapis du « Chevalier qui prie d'Amour une bourgeoise » ; cette scène avait obtenu un certain succès, car nous la rencontrons deux fois à peu d'intervalle[1]. Que signifie le sujet intitulé « Demandes de roynes » ? Il semblerait assez que l'explication est fournie par le titre d'autres tapis cités plus loin : « Demandes des roynes et des chevaliers » et « Demandes que roynes s'entrefont ». Le même motif revient encore à diverses reprises par la suite. Ne doit-on pas reconnaître là la représentation des Cours d'Amours. Les titres suivants ne laissent aucune incertitude : « tapis du Dieu d'Amours qui est en un chastel que un orliphant porte et d'une royne qui se siet sur un lion » ; tapis du « Dieu d'Amours qui est en un chastel » ; ou encore « tapis du Dieu d'Amours[2] ». Quant à « l'Assaut d'un chastel où tous les glaives sont noirs », nous ne saurions trop à quelle classe de sujets le rattacher.

Le roi Charles V aurait eu moins de goût que son frère pour les sujets dont nous nous occupons en ce moment. Nous ne trouvons guère à signaler dans son inventaire qu'un « petit tappiz à ymages de la fontaine de Jouvence ». Et encore, la fontaine de Jouvence appartient-elle bien aux scènes amoureuses ? Le duc de Bourgogne possédait, on l'a vu, la plus belle, la plus nombreuse suite de tapisseries qui existât en 1400. Tous les genres y sont représentés. Signalons les « Souhaits d'amour », achetés, en 1393, pour 200 francs ; la tapisserie du « Roman de la Rose », payée 100 francs en 1386[3], à Jacques Dourdin, tapissier parisien ; le « Dévoremens (*sic*) d'amours et d'enfants[4] » ; le « petit tapis à trois ymages où est représentée une « Dame entre deux Amans[5] » ; enfin, le tapis de l'*Histoire du Dieu d'Amours*, dit *des Bergers*[6]. La tapisserie du *Dieu d'Amours avec Junon, Pallas et Vénus*, citée dans le mobilier de la duchesse de Bourgogne, a tout l'air d'une interprétation du *Jugement de Pâris*. Quant aux *Demoiselles qui défendent le châtel*, à la même princesse, on y reconnaît un épisode du Roman de la Rose. Chez Valentine de Milan, c'est toute une chambre de tapisserie vermeille *à la Devise du Dieu d'Amours*, comprenant six tapisseries de muraille ; puis une autre chambre verte de haute lisse, *à la fontaine de Jouvence*, et « six tappiz de muraille, tout à or ».

Le duc de Berry n'est pas insensible aux sujets gracieux. Son tapis du *Roman de la Rose*, de fil d'Arras, rehaussé d'or, est estimé 104 livres après son décès. Par contre, son tapis de « l'*Histoire du Dieu d'Amours* », de l'ouvrage de Paris, ne vaut que 4 livres, parce qu'il est rompu en plusieurs lieux. Dans l'inventaire, si précieux par les détails qu'il nous a conservés, du roi Charles VI, les sujets galants abondent. Voici quelques-uns des morceaux les plus caractéristiques : « Un tappiz de salle, de tappisserie d'Arras, à or sur layne, du « Verger de Jeunesse[7] », puis, à côté d'un « tapis de Plaisance, de tapisserie d'Arras, à personnages à cheval », figure toute une chambre de même provenance[8], « sur champ vermeil de l'ystoire de Plaisance, appelée la Chambre d'honneur, à plusieurs petiz personnages à pié et à cheval, et siz tappiz de fil de laine, d'or et de soie... » A en juger par l'évaluation s'élevant à 1430 livres parisis, cet ensemble était d'une qualité et d'une somptuosité singulières.

Notons encore, dans ce même inventaire de Charles VI, « une couverture de lit, de tapisserie, sur champ noir, de fille d'Arraz, à dix personnages d'ommes et de femmes, sur esbatemens d'Amours... » ; un autre tapis de salle, « à personnage d'Amours... sur layne, et y a la Déesse d'Amours et plusieurs personnages d'Amours[9] » ; « un ciel de tapisserie d'Arras du Priant d'Amours[10] » ; « une couverture de couche, de tappisserie d'Arras, à huit grans personnages sur champ vert herbu, de la Chambre d'Amours[11] ». La description suivante permettrait presque de reconstituer la scène originale. Il s'agit d'ailleurs d'une pièce exceptionnelle ; elle n'est pas estimée moins de 112 livres[12] : « Un tapis, bel et riche, sur champ vermeil, nommé *la Haquenée*...., semé de plusieurs rainceaulx ouvrez d'or et de

1. Nos 20 et 29 de l'inventaire du duc d'Anjou.
2. Nos 34, 35, 40, *ibidem*.
3. No 9, de l'Inventaire du duc de Bourgogne.
4. No 26, *ibidem*.
5. No 31, *ibidem*.
6. No 35, *ibidem*
7. No 194, de l'Inventaire de Charles VI.
8. Nos 195 et 289, même inventaire.
9. Nos 199 et 200, *ibidem*.
10. No 274, *ibidem*.
11. No 282, *ibidem*.
12. No 298, *ibidem*.

ouvrés d'or et de soye, et y a quatre personnages, c'est assavoir ung chevalier et une dame à pié qui s'en vont au bois jouer, et deux varlez dont l'un tient les chevaulx, et y a volerie d'oyseaulx de rivière. » Quand nous aurons rappelé un « petit drap de laine du Dieu d'Amours [1], nous aurons à peu près épuisé la liste des scènes amoureuses réunies par le roi Charles VI. Inutile d'insister davantage sur ce genre de tapisseries. On en rencontre dans presque tous les inventaires des châteaux au xve siècle [2].

Nous en avons dit assez pour montrer que le « Dieu d'Amours » tient une grande place dans les préoccupations et les mœurs de la société du Moyen Age; la preuve en est donnée aussi bien par les tapisseries que par les romans versifiés où Cupidon figure. Plus tard apparaîtront, avec le culte de l'antiquité, les divinités païennes et mythologiques; mais les hommes du xve siècle ne connaissent guère les déesses gracieuses du monde grec ou romain; seul, le dieu d'Amours leur est familier. N'est-il pas de tous les temps et de tous les pays?

6° *Moralités, allégories, sujets satiriques.* — Après les aventures amoureuses et les récits gaulois, un des genres littéraires les plus populaires en France fut toujours l'allégorie aux allusions transparentes sur les événements ou les personnages contemporains, genre qui dégénère facilement en épigramme et en satire. Chacun sait que le fabliau prenant à partie les gouvernants, les grands seigneurs, sans épargner l'Église, raillant enfin les vices ou les travers de toutes les classes de la société, fut une des manifestations de la poésie le plus répandues à la fin du Moyen Age. Aussi, serait-il surprenant de n'en pas trouver l'écho dans les motifs des tapisseries. Certaines de ces allégories morales sont célèbres; par exemple, la *Condamnation de souper et de banquet* du Musée de Nancy, signalée pour la première fois et reproduite dans le grand ouvrage de Jubinal. Longtemps, on crut qu'elle provenait du butin fait sur Charles le Téméraire après la bataille de Nancy; mais l'erreur a été reconnue. Cette tenture représente bien le genre des moralités quelque peu caustiques auxquelles se complaisait la vieille malignité française et dont nous trouvons de nombreux témoignages dans les inventaires du xive et du xve siècle. A cette catégorie de sujets appartient « le tapis d'Humilité et Orgueil » du duc d'Anjou, « le grand tappiz d'Amis et d'Amie », celui de « Bonté et de Beaulté », « le tappiz des Sept pechez mortelz », ceux des « Sept sciences et de saint Augustin », encore un autre « des Sept sciences », venant de la reine Jeanne d'Évreux, enfin celui « où sont les Sept Arz et au dessoubz l'estat des âges des gens », le tout faisant partie des meubles de Charles V. Plusieurs de ces tableaux représentaient les Sept Vices et les Sept Vertus. Deux répétitions de ce dernier sujet se rencontrent chez Philippe le Hardi [3], deux autres dans le mobilier de Valentine de Milan [4]. Ces motifs ont été maintes et maintes fois recopiés; ils figurent dans le trésor de Notre-Dame de Paris en 1416, dans les collections du duc Jean de Berry, et enfin dans l'inventaire des ducs de Savoie en 1497. Les tapisseries du « Chastel de Franchise » au duc Philippe le Hardi [5], des « sires de Bonté et de Loyaulté » à la duchesse de Bourgogne, femme de Philippe le Hardi, de « la Voie (?) de vie » et de « l'Arbre de vie » nous paraissent encore appartenir à la catégorie des allégories et moralités, à laquelle se rattacheraient également les articles suivants dont la mention a été conservée par l'inventaire du duc de Berry : Trois tapis d'or, de soie et de laine « de l'Histoire de Fama »; « le tapis du Pèlerinage », dont il serait assez difficile d'expliquer le titre; un tapis d'Arras, « à Histoire d'Espérance et de Confusion »; un autre tapis d'Arras « appelé de Féerie », enfin une dernière pièce de même provenance, de l'*Histoire de Hastiveau et d'Angoisse*.

Le roi Charles VI aurait eu moins de goût que son oncle pour ces compositions énigmatiques; il

1. N° 302. Inventaire de Charles VI.

2. Dans l'inventaire du château des Baux de 1426, publié par L. Barthélemy, est cité « ung drap de haute lisse grand et large, vieil, appelé l'*histoire à la Dame* »; enfin dans l'inventaire des tapisseries de Savoie prêtées au pape Félix V en 1440 (publié par Vincent Promis) se lit cet article : « Duo tapissia, unum de *venacione amorosa* et aliud cum ymaginibus ludentibus cum scachis et aleis. » C'est une scène analogue à celle dont l'original appartient au Musée archéologique de Bâle et dont une reproduction figure à la page 39.

3. N°s 10 et 24. Ces tapisseries sont tissées d'or.

4. N°s 9 et 57 de l'Inventaire de la duchesse d'Orléans.

5. N° 39 de l'Inventaire.

préférait sans doute les scènes historiques ou champêtres. Nous ne trouvons guère à citer dans son mobilier qu'une « Chambre de Fortune », une autre chambre dite « de Bonne Renommée », ne comprenant pas moins de sept tapis de muraille « estoffez de soie et d'or », encore un « tapis de Bonne « Renommée, de la façon d'Arraz, où sont les devises de plusieurs saiges, comme Salmon, Jazon, « Absalon et plusieurs autres. » Il est impossible de se faire une idée de ces scènes sur le titre seul inscrit dans les documents qui en ont conservé le souvenir. Il faut se borner à les signaler. N'oublions pas que les seuls inventaires qu'on connaisse aujourd'hui se rapportent au mobilier des rois, des princes et des grands seigneurs. Les documents sur les intérieurs bourgeois plus modestes et sur les meubles qui les garnissaient font entièrement défaut. C'est dans cette classe de la société, sans doute, qu'on trouverait les scènes humoristiques ou satiriques du genre de celles auxquelles fait allusion le poète Henri Baude dans ses *Dictz pour mestre en tapisserie* [1], ce qui nous montre que les versificateurs étaient mis à contribution par les peintres et imagiers pour leur fournir un commentaire courant, destiné à expliquer les sujets caustiques ou graveleux, si chers à l'esprit frondeur de nos pères. Sommes-nous bien différents d'eux sous ce rapport ?

Il eût été malaisé de comprendre dans les diverses catégories de sujets qu'on vient de passer en revue tous les motifs de décoration qu'on rencontre sur les tentures. Ainsi, n'a-t-il pas été question ci-devant des tentures armoriées, si nombreuses dans les comptes et inventaires. N'était-il pas superflu de créer un chapitre spécial pour les tissus n'ayant comme ornement que des cercles, des raies ou autres figures géométriques. Enfin, des sujets nouveaux viendront s'ajouter à ceux du Moyen Age, quand, au XVIe siècle, les tentures reproduiront des cartes géographiques, des scènes mythologiques, des portraits, des arbres généalogiques, des marines. Et pourtant, la variété des sujets modernes n'égalera pas celle du Moyen Age. Il semblerait que jamais la production des tentures à personnages n'a été aussi féconde, aussi changeante qu'au début du XVe siècle. On a donné plus haut les raisons probables de ce succès.

Pendant cette période de fièvre intense, deux centres de fabrication se distinguent entre tous : Paris et Arras. Quel est le plus ancien? Question insoluble. Ces deux centres industriels sont en pleine activité dès le début du XIVe siècle ; tous deux s'élèvent graduellement à une réputation universelle. Peut-être les tapissiers d'Arras détiennent-ils la spécialité des ouvrages soignés, en fil délié, comme on dit à cette époque. Les tapisseries enrichies de fils de métal, si nombreuses chez les ducs de Bourgogne, sont dites pour la plupart de « fin fille d'Arras », tandis que le fil de Paris semble réservé à un travail plus commun. Mais que les ateliers d'Arras l'aient emporté sur ceux de Paris, peu importe. Dans tous les cas, on ne doit pas faire honneur de leurs productions à l'art flamand. Cette erreur, nous l'avons jadis admise nous-même en classant les tapissiers artésiens en tête de la section flamande, dans l'*Histoire générale de la Tapisserie*. Produites par les métiers d'Arras ou par ceux de Paris, les plus anciennes tapisseries du Moyen Age, celles dont on a donné ci-dessus la longue énumération, comme

1. Jules Quicherat, *Les vers de Maître Henri Baude*, Paris, Aubry, 1856, in-12.

Voici les plus caractéristiques de ces petites poésies ; elles indiquent suffisamment le sujet qu'elles sont chargées de commenter :

Des pourceaulx qui ont répandu un panier plein de fleurs.

Belles raisons qui sont mal entendues
Ressemblent fleurs à pourceaulx estendues.

Ung bon homme regardant dans ung bois ouquel a, entre deux arbres, une grant toille d'éraigne :

UNG HOMME DE COURT luy dit :

Bon homme, dis-moy, si tu daignes,
Que regardes-tu en ce bois ?

LE BON HOMME

Je pense aux toilles des éraignes
Qui sont semblables à nos droiz ;
Grosses mouches en tous endroits
Passent ; les petites sont prises.

LE FOL

Les petits sont subjectz aux loiz
Et les grans en font à leurs guises.

UN HOMME, *tenant un grand verre de vin, dit :*

Quand je boy, maistre Jean Avis [1],
Je ne sens ne mal ne friçon.

LE MÉDECIN

Guéry estes, à mon advis,
Puisque vous trouvez le vin bon.

LA FOLLE

La tainture de vostre viz (visage)
A plus cousté que la façon.

1. Le sieur Loiseau, en latin Avis, médecin du roi Louis XI, était un des plus fameux praticiens de son temps.

la plupart de celles dont nous aurons à parler bientôt, sont françaises, bien françaises de conception et d'exécution ; c'est dans des miniatures françaises qu'il faut chercher l'origine et l'inspiration de ces peintures en matières textiles.

Du moment où l'origine française de la plupart des tentures gothiques est acquise, les auteurs de ces œuvres remarquables ont droit à une place honorable dans le Panthéon de l'art français. Leurs œuvres, aujourd'hui détruites, avaient jadis excité l'admiration générale ; nous devons, en l'absence d'un contrôle impossible, nous en rapporter aux éloges de leurs contemporains.

Parmi les tapissiers parisiens du XIVe siècle, la première place appartiendrait à Nicolas Bataille, l'auteur de l'Apocalypse d'Angers. Nicolas Bataille ne travailla pas exclusivement pour le duc d'Anjou ; il exécuta aussi pour le duc de Touraine, en même temps que bien d'autres besognes de moindre importance pour divers clients, la pièce de *Theseus et de l'aigle d'or*, payée 1.200 francs, prix énorme pour l'époque, et qui annonce un travail d'une finesse et d'une qualité exceptionnelles [1]. Nous avons

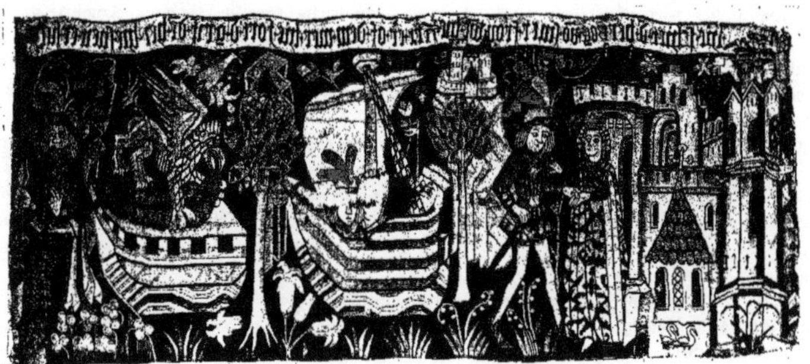

Fig. 21. — Scène légendaire. Suisse ou Allemagne. XVe siècle (Musée historique de Bâle).

énuméré jadis les principaux travaux de Bataille : *l'Histoire de Pentasilée*, *Beuve de Hantonne*, *les Enfants de Renaud de Montauban et de Riseus de Ripemont*, *l'Arbre de vie*. Nous sommes parvenu à dresser une liste de cinquante mentions de payements à lui faits. Le maître tapissier mourut vers 1399, laissant une veuve, Marguerite de Verdun, qui conserva, quelque temps après le décès de son mari, la direction de l'atelier. Elle figure, elle aussi, sur les comptes des trésoriers royaux. Avant de disparaître, Bataille avait entrepris, de moitié avec un de ses rivaux les plus renommés, Jacques Dourdin, la tenture où étaient retracées en dix pièces les fameuses *Joûtes de Saint-Denis*, mélangées de fil d'or et de fin fil d'Arras. Le prix était fixé à 9 livres 12 sous parisis l'aune ; comme la tapisserie mesurait 295 aunes carrées, l'ensemble revenait à 2.743 livres 4 sous p., somme fort élevée pour l'époque. Mais aussi, c'était un caprice de souverain, car ces panneaux rappelaient à Charles VI une des fêtes les plus brillantes du début de son règne.

Jacques Dourdin, l'émule et parfois le collaborateur de Bataille, paraît avoir travaillé surtout pour Philippe le Hardi. De 1386 à 1407, date de la mort de l'artisan, en une vingtaine d'années, plus de quarante tentures, dont les titres ont été conservés, sortirent de l'atelier de ce tapissier

1. C'est au bas d'un reçu donné pour cette tapisserie que se trouvait appendu le sceau dont une reproduction parut dans notre étude sur Nicolas Bataille, publiée en 1894. (Voy. ici p. 18, note 1, et la figure 9 de la même page.)

pour aller décorer les salles et les galeries des châteaux de la Bourgogne, de la Flandre, de l'Artois, et aussi ceux du duc d'Orléans et de la reine Isabeau. C'est Dourdin qui livra, en 1395, les *Neuf Preuses* et l'*Histoire de Bertrand du Guesclin*.

Dourdin mourut en 1407 ; Gaignières nous a conservé l'épitaphe [1] placée sur sa tombe, au charnier des Innocents, rue Saint-Denis. Suivant cette inscription, le titre de premier tapissier lui avait été concédé en même temps que celui de valet de chambre du Roi. Immédiatement après Bataille et Dourdin se place Pierre Baumetz ou de Baumetz qui, en une quinzaine d'années (1385-1400), tissa pour le duc de Bourgogne, de fin fil d'Arras, de soie et d'or de Chypre, toute une série de tentures magnifiques, dont certaines se payaient, comme l'*Histoire du Credo*, jusqu'à 1.400 francs pièce. Du même atelier sortirent une *Histoire de Bertrand Duguesclin*, en 1386 ; une *Histoire du Roman de la Rose*, en 1387, payée 1.000 francs ; une *Histoire des Neuf Preux et des Neuf Preuses*, valant 3.400 francs, enfin une *Histoire de Bonne Renommée*, du prix de 3.000 écus d'or. Ces chiffres dépassent sensiblement les prix accordés à Bataille et à Dourdin.

D'autres ateliers parisiens étaient placés sous la direction d'artisans moins renommés et moins habiles. On rencontre les noms de Robert Pinçon dès 1377, puis ceux de Symonnet Deschamps, de Pierre Langlois, de Guillaume Mulot, de Jean Lubin et de Jean Pignic. Leurs œuvres sont loin d'atteindre le mérite et la valeur de celles des trois grands tapissiers parisiens de la fin du XIVe siècle cités plus haut.

Dans la ville d'Arras qui faisait partie de ses domaines, le duc de Bourgogne prodiguait les encouragements aux chefs de l'industrie du pays [2]. Ces tapissiers émérites se nomment Vincent Boursette, cité dès 1374 ; Hugues Walois, qui travaille sans interruption pour le duc de 1379 à 1393 ; Jean Davion, signalé par les comptes de 1386 à 1402 ; Jean Cosset, un des artisans favoris du prince auquel il livre de fort belles tentures d'un prix élevé, de 1384 à 1402. De son atelier sortait une *Histoire du roi de France et de ses douze pairs*, peut-être la pièce reproduite par Montfaucon dans les *Monuments de la Monarchie française*.

D'autres noms ont été relevés dans les documents des anciennes Archives d'Arras ; ce sont ceux d'André de Monchy (1390-1402), de Jean Julien (1396-1403), de ce Pierrot Feré qui avait signé la seule tenture bien authentique provenant des ateliers d'Arras, existant encore aujourd'hui, l'*Histoire de saint Piat et de saint Éleuthère* de Tournai, et dont le nom ne s'est rencontré dans aucun compte ni dans aucune pièce d'archives, et enfin de Nicolas d'Inchy, employé surtout comme réparateur ou rentrayeur ; c'est lui qui fut chargé de diviser en trois morceaux, ainsi qu'on l'a vu plus haut, la grande pièce de la *Bataille de Roosebecke*. L'auteur de cette œuvre, exceptionnelle par ses dimensions, était aussi d'Arras ; il se nommait Michel Bernard. La bataille avait été livrée en novembre 1382. Dès 1387, l'immense tapisserie était achevée. Ce ne fut pas le seul travail important de Michel Bernard pour le duc de Bourgogne. On cite de lui quantité de panneaux d'une belle exécution, destinés aux présents que le duc répandait généreusement dans les cours étrangères pour se créer des clients, des amis, pour assurer son influence, pour répandre sa réputation de magnificence.

L'épisode des tapisseries envoyées au sultan Bajazet après la bataille de Nicopolis (1396), afin de préparer la rançon du fils de Philippe le Hardi, fait prisonnier par les Turcs, témoigne de la réputation universelle des chefs-d'œuvre de nos hautlisseurs. D'après Froissart, Jacques de Helly, chargé de la négociation pour le rachat des captifs et consulté sur les présents qui seraient le plus

1. Voici cette inscription curieuse : « Ci gist Jaques Dourdin, premier « tapissier et varlet de chambre ordinaire du Roy nostre sire, et bourgeois de Paris, lequel fist faire en son temps ce charnier [des Innocents] de ses deniers et trespassa le samedy 22e jour d'octobre l'an mil « quatre cent et sept. Priez Dieu pour son âme. — Et après luy gist « Ameline, sa feme, laquelle trespassa l'an 1432, le 22e jour d'aoust. » La femme de Dourdin, cela résulte d'un procès qu'elle soutint, en 1407, contre le duc de Bourgogne (Arch. nat., X, 4788, fol. 20² et 76 v°) se nommait Amelot La Boursine.

2. Sur les tapisseries d'Arras, il faut consulter les nombreuses publications de Van Drival, parues de 1863 à 1864, les travaux de M. A. Guesnon sur la décadence de la tapisserie à Arras depuis la seconde moitié du XVe siècle (voir notre Bibliographie critique de la Tapisserie, n°s 398-415), le grand ouvrage de Mgr Dehaisnes sur l'art flamand, et surtout les Tapisseries flamandes par Alexandre Pinchart, dans l'*Histoire générale de la tapisserie*.

agréables au vainqueur, aurait répondu que « l'Amorath prendroit grant plaisance à voir draps de haulte lice ouvrez à Arras, en Picardie, mais qu'ils fussent de bonnes histoires anchiennes... ; avecques tout, il pensoit que fines blanches toiles de Reims seroient de l'Amorath recueillies à grand gré, et fines escarlates, car de draps d'or et de soie, en Turquie, le roi et les seigneurs en avoient assez largement et prenoient en nouvelles choses leur esbattement et plaisance[1] ». Sur ce conseil, le duc de Bourgogne avait chargé deux chevaux de tapisseries de belle qualité, parmi lesquelles se trouvait une *Histoire d'Alexandre*, et avait expédié le tout au sultan Bajazet. L'enthousiasme des souverains orientaux pour les somptueuses tentures s'explique aisément. Les étoffes de soie dont les ouvriers orientaux avaient si longtemps détenu le secret et le monopole, non plus que les tapis de la Perse ou

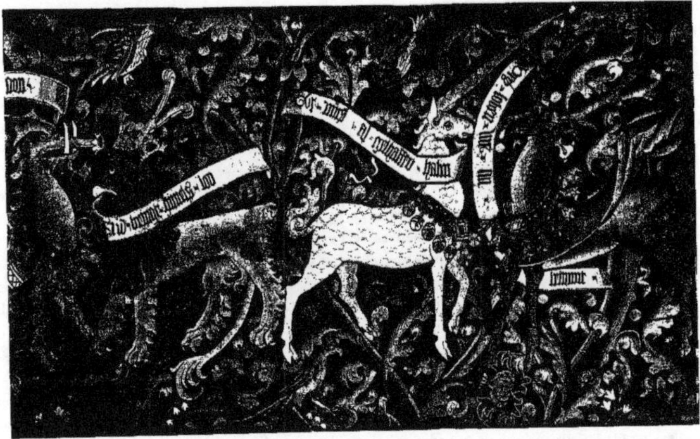

Fig. 22. — Animaux fantastiques. Suisse ou Allemagne. XVe siècle (Musée historique de Bâle).

de l'Asie Mineure, n'avaient aucun rapport avec ces grandes scènes mouvementées où se déroulaient des mêlées furieuses et d'ardentes chevauchées à la poursuite des animaux sauvages. Si leur religion leur défendait d'en fabriquer, elle ne leur interdisait pas d'en recevoir des chrétiens.

On s'est demandé souvent quels artistes étaient chargés d'alimenter les ateliers de tapisserie de ces nombreux sujets dont l'énumération remplit les inventaires. L'exemple de Hennequin ou Jean de Bruges, auteur des dessins de l'Apocalypse d'Angers, laisse entrevoir que les peintres les plus renommés étaient mis à contribution. Que les André Beauneveu, les Pol de Limbourg, les Girart d'Orléans, les Colart de Laon aient été chargés de dessiner les cartons des tapisseries, nous ne saurions en douter, bien que les textes formels sur cette collaboration soient de la plus grande rareté. Quand le dépouillement des anciennes archives sera plus avancé, sans doute de nouveaux témoignages viendront s'ajouter aux indications déjà connues. Rappelons ici un fait caractéristique concernant le peintre Colart de Laon. La reine Ysabeau de Bavière lui avait commandé les patrons de quatre chambres de tapisserie. Il les présenta ; son ouvrage ne plut pas à la dame, et on chargea d'autres

1. *Chroniques* de Froissart.

peintres de la besogne, en donnant à Colart 16 livres parisis comme indemnité de son travail[1]. Ceci se passait en 1400. Ce n'était probablement pas la première fois que Colart travaillait pour les tapissiers.

Quant à la marche habituellement suivie dans l'exécution de ces modèles, les opérations qui préparèrent le tissage de l'Apocalypse nous en donnent une idée assez nette. On fournissait à l'artiste, comme point de départ et comme guide, l'illustration d'un manuscrit, et cet artiste, fût-il le peintre du roi, ne faisait aucune difficulté, surtout quand il s'agissait de représenter des scènes religieuses, de se conformer au modèle adopté. Sans doute, pour les sujets non consacrés par le dogme, une plus grande liberté lui était permise, et, s'il s'agissait de personnages ou de faits contemporains, comme l'histoire de Duguesclin, la bataille de Cocherel, la bataille de Roosebecke, les joûtes de Saint-Inglevert ou de Saint-Denis, il fallait qu'il tirât de son imagination tous les détails de la composition, tous les épisodes, et qu'il empruntât les figures et les costumes aux personnages qu'il avait sous les yeux. Nous sommes à une époque essentiellement naturaliste, il ne faut pas l'oublier.

Les tapisseries du Moyen Age fournissent donc une des contributions les plus précieuses et les plus riches à l'histoire de l'art pendant cette période. Pour qui les étudie à ce point de vue, elles abondent en indications sur le goût du dessin, sur la science de la composition au moment de leur exécution. On peut en tirer également de précieux renseignements sur le costume, sur le mobilier, l'architecture, enfin sur les mœurs et la vie privée des diverses classes de la société.

N'oublions pas que c'est la France qui a donné le signal de la recherche et de l'étude des vieilles tentures, et qu'Achille Jubinal fut dans cette voie un précurseur. Si imparfaite qu'elle paraisse aujourd'hui, sa grande publication a rendu d'immenses services ; on la consulte encore utilement.

Les curieux mémoires[2] fournis aux peintres chargés d'exécuter les cartons d'une tapisserie pour la collégiale de Saint-Urbain à Troyes, représentant les légendes de saint Urbain et de sainte Cécile, ont été signalés plus haut. Ce document, non daté, mais très certainement de la seconde moitié du xve siècle, entre dans les détails les plus circonstanciés sur la disposition des scènes, le nombre et la place des personnages, leur habillement, la couleur de leur vêtement, et aussi sur le mobilier ; ainsi, rien n'est abandonné au caprice du peintre. Peut-être se défiait-on un peu de sa connaissance des livres saints et des sujets sacrés, tandis que lorsqu'il s'agissait d'un sujet d'histoire ancienne ou moderne, il n'y avait plus autant de danger à lâcher la bride à son imagination.

Les dessins étaient tracés sur de grandes toiles ou draps de lit, de la grandeur de l'exécution définitive. Ce procédé n'admettait que des traits avec une indication sommaire des couleurs, des ombres et des lumières. Une grande latitude dans l'exécution se trouvait par là laissée à l'initiative et à l'habileté du tapissier. Il employait, comme on l'a dit, un nombre très limité de couleurs. Son magasin en contenait-il vingt-cinq ? Je n'oserais l'affirmer, vu que trois tons lui suffisent pour modeler une draperie ; les colorations habituelles sont le vert, le bleu et le rouge ; le jaune étant réservé aux lumières ; si on y ajoute quelques bruns pour les ombres et, en plus, les laines réservées aux chairs, on admettra que les éléments dont disposait le hautlisseur d'autrefois avaient été réduits au plus strict nécessaire. Les anciennes tentures ont gagné à cette technique si simple une harmonie puissante et une solidité qui défie nos œuvres modernes.

Par des procédés très rudimentaires, on en était arrivé à exécuter des panneaux dont l'étendue étonne nos travailleurs. Comme ces panneaux étaient d'une seule pièce et comme la largeur

1. « A Colart de Laon, paintre demourant à Paris, pour avoir fait sur quatre grandes pièces de toile en manière de grans tappis, les patrons de faire tappicerie pour quatre chambres, que la royne avoit ordonné estre faictes ; lesquelles ont esté de nulle value pour ce qu'ilz ne furent pas faiz à la plaisance de ladite dame, et on a l'eu marchandé à ceulz qui doivent faire les chambres d'en faire des autres ; pour ce, 16 liv. par. qui paiez ont esté audit Colart par vertu des lettres de mandement... et quittance de lui donnée le 13e jour de novembre 1400 » (Archives nationales KK 41, fol. 250 v°). — Voyez *Archives de l'art français*, t. V, p. 183.

2. Ce document, annoté par Ph. Guignard, a paru en 1850 dans le tome XV des *Mémoires de la Société d'agriculture des Sciences et Belles-Lettres du département de l'Aube*. Il en existe un tirage à part.

d'un métier ne saurait dépasser cinq ou six mètres, les sujets étaient forcément reproduits en travers, le modèle couché sur le côté ; c'est un usage qui s'est conservé de tout temps. Ces outils primitifs, dont les métiers des tapis orientaux donnent quelque idée, se démontaient et se transportaient avec la plus grande facilité. Aussi, le tisseur devenait-il le plus souvent l'hôte de son client. Il trouvait de vastes abris dans les dépendances du château qu'il était chargé de décorer. Hébergé et nourri par le seigneur qui lui avait accordé sa confiance, il apportait une distraction fort appréciée à la monotonie de la vie de famille ; ses hôtes prenaient un vif intérêt au travail qui retraçait sur la chaîne les exploits des héros chantés par les trouvères admis dans l'intimité du châtelain. Cette facilité des tapissiers à se déplacer explique les multiples centres de fabrication mentionnés dans les

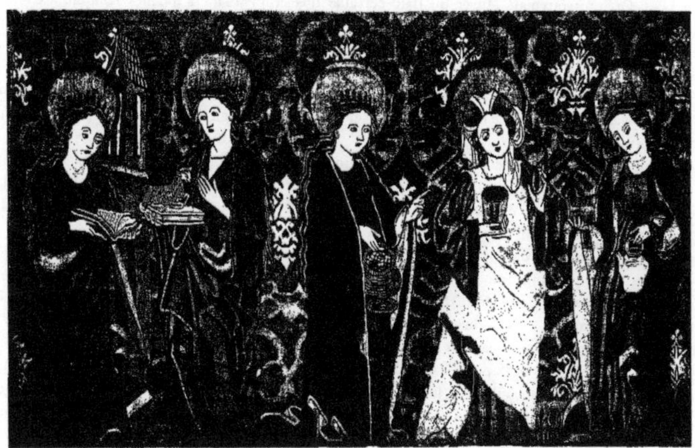

Fig. 23. — Saintes femmes. Allemagne. xve siècle (Musée historique de Bâle).

anciens documents. Il est certain que si, durant le xive siècle, les principaux ateliers furent fixés à Paris et à Arras, ils se multiplièrent à l'infini dans toutes les villes de la France et des pays voisins au cours du siècle suivant.

Dès la fin de cette première période du Moyen Age, le luxe de la tapisserie atteignait un développement qu'il dépassait à peine au moment de la plus grande prospérité des ateliers de Bruxelles. Toute l'activité est concentrée dans deux villes du Nord : Paris et Arras. Qu'il y ait eu des tentatives pour installer des métiers dans d'autres provinces françaises, c'est assez probable. Toutefois, jusqu'ici, nos voisins d'Italie ou d'Espagne ne sont pas parvenus à prouver l'introduction de la fabrication de la tapisserie dans leur pays avant 1400. L'historien des tapisseries allemandes et italiennes, Eugène Müntz[1], regrettait avec raison que les savants de l'autre côté du Rhin ne se fussent pas livrés dans leurs archives aux recherches poursuivies en France depuis de longues années et auxquelles sont dus les résultats que nous exposons. L'érudit historien de la tapisserie étrangère écrivait que les tentures allemandes de cette époque ne comptent guère ni par la richesse de la matière, ni

1. *Histoire générale de la tapisserie.* Allemagne, p. 2 et suiv.

par le fini de la main-d'œuvre. Toutefois, ajoutait-il, exécutées dans les couvents et les châteaux, elles se distinguent par l'originalité et la saveur. Cette appréciation nous paraît basée sur d'assez vagues documents. Pas plus la pièce de Saint-Laurent de Nuremberg où figurent les Apôtres, avec légende gothique en vieil allemand, que l'allégorie du château de la Wartburg, où des hommes nus attaquent ou défendent une forteresse en se jetant des fleurs, ne témoignent d'une sérieuse originalité. Quant à la grossièreté de la matière et à la maladresse du dessin, elles ne sauraient être mises en doute. La tenture de l'Hôtel de Ville de Ratisbonne, les *Jeux de la Campagne* et la *Scène de roman de chevalerie* du Musée germanique de Nuremberg, comme le *Jeu de cartes ou de tarots* du Musée national de Munich, annoncent un art plus raffiné; mais il paraît difficile de leur assigner une date antérieure à l'année 1420. Or, on trouve au Musée de Bâle certains dosserets à sujets galants compliqués d'animaux fantastiques dont l'exécution date certainement de la seconde moitié du siècle [1]. Que l'Allemagne puisse montrer des tapisseries exécutées dans des ateliers locaux entre 1300 et 1400, ce n'est pas impossible; mais jusqu'ici le fait n'a pas été catégoriquement démontré.

Il en est de même pour ce qui concerne l'Italie, et Müntz déclare formellement qu'il n'a pu découvrir pour la période primitive, c'est-à-dire pour celle qui va jusqu'en 1420, la moindre trace d'une fabrication indigène.

Les origines de la tapisserie espagnole sont encore des plus obscures. L'Espagne qui devait aux Maures l'introduction de la fabrication des tapis, et qui se montra au xvie siècle si passionnée pour les tissus flamands de la grande époque, paraît n'avoir possédé que fort tard d'assez rares métiers. Elle non plus ne saurait entrer en concurrence avec la France.

Quant à l'Angleterre, si renommée au Moyen Age pour ses broderies, elle ne paraît s'être occupée du tissage des tapisseries proprement dites qu'à une date assez récente, et il est souvent bien difficile de discerner à la lecture, dans les textes anciens, les ornements ajoutés à l'étoffe de ceux qui sont incorporés au tissu même, c'est-à-dire de distinguer les broderies des tapisseries.

Ainsi, jusqu'aux premières années du xve siècle, la France conserve une supériorité indiscutable dans un art qu'elle avait porté à son apogée. Les désastres d'une longue guerre et les calamités de toutes sortes auxquelles elle sera en butte, va lui enlever cette suprématie. Il n'en est pas moins acquis que le terme dont se servirent dès l'origine les Italiens pour dénommer des tentures exotiques s'applique à des tapisseries françaises et que c'est encore le nom d'un atelier bien français, le mot de *Gobelins*, qui désigne dans beaucoup de pays, à l'heure actuelle, les tentures de toutes les époques et de toutes les provenances. On a donc quelque raison de soutenir que l'art de la tapisserie est essentiellement français.

1. On trouvera dans les pages précédentes la reproduction de plusieurs dosserets empruntés au Musée de Bâle (fig. 14, 19, 20, 21, 22, 23). Eugène Müntz, dans le livre sur *la Tapisserie* publié par la maison Quentin, reproduit diverses tapisseries de Nuremberg, de Ratisbonne et de Munich. Voir aussi les planches de *l'Histoire générale de la tapisserie* (in-folio).

CHAPITRE IV

Le xve siècle. — Tapisseries de la maison de Bourgogne. — Les ateliers d'Arras, de Bruxelles, de Tournai, de Bruges, etc. — Les tapissiers italiens et les tapissiers allemands. — Décadence des métiers parisiens. — Principales tentures du xve siècle.

Un événement considérable par ses conséquences domine la période dont nous allons nous occuper. L'occupation de Paris par les Anglais, les luttes acharnées entre les défenseurs du souverain légitime et les partisans du conquérant ont chassé les industries somptuaires de la capitale. La petite cour de Charles VII a cherché un refuge derrière la Loire. Pendant un siècle, la dynastie des Valois promènera sa résidence officielle dans les villes du centre de la France : Bourges, Loches, Chinon, Tours, Amboise, Chambord. La capitale historique et séculaire du pays est abandonnée. Les artistes et les métiers de luxe suivent le souverain dans ses déplacements. C'est la ruine pour les tapissiers parisiens; c'est du moins la nécessité pour eux de chercher fortune ailleurs. Sur le rôle de la taxe imposée aux Parisiens par le roi d'Angleterre figurent deux tapissiers seulement, et leurs noms ne se rattachent d'ailleurs à aucune œuvre connue. Voilà où en sont réduits les successeurs de Nicolas Bataille et de Jacques Dourdin, ces glorieux protagonistes de la haute lisse au siècle précédent. Pendant tout le règne de Charles VII, on ne signale pas l'existence d'un seul tapissier à Paris ; ils n'y reparaissent guère qu'au début du xvie siècle. Par contre, plusieurs artisans parisiens travaillent dans les pays étrangers. En 1455, c'est un tapissier originaire de Paris, comme on le verra plus loin, qui établit le premier atelier pontifical.

Les vastes États de la maison de Bourgogne jouissent seuls, au milieu du xve siècle, d'une prospérité toujours croissante. De ces domaines, que des mariages ont sans cesse accrus, font partie la Flandre et l'Artois. Aussi, tandis que les Parisiens sont obligés de se soustraire par l'exil aux vexations d'un maître imposé par les armes, les artisans d'Arras travaillent dans une tranquillité profonde pour un Mécène bienveillant, disposant de ressources presque inépuisables. La Bourgogne, sous Philippe le Bon, devient le centre intellectuel et artistique de l'Europe. Dans de pareilles conditions, la suprématie à laquelle Paris avait jusque là des droits indiscutables passe à la capitale de l'Artois, et la ville d'Arras n'aura pas de rivale pendant près d'un demi-siècle dans la fabrication des belles tentures de luxe.

C'est à la même époque que quantité de villes, soit en Flandre, soit dans les pays étrangers, cherchent à implanter chez elles une industrie universellement admirée, et nous verrons les tapissiers français ou flamands, attirés par les avantages qu'ils trouvent auprès des princes italiens, s'installer à Mantoue, à Venise, à Sienne, à Rome, à Ferrare et dans les autres petits États de la péninsule. Ainsi, tandis que, jusqu'en 1410 ou 1420, toute l'activité des fabricants de tapisserie se trouve concentrée dans deux foyers uniques, le siècle suivant nous fait assister à la diffusion de l'industrie, à la division des ateliers, jusqu'au jour où la protection d'un souverain tout puissant fera de Bruxelles, pour une longue suite d'années, le centre et la capitale de la tapisserie. Mais que de vicissitudes avant d'en venir à cette centralisation féconde!

Il faut le reconnaître, si depuis une trentaine d'années des recherches méthodiques sont entreprises un peu partout sur cette première époque de la tapisserie, ces investigations n'ont pas encore abouti à des résultats définitifs; dans bien des cas, l'attente des chercheurs a été déçue. Et cependant, il n'y a pas de temps à perdre si l'on ne veut pas laisser disparaître les preuves encore existantes de l'habileté de nos vieux maîtres du Moyen Age. Depuis que Jubinal a donné l'éveil, depuis qu'il a révélé l'intérêt des tapisseries historiées, que de pièces précieuses ont disparu! Le temps continue chaque jour son œuvre de destruction. Et voici qu'un nouveau péril a surgi! Maintenant qu'on se rend mieux compte de l'intérêt et du charme de ces monuments si longtemps dédaignés, depuis que les amateurs les recherchent avec passion et les payent sans compter, ils deviennent la proie, non de ceux qui les apprécient le mieux, mais des Crésus qui en offrent les plus hauts prix, et bientôt, c'est par delà les mers qu'il faudra rechercher et étudier les plus anciens monuments d'un art national par excellence.

Les tapissiers d'Arras, disions-nous, restent, durant toute la vie du duc Philippe le Bon, sans rivaux. Les recherches d'Alexandre Pinchart l'établissent d'une façon certaine[1]. Nous avons parlé de la tenture représentant la victoire de Jean sans Peur sur les Liégeois révoltés. Commandée à Rifflard Flaymal, d'Arras, et payée 3.080 francs d'or, elle se composait de cinq ou six pièces et atteignait de vastes proportions. Il avait suffi de trois années pour terminer une œuvre aussi considérable.

Les registres aux bourgeois de la ville d'Arras ont fourni une liste de soixante-dix noms de tapissiers qu'on a pu grossir d'une vingtaine d'articles à l'aide d'autres documents; mais, sur les œuvres de ces artisans, on ne possède aucun détail. Les Archives de Lille et de Dijon ont donné plus de renseignements sur les tapisseries, grâce aux recherches de Léon de Laborde[2].

Dès 1420, le duc Philippe le Bon commence ses acquisitions. Il donne 4.000 francs de trois pièces enrichies de fils d'or, mesurant cent dix aunes carrées de cours, « à plusieurs ymages d'archevêques, évêques et « rois, pourtraits et vestus de couleur, ystoriées de l'*Union de Sainte église* ». A côté de ces tentures d'une richesse exceptionnelle sont consignées des acquisitions plus modestes. Jean Arnulphin, marchand liégeois établi à Bruges, mais non tapissier, cède au duc, en 1423, au prix de 345 livres, une série de six pièces consacrées à des scènes de la *Vie de la Vierge*.

Philippe le Bon avait-il un tapissier en titre d'office? Aucun texte ne le laisse supposer; mais de tous les artisans d'Arras, celui qui paraît avoir joui de la plus grande faveur auprès du prince, est certainement Jean Walois. De 1413 à 1445, ce sont des acquisitions continuelles de tentures des plus variées : chasses à l'ours, scènes de l'Écriture sainte, ou tapis modestement décorés de rinceaux et d'écussons. Tout cela ne restait pas longtemps dans les dépôts de Dijon et de Lille. Nombre de ces tapisseries étaient destinées à des cadeaux pour le pape ou les princes de l'Église. Ainsi s'étendait et se maintenait l'influence de la maison de Bourgogne.

Dans toutes les circonstances solennelles, le duc aimait à se faire honneur de ses riches tentures. Tout son palais, nous raconte Commines, en était garni quand il reçut à sa cour l'Électeur Frédéric Ier. La sollicitude du noble seigneur ne dédaignait pas de descendre aux moindres détails pour assurer l'entretien de ce trésor. Six gardes de la tapisserie étaient chargés de la conservation des tentures déposées dans un magasin voûté en pierre, construit expressément pour cette destination. Il n'existe malheureusement pas d'inventaire contemporain de cette admirable collection, une des plus belles à coup sûr qui aient existé, et dont les débris ont fait la réputation de plusieurs musées et le principal fonds de collections princières.

1. *Histoire générale de la tapisserie*. Tapisseries flamandes, in-folio. | 2. L. de Laborde, *Les ducs de Bourgogne*, 3 vol. in-8. Voy. la table.

Toutefois, les fameuses séries du Musée de Berne, qui ont longtemps passé pour provenir des dépouilles de Charles le Téméraire, auraient, d'après des constatations récentes, une origine bien différente.

Sur chacune des pièces de la *Légende de Trajan et d'Herkinbald* exposées à Berne, se voit un écusson dont on négligea longtemps de rechercher le propriétaire. Un érudit y reconnut, il y a peu d'années, les armoiries de Georges V de Saluces, évêque de Lausanne, mort en 1461. On suppose que le prélat avait légué la tenture, avec l'*Adoration des Mages*, également accompagnée de son écusson, à son église cathédrale. Quant aux quatre panneaux de l'*Histoire de Jules César*, ils portent les armes de Guillaume de la Baume, seigneur bourguignon. Furent-ils, comme la *Légende de Trajan*, le prix d'une

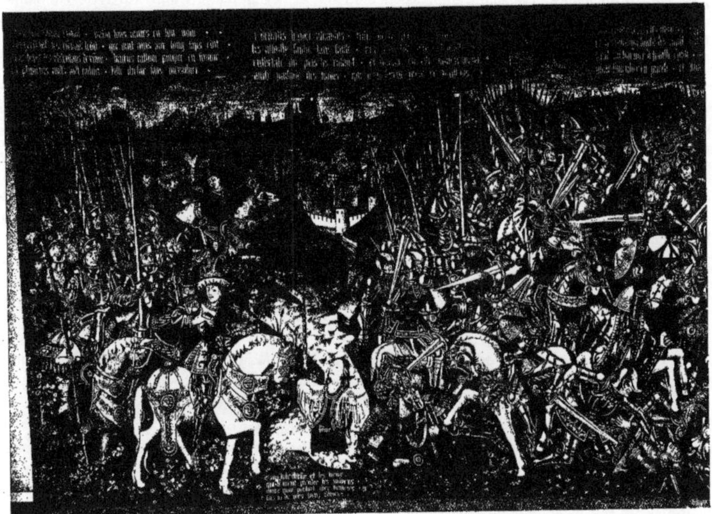

Fig. 24. — César passant le Rubicon, xve siècle (Musée historique de Berne).

victoire? Car c'est à la suite d'un succès remporté par les Bernois sur les habitants de Lausanne que les tentures de l'évêque quittèrent les bords du lac de Genève. L'*Histoire de César* aurait, d'après l'inscription moderne qui l'accompagne, une origine identique; ce serait aussi un butin de guerre, « *Kriegsbeute* ». Mais, en nous édifiant sur les premiers possesseurs de ce précieux monument, les armoiries, pas plus que les légendes gothiques contenant le commentaire courant des scènes représentées, ne nous renseignent sur l'atelier d'où il sort. Si l'on tient compte des inscriptions en langue française, il semble bien permis d'y voir une œuvre de ces ateliers septentrionaux situés dans les vastes domaines du duc de Bourgogne, ateliers alors en pleine activité. Mais sur cette question on doit se défendre de toute affirmation. N'est-ce pas déjà beaucoup d'être à peu près fixé sur la date et de savoir de façon certaine que cette œuvre magnifique, antérieure à 1460, doit être reportée au milieu du xve siècle ?

Les tentures de Berne se présentent dans un remarquable état de conservation. Elles semblent pourtant avoir reçu de notables réparations. Les laines brunes sont bien foncées pour être anciennes. On sait d'ailleurs que les bruns et les gris dans toutes les tapisseries, comme dans les tapis orientaux, sont sujets à disparaître; l'oxyde de fer employé dans la composition de la teinture corrode la laine; ainsi, les ombres foncées et les inscriptions disparaissent souvent presque entièrement, alors que les laines vertes, rouges, jaunes, ne sont nullement atteintes. Il paraît donc assez probable que toutes les parties foncées des tapisseries de Berne ont été remplacées à une époque relativement récente, ce qui leur donne cet aspect violent et dur qu'on rencontre rarement dans les pièces aussi anciennes. La même impression toutefois se dégage aussi d'autres œuvres contemporaines; l'*Histoire de Clovis* de la cathédrale de Reims se rapproche, par la dureté des tons, des tentures de Berne. Peut-être sortent-elles du même atelier.

L'*Histoire de Jules César*, exécutée pour le seigneur Guillaume de la Baume, montre une série de scènes animées par de nombreux personnages, presque tous vêtus selon les modes du milieu du XVe siècle. Peu de monuments de cette période sont aussi bien conservés et contiennent des détails aussi précis sur le costume civil ou militaire au temps du roi Charles VII et du duc Philippe le Bon. Les quatre panneaux exposés au Musée helvétique font successivement passer sous nos yeux une assemblée de nobles romains rendant hommage à César; une mêlée confuse où les combattants se livrent à de terribles corps à corps; la flotte se préparant à appareiller pour la Grande-Bretagne; puis, voici César, accompagné de chevaliers en armure et portant la lance, qui traverse le Rubicon (fig. 24). Une femme éplorée, sortant du lit de la rivière, se dresse devant le conquérant. Son nom : *Rome*, est inscrit au-dessous d'elle. Elle s'adresse en ces termes au général romain :

Toy, Jule Cesar, et les tiens,
Qui te meu prendre les moyens, etc...

Vient ensuite la lutte contre Pompée, lutte ardente qui doit décider du sort de la république; enfin le triomphe du conquérant des Gaules et son couronnement (fig. 25), le tout accompagné d'un long commentaire en caractères gothiques du plus beau style, rédigé en français.

Une *Annonciation des Mages*, portant le même blason que la *Justice de Trajan* dont il sera parlé ci-après, réunit dans une étable, toute garnie de somptueuses étoffes chamarrées, un âne et les souverains orientaux qui viennent, vêtus de ces riches vêtements fourrés qu'on portait à la cour de Bourgogne, déposer leurs présents aux pieds du Sauveur. Le terrain est diapré de ces exquises petites fleurettes qui reviennent sur presque toutes les tentures contemporaines.

L'épisode de la justice de Trajan, presque toujours placé en regard de l'histoire du duc Herkinbald, est bien connu. Partant pour une expédition guerrière, l'Empereur romain est arrêté par une veuve qui implore sa justice. Le prince veut poursuivre sa route et différer le jugement jusqu'à son retour. « Mais reviendrez-vous jamais ! » s'écrie la pauvre femme. Frappé de l'exclamation, Trajan s'arrête pour entendre la plainte et ne se remet en chemin qu'après la punition du coupable. La longue inscription latine, insérée dans la partie inférieure, explique le tableau suivant qui sépare la chevauchée de Trajan de l'histoire d'Herkinbald. Longtemps après la mort de l'empereur romain, le pape Grégoire Ier, considérant les sentiments de justice qui avaient inspiré tous les actes de ce païen, suppliait le Seigneur de l'admettre dans le paradis. Ce vœu fut exaucé, et, en signe du pardon accordé au bon justicier, sa langue fut trouvée intacte dans son crâne. Sur la tapisserie, le crâne de Trajan est présenté au pape dans l'église de Saint-Pierre récemment édifiée (fig. 27).

Séparée de la scène précédente par une simple colonne, la légende d'Herkinbald se divise en deux actes : le duc, malade et couché, coupe lui-même la gorge à son neveu, séducteur d'une jeune fille, dont le crime est resté impuni. Puis, c'est l'hostie qui vient se placer dans la bouche d'Herkinbald mourant, à qui l'évêque refusait l'absolution parce qu'il ne voulait pas se confesser de la mort de son neveu, la considérant comme un acte d'impartiale justice (fig. 27).

Le Musée d'art industriel de Bruxelles expose une tapisserie consacrée à la représentation de la même légende, mais différant notablement du panneau de Berne. Les costumes, les motifs d'architecture, l'expression des figures nous reportent en pleine Renaissance. Dans la tenture de Bruxelles, la composition, encadrée d'une bordure de feuillage, se divise en trois parties comme un véritable triptyque. A gauche, la scène de séduction ; à droite, l'exécution du coupable ; au centre, le duc mourant étendu sur son lit, entouré du clergé et de nombreux assistants, reçoit l'hostie refusée par l'évêque. Un dais formé de riches étoffes recouvre le lit. Tous les détails méritent attention. Les personnages, vêtus de somptueux costumes, portent des colliers d'or et d'émail. En avant du lit, un petit autel, autour duquel des femmes lisent ou prient, est surmonté d'une croix de riche orfèvrerie et de deux chandeliers garnis de cierges. La comparaison de ces deux représentations différentes du même sujet présente un haut intérêt en faisant ressortir le caractère particulier de chacune des deux époques. L'art du Moyen Age apparaît, dans la première pièce, encore un peu barbare, mais autrement expressif que les recherches, les raffinements de délicatesse et de luxe de la Renaissance. D'un côté, le drame se réduit aux personnages strictement indispensables, dont les émotions violentes se peignent sur leurs traits comme dans leur attitude ; de l'autre, une assemblée nombreuse, presque indifférente à la scène qui se passe sous ses yeux, mais bien équilibrée et rehaussant l'éclat de la tapisserie par la magnificence des étoffes et la profusion des bijoux. On ne saurait imaginer opposition plus complète.

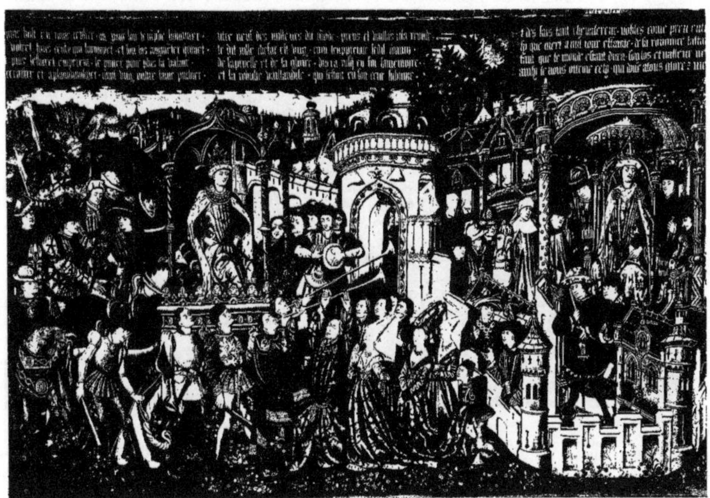

Fig. 25. — Le triomphe de Jules César. xvᵉ siècle (Musée historique de Berne).

On a voulu faire honneur des tentures de Berne aux ateliers de Bruxelles parce qu'elles reproduisent des peintures de Rogier van der Weyden aujourd'hui détruites ; c'est une question sur laquelle nous hésitons à nous prononcer. Jusqu'ici aucun argument décisif, aucune preuve formelle n'ont été produits à l'appui de cette attribution. Il reste d'ailleurs peu d'ouvrages de cette date d'un style aussi noble, d'une conservation aussi parfaite.

Une autre pièce du Musée de Berne présente un admirable exemple de tenture purement décorative. Au milieu d'un semis où figurent toutes les plantes de nos campagnes, reproduites avec une finesse extrême, sont jetés des attributs ne laissant aucun doute sur la provenance de ce beau morceau. Au milieu, s'étale l'écusson de Bourgogne, entouré du collier de la Toison d'or, surmonté d'un heaume

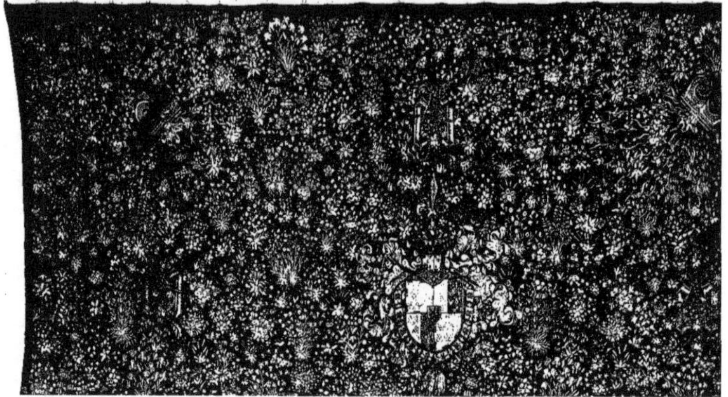

Fig. 26. — Tapisserie aux armes et au chiffre de Charles le Téméraire (Musée historique de Berne).

portant pour cimier une fleur de lis. Dans la partie supérieure, le briquet de Bourgogne fait jaillir des étincelles d'une pierre ; enfin, de chaque côté des armoiries, deux C accolés rappellent le nom de l'héritier de Philippe le Bon. Cette collection de fleurs champêtres qui reparaît sur tant de pièces de la même période, ne fournirait-elle pas à la science de la botanique les plus précieuses indications sur la flore de la France d'autrefois ?

Si les tentures qui viennent d'être décrites provenaient des ateliers d'Arras, elles leur feraient assurément grand honneur. Mais tout ce qui touche à l'histoire et aux œuvres de ces artisans renommés est encore enveloppé d'épaisses ténèbres. D'ailleurs, leur sort est intimement lié à la prospérité de leurs puissants protecteurs. Après la mort du Téméraire et la destruction de la ville d'Arras par Louis XI (4 mai 1477), les tapissiers durent émigrer, comme tous leurs compatriotes, dans d'autres provinces. C'était la ruine complète, définitive de l'industrie qui avait fait la gloire de l'Artois ; c'était en même temps la fin des traditions du Moyen Age. Aussi est-ce à cette date que nous arrêterons cette seconde période de l'histoire de la tapisserie. Nous passerons maintenant en revue les diverses colonies, presque toutes filles de la ville d'Arras, établies dans les grandes villes de la Flandre et dans les pays étrangers.

Tournai. — On a signalé un hautlisseur d'Arras installé à Tournai dès 1353 [1]. Il se nommait Jean

1. Abbé Dehaisnes, *Histoire de l'Art dans la Flandre, l'Artois, le Hainaut avant le XVe siècle*, Lille, 1886, 2 vol. in-4, pl. Voir p. 339. — Eugène Soil, *Les Tapisseries de Tournai ; les tapissiers et les hautelisseurs de cette ville*, Tournai, 1892, in-8, 460 pages, avec planches.

Capars. Peu d'ateliers de tapisserie pourraient invoquer une origine aussi vénérable. En 1397, une ordonnance vient réglementer la fabrication « de la tapisserie haulte liche et draps velus fais en Tournai ». Il ne faut pas oublier que cette ville est encore essentiellement française ; elle restera étroitement unie au royaume des fleurs de lis jusqu'en 1513.

Cette ordonnance de 1397 est la plus ancienne qui nous soit connue sur la réglementation d'un atelier de tapisseries. Tournai a donc précédé Bruges comme Bruxelles, Gand et Audenarde, Valenciennes et Lille, enfin les principaux centres de fabrication du xve ou du xvie siècle.

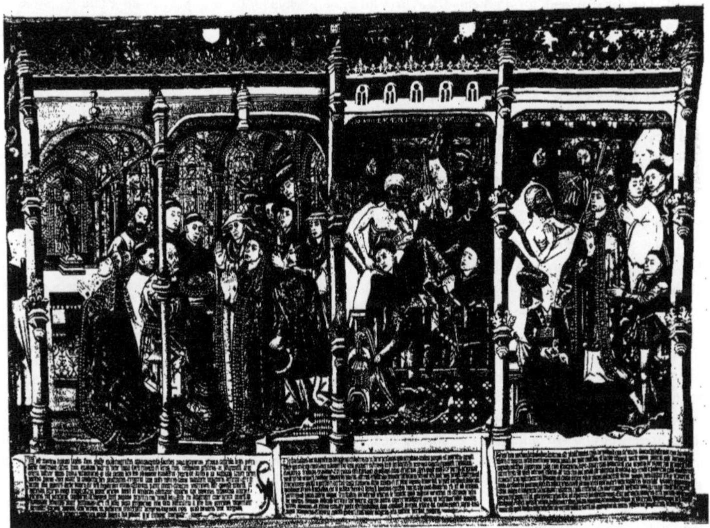

Fig. 27. — Histoire de Trajan et légende du comte Herkinbald (Musée historique de Berne).

Il serait inutile d'énumérer ici les noms des tapissiers du début du xve siècle pieusement recueillis par les historiens de Tournai. N'est-ce pas d'ailleurs une preuve du peu d'importance des ateliers tournaisiens vers 1400 que ce fait déjà constaté que l'exécution de la tenture destinée à célébrer les patrons de l'église locale, saint Piat et saint Eleuthère, ait été confiée, non aux tapissiers de Tournai, mais à un artisan d'Arras. Toutefois, l'industrie naissante ne tardera pas à prendre un certain développement. Le duc Philippe de Bourgogne y contribuera par ses nombreuses et importantes commandes. La plus célèbre de ses tentures sortait de l'atelier de deux tournaisiens, Robert Dary et Jean de l'Ortye. Elle représentait l'*Histoire de Gédéon ou de la Toison d'or* et était destinée spécialement à figurer dans les cérémonies de l'Ordre de la Toison d'or, institué en 1429, à l'occasion du mariage de Philippe le Bon avec Isabelle de Portugal[1].

1. La chronique scandaleuse donne une autre origine à l'établissement de l'ordre de la Toison d'or. L'anecdote serait difficile à reproduire ici ; elle est racontée tout au long dans la *Vraye et parfaite science des Armoiries* de Palliot, 1660, in-fol., p. 500.

Le duc avait, paraît-il, songé d'abord à Jason ; Gédéon eut définitivement la préférence sur le personnage fabuleux. Les recherches d'Alexandre Pinchart [1] ont réuni les détails les plus précis sur l'histoire de cette tenture capitale. Le contrat, passé à Saint-Omer entre les tapissiers et les représentants de Philippe, porte la date du 16 août 1449 et les signatures de Robert Dary et de Jean de l'Ortye. Les modèles avaient été commandés à Bauduin de Bailleul, un des peintres les plus renommés du temps, dont Jean Lemaire vante le talent dans sa *Couronne margaritique*. L'ensemble mesurait 140 aunes de cours sur huit de hauteur, en tout 1.120 aunes carrées ; les tisseurs devaient exécuter les lumières en fil d'or ou d'argent fin de Venise. Le prix atteignait 8 écus d'or ou 48 gros de Flandre par aune, soit au total 8.960 écus d'or, somme énorme pour l'époque. On suppose que les Autrichiens emportèrent en 1794 ce qui restait encore de cette tenture avec les Archives de la Toison d'or, ce qui a permis à l'historien des tapisseries de Tournai d'admettre qu'on pourrait peut-être quelque jour en retrouver des débris à Vienne [2].

Un autre tournaisien, Pasquier Grenier, vendait, dix ans plus tard, la tapisserie de l'*Histoire d'Alexandre*, presque aussi renommée que l'*Histoire de Gédéon*. Le même artisan fournit encore, par la suite, six pièces de l'*Histoire de la Passion de Notre Seigneur*, puis une *Histoire d'Esther*, peut-être celle qui se voit au Musée lorrain de Nancy, une *Histoire du chevalier au Cygne*, d'après le roman qui porte ce nom, et enfin des verdures et des chambres de bûcherons. Pasquier Grenier avait étendu ses relations au loin ; il envoyait des tapisseries au Puy, à Lyon, à Reims, dans d'autres villes encore. Il devait parfois acheter à des confrères les tentures qu'il n'avait pas le temps de tisser lui-même. Le hautlisseur d'autrefois, et cela dura jusqu'au XVIIe siècle, était en même temps un commerçant et un commissionnaire. N'en est-il pas un peu de même aujourd'hui ? Les chefs des premières maisons d'Aubusson ne vendent-ils pas souvent des meubles ou des tapisseries qui ne sortent pas de leur atelier ?

Si les anciennes archives ne conservent qu'une faible partie des contrats passés entre les artisans et leurs nobles clients, s'il est par suite impossible de déterminer bien exactement, en l'absence de toute signature et de toute marque [3] distinctive, la provenance des rares tentures du XVe siècle que nous connaissons, il résulte des actes contemporains que la ville de Tournai possédait une trentaine de tapissiers et une soixantaine de « hautelissiers ». Les termes servant à les désigner ne paraissent pas avoir un sens bien précis ; certains érudits prétendent même que cette qualification de hautelissier n'aurait pas été appliquée à des fabricants de tapisseries historiées [4].

Les textes invoqués prêtent souvent à des conclusions contradictoires. L'évêque de Tournai, Guillaume Fillastre [5], commande une *Histoire du vieil et du nouveau Testament*, qu'il donne à l'abbaye de Saint-Bertin, de Saint-Omer, après l'avoir fait tendre dans le chœur de son église. Cette tenture devait bien sortir des ateliers locaux, et pourtant il résulte de documents contemporains que les tapissiers d'Audenarde étaient mis parfois à contribution par leurs collègues de Tournai pour l'exécution de certaines commandes. En 1484, le magistrat de Tournai, désirant se rendre favorable un seigneur de la cour de France, s'adresse à un artisan de Paris pour la fourniture d'une chambre de tapisserie. Ces exemples, qu'il serait facile de multiplier, permettent de conclure que les métiers tournaisiens, s'ils comptaient des hommes d'un incontestable mérite, comme les auteurs de l'*Histoire de Gédéon* et de l'*Histoire d'Alexandre*, ne pouvaient suffire à toutes les commandes qui

1. Alexandre Pinchart, *Histoire générale de la tapisserie dans les Pays-Bas*, Dalloz, in-fol., p. 74-75. Toute la partie de cet ouvrage rédigée par Pinchart est remplie de documents nouveaux et de remarques du plus haut intérêt. Il est regrettable que ce livre soit aussi peu répandu et aussi rarement consulté. Ce serait un vrai service rendu à la science et à la mémoire de l'auteur de le réimprimer dans un format plus commode à manier.

2. Voyez le livre de M. Soil, p. 24. Cette hypothèse paraît quelque peu sujette à caution.

3. La marque des ateliers de Tournai, une *tour*, ne fait son apparition qu'au milieu ou vers la fin du XVIe siècle.

4. M. Soil suppose (p. 11 de son ouvrage) que les hautelisseurs et les tapissiers formaient deux groupes distincts dans l'industrie des tissus, « les premiers faisant des étoffes proprement dites, les seconds des tentures artistiques ». Cette opinion nous semble en contradiction formelle avec tous les textes anciens.

5. Il occupa le siège de Tournai de 1461 à 1473.

leur étaient adressées. Leur réputation s'étendait au loin et nous les voyons installés dans des contrées fort éloignées. Un certain Jean Hosemant, de Tournai, s'établit, en 1430, à Avignon, pour exécuter une chambre de tapisserie décorée de paysages, d'oiseaux et de quadrupèdes. Deux autres Tournaisiens travaillent, vers 1464, pour les ducs de Ferrare, Bosco et Hercule Ier. On trouve encore des artisans de la même ville à Paris, en 1475, et à Amiens, en 1492. Enfin, les métiers d'Audenarde et de Middelbourg paraissent avoir recruté leur personnel dans ce centre qui prolongea son activité industrielle pendant près de deux siècles.

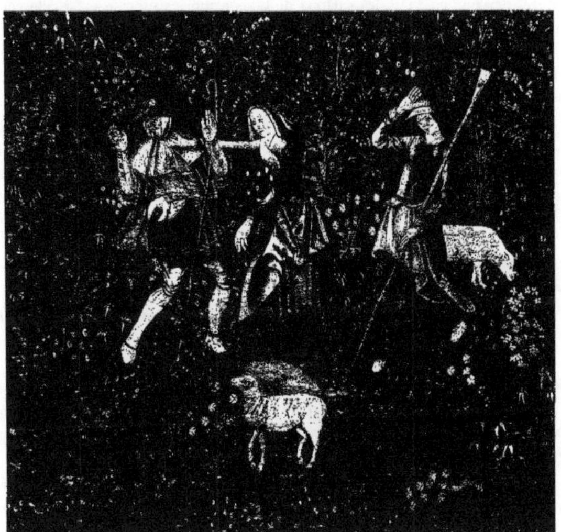

Fig. 28. — Bergers et bergères. Atelier français. Fin du XVe siècle (Collection de M. Schutz).

Valenciennes. — Dès le XIVe siècle la ville de Valenciennes possède des fabricants de haute lisse ; mais les textes qui ont conservé leurs noms ne disent rien de leur origine et de leurs travaux. Ne s'agirait-il pas de ces ouvriers nomades transportant leurs métiers de ville en ville à la demande de leur clientèle et n'ayant pas de résidence fixe ?

Bruges. — La ville de Bruges avait commencé par servir d'entrepôt général à toutes les marchandises flamandes ; ce fut le point de départ de sa prospérité. Les ducs de Bourgogne achetèrent beaucoup de riches tentures aux commerçants brugeois. La vieille cité flamande posséda certainement des tapissiers dès le XVe siècle. Parmi les artisans de haute lisse installés dans les pays étrangers, plusieurs se disaient originaires de Bruges. D'autre part, les ateliers de cette ville peuvent revendiquer deux œuvres considérables, la Vierge donnée au Musée du Louvre par le baron Charles Davillier et la tenture de l'*Histoire de saint Anatoile*, autrefois propriété de l'église de Salins, et dont le panneau principal est exposé dans le Musée des Gobelins ; mais ces deux morceaux sont d'une date plus récente que la période dont nous nous occupons en ce moment. Ils appartiennent à l'extrême fin du XVe siècle ou aux premières années du XVIe. Nous y reviendrons par la suite. La corporation des tapissiers brugeois ne reçut une organisation définitive qu'en 1506.

Lille. — Les artisans d'Arras viennent travailler à Lille dès la fin du XIVe siècle. Les anciens documents consultés par Léon de Laborde et l'abbé Dehaisnes citent bien quelques tapissiers lillois vivant au XVe siècle ; mais leurs noms ne sont jamais accompagnés de la mention de leurs travaux.

Ypres. — La ville d'Ypres ne paraît pas avoir possédé de tapissiers. Un peintre de cette localité, nommé Wichtere, dessine, en 1419, les cartons de tapis armoriés pour la salle échevinale. Plusieurs autres peintres yprois travaillent encore pour les tapissiers vers le milieu du XVIe siècle.

Les noms des auteurs de modèles sont généralement restés inconnus ; aussi convient-il de noter avec soin ceux dont les documents contemporains ont gardé le souvenir. Au nombre de ces collaborateurs de nos artisans on cite Robert Campin, Henri de Beaumetiel (1438), Jacques Darel (1441), Robert Dary, et enfin le plus célèbre de tous, Simon Marmion [1].

Amiens, Cambrai, Mons, Alost. — La présence de hautlisseurs a été signalée, en 1430 à Amiens, en 1440 à Cambrai ; mais ces mentions s'appliquent très probablement aux travailleurs nomades du genre de ceux qu'on voit apparaître à Mons et dans la ville d'Alost vers la fin du XVe siècle. Encore une corporation de tapissiers est-elle fondée dans cette dernière ville en 1496 et prolonge-t-elle ses travaux jusqu'au XVIIe siècle.

Les ateliers d'Audenarde, de Bruxelles, de Gand, de Middelbourg et d'Enghien occupent dans l'histoire de la haute lisse une place bien autrement considérable que les précédents.

Audenarde. — La ghilde des tapissiers d'Audenarde apparaît en 1441 ; elle comptait parmi ses membres surtout des Tournaisiens. Bien que ce centre industriel soit un des plus importants de la Flandre, les détails manquent sur la première période de son existence et on ne peut guère suivre son développement qu'à partir du XVIe siècle.

Bruxelles. — A Bruxelles, les tapissiers restent réunis aux tisserands jusqu'en 1448. Leurs statuts particuliers datent de 1451. Ils possédaient alors sur la place de l'Hôtel-de-Ville un hôtel à l'enseigne de l'*Arbre d'or* qui devint par la suite la maison des Brasseurs. Le plus ancien tapissier bruxellois dont le nom soit parvenu jusqu'à nous, vivait au milieu du XVe siècle. Il s'appelait Jehan de Haze ou de Rave et travaillait de 1460 à 1470. Il vend au duc de Bourgogne, en 1466, huit pièces à armoiries, tissées d'or, pour la somme de 2.131 livres. Philippe le Bon lui achète encore une tenture de l'*Histoire d'Annibal*, destinée au pape Paul III, et ne mesurant pas moins de cinq cent sept aunes. La demeure du grand peintre bruxellois Rogier van der Weyden se trouvait située dans le voisinage immédiat du bâtiment où se faisaient la vérification et le plombage des tapisseries. L'historien des artistes flamands, Carel van Mander, raconte avoir vu à Bruges des toiles peintes par Rogier, garnies de grandes figures à la colle ou au blanc d'œuf servant à garnir les murailles. Les toiles peintes du Musée de Reims peuvent donner une idée approximative de ces peintures. La coutume de remplacer des étoffes coûteuses par des toiles rapidement ébauchées constituait alors un procédé économique pour décorer de vastes espaces à peu de frais. Il a été pratiqué à toutes les époques.

Gand. — Les tapissiers de Gand forment une corporation dès 1453. On possède un registre des réceptions allant de 1461 à 1496. Il ne contient qu'une sèche énumération de noms propres. Les tapissiers gantois n'ont jamais fait une concurrence sérieuse à ceux de Bruxelles ou à ceux d'Audenarde ; il ne sortit guère de leurs ateliers que des verdures communes.

1. Eug. Soil, *Les Tapisseries de Tournai*, p. 23. Le plus célèbre de ces artistes, Simon Marmion, de Valenciennes, s'était fait inscrire à la confrérie de Saint-Luc, à Tournai, pour avoir le droit de travailler pour les tapissiers de la ville. C'est l'abbé Dehaisne, dans son ouvrage sur l'Art en Flandre, qui a signalé la collaboration de l'artiste avec les ateliers tournaisiens.

Middelbourg. — Fondée en 1465 par un seigneur de la cour de Philippe le Bon, nommé Pierre Bladelin, la ville de Middelbourg dut une rapide prospérité à l'établissement d'une foire franche. Elle reçut de nombreux artisans qui abandonnèrent la ville de Dinan après la prise et le sac de cette ville (1466). Le duc de Bourgogne encouragea les tapissiers de Middelbourg par ses achats. Brice le Bacquere vendait, en 1470, une verdure de six pièces à Charles le Téméraire, au prix de 21 sous l'aune. Un autre tapissier, Melchior de Wede, originaire de Tournai comme Brice le Bacquere, et, comme lui, établi à Middelbourg, cédait au même prince une verdure de trente-cinq aunes. La prospérité industrielle de la ville dura peu. Les guerres qui éclatèrent en Flandre pendant les règnes de Maximilien d'Autriche et de Philippe le Beau causèrent sa ruine.

Enghien. — Les ateliers d'Enghien prennent naissance au xve siècle. Un tapissier de cette localité, Étienne van der Bruggen, livre, en 1479, six cents aunes de tapisserie, du prix de 460 livres, à l'archiduc d'Autriche. La ville d'Enghien était considérée sous Charles-Quint comme un des centres de fabrication les plus importants. Les statuts des tapissiers leur avaient été octroyés, en 1513, par Philippe de Clèves. Une tapisserie de huit mètres de large, aux armes de ce seigneur qui avait épousé Françoise de Luxembourg, tapisserie représentant *le roi Modus et la reine Ratio* accompagnés de leur cour, est conservée à l'hôtel d'Arenberg à Bruxelles. C'est sans doute la tenture que Philippe, seigneur d'Enghien, avait acquise des tapissiers de la ville en 1504.

Lyon. Perpignan. — Si nous quittons la France septentrionale et la Flandre pour nous rapprocher du Midi, nous constaterons que la tapisserie fait son apparition à Lyon dès 1358, et s'y maintient pendant toute la durée du xve siècle. A Perpignan, un hautlisseur, Pierre le Fort, s'engage, par un marché daté du 26 septembre 1411, à exécuter une sainte Catherine pour un seigneur du Roussillon.

Troyes. — M. Philippe Guignard a extrait des comptes de la fabrique de la Madeleine de Troyes les articles relatifs à la commande faite au tapissier Thibaut Clément d'une histoire de sainte Madeleine, dont Jaquet le peintre et Symon l'enlumineur étaient chargés de tracer le modèle sur les indications de Frère Didier, jacobin [1].

Avignon. Montpellier. Vitré. Rennes. — Un tapissier de Tournai, Jean Hosemant, est fixé à Avignon en 1430; un autre, nommé Colin Colin, d'origine inconnue, travaille à Reims en 1457. Jules Renouvier a signalé l'existence de Georges de Vaulx et Jean Muret, occupés à Montpellier, en 1459, à des ouvrages destinés à l'église Notre-Dame. Le dernier duc de Bretagne, François II, avait installé à Vitré et à Rennes des ateliers de haute lisse qui n'eurent qu'une durée éphémère.

Rouen. — Un marchand tapissier, nommé Guillaume du Sochay, installé à Rouen au milieu du xve siècle, nous a été signalé par M. A. Thomas. Cet artisan s'engage à faire et à livrer, dans l'espace d'un an, « le tapis qui reste encore à faire de la tapicerie nommée *la plus..... du monde* (sic) » de douze aunes, pour laquelle messire Pierre de Brezé, grand sénéchal de Normandie, est condamné à lui payer la somme de 781 écus un quart d'or, somme élevée pour l'époque et qui par suite ne saurait se rapporter qu'à un tissu très riche. Guillaume du Sochay devait fournir caution suffisante de son engagement en la ville de Rouen. Par contre, le grand sénéchal, outre la somme indiquée dans le marché, sera tenu de payer au tapissier cent livres de dommages et intérêts. Il semblerait assez, d'après ce texte, que le tapissier s'était trouvé gravement lésé par les atermoîments du s^r de Brézé. De l'obligation de fournir une caution en la ville de Rouen, il est permis de conclure que l'artisan n'était pas fixé en Normandie. Son domicile n'est pas signalé; mais l'arrêt du Grand Conseil du Roi est rendu à Mehun, le 8 mars 1454 [2].

1. *Mémoires pour servir aux peintres chargés d'exécuter les cartons d'une tapisserie destinée à la collégiale Saint-Urbain de Troyes, représentant les légendes de saint Urbain et de sainte Cécile*, publiés et annotés par Ph. Guignard dans les *Mémoires de la Société d'Agriculture de l'Aube*, t. XV, 1850. Cette publication est de celles qui nous initient le mieux au détail des opérations qui préparaient jadis la confection d'une tapisserie.

2. Archives Nationales X^2 A 1.

C'est à l'aide de documents de cette nature, épars dans les recueils judiciaires ou dans les archives locales du xve siècle, qu'on parviendra peu à peu à reconstituer l'histoire de l'activité industrielle du Moyen Age. Elle ne fut jamais complètement suspendue; la preuve en est fournie par les fragments de tapisseries remontant au règne de Charles VII ou de Louis XI qui ont échappé à la destruction; mais les textes écrits sur cette matière sont rares et dispersés.

Felletin. Aubusson. — C'est encore à M. A. Thomas que nous sommes redevables du plus ancien document connu jusqu'ici sur les tapissiers de la Marche. Le savant érudit a rencontré le nom d'un artisan qui travaillait à Felletin au xve siècle [1]. Ce tapissier, nommé Jean Beranhe, est dit « très bon ouvrier de tapisserie ». Originaire de Felletin, il était établi à Riom; les magistrats l'avaient exempté de tous impôts dans l'espoir qu'il formerait des apprentis et répandrait dans la ville l'industrie « bien honourable et prouffitable » de la tapisserie [2].

Cette mention paraîtra peu de chose; elle a pourtant une singulière importance en confirmant l'ancienneté de ces ateliers provinciaux de la Marche et de l'Auvergne, que les historiens faisaient remonter au Moyen Age, mais dont ils n'avaient pu jusqu'ici prouver l'existence avant le xvie siècle.

L'inventaire des biens de Charlotte d'Albret, duchesse de Valentinois, veuve de César Borgia, contenait une des premières mentions signalées jusqu'ici relatives aux tapisseries d'Aubusson [3]. Il faut donc reculer sensiblement la date de la création des manufactures marchoises; pour leur histoire, le document découvert et publié par M. Thomas est capital.

Italie. — Les tapissiers de Flandres envoyèrent de nombreuses colonies dans les pays étrangers. Ceux d'entre eux qui avaient le goût des voyages et des aventures rencontrèrent dans les petites cours d'Italie des admirateurs fervents, disposés à employer leurs talents. Les princes italiens, avides de luxe et passionnés pour toutes les manifestations de l'art, recueillirent avec empressement ces étoffes dignes de rivaliser avec les brocarts de Gênes ou de Venise, et ainsi se formèrent des collections importantes de tapisseries à personnages dans les grands centres artistiques, dès le début du xve siècle. Ces nobles amateurs cherchèrent aussi à attirer et à fixer dans leurs États les artisans habiles du Nord de la France. On a signalé la présence de tapissiers flamands dans diverses villes de la péninsule, au cours du xve siècle; on les rencontre tout d'abord dans les capitales des grandes principautés, comme Mantoue, Ferrare, Milan, Venise, Rome; ils s'installent aussi dans des centres plus modestes. Ils se fixent à Corrège, à Urbin, à Todi. Toutefois, de la présence de ces métiers, souvent peu stables, il serait téméraire de conclure à l'existence d'une industrie durable. Le travail de la tapisserie a toujours vécu en Italie d'une vie quelque peu artificielle. La matière essentielle de la haute lisse, la laine, forme la base essentielle des tissus septentrionaux; or, sous le soleil des pays chauds, la laine s'altère et devient assez vite la proie des insectes. La soie, dans ses multiples applications, s'adapte mieux aux exigences des climats méridionaux. On tenta, il est vrai, de tisser des tapisseries uniquement en soie; nous en avons rencontré quelques-unes. Le résultat ne répond pas à la richesse de la matière.

Le peuple italien se livra donc avec beaucoup d'ardeur à la fabrication de ces belles tentures auxquelles son sens artistique si fin, si développé, ne marchandait pas les témoignages d'admiration. Que si on a pu invoquer en ces dernières années les documents empruntés aux archives provinciales, établissant la présence d'un atelier de haute lisse dans diverses localités, il n'en faudrait pas toutefois conclure que l'industrie qui nous occupe ait jeté de profondes racines dans les grandes cités de la

1. *Annales du Midi*, 1895, p. 216. Article de M. A. Thomas.
2. Archives communales de Riom HH. 1.
3. Sur les manufactures d'Aubusson on peut consulter les études de MM. Roy-Pierrefitte, Dujarric-Descombes, Léopold Gravier et surtout les ouvrages de M. Cyprien Pérathon, dont on trouvera la liste dans notre Bibliographie de la tapisserie (Picard, 1904), in-8.

péninsule. Les archives italiennes ont eu cette bonne fortune d'échapper aux actes de vandalisme qui, dans beaucoup d'autres pays, ont fait disparaître tant de monuments précieux de l'histoire. Elles ont en même temps conservé le souvenir de faits bien insignifiants ; et les chercheurs qui les découvrent ont une tendance assez naturelle à en exagérer l'importance.

Bologne et Rome. — La présence d'un tapissier de Brescia, nommé Petri Setta Mezzo, à Bologne,

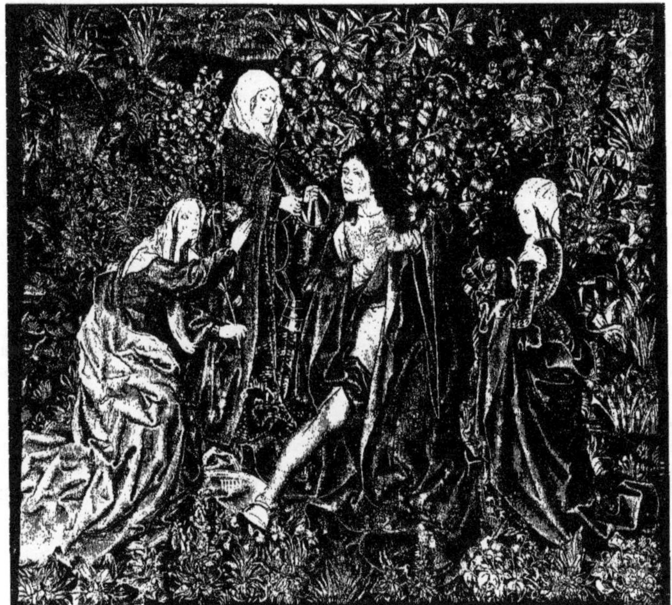

Fig. 29. — Le chevalier armé par les dames. Fin du xve siècle. France.

en 1460, ne permet pas de conclure que l'industrie de la haute lisse se fût sérieusement implantée dans les États pontificaux. A Rome même, on a noté l'arrivée d'un Parisien, Renaud de Maincourt, pendant la dernière année du Pontificat de Nicolas V (1455). Il est chargé de tisser la *Création du monde*, puis il quitte Rome dès 1456. On ne rencontre plus d'ouvriers de haute lisse dans la ville éternelle avant le milieu du xvie siècle.

Urbin, Todi, Correggio. — Pour Urbin, Todi, Correggio, les efforts de quelques petits potentats ne paraissent pas avoir entraîné de résultats importants. On cite une date, un nom de tapissier; à cela se bornent les découvertes dont l'intérêt a peut-être été quelque peu surfait. Frédéric de Montefeltre fait venir cinq tapissiers[1] à Urbin en 1470 pour tisser une *Histoire du siège de Troie*. Une ouvrière française, nommée Jeanne, exécute, en 1468, un travail de haute lisse pour l'église Santa Maria della Grazie, de Todi. A Correggio[2] s'installe, en 1460, le Flamand Rinaldo Duro; il reste quarante ans dans sa patrie d'adoption et ne la quitte qu'en 1506 pour se rendre à Bologne, où il meurt en 1511. Il était accompagné d'un autre Flamand, Antoine de Brabant, fils de Gérardin de Bruxelles, qui émigre à Modène. Les douze pièces de paysages et de scènes de chasses qui se voient encore dans l'hôtel de Correggio proviendraient, suivant une ancienne tradition, de la fabrication locale. En tout cas, elles ne remontent pas au xve siècle.

Milan. — Le passage d'un tapissier à Milan, en 1463, résulte uniquement de la supplique adressée à François Sforza par Jean de Bourgogne, pour obtenir la restitution de ses instruments de travail confisqués par ses créanciers[3]. Ceux-ci se plaignaient d'avoir été obligés de faire venir à leurs dépens deux artisans de Picardie pour terminer un travail laissé imparfait par Jean de Bourgogne.

Pérouse. — La même année 1463, toute une famille de tapissiers, père, mère, fils, bru, dont le chef se nomme Jacquemin Birgières, obtenait certains privilèges de la ville de Pérouse pour se livrer à la fabrication de tapisseries destinées à la décoration du palais municipal. Quatre ans après, ces artisans quittent la ville.

Florence. — A Florence, apparaissent, de 1457 à 1480, plusieurs Flamands qui ne fondent pas d'établissement stable. L'un d'eux[4] fournit à la Seigneurie treize cents coudées carrées de tapisserie. Il paraît douteux que le travail ait été exécuté sur place. Un document de 1455 nous apprend qu'à cette date la Seigneurie avait commandé le modèle d'un espalier au peintre florentin Neri di Bicci et à Victor Ghiberti, le fils de l'illustre auteur des portes du Baptistère[5]. Il ne manquait pas en Toscane, à cette époque, de grands artistes capables d'inspirer d'admirables tapisseries : Gozzoli, Botticelli, Ghirlandajo, bien d'autres encore possédaient toutes les qualités requises pour inventer de merveilleux modèles.

Mantoue. — La ville d'Italie ayant donné, avant toute autre, l'hospitalité à une colonie de tapissiers flamands serait Mantoue[6]. François de Gonzague montrait un goût très vif pour les tentures historiées; dès l'année 1406, il possédait plus de cinquante tapisseries dans ses diverses résidences. En 1419, un tapissier, nommé Jean de France, est installé à Mantoue; il y travaille pour le pape Martin V et reste dans sa nouvelle patrie, où il a pris femme en 1432, jusqu'à sa mort. L'apogée de cet atelier, le plus important de tous les établissements analogues du xve siècle en Italie, date du règne de Louis de Gonzague (1444-1478). Ce prince attire dans ses États, en 1449, un des tapissiers les plus célèbres du temps, Rinaldo Boteram, de Bruxelles, qui avait d'abord travaillé à Sienne. Boteram est chargé par son protecteur d'importants achats dans les Flandres. Tous ces artisans remplissent ainsi le double rôle de fabricants et de commissionnaires. L'atelier de Mantoue posséda un autre tapissier renommé, Rubichetto, dont le traitement mensuel s'élevait à 46 livres 10 sous, tandis que ses collaborateurs, tous Bruxellois, ne gagnaient que 9 livres par mois. Ces ouvriers exotiques fixés à Mantoue travaillent surtout à des garnitures de bancs, à des pièces armoriées, à des paysages. Et pourtant, la capitale des Gonzague possède à cette époque un grand artiste qui peignit de superbes modèles. Les cartons d'Hampton Court, où les Triomphes de Jules César se développent en d'admirables frises rappelant les bas-reliefs antiques, furent très probablement destinés à servir

1. Eug. Müntz, *Les Archives des Arts*, 1890, p. 42. Ces cinq tapissiers se nomment Francesco da Ferrara, Nichetto Fiamingo, « con un gazzone », Ruggiero et Lorenzo.
2. Bigi, *Degli Arazziere e ricamatori di Correggio*, Correggio, 1878, in-8.
3. Eug. Müntz, *Les Archives des Arts*, 1890, p. 47.
4. Livinus Gilii de Burgis, d'après le *Carteggio* de Gaye, I, 563.
5. Cosimo Conti, *Ricerche storiche sull'arte degli Arazzi in Firenze*, Firenze, 1875, in-8. — Eug. Müntz, *La fabrication des tapisseries à Florence. Chronique des Arts*, 1875, et *La Tapisserie florentine aux XVe et XVIe siècles, Chronique des Arts*, 1876.
6. Braghirolli, *Sulle manifatture di Arazzi in Mantova notizie storiche*, Mantova, 1879, in-8.

de cartons aux tapissiers. Comment se fait-il que cette œuvre maîtresse du grand Mantegna n'ait jamais tenté les tapissiers du XVIe siècle ou des temps plus récents?

Sienne. — Rinaldo Boteram avait fait ses débuts à Sienne, en 1438; la ville lui accordait une modique subvention de 20 florins par an contre l'engagement de former des élèves. En 1445, il quitte Sienne pour Ferrare, avant de se fixer définitivement à Mantoue. Vers 1442, Jaquet, fils de Benoît d'Arras, avait pris la direction de l'atelier et de l'école de Sienne. Dans l'espace d'une douzaine d'années, Jaquet d'Arras aurait tissé plus de quarante pièces, parmi lesquelles figurait une *Histoire de saint Pierre*, en six panneaux, destinée au pape Nicolas V. L'atelier de Sienne cessa ses travaux en 1456. Il existe encore, assure-t-on, dans le palais de la Seigneurie, un certain nombre de morceaux de la façon de Jaquet d'Arras. Les tapisseries exposées dans les salles du palais nous ont paru d'une exécution assez médiocre. Il ne s'en trouve pas une seule qu'on puisse faire remonter à une date antérieure à 1500.

Venise. — Venise, entrepôt naturel du commerce de tous les pays de l'Orient, aurait possédé, au début du XVe siècle, un atelier de tapisserie dirigé par Jehan de Bruges et Valentin d'Arras; mais cette information, en raison de son origine, n'offre pas un caractère de certitude absolue[1].

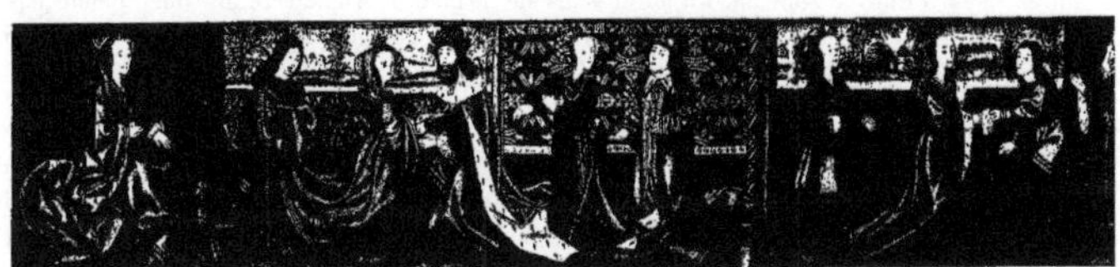

Fig. 30. — David et Bethsabée. Fin du XVe siècle. Allemagne (Musée de Florence).

Ferrare. — Avec Mantoue, la cité qui retint le plus longtemps les transfuges flamands est la ville de Ferrare[2]. L'atelier ferrarais dure plus d'un siècle et produit des œuvres fort originales; plusieurs existent encore. Le Musée des Gobelins en a recueilli deux, mais qui datent seulement du XVIe siècle. Les premiers artisans installés à Ferrare se nommaient Jacomo de Flandria de Angelo, arrivé en 1436, et Pietro di Andrea (fils d'André), venu en 1441. Rinaldo Boteram quitte Sienne pour les rejoindre en 1445, puis, bientôt après, s'établit à Mantoue pour la fin de ses jours. Sous la conduite de Pietro di Andrea qui reste à la tête de l'atelier jusqu'en 1471, les tapissiers de Ferrare font preuve d'une grande activité. Jean Millé et Renaud Grue sont appelés de Tournai, en 1464, pour former des élèves; les Italiens semblent avoir assez mal profité de leur enseignement. Un collègue de Pietro, du nom de Lievin, est chargé de reproduire les cartons de Cosimo Tura. Il disparaît en 1473. Après sa mort, l'atelier décline rapidement. Il ne compte plus qu'un seul ouvrier en 1490; c'est un Italien, nommé Bernardino di Bongiovanni. La fabrique de Ferrare traverse alors une période critique; elle végète pendant le premier tiers du XVIe siècle. L'avènement du duc Hercule II (1534-1559) lui imprimera un nouvel essor. Sous ce prince, elle va produire les œuvres originales dont nous donnerons la description plus loin.

En somme, malgré les efforts et les encouragements de princes éclairés, la tapisserie n'a jamais été une industrie bien vivace en Italie. On l'entretient quelques années, non sans peine, au prix de

1. Urbani de Gheltof (G. M.), *Degli Arazzi in Venezia con note sul tessuti artistici veneziani*, Venezia, 1878, in-4. Le nom de ces deux tapissiers vénitiens est emprunté par M. de Gheltof à un auteur du XVIIe siècle.

2. G. Campori, *L'Arazzeria estense, cenni storici*, Modena, 1876, in-8. E. Müntz, *La fabrique de tapisseries de Ferrare. Chronique des Arts*, 1877.

subventions continuelles; mais ces ateliers, péniblement installés, dépérissent rapidement et ne tardent pas à succomber. Il existe, ce n'est pas douteux, quelques tentures d'origine italienne ne manquant pas d'un certain mérite; toutefois, la plupart de celles qu'on voit exposées au Musée des tapisseries de Florence[1] ne soutiennent pas sans désavantage la comparaison avec les pièces d'une provenance différente qui les entourent.

Comme on le sait, le pape Léon X dut s'adresser à des Flamands quand il voulut enrichir le Vatican des reproductions des fameux cartons de Raphaël; ce seul fait prouverait que l'Italie n'offrait pas les ressources nécessaires pour l'œuvre qu'il méditait et qui devait avoir un immense retentissement. D'ailleurs, à moins qu'il existe quelques fragments anciens, encore ignorés, enfouis dans les collections locales de Sienne ou de Florence, aucune des tapisseries italiennes d'origine certaine ne paraît remonter au XVe siècle. La plus ancienne qu'on connaisse, *La tête de Pompée présentée à César*, se rattache à l'école milanaise; on ignore où elle a été tissée, et elle ne semble pas antérieure à 1500.

A vrai dire, les efforts des princes italiens pour introduire et acclimater dans leurs États la pratique de la haute ou de la basse lisse a produit d'insignifiants résultats; la Flandre reste définitivement la terre classique de la tapisserie.

Les autres pays d'Europe sont encore au-dessous de l'Italie. L'Angleterre ne songe même pas à entrer en lutte avec les artisans de Bruges, de Bruxelles et de Tournai, à qui elle fournit dans une large mesure les matières premières de leur industrie.

Espagne. — C'est à peine si on a recueilli jusqu'ici les noms de quelques tapissiers nomades établis en Espagne avant la fin du Moyen Age. Deux hautlisseurs s'installent à Barcelone, la grande ville manufacturière, l'un en 1391, l'autre en 1433. M. Davillier a constaté la présence de deux tapissiers à la cour des rois de Navarre en 1411. Là se bornent les renseignements recueillis jusqu'ici. D'ailleurs l'Espagne pourra bientôt s'approvisionner largement dans les Pays-Bas. L'Empereur Charles-Quint, né à Gand, accordera la plus large protection aux métiers flamands. A quoi bon transférer dans une patrie nouvelle et dépayser ces bons Flamands qui tiennent tant à leur terre natale, et perdent en la quittant le meilleur de leurs qualités ?

Allemagne et Suisse. — L'Allemagne et la Suisse, encore incomplètement étudiées et jusqu'ici assez mal connues, ont réalisé certainement de bonne heure de notables progrès dans les industries textiles. Les plus anciennes tentures connues sortaient probablement de leurs couvents; mais si l'art de la tapisserie subit une éclipse au XIVe siècle, il semble avoir jeté de nouveaux rejetons sur les bords du Rhin et dans les cantons allemands de la Suisse pendant la période suivante. On a constaté ci-dessus l'incertitude qui règne sur la provenance des pièces conservées dans les églises et les Musées d'Allemagne et sur leur date de fabrication. Jusqu'à ce que la lumière ait été faite sur les origines des panneaux les plus caractéristiques du Musée Germanique de Nuremberg ou du Musée National de Munich, on devra se contenter de noter les caractères propres distinguant les œuvres des anciens tapissiers allemands, et équivalant presque à une marque d'origine. Par exemple, les peintres de ces anciennes compositions expliquent très souvent le sujet par des légendes allemandes, en caractères gothiques, qui s'enroulent autour des personnages. C'est un trait caractéristique auquel il est impossible de se méprendre. Souvent, ces tissus sont garnis de franges par le bas ; si on rencontre parfois ailleurs des exemples de cet ornement, ils sont fort rares. Beaucoup des tentures germaniques parvenues jusqu'à nous servaient de dosserets et affectaient par suite la forme de bandes de 90 centimètres à 1 mètre de hauteur, et se déroulant sur une longueur de 3 ou 4 mètres. Ces dimensions se retrouvent, non seulement dans des tentures d'église, mais aussi sur des panneaux représentant des sujets empruntés aux romans

1. Cf. *Catalogo della R. Galleria degli Arazzi*, Firenze, 1884, in-12. Ces tentures garnissent les salles du palais de la Crocetta, à Florence.

de chevalerie. Il ne semble pas y avoir eu de centre de fabrication très actif en Allemagne, au cours du XVe siècle. Peut-être la ville de Nuremberg possédait-elle un certain nombre de métiers, car les plus anciennes tentures historiées de la région appartiennent encore aux églises de cette ville. Mais il faut admettre que la plupart des artisans allemands travaillaient alors dans des châteaux ou des couvents. Les matières employées dans leurs tissus étaient grossières ; peu de soie, encore moins de fil de métal, et, quand ils en font usage, l'or ou l'argent doré paraît de qualité inférieure. Enfin, le dessin laisse en général à désirer. Tels sont les caractères habituels des tapisseries allemandes du Moyen Age. Ces particularités se rencontrent dans diverses pièces appartenant à des particuliers ou conservées à Nuremberg et à Munich. Parmi ces dernières on doit signaler la *Cène*, le *Châtiment d'Héliodore*, la *Manne*, l'*Agneau Pascal*, un *Christ entre deux anges tenant les instruments de son supplice*, du Musée de Nuremberg. Les tentures exposées dans l'église Saint-Laurent de la même ville, le *Martyre de saint Étienne*, le *Martyre de saint Laurent*, le *Crucifiement*, l'*Empereur Henri et Cunégonde tenant une église*, l'*Histoire de sainte Catherine d'Alexandrie*, accusent la même inexpérience chez leurs auteurs que les panneaux du Musée. Parfois, l'expression de certaines figures frise la caricature.

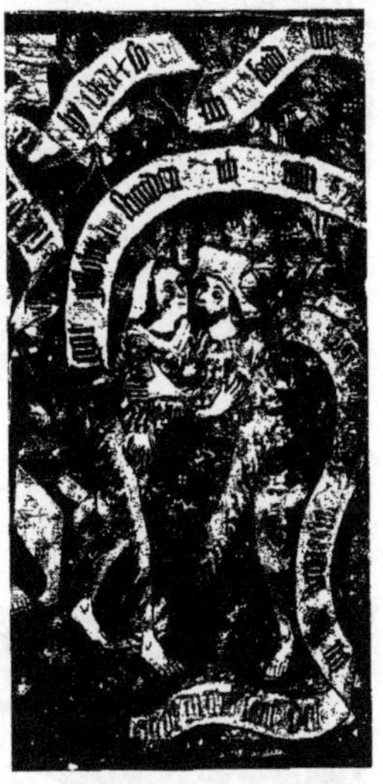

Fig. 31. — Fragment d'une tapisserie allemande du XVe siècle (Musée de Besançon).

Eugène Müntz a décrit en détail une tapisserie du Musée de Kensington [1], représentant la *Préparation à la vie monastique*, c'est-à-dire la série des cérémonies qui précèdent la prise d'habit. Chaque scène est expliquée par une légende allemande. La dimension de cette pièce (0^m 95 de haut) indique sa destination. Sur une autre tapisserie à légende allemande est retracée la rencontre de la Vierge et de sainte Élisabeth [2]. Elle n'a également que 0^m 80 de hauteur et offre cette particularité rare que des fils d'or sont mélangés avec la laine et la soie. Mais, malgré leur caractère archaïque et leur dessin incorrect, plusieurs des morceaux dont nous venons de parler pourraient bien dater seulement du commencement du XVIe siècle où on rencontre des tapisseries anciennes d'origine inconnue jusque dans les contrées les plus reculées. Ainsi, le temple de Grenjadarstadur en Islande possédait une tenture représentant, en six tableaux arrondis, la vie d'un évêque ou d'un saint, et rappelant la disposition des vitraux du XVIe siècle. Cette pièce n'est venue à notre connaissance que par une lithographie de Guiaud, exécutée sur un dessin de A. Mayer et appartenant au Cabinet des Estampes de Paris. Une pareille reproduction ne permet guère de juger du mérite, de la date et de la provenance de l'original. N'est-il pas curieux dans tous les cas de constater la présence d'un des produits de l'industrie d'Arras ou de Bruxelles dans un édifice perdu au fond de l'Islande ?

Les curieuses bandes de tapisserie exposées au Musée de Bâle, sur lesquelles figurent des Preux ou des conversations galantes, avec légendes gothiques, au milieu de paysages et de monstres fantastiques [3], sont-elles aussi d'une date postérieure à 1500 ? Nous avons déjà constaté la difficulté d'arriver à une certitude absolue en pareille matière.

1. *Histoire de la tapisserie en Allemagne*, in-fol., 1878-84, p. 6.
2. Cette tapisserie était chez M. Willems quand Müntz l'a étudiée.
3. Ces tapisseries ont été reproduites dans l'Album publié par le docteur Moritz Heyne, *Kunst im Hause*, avec dessins de W. Bubeck, architecte, chez Detloff, Bâle, vers 1876, 2 vol. in-4, 70 planches. Voy. ci-dessus, fig. 14, 19, 20, 21, 22, 23, p. 31, 38, 39, 43, 45, 47.

Alsace. — Trois tentures relatives aux légendes des saints d'Alsace, conservées dans les églises de Strasbourg ou des environs, se rattachent directement à l'art allemand du XVe siècle. Comme elles ne sont signalées que dans des guides locaux ou dans certains catalogues d'exhibitions temporaires, nous leur consacrerons une courte description. Elles figurèrent à l'Exposition rétrospective alsacienne et

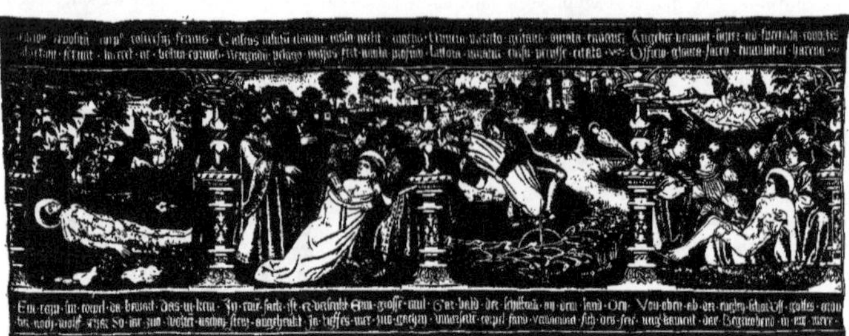

Fig. 32. — La légende de saint Vincent. Fin du XVe siècle. Allemagne (Musée historique de Berne).

lorraine réunie dans l'orangerie de Strasbourg en 1895. L'une d'elles appartient à l'église Saint-Adelphe de Neuwiller; les deux autres sont soigneusement enfermées dans des armoires, au petit séminaire de Strasbourg. Toutes trois atteignent à peine 0m 95 ou 1 mètre de hauteur; elles étaient donc destinées à décorer des stalles d'église. La plus ancienne, retraçant la légende du patron de

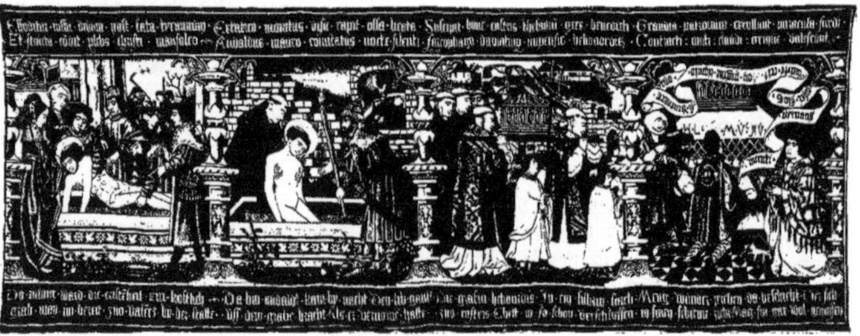

Fig. 33. — La légende de saint Vincent. Fin du XVe siècle. Allemagne (Musée historique de Berne).

l'église de Neuwiller, se compose de quatre bandes, mesurant chacune 2m 85 de longueur, où se déroulent tous les épisodes de la vie de saint Adelphe, évêque de Metz, dont les reliques sont conservées à l'église de Neuwiller, depuis la naissance du personnage jusqu'au transfert de son corps. Les érudits de la région datent ces dosserets, dont les nombreux écussons intercalés dans divers compartiments[1] indiquent les donateurs, de l'année 1470 environ.

Bien que les deux autres séries alsaciennes exposées en 1895 paraissent d'une époque un peu plus

1. Straub, *Bulletin de la Société pour la conservation des monuments historiques de l'Alsace*, série II, vol. 5, p. 54. — Les armoiries sont celles de Bourgogne, Hanau, Westerbourg, Hohenlohe, Bade et Lichtenberg; donc, la dépense de la tenture a été supportée par plusieurs donateurs.

récente que la légende de saint Adelphe, comme elles accusent un caractère franchement archaïque, nous les mentionnerons ici pour ne pas séparer ces souvenirs de l'industrie locale. Une première tenture raconte, en une série d'épisodes disposés d'une manière pittoresque, l'*Histoire de sainte Odile*, la patronne populaire de Niedermunster. Le fragment reproduit ici montre les miracles et la mort de la patronne de l'Alsace. Les autres bandes de tapisserie retracent les épisodes de la translation des restes de sainte Attale, dont une église de Strasbourg possède encore, dans un vieux reliquaire, une main détachée jadis du corps de la sainte, suivant la légende représentée sur une des tapisseries. Une chronique locale de la fin du XVIIe siècle mentionne les deux tentures de sainte Odile et de sainte Attale, et donne même une reproduction gravée des sujets [1]. Le fait est assez rare pour être signalé.

D'autres séries de tapisseries alsaciennes figuraient à l'exposition d'art alsacien, dans le voisinage de celles que nous venons d'énumérer, notamment celles du couvent des Bénédictins de Saverne [2]; mais, comme elles portent la date de 1540, nous nous contenterons de les mentionner en notant que l'Alsace était fort en retard sur les pays voisins dans les arts du dessin.

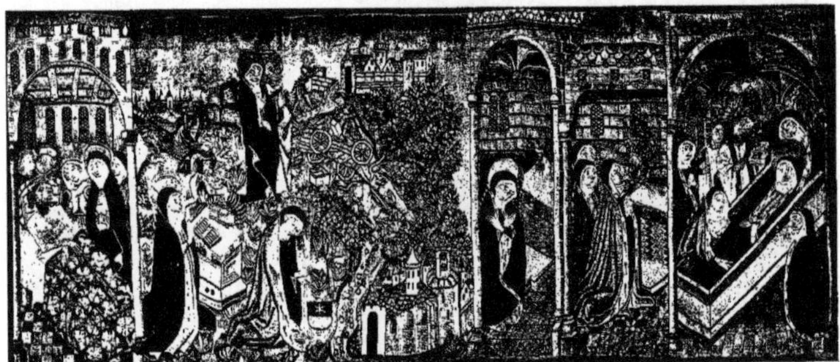

Fig. 34. — La légende de sainte Odile. Atelier allemand. XVe siècle (Petit séminaire de Strasbourg).

Des pièces qui viennent d'être signalées nous rapprocherons plusieurs séries conservées dans nos églises et que des documents authentiques permettent d'attribuer au XVe siècle. A cette énumération seront jointes diverses tentures dont le style archaïque fixe suffisamment la date, en l'absence de texte positif.

Reprenant les divisions du chapitre précédent, ce qui présente l'avantage de permettre le rapprochement des séries analogues aux différentes époques de l'histoire, nous commencerons par l'énumération des tentures religieuses dont la date se place entre les années 1420 et 1480.

L'*Histoire de saint Pierre* exposée dans la cathédrale de Beauvais et dont un des panneaux est venu s'égarer, on ne sait quand ni comment, au Musée de Cluny, portait autrefois la mention et la date de son origine. Une inscription, tissée sur une pièce aujourd'hui perdue [3], rappelait que la

1. *Chronique de Kœnigshoven*, publiée par Schilter, 1698, p. 515; Kraus, *Kunst und Alterthum in Elsass Lothringen*, t. I, p. 521. — Voir aussi les *Observations sur la vie de sainte Odile*, de M. Marius Sepet, dans la *Bibliothèque de l'École des Chartes* de 1902, t. LXIII, p. 517. M. Sepet étudie et commente dans cette étude les sources originales de la légende de sainte Odile, en s'appuyant sur un travail de M. Pfister relatif au même sujet. — Cf. un article de la *Revue alsacienne* de 1908 : *Trois tapisseries alsaciennes*, avec phototypies.

2. Voir *Les tapisseries de Saint-Jean-des-Choux* près Saverne, Saverne, imp. Gilliot, avec photographies.

3. Voici le texte de cette inscription :

Icellui pasteur vénérable
Meu d'une vertueuse plente
L'an mil quatre cent soixante
Fit faire de bonne durée
Ce tapis où est figurée
La belle vie de saint Pierre.

tenture fut donnée à l'église par Guillaume de Hellande, évêque de Beauvais de 1444 à 1462. Elle offre donc un type caractéristique de l'art français du milieu du xve siècle. Le dessin des personnages n'a rien de flamand, et le mot *Paix*, en maint endroit répété sur un fond de feuillage, évoque le souvenir des misères auxquelles une guerre prolongée avait réduit le pays quand le bon évêque embellissait la cathédrale de la légende de son patron[1]. Ce cri des victimes de la guerre de Cent Ans, nous le retrouvons ailleurs ; sur une autre pièce de la même époque environ, on a relevé l'inscription : *Inquire pacem*. Nous voulons parler du très curieux portrait équestre de Charles VIII partant pour la conquête de l'Italie, appartenant à M. le baron de Schickler ; nous en reparlerons plus loin.

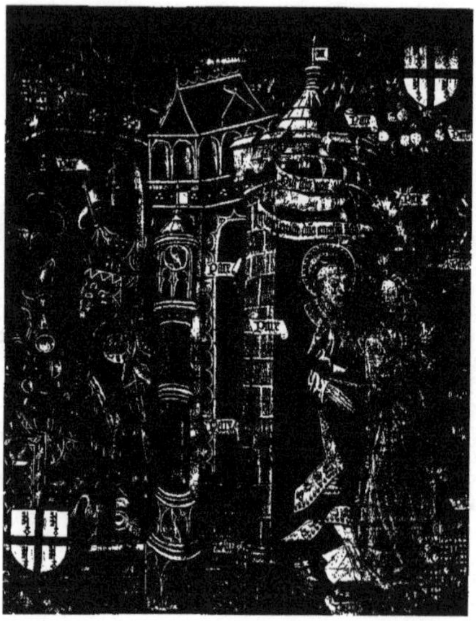

Fig. 33. — Saint Pierre délivré de prison. Atelier français. xve siècle (Musée de Cluny).

Le mot *Paix* se lit également sur les panneaux de *l'Histoire de saint Gervais et de saint Protais*, offerte à l'église de Soissons par l'évêque Jean Millet qui occupa le trône épiscopal de 1443 à 1503. De cette suite remarquable, il ne reste actuellement que trois scènes sur une même pièce.

L'histoire des deux saints compagnons est encore représentée sur une tapisserie du Mans d'une date plus récente que la pièce de Soissons ; par une inscription d'un des panneaux nous savons que la tenture du Mans ne fut terminée qu'en 1509.

On a signalé plus haut *l'Annonciation* du Musée de Berne, provenant de l'église de Lausanne, et non du butin de Granson et de Morat, comme on l'a répété longtemps. La légende de saint Adelphe et celles de sainte Odile et de sainte Attale, soigneusement conservées à Strasbourg, appartiennent à la même famille de tapisseries religieuses et représentent très convenablement les traditions du xve siècle appliquées à la décoration des églises.

Les tentures de l'hôpital de Beaune offrent un caractère bien plus original ; elles possèdent, de plus, un état civil en règle et une date certaine. Le chancelier du duc Philippe le Bon, Nicolas Rollin, les avait fait tisser pour parer, à l'occasion des fêtes solennelles, les lits des malades de l'hôpital qu'il venait de fonder. Cet hôpital est conservé tel à peu près qu'il existait à la fin du xve siècle. Il a gardé une partie de son ancien mobilier, notamment les trente tapisseries à fond rouge, semées de tourterelles des bois, entre lesquelles sont inscrites les lettres N et G, initiales du chancelier (Nicolas) et de sa femme, Guigone de Salins, avec leurs écussons répétés aux quatre coins et au milieu

1. La cathédrale de Poitiers, placée sous l'invocation de saint Pierre, possédait jadis une suite de tentures retraçant la vie du patron de l'église et notamment l'apparition du Christ à son disciple. Ces tapisseries garnissaient le chœur. (Voy. *Archives de l'Art français*, t. VI, p. 72.)

de la pièce. Sur le fond se détache aussi l'inscription *Seule*, paraissant se rapporter à la tourterelle que Guigone avait prise pour emblème.

Bien que destinés à un établissement hospitalier, ces panneaux, tous semblables, n'ont aucun caractère religieux. De la même origine proviennent cinq ou six pièces portant, elles aussi, les attributs des fondateurs. Ce sont deux *Agnus Dei*, avec semis de clefs et de tours, pièces principales des écussons de Nicolas et de Guigone; puis, deux images de *Saint Antoine*, avec les initiales N G enlacées et la devise *Seule* plusieurs fois répétée, enfin *l'Histoire de saint Éloi*, en trois tableaux, datant de la même époque que les sujets précédents et représentant le ministre du roi Dagobert coupant la jambe du cheval qu'on lui amenait, pour le ferrer plus commodément. Ici, le fond n'est plus uni; sur un ton « vert herbu », comme disent les vieux textes, ou parfois d'un beau rouge orangé, se détachent des fleurettes, œillets, marguerites, ancolies, etc., d'un dessin délicat. C'est la décoration la plus fréquente dans les tissus du Moyen Age. Nous l'avons vue apparaître dans certains panneaux de l'*Apocalypse* d'Angers; on ne saurait rien imaginer de plus riche, répondant mieux aux conditions de la tapisserie. La *Dame à la licorne* du Musée de Cluny nous offre le type le plus fameux et le plus parfait de ce mode d'ornementation, dont on rencontre d'autres échantillons dans diverses collections particulières, notamment chez M. Martin Le Roy.

Au Musée d'art décoratif de Bruxelles se voit une grande pièce réunissant les trois épisodes dominants de la Passion : le Portement de croix, le Crucifiement, la Résurrection. Cette belle œuvre, attribuée à la seconde moitié du xvᵉ siècle, se rapprocherait plus de la Renaissance que du style du Moyen Age. Le conservateur du Musée, M. Joseph Destrée, après l'avoir longuement étudiée, lui donne une origine française [1]. Cette attribution la rendrait bien intéressante si on pouvait déterminer l'atelier qui l'a produite ; mais comment y parvenir ?

Dans la riche collection de la cathédrale d'Angers, un seul panneau appartiendrait, d'après le savant historien de Saint-Maurice, M. L. de Farcy [2], au xvᵉ siècle. C'est un fragment de la *Vie de saint Maurille*, dernier débris encore subsistant de la tapisserie commandée à Paris, en 1460, par le chapitre de la cathédrale, pour décorer le jubé [2].

Les tapisseries consacrées à l'histoire contemporaine ont toujours été d'une grande rareté. La peinture d'ailleurs se tire mieux de pareils sujets que le tissage. Aussi, n'a-t-on guère représenté sur les tentures les personnages vivants ou les événements contemporains comme on le faisait vers la fin du xivᵉ siècle. Après la *Bataille de Liège*, dont il a été question dans un précédent chapitre, nous ne voyons guère à signaler qu'une pièce récemment découverte, sur laquelle était figurée *Jeanne d'Arc se présentant à la cour du roi Charles VII* [3]. Cette glorification de la vaillante héroïne, chose singulière, aurait une origine germanique ou suisse, comme l'indique la légende : « *Vie Kumt die Juckfrau von Gott gesant dem Delphin in die Land* — Comment la Pucelle envoyée de Dieu vient trouver le Dauphin dans son pays. » Suivant Jules Quicherat, la tapisserie serait presque contemporaine des événements, puisque Charles VII y figure encore comme dauphin. N'est-ce pas attribuer à un simple détail beaucoup plus d'importance qu'il ne convient [4] ?

La bataille de Formigny, livrée aux Anglais par le comte de Clermont et le connétable de Richemont, le 15 avril 1450, avait entraîné l'évacuation définitive de la Normandie. Elle eut par suite une

1. Joseph Destrée, *Tapisseries françaises des Musées royaux*, extrait du Bulletin des Musées royaux des Arts décoratifs et industriels, nᵒˢ 7-9, 1904, in-4, 12 p. et pl.

2. *Les tapisseries de la cathédrale d'Angers*, extrait du volume du mobilier faisant partie de la monographie de la cathédrale d'Angers, par M. L. de Farcy, Angers, 1901, in-4, 152 p., planches.

3. Retrouvée, vers 1875, à Lucerne, cette tenture était devenue la propriété du marquis d'Azeglio, ministre de Sardaigne. On ignore où elle se trouve actuellement.

4. Un autre épisode de la vie de Jeanne d'Arc, l'*Entrée de Charles VII à Reims pour y être sacré*, portant cette inscription en quatre vers :

> Par le conseil de Jehanne la Pucelle
> Jusques à Reims, et vérité ne cele,
> Charles VII en grand train fut mené
> Qu'en ce dit lieu il ne fut couronné.

figure sur une estampe conservée à la Bibliothèque Nationale et signée J. Poinssaut. L'auteur dit formellement que son œuvre est « le portraict d'une tapisserie faite il y a deux cens ans ». Mais ne serait-ce pas une œuvre du xviiᵉ plutôt que du xvᵉ siècle ? Le souvenir de Jeanne d'Arc, tout à fait effacé après 1500, reprit faveur au xviiᵉ siècle. La Pucelle de Chapelain ne fut sans doute pas étrangère à ce regain de popularité.

importance considérable, bien que les troupes engagées ne comptassent qu'un petit nombre de combattants. Le roi Charles VII voulut consacrer par un monument durable le souvenir de cet important succès[1]. Il commanda donc une tenture représentant la glorieuse victoire. A quel atelier s'adressa-t-il? On l'ignore; il dut recourir aux artisans les plus renommés, c'est-à-dire à ceux d'Arras, car les métiers de Paris offraient alors peu de ressources. Dans tous les cas, la tenture fut exécutée. Elle décorait le château de Fontainebleau. Un ouvrier occupé dans les appartements eut l'heureuse idée de prendre un calque au trait des principaux épisodes, notamment de la rencontre de Clermont et de Richemont. Ces dessins constituent aujourd'hui le dernier vestige d'une page historique du plus haut intérêt. Ils sont par cette raison bien précieux; aussi a-t-on recueilli soigneusement[2] et publié les derniers débris qu'on en possède.

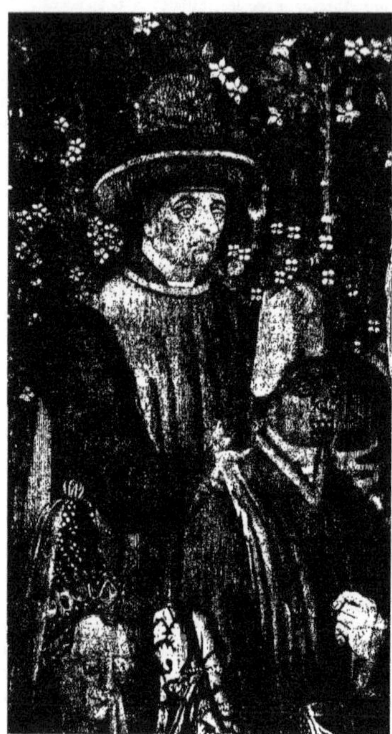

Fig. 36. — Portrait présumé du connétable de Richemont, fragment d'une tapisserie française du XVe siècle.

Plus nombreuses que les représentations d'événements contemporains sont les scènes inspirées par les chansons de geste ou les romans de chevalerie. Nous avons signalé plusieurs des tentures exécutées pour Philippe le Bon. Nous ne reviendrons pas sur les épisodes du *Siège de Troie*, conservés au Musée de Kensington et à la cathédrale de Zamora. On a décrit plus haut les tapisseries du Musée de Berne relatives à l'*Histoire de César*, à la *Justice de Trajan* et à la *Légende d'Herkinbald*. D'autres scènes historiques peuvent également se placer aux environs de 1450. En première ligne, il faut citer l'*Histoire du roi Clovis*, aujourd'hui à la cathédrale de Reims[3]. Cette tenture paraît pour la première fois dans les textes anciens lors des fêtes données à Bruges à l'occasion du mariage de Charles le Téméraire et de Marguerite d'York, célébré en 1468. Un luxe prodigieux fut déployé à cette occasion. Les plus belles tapisseries du duc de Bourgogne revêtaient les murailles des salles de réunion. La grande galerie du festin avait reçu les suites fameuses de Gédéon et de la Toison d'or. Dans la pièce réservée aux officiers et chambellans du duc s'étalaient le *Couronnement de Clovis*, le *Renouvellement de son alliance avec Gondebaud*, le *Mariage*

1. Voir J. Lair, *Essai historique et topographique sur la bataille de Formigny*, Paris, Champion, 1903, avec le fac-similé des dessins reproduisant la tapisserie de Fontainebleau. C'est à ce travail qu'est empruntée la fig. 37, dont nous devons la gracieuse communication à Mme veuve Lair. Jules Lair avait voulu voir dans le fragment de tapisserie reproduit ici (fig. 36) un portrait de Richemont, parce que le connétable, à la suite d'une blessure à la tête, reçue dans sa jeunesse, ne portait pas de casque, mais seulement un bonnet fourré.

2. Ces dessins font partie d'un manuscrit de la Bibliothèque nationale nouv. acquis. fr., n° 5174, fol. 41.

3. Louis Paris, *Toiles peintes et tapisseries de la ville de Reims, ou la mise en scène du Théâtre des Confrères de la Passion*, Reims, 1843, 2 vol. in-4 et 32 pl. gr. in-fol., par Leberthais, reproduisant notamment les scènes de l'*histoire du roi Clovis*.

du roi de France avec la fille du duc de Bourgogne, enfin l'*Apparition de l'ange apportant les trois fleurs de lis de France*. Les allusions à la maison de Bourgogne permettent d'attribuer la commande de cette tenture au duc Philippe le Bon. Transmise à Charles-Quint par la fille du Téméraire, elle faisait partie des bagages abandonnés par l'Empereur après la levée du siège de Metz. Elle échut alors, comme sa part du butin, au duc François de Guise et, peu de temps après, fut offerte à l'église de Reims par Charles de Guise, cardinal de Lorraine et archevêque de Reims. A cette époque, l'*Histoire de Clovis* comptait six pièces. En 1840, M. Leberthais en dessina trois ; c'est tout ce qui avait échappé à la destruction. Comment se fait-il qu'il n'en existe que deux aujourd'hui ? Qu'est devenu le troisième panneau ? Quand a-t-il été perdu ? Voici un exemple bien caractéristique de l'indifférence qu'on témoignait, il n'y a pas bien longtemps, aux plus précieux monuments de l'histoire et de l'art.

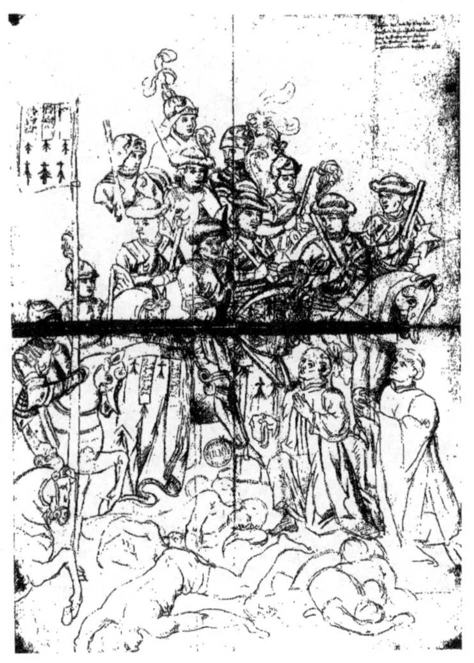

Fig. 37. — Dessin de 1623, d'après une tapisserie du XVe siècle représentant le connétable de Richemont à la bataille de Formigny.

Divisées l'une et l'autre en plusieurs scènes, elles représentent : d'un côté, le *Couronnement du roi* et la *Prise de la cité de Soissons* ; de l'autre, la *Fondation des églises Saint-Pierre et Saint-Paul*, la *Victoire sur Gondebaud* et l'*Histoire du Cerf merveilleux*. La mêlée confuse où les combattants, bardés de fer, s'étreignent avec acharnement nous fait en quelque sorte assister à une des batailles auxquelles prit part le duc de Bourgogne lui-même. Sur les étendards du roi de France sont peints les trois crapauds légendaires, origine des fleurs de lis. Chaque détail a sa signification et son intérêt. A tous les égards donc, les tapisseries de Reims sont des documents historiques d'une importance considérable.

Les scènes de la guerre de Troie, dispersées entre les châteaux de Sully-sur-Loire, le Musée de Kensington et la cathédrale de Zamora, dont on a longuement parlé dans le chapitre précédent, se rapprochent, par leur composition, de l'histoire de Clovis. Elles appartiennent à la même période, c'est-à-dire à la seconde moitié du XVe siècle. C'est le même entassement de guerriers revêtus de pied en cap de l'armure des chevaliers. C'est aussi la furie d'un combat acharné. Pas d'espace vide dans ces tableaux où tous les plans se confondent, où le fond apparaît à peine et où les mêmes couleurs sont appliquées aux lointains comme aux premiers plans.

Le même parti pris est suivi dans le fragment du siège de Jérusalem conservé dans l'église de Notre-Dame de Nantilly, près de Saumur. D'où proviennent les précieuses tentures amassées dans ce petit village ? Nous serions tenté d'admettre que certains de ces panneaux sortent d'un atelier des bords de la Loire, où la cour de France, quand elle y établit sa résidence, avait concentré toutes les industries somptuaires réduites à déserter la capitale.

C'est encore à Notre-Dame de Nantilly qu'appartient cette curieuse représentation d'un bal du xve siècle, où quantité de personnages, habillés en costume du temps, sont confondus avec des sauvages des deux sexes, à demi nus. On a voulu voir dans cette scène bizarre le fameux bal des Ardents, où le roi Charles VI, lui aussi déguisé en sauvage, faillit périr. Ce rapprochement ne saurait être admis; il s'agit tout simplement d'une fête comme la cour de France ou celle de Bourgogne en donnaient constamment. Aucune particularité ne peut servir à fixer la date de ce divertissement. Quant à l'origine de la tapisserie, elle est certainement française; rien de flamand dans le dessin, dans l'expression des figures, dans les ajustements.

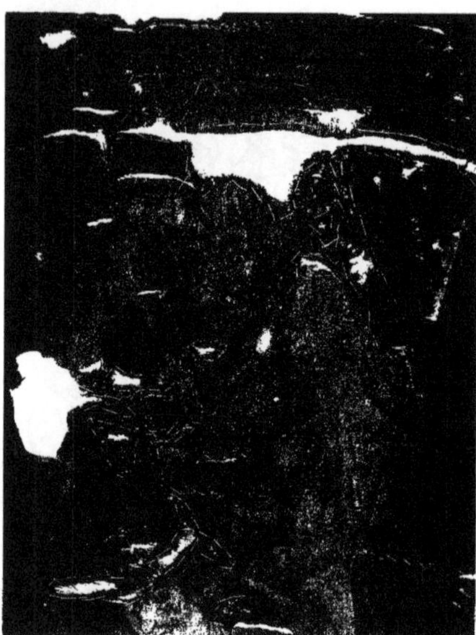

Fig. 38. — Bal de sauvages (fragment). Atelier français, xve siècle (N.-D. de Nantilly).

Des acquisitions récentes ont enrichi le Musée industriel du Cinquantenaire, à Bruxelles, de deux pièces remarquables, appartenant à la période qui nous occupe, faisant partie des séries inspirées par les chansons de geste. C'est d'abord un fragment important, bien qu'incomplet, de la mort de Roland à Roncevaux. Dans une mêlée des plus confuses Roland, portant son nom inscrit au bas de son armure, tranche en deux parties avec Durandal la tête du roi Marsile, et plus loin, il sonne du cor ; puis, l'armure brisée et couvert de sang, il s'appuie contre un arbre, se soutenant à peine. Une légende en vers français explique et commente les péripéties du drame. En un espace assez restreint Roland est représenté jusqu'à cinq fois dans diverses attitudes. Cette particularité rend ce fragment très curieux.

Les tentures consacrées aux chasses et aux scènes rustiques vont se multipliant à mesure qu'on approche de la fin du Moyen Age. Les seigneurs, enfermés si longtemps dans l'enceinte de leurs châteaux fortifiés, se livrent avec passion aux plaisirs de la vie en plein air. De tout temps, la chasse au vol ou à courre, la poursuite des bêtes fauves dans les vastes forêts presque impraticables, furent un des divertissements préférés de l'aristocratie. Depuis que la royauté a été chassée de sa capitale par l'occupation anglaise, depuis qu'elle a élu domicile en Touraine, se transportant tour à tour à Loches, à Chinon, à Tours, à Amboise, à Chambord, à Fontainebleau, elle vit en communion plus intime avec la nature et trouve un singulier attrait à ces images de la vie des champs dont elle ignorait auparavant les séductions. C'est alors que les peintres empruntent les motifs de leurs modèles aux travaux des bûcherons et des bergers. De cette époque datent ces tableaux dont le Musée des Arts décoratifs ou celui des Gobelins possèdent de si curieux échantillons. Dès la seconde moitié du xve siècle apparaît cette histoire symbolique des aventures de Gombaut et de Macé, qui fait passer successivement sous nos yeux les aventures, les joies, les travaux, les misères de l'existence du paysan. Les représentations premières de cette idylle naïve ont disparu depuis

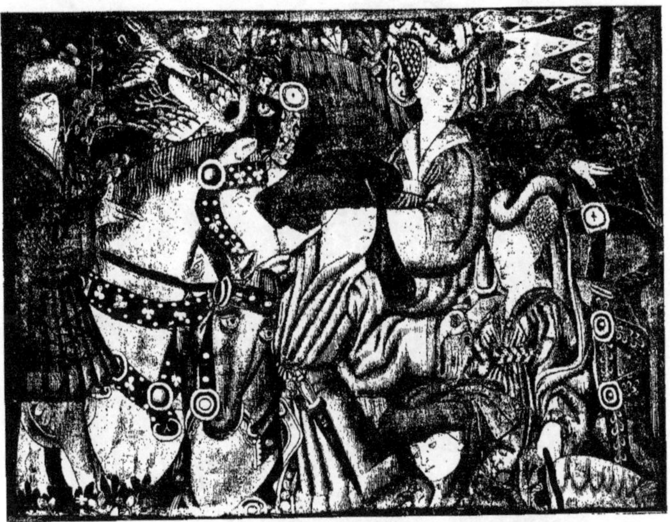

Fig. 39. — Seigneurs et dames chassant (fragment). France, xve siècle (Église de N.-D. de Nantilly).

longtemps; mais la persistance de son succès pendant les deux siècles qui vont suivre prouve combien ces tableaux champêtres furent goûtés de nos ancêtres. Les petits poèmes d'Henri Baude, qui vivait sous le règne de Louis XI, font bien ressortir ce mélange d'esprit gaulois et de passion pour les plaisirs rustiques.

Les tapisseries du xve siècle prêtées par M. Bardac à l'Exposition des Primitifs français de 1904 se rattachent à la série des conversations galantes. Sur de larges bandes, alternativement rouges, vertes et blanches, dans un parterre semé de fleurs diverses, des seigneurs et des dames de grandeur naturelle, vêtues à la dernière mode, se promènent en échangeant des propos galants. Précieuses par les renseignements précis qu'elles apportent à l'histoire du costume, les trois tapisseries de M. Bardac présentent une disposition de rayures qui se rencontre rarement. Elle est étrange plutôt qu'agréable; nos anciens tapissiers ne reculaient devant aucune audace. Qui se permettrait aujourd'hui de pareilles hardiesses? Cette suite est aujourd'hui, comme on le sait, en Amérique.

A la même famille de sujets galants en vogue au xve siècle appartiennent les originales tentures récemment léguées au Musée des Arts décoratifs de Paris par M. Émile Peyre. De jeunes seigneurs avec des dames assises au milieu d'un paysage, au bord d'une rivière, occupent leurs loisirs à deviser et à jouer de divers instruments de musique. Ici, comme dans les panneaux de M. Bardac, les détails du costume ajoutent beaucoup à l'intérêt du sujet. Ils se rapprochent sensiblement de ceux qui se

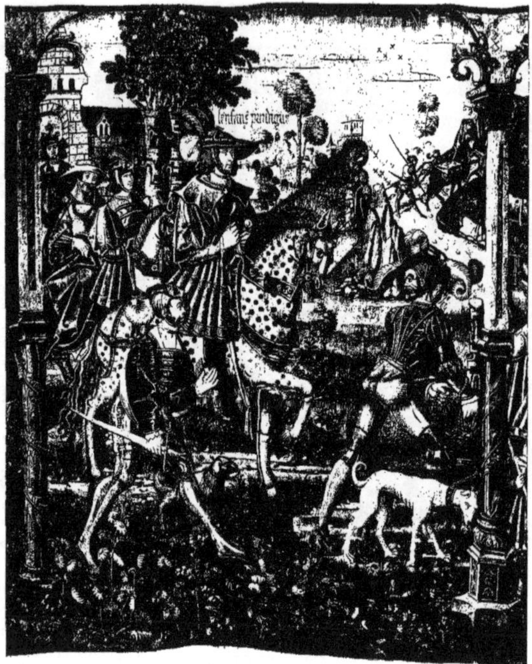

Fig. 40. — L'Enfant prodigue (fragment). Commencement du xvie siècle (Musée de Cluny).

voient dans les conversations galantes à légendes gothiques du Musée de Bâle, dont il a été parlé précédemment.

Les jeux de société, jeux de tables ou de dames, jeux de tarots ou d'échecs, reviennent souvent dans les inventaires anciens; on en connaît un certain nombre d'exemplaires assez bien conservés. Cette série prendrait d'interminables développements si nous dressions la liste de toutes les pièces éparses dans les collections publiques ou particulières. Les mœurs familières y sont prises sur le vif et racontées sans emphase, dans toute leur simplicité. Mais il y a de sérieuses difficultés à distinguer les tapisseries de la fin du xve siècle de celles d'une date plus récente.

Le Musée de Cluny possède une série importante de ces scènes de la vie de chaque jour se détachant sur des fonds de feuillages et de fleurs, animés de nombreux oiseaux ; mais presque toutes appartiennent plutôt au temps de Louis XII qu'à celui de Charles VIII. Pour ne plus y revenir, nous anticiperons quelque peu sur les dates, en signalant ici ces morceaux curieux qui, par leur caractère, et surtout par ce fond « vert herbu » semé de fleurs des champs, se rattachent encore si étroitement aux traditions du Moyen Age.

Voici d'abord une réunion de trois dames et d'un jeune seigneur portant une gourde armoriée de

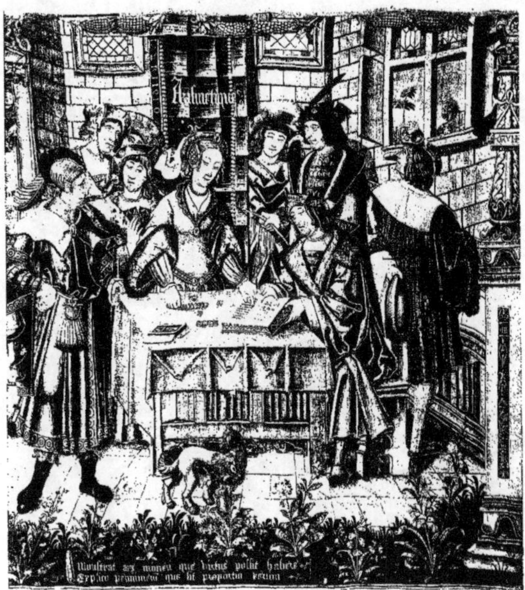

Fig. 41. — L'Arithmétique. Atelier français. Commencement du xvie siècle (Musée de Cluny).

France, suspendue à une chaîne. Deux de ces femmes, gracieuses et richement parées, devisent ensemble ; leurs gestes indiquent une conversation animée ; l'une d'elles tient un petit bouquet d'œillets et d'autres fleurs légères. La troisième personne, une servante sans doute, présente un plat rempli de fruits. Dans le fond arrive un valet avec un broc à boire.

Autre composition de même caractère, avec un fond enrichi de fleurs et d'oiseaux : un jeune homme debout, un papier à la main, semble réciter une pièce de vers ou chanter un air de musique devant une jeune femme assise dans un fauteuil en tapisserie, occupée à filer. Un chien, debout sur les genoux de la dame, menace un jeune chat jouant à terre, dans une pose très naturelle, avec la navette sur laquelle est enroulé le fil. Cette conversation à deux personnages offre un caractère de naturel et d'intimité charmant.

Tout autre est la tapisserie de l'Enfant prodigue, dont les trois épisodes ne donnent pas une idée bien nette du petit drame qui se joue sous nos yeux et dont les personnages portent des costumes d'un caractère exotique (fig. 40). Cependant le titre — *l'Enfant prodigue* — deux fois répété, est bien français.

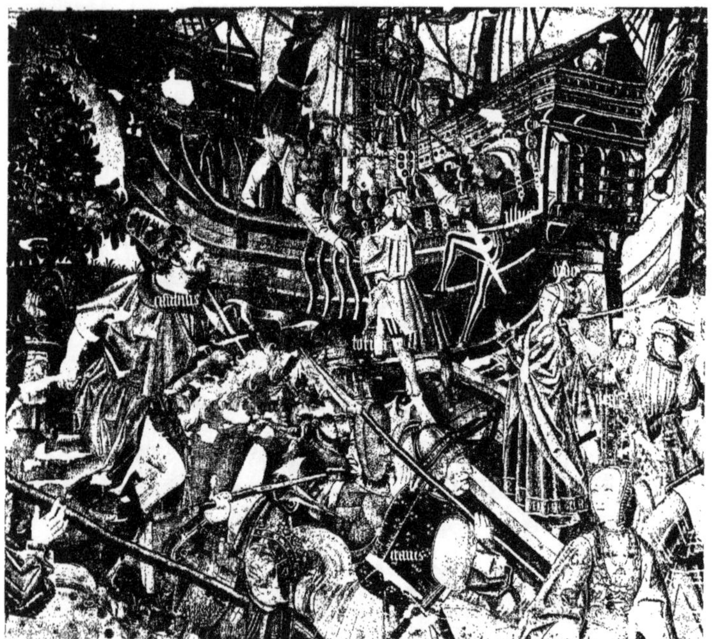

Fig. 42. — Scène allégorique représentant un combat naval. Atelier français. Fin du XVe siècle (Musée de Cluny).

Signalons encore ce panneau de l'*Arithmétique* (fig. 41), qui nous fournira comme une transition naturelle aux compositions allégoriques. Sous la figure d'une femme richement habillée, l'*Arithmétique* est assise devant une table sur laquelle elle range des pièces de monnaie, en étendant la main gauche vers un livre ouvert devant un homme assis à son côté. Sept autres personnages masculins assistent à la scène qui a pour théâtre un intérieur de l'époque de la Renaissance. L'inscription placée dans le bas explique le sujet en assez médiocre latin :

Monstrat ars numeri que virtus possit habere;
Explico per numerum que sit proportio rerum.

Quant aux allégories, moralités ou sujets satiriques, il en existe un exemple fameux depuis que Jubinal l'a fait reproduire d'après la tapisserie de Nancy : la *Condamnation de Banquet*, qui passait à tort pour provenir de la tente de Charles le Téméraire. Voilà bien le type par excellence de l'allégorie morale dont on trouve le commentaire dans de nombreux manuscrits du xve siècle.

Au Musée de Cluny sont exposées deux scènes emblématiques très différentes par leur objet, et dont l'élément principal, par une coïncidence fortuite, est emprunté à la vie maritime. L'une nous présente un vaisseau se dirigeant vers le port du salut; ses mâts sont rompus par Borée et ses compagnons. Divers personnages de l'Histoire sainte entourent le navire désemparé : les trois jeunes Hébreux dans la fournaise, Judith tenant son glaive, Esther, Mardochée, Débora, Gédéon, Daniel, Aaron. Tous lèvent des bras suppliants vers la divinité apparaissant à droite au milieu d'un nuage. Le tissu de la pièce est remarquablement fin. La bordure, formée de pampres alternant avec des iris, annoncerait plutôt le xvie que le xve siècle. L'autre sujet allégorique de notre Musée paraît remonter à une époque plus reculée (fig. 42). Très incomplète, très usée, percée de trous, cette pièce a également pour motif central un grand navire à haut bord; celui-ci est entouré de personnages antiques s'efforçant de monter sur le tillac. Totila et Illus ont déjà presque accompli leur escalade. Didon arrive sur une barque. On voit s'approcher Cambyse armé d'une pique, Gaius dont la joue est couverte d'une énorme verrue. Ninus est jeté en bas de son cheval par un coup de lance le traversant de part en part. Que signifie cet assemblage de personnages hétéroclites? Où se dirige ce vaisseau? Qui nous dira le sens de cette allégorie confuse? On ne saurait lui refuser le mérite de présenter comme la précédente des détails techniques sur la marine et les navires de la fin du Moyen Age. C'est ainsi que les tapisseries abondent, sur le mobilier, les étoffes, les jeux, les ustensiles de toute nature, comme on en a déjà fait la remarque, en renseignements précis qu'on chercherait vainement ailleurs, surtout dans d'aussi vastes dimensions.

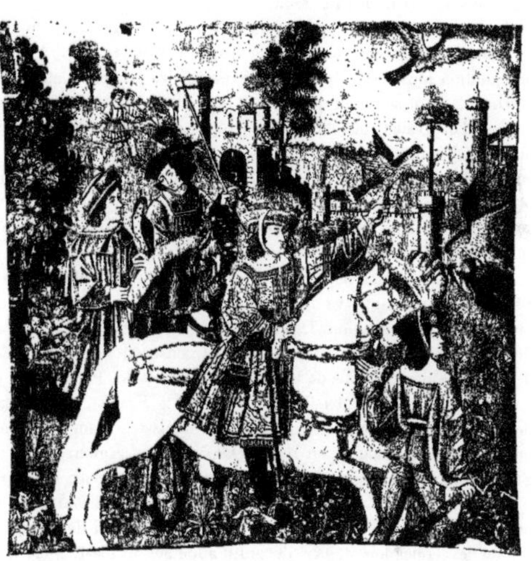

Fig. 43. — Chasse au faucon (fragment). Commencement du xvie siècle (Musée de Cluny).

Toutefois, les scènes allégoriques dont le succès paraît l'avoir emporté sur celui des autres compositions similaires sont les *Triomphes*. Tous sont inspirés à l'origine par les fameux sonnets de Pétrarque. Sur ce thème poétique, l'imagination des artistes de la fin de xve siècle a brodé des pages magistrales. On a vu figurer à diverses expositions ces *Triomphes de la Vertu, du Courage, de la Renommée, de la Mort*, etc., personnifiant dans un déploiement pompeux de chars et d'accessoires toutes les Vertus et tous les Vices. Les plus anciens Triomphes encore existants ne datent guère que du XVIe siècle, sauf peut-être celui du Musée du Cinquantenaire de Bruxelles, où les plus illustres poètes, orateurs et écrivains de l'antiquité, Virgile, Cicéron, Homère, Aristote, Platon et aussi Charlemagne, escortent le Char de la Renommée, traîné par deux éléphants. Cette tapisserie est certainement une des plus anciennes représentations de ce *Triomphe de Fama* ou de *Bonne Renommée* qui reparaît souvent dans les anciens inventaires. Ces processions triomphales prêtaient si bien à des inventions ingénieuses et décoratives qu'on les a introduites dans toutes les tentures où ils avaient quelque prétexte de figurer, comme le *Scipion*, les *Fructus Belli*, l'*Artémise*, enfin l'*Alexandre* de Charles Le Brun.

En fait, tous les développements qu'a reçus la tapisserie au XVIe siècle et depuis cette époque se trouvaient en germe dans les œuvres du Moyen Age. Aucune autre période n'a montré une imagination plus fertile, plus ingénieuse. Si les progrès réalisés dans les arts du dessin vont bientôt amener la tapisserie au plus haut degré de perfection qu'elle ait atteint, les précurseurs de cet âge d'or avaient dès longtemps fixé la technique et indiqué toutes les applications pratiques d'un mode de décoration qui a ses principes, ses modes d'interprétation, ses limites, et qui s'égare en voulant empiéter sur un domaine étranger. En imposant à l'art textile la reproduction de scènes conçues pour la peinture murale plutôt qu'en vue de la décoration d'une étoffe, le grand peintre de Léon X engagera les tapissiers dans une voie fausse, et les conséquences de cette erreur initiale pèseront longtemps sur les successeurs des grands artisans du XIVe et du XVe siècle.

Que si nous cherchons à résumer le caractère particulier de la tapisserie entre les années 1420 et 1480, date approximative de la ruine d'Arras, nous constaterons que ce demi-siècle constitue surtout une période de transition. Des deux grands centres de fabrication qui tenaient le premier rang à la fin du XIVe siècle, seule la ville d'Arras a conservé sa supériorité et entretenu son activité. La ville de Paris ne possède plus de tapissiers au XVe siècle. Par contre, des ateliers s'installent dans toutes les grandes cités industrielles du Nord de la France, grâce à la protection et aux encouragements de la puissante maison de Bourgogne. Les tapissiers franco-flamands sont attirés dans les pays étrangers, et particulièrement en Italie. Dans d'autres régions, dans l'Allemagne méridionale et dans la Suisse, une renaissance de l'industrie textile commence à se produire, cherchant un mode d'expression original. Ainsi, le XVe siècle, s'il n'a pas manifesté dans les œuvres que nous avons passées en revue un caractère sensiblement différent de celui de la période précédente, parvient du moins à fixer les vraies lois de l'art décoratif appliqué au tissu. Sous la Renaissance, l'art qui nous occupe atteindra son plein épanouissement pour produire, pendant près d'un siècle, les chefs-d'œuvre incomparables dont il sera parlé dans les chapitres suivants.

CHAPITRE V

La tapisserie en France au début du xvie siècle. — Tentures des églises de La Chaise-Dieu, Beaune, Le Mans, Montpezat, Angers, Nantilly, Saumur, Sens, Auxerre, Reims. — Tapisseries des collections publiques et particulières.

La Renaissance donne le signal d'une révolution profonde dans toutes les manifestations de l'art. La tapisserie n'échappe pas à la loi commune. L'étude des monuments de la civilisation antique entraîne une réaction générale contre les tendances et les traditions du Moyen Age. Aux inventions originales et naïves de nos vieux maîtres nationaux se substitue une convention académique, étroite et exclusive. Expliquons-nous. Les artistes du xive et du xve siècle ont conçu, d'après les légendes des historiens contemporains, toute une antiquité conventionnelle et romanesque qu'ils représentent sous les costumes et les armures de leur temps. Une fois l'anachronisme constaté et admis, ces figures des Preux, des combattants de la guerre de Troie, des vainqueurs de Jérusalem, nous offrent au moins une représentation sincère des cuirasses et des accoutrements des chevaliers de la cour de France ou des compagnons des ducs de Bourgogne. Ces tableaux s'inspirent directement de la nature ; l'artiste copie le plus littéralement qu'il peut ce qu'il a sous les yeux. Quelque choquantes qu'elles paraissent au premier abord, ces conventions ont du moins le mérite de montrer des figures vivantes, des scènes inspirées par la réalité. Et c'est là la qualité maîtresse des tentures dont on a parlé précédemment. En sera-t-il de même à l'avenir ? Les compositions des peintres du xvie siècle offriront-elles une image plus fidèle de l'antiquité ? C'est fort douteux. Prenons, par exemple, la fameuse tenture de Scipion dont il existe des échantillons un peu partout, ou l'histoire de Romulus conservée dans la collection royale d'Espagne. Est-ce que les costumes, les armures, les accessoires tels que les tentes, les chars, les épées, donnent l'impression de la nature et de la réalité ? Tout n'est-il pas convention et arrangement factice dans ces scènes habilement composées suivant des formules inflexibles ? Inutile de poursuivre ces rapprochements. Aussi bien, est-il admis maintenant que l'influence de l'antiquité classique a détourné l'art national de sa voie naturelle. Ce qui eût semblé jadis un blasphème, on le considère maintenant comme un axiome indiscutable. Mais les tendances nouvelles ne prévalurent qu'après une résistance acharnée des instincts nationaux et des traditions populaires. Aussi, voit-on les peintres de cartons suivre encore dans notre pays les exemples de leurs devanciers, alors que les chefs des grandes écoles italiennes ont complètement rompu avec le passé. La lutte entre les deux courants opposés durera bien des années ; c'est à peine si le triomphe des nouveaux principes sera complet en France à la fin du xvie siècle, malgré la protection accordée par nos Rois aux maîtres italiens et à leurs œuvres. Jusqu'en 1530 au moins, les artistes français, et, à leur suite, les tapissiers, restent fidèlement attachés aux vieilles pratiques. C'est ce que nous apprend une enquête approfondie sur les tentures de la fin du xve siècle et des premières années du siècle suivant. Il en existe encore un nombre vraiment considérable, même après les immenses destructions imputables aux guerres civiles et aux révolutions. Cet espace d'une cinquantaine d'années fut une période d'intense production. Comme aucun monument contemporain ne saurait donner une notion aussi exacte, aussi complète de l'état de l'art français à ce moment que la tapisserie, il y a un intérêt capital à grouper ici la liste des œuvres exécutées pendant cette période de transition dans les ateliers de nos artisans. Cette étude sera l'objet du présent chapitre.

D'autre part, l'influence prépondérante exercée par les ducs de Bourgogne et leur cour sur l'art du xve siècle ressort de l'examen de tous les documents du temps. Alliée aux plus puissants souverains, à peu près indépendante des rois de France, la maison de Bourgogne dépensait ses revenus considérables en fêtes magnifiques et prodiguait les encouragements aux peintres et aux artisans. Philippe le Hardi entasse dans ses châteaux quantité de riches tapisseries. Philippe le Bon ne s'intéresse pas moins que son grand-père aux ouvrages de la haute lisse. Aussi, reconnaît-on dans la plupart des tentures du xve siècle l'influence bourguignonne. On en surprend les traces dans les nombreuses suites religieuses du début du xvie siècle qui décorent encore diverses églises de la région ou des provinces environnantes, notamment à Beaune, à Auxerre, à Salins, à la Chaise-Dieu. Et certainement, on possédait jadis un bien plus grand nombre de ces chefs-d'œuvre de l'industrie textile.

Il existait donc à la fin du Moyen Age en France deux centres distincts d'activité et de production artistique, formant deux courants, deux écoles bien tranchées. L'un a son siège à Dijon ou dans les Pays-Bas, à la cour du duc de Bourgogne ; l'autre était fixé sur les rives de la Loire, dans ces villes de Loches, de Chinon, de Tours, d'Amboise, de Blois, où les rois de France ont établi pendant près d'un siècle leur résidence et le siège du gouvernement. En Touraine et en Bourgogne sont groupés, autour de leurs Mécènes, les artistes les plus éminents dans tous les genres. A côté des peintres et des sculpteurs paraissent les orfèvres, les émailleurs, les céramistes, enfin les tapissiers.

Ainsi, les ouvrages de haute lisse de la fin du xve siècle et du début du xvie, dont nous allons passer en revue de nombreux et remarquables échantillons, peuvent-ils se répartir en deux groupes relevant, l'un de l'école bourguignonne, l'autre de l'école tourangelle ; l'un et l'autre conservant d'ailleurs un accent de terroir bien marqué, un caractère original des plus prononcés. Pendant cette période de transformation, le goût français lutte et se défend, parfois avec avantage, contre l'invasion des principes étrangers.

Que les tentures de Sens, de La Chaise-Dieu, de Montpezat, du Musée de Cluny (histoire de saint Étienne, autrefois à Auxerre), du Mans, de l'église de Beaune, sortent d'ateliers locaux, cela paraît assez probable. L'existence de ces fabriques provinciales n'a sans doute pu être établie par des documents authentiques. Mais on connaît les donateurs ; ils étaient tous chanoines ou abbés des églises auxquelles s'adressait leur munificence; nul doute qu'ils employassent des artisans installés dans leur voisinage ou se transportant avec tout leur matériel auprès de leurs clients. C'est ainsi que se montrent sur divers points de la France des ateliers éphémères, ne durant que quelques années et disparaissant dès que les travaux qui leur ont donné naissance sont terminés. Car ces nombreuses tentures d'église, presque toutes produites dans un espace d'une quarantaine d'années, entre 1490 et 1530, affectent un accent très particulier qui les distingue bien nettement des productions flamandes de la même époque. Les contemporains et les continuateurs de Fouquet restent français, bien français, par leur dessin, par la disposition des sujets, et c'est peut-être par les tapisseries contemporaines de Louis XII et des premières années du règne de François Ier qu'on est le mieux renseigné sur l'état de la peinture en France pendant cette période de transition qui précède l'invasion de l'italianisme.

Ces modestes ateliers locaux sans lendemain ne sauraient entrer en lutte avec les grandes manufactures flamandes du temps de Charles-Quint ; encore, leurs travaux ne sont-ils dépourvus ni d'originalité, ni de saveur ; ils ont surtout l'immense mérite de continuer la tradition nationale.

Installé sur les bords de la Loire, le roi de France avait établi dans les environs de sa résidence la

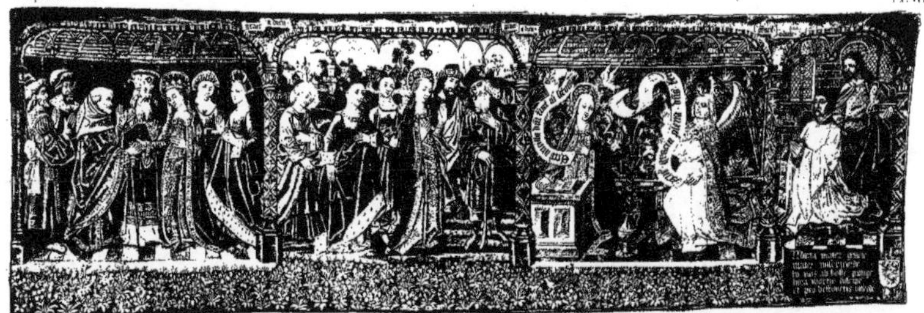

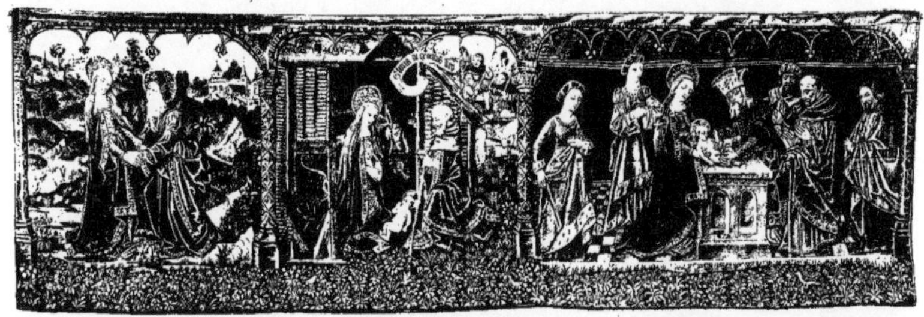

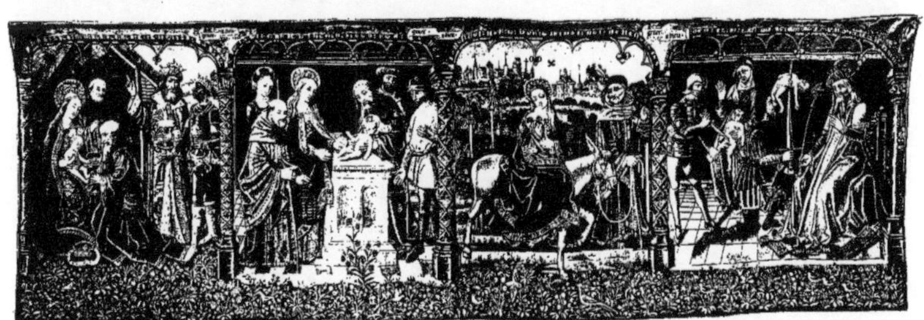

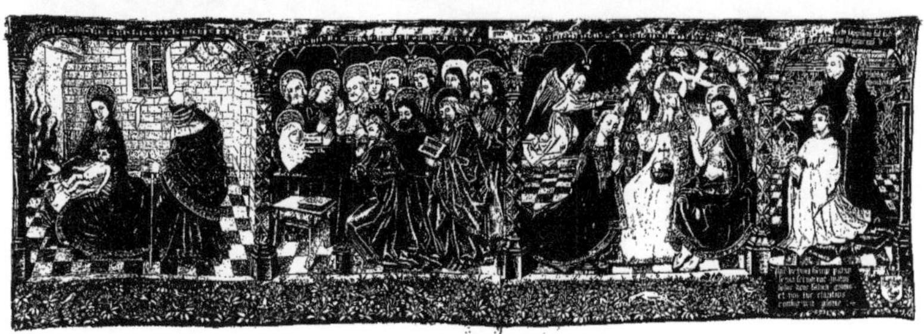

HISTOIRE DE LA VIERGE

ATELIER FRANÇAIS 1500

Église de Notre-Dame à Beaune

cour, les officiers de la Couronne et ce monde d'artistes qui suit partout le souverain, parce qu'il vit surtout de ses libéralités. Les tapissiers, à l'exemple des enlumineurs et des imagiers, avaient déserté la capitale pour la ville et les environs de Tours. Sur les débuts de cette industrie locale, les savants du pays[1] ne sont parvenus à découvrir aucun document antérieur au second tiers du siècle. C'est seulement vers 1535 qu'apparaît un atelier tourangeau, fondé par le trésorier de France, Philibert Babou de la Bourdaisière, et dirigé par le tapissier Jean Duval, et par ses fils après

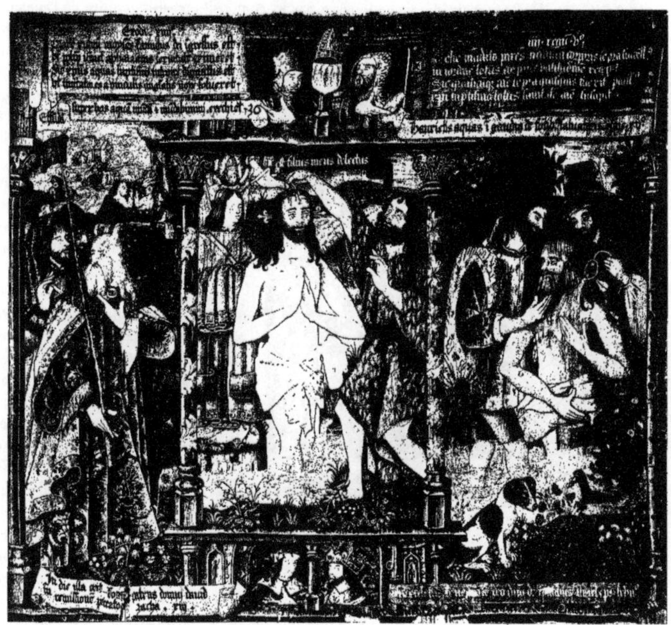

Fig. 44. — Baptême du Christ. Atelier français, vers 1510 (Église de La Chaise-Dieu).

lui[2]. On attribue notamment à leurs métiers la tenture de saint Saturnin, conservée aujourd'hui dans l'église d'Angers, et qui avait été exécutée pour l'église Saint-Saturnin de Tours. Au même atelier se rattacheraient l'*Histoire de saint Florent* et l'*Histoire de saint Pierre*, appartenant à l'église de Saumur, ainsi que plusieurs des tapisseries les plus vantées de Notre-Dame de Nantilly. Mais toutes ces œuvres, dont on arrivera peut-être un jour à découvrir les auteurs, ne datent que du second tiers du XVIe siècle, tandis que les plus belles suites d'Angers, du Mans, du Plessis-Macé, d'Auxerre, de Sens, de La Chaise-Dieu, et d'autres encore, étaient complètement terminées en 1520 ou 1530. C'est à ces

1. Charles de Grandmaison, *Documents inédits sur les arts en Touraine*, Paris, in-8, 1870. — Dr E. Giraudet, *Les artistes tourangeaux*, Tours, in-8, 1885.
2. Jean Duval mourut en 1553.

tentures de la première Renaissance française qu'il convient de nous attacher pour le moment. Elles méritent d'être classées parmi les productions d'art les plus délicates et les plus exquises du XVIe siècle. A défaut de marchés authentiques, les inscriptions qu'elles ont conservées nous renseignent sur la date et le nom du donateur, dont l'effigie est souvent jointe au texte qui atteste sa libéralité. Ainsi survit le souvenir des dons ayant enrichi de leurs plus précieux trésors les églises du Mans, de Beaune, de La Chaise-Dieu et de Reims.

Une des suites les plus remarquables de cette série par sa composition est la tenture de l'ancienne abbaye de La Chaise-Dieu. D'après une récente étude de M. Émile Mâle[1], la disposition si particulière des sujets encadrant une scène de la vie du Christ entre deux épisodes de l'Ancien Testament, est empruntée à deux ouvrages qui se trouvaient alors dans toutes les mains : la *Bible des Pauvres* et le *Speculum humanæ salvationis*. L'auteur des modèles ne se met pas en frais d'invention. Il se borne à copier littéralement les images de ces deux livres rarissimes aujourd'hui.

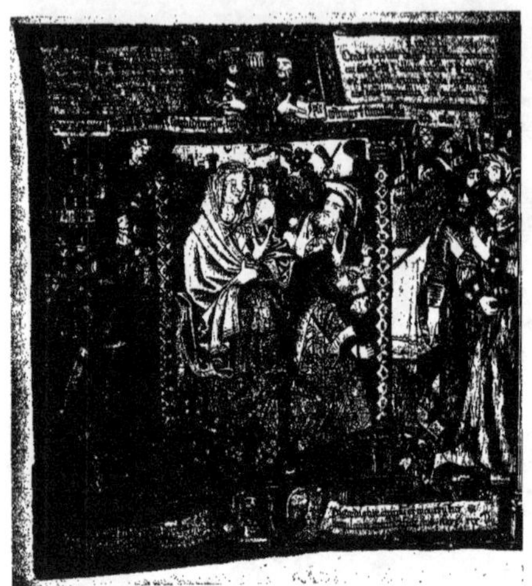

Fig. 45. — La Fuite en Égypte. Atelier français, vers 1510 (Église de La Chaise-Dieu).

Ce qu'il ajoute à ses modèles, ce qui fait l'originalité de son œuvre, c'est la richesse des draperies où l'imitation des étoffes orientales est partout sensible. Aussi, malgré certaines gaucheries de dessin, malgré la vulgarité des types juifs que l'auteur paraît s'être proposé de traiter en caricatures, l'ensemble de la tenture présente un magnifique aspect décoratif. Peu connue parce qu'elle n'a jamais quitté La Chaise-Dieu, même pour figurer aux expositions universelles, elle fut tout récemment confiée à la manufacture des Gobelins pour recevoir les soins exigés par son état ; et c'est ainsi qu'il nous a été possible de l'étudier longuement. La tenture entière, destinée à décorer les stalles et les portes du chœur, compte quatorze pièces, trois grandes presque carrées pour les baies, et onze frises basses et longues, de six à huit mètres de long sur deux de haut à peine, servant de dosserets. Les sujets principaux représentent la *Nativité*, le *Crucifiement* et la *Résurrection* ; ils sont répétés dans l'histoire du Christ exposée sur les autres pièces. Le dessin des personnages des grands sujets, plus correct que celui des autres figures, semble d'un artiste différent. La soie est employée avec la laine et un autre fil d'une blancheur remarquable, probablement du lin. Les couleurs ont conservé leur vigueur ; les bruns eux-mêmes ne sont pas détruits par l'effet des oxydes de fer qui rongent presque toujours les caractères des anciennes inscriptions. Les hypothèses sur l'auteur des cartons et l'atelier chargé de l'exécution ne reposeraient sur aucune preuve décisive. Il vaut mieux en pareil cas s'abstenir de toute

1. Émile Mâle, *Congrès archéologique de France*, 71e session, au Puy, 1904. — *Revue de l'art ancien et moderne*, 1905, 2e semestre, p. 81, 195, 435. Les remarques de M. Mâle ont été reproduites dans son bel ouvrage sur *L'Art religieux de la fin du Moyen Age en France*, Colin, Paris, gr. in-8.

conjecture. Toutefois, il ne semble pas que les tapissiers flamands puissent en revendiquer l'honneur. Les écussons répétés en plusieurs endroits [1] portent les armoiries de Jacques de Senecterre, abbé de La Chaise-Dieu de 1491 à 1518. Cet abbé avait reçu le surnom significatif de moine artiste, à cause des embellissements que l'abbaye lui devait. Une tradition, consignée dans les chroniques locales, attribue les cartons au maître italien Taddeo Gaddi ; les dates seules démontrent la fausseté de cette tradition puisque Gaddi vivait au xive siècle. La tenture terminée aurait été tendue pour la première fois au-dessus des boiseries du chœur, le 17 avril 1518, jour de la fête de saint Robert. Comment un abbé en résidence au fond de l'Auvergne aurait-il songé à s'adresser à des artisans flamands pour la confection de cet important travail ? Peut-être a-t-il été exécuté sur place, dans l'abbaye même, par un de ces artisans nomades qui cherchaient fortune un peu partout, et dont on constate la présence dans différentes villes, à quelques années d'intervalle. Mais rien de certain jusqu'à nouvel ordre [2].

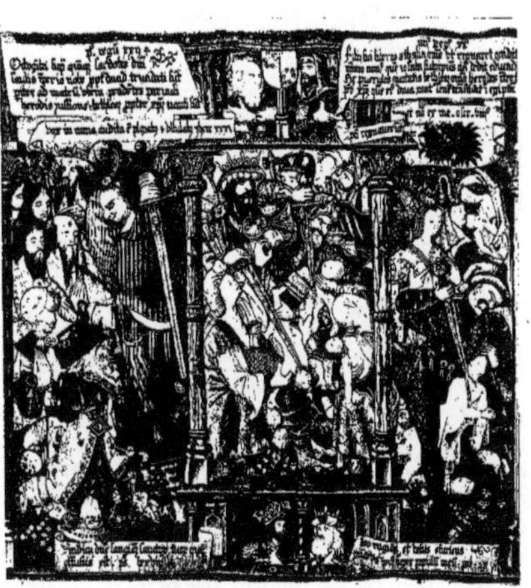

Fig. 46. — Le Massacre des Innocents. Atelier français, vers 1510 (Église de La Chaise-Dieu).

La disposition de chaque scène du Nouveau Testament, intercalée, comme il a été dit, conformément aux modèles fournis par la Bible des Pauvres, entre deux sujets de l'Histoire sainte, donne aux tentures de La Chaise-Dieu un caractère des plus originaux. Ainsi, le premier panneau débute par l'Annonciation, entre une Ève tentée par le serpent et Gédéon en costume de chevalier à qui l'ange apparaît. Vient ensuite la Nativité, entre Moïse devant le buisson ardent et Aaron voyant fleurir sa verge au milieu de celle des autres pasteurs. L'Adoration des Mages complète cette première tapisserie, encadrée, d'un côté, par les soldats rapportant à David les vases pleins d'eau qu'ils ont puisée à la fontaine de Bethléem, de l'autre, par la reine de Saba devant Salomon. Soit neuf sujets pour une seule pièce de tapisserie; en tout, plus de soixante-dix compositions différentes, avec de nombreuses figures de prophètes dans la bordure supérieure et de longues inscriptions gothiques. Peu d'œuvres de la même époque offrent un pareil luxe de détails et de riches étoffes.

A peu près contemporaine de la suite de La Chaise-Dieu l'*Histoire de la Vierge* fut offerte, en 1500, à l'église de Notre-Dame de Beaune, par l'archidiacre et chanoine Hugues Le Coq [3].

1. Les armoiries de Jacques de Senecterre portaient d'azur, à cinq fusées d'argent, le tout surmonté d'une crosse d'abbé posée en pal. D'autres blasons sont écartelés de Beaufort au 1er et au 4e, et de France au 2e et au 3e. Or, ces fleurs de lis avaient été ajoutées aux roses de Beaufort adoptées par les Religieux, sous Louis XII, en 1501, ce qui permet de circonscrire l'exécution de la tenture dans l'espace de temps compris entre les années 1501 et 1518.

2. Sur les tentures de La Chaise-Dieu on consultera : Hippolyte Malègue, *Album photographique des tapisseries de La Chaise-Dieu*, Le Puy, 1860, in-8 ; du même auteur, *Album des tapisseries de l'église de La Chaise-Dieu*, Paris, Didron, 1873, in-8, avec 22 planches dessinées au trait par Camille Robert ; enfin de l'abbé Bonnefoy, *Les tapisseries de l'abbaye de Saint-Robert de La Chaise-Dieu*, Brioude, in-8, 1879. Cette brochure donne la description de chaque sujet.

3. Envoyées en 1889 et en 1900 aux expositions universelles de Paris, ces tapisseries ont frappé tous les visiteurs par la vivacité des tons. Le dernier historien qui s'est occupé de cette suite, M. H. Chabeuf, s'exprime ainsi : « Pour ce qui est de la beauté du coloris, la tenture de Beaune (la Vie de la Vierge) me paraît sans supérieure en France. » Un abrégé de l'histoire de cette tenture vient de paraître, sous la signature de M. Chabeuf, dans la revue *Musées et monuments de France* (1907, n° 4, p. 59-60), avec la photographie réduite de la série complète. — Voir aussi l'article du même auteur sur *les Tapisseries de l'église Notre-Dame de Beaune* dans la *Revue de l'art chrétien*, t. XI, 3e livraison, 1890. Dès 1868, l'abbé Jacotot, vicaire à Beaune, avait consacré deux articles à nos tapisseries dans le *Musée des familles* (t. 36, p. 79 et 119).

Quel modèle a suivi l'auteur de ces compositions d'une intensité de couleur tout à fait merveilleuse? Nous l'ignorons; mais, quoique bien françaises d'exécution, elles se ressentent de l'influence italienne. Peut-être découvrira-t-on quelque jour le prototype de cette décoration, comme il est arrivé ces derniers temps pour les tentures de la Chaise-Dieu. Les dix-sept tableaux, répartis en cinq pièces, retracent sur des bandes, comprises entre un terrain garni de fleurs et des arcatures de style Louis XII, les sujets suivants : *Conception de la Vierge; Nativité de la Vierge; Présentation au temple; la Vierge dans son oratoire; le Mariage; la Vierge conduite dans la maison de Joseph; Annonciation; Visitation; Nativité de Jésus; Circoncision; Adoration des Mages; Présentation au temple; Fuite en Égypte; Massacre des Innocents; Ange ordonnant à la Sainte Famille de retourner en Égypte; la Mort; le Couronnement.* A deux places différentes, particularité rare, paraît un donateur agenouillé, accompagné de son patron ; le premier est escorté de saint Jean ; le second se présente sous la protection de saint Hugues, en robe de bénédictin et tenant la crosse. A côté de lui se lit l'inscription : *Cest tapisserie fut faicte l'an de grâce mil V^c^.*

D'après les recherches récentes de l'archiviste de la Côte-d'Or, les modèles de la Vie de la Vierge de Beaune auraient été tracés sur des draps de toile par un peintre bourguignon, nommé Pierre Spicre ou Spicker, pour le compte de Jean Rolin, fils du Nicolas Rolin, chancelier de Philippe le Bon, qui donna les tapisseries de l'hôpital. La commande remontait à l'année 1470. Sans doute, les événements politiques empêchèrent l'exécution du premier projet ; il fut repris plus tard par l'archidiacre et chanoine Hugues Le Coq, qui, se substituant ainsi au fils du chancelier de Bourgogne, eut bien soin de signaler son intervention en ajoutant son portrait aux scènes religieuses. Mais cette substitution n'explique pas pourquoi le donateur reproduisit deux fois son image, s'il est admis que les deux effigies soient bien celles du même individu. Or, ce point mériterait un examen sérieux, car les deux chanoines agenouillés, l'un à la suite de l'Annonciation, l'autre à la fin de la dernière pièce, après le Couronnement de la Vierge, ne semblent pas représenter le même personnage. Les patrons qui les assistent diffèrent également ; le donateur est d'abord accompagné de saint Jean, le patron du fils de Nicolas Robin ; saint Hugues paraît sur le second portrait. Il y aurait donc encore plus d'un point à éclaircir au sujet de l'histoire de la *Vie de la Vierge*. C'est surtout lors des solennités de la Fête-Dieu qu'on peut l'admirer dans tout son éclat, quand elle garnit les cours intérieures de l'hôpital, concurremment avec les panneaux aux armes du chancelier et de sa femme [1].

A la même période que la tapisserie de Beaune appartiennent les bandes retraçant les Miracles de l'Eucharistie, offertes, lors de leur exécution, à l'abbaye du Ronceray, aux environs d'Angers, et installées jusqu'en 1888 au premier étage du château du Plessis-Macé, voisin de l'abbaye. Vendues aux enchères en octobre 1888 [2], elles furent acquises par divers amateurs et se trouvent dispersées aujourd'hui. Le Musée des Gobelins en possède deux panneaux ; un autre est échu par legs au Musée du Louvre ; d'autres fragments sont demeurés dans un château de l'Anjou ; d'autres enfin décorent le manoir de Langeais. On ne saurait trop regretter la division de cette suite précieuse.

1. M. le comte Vandal, de l'Académie française, a écrit une très pittoresque relation de la Fête-Dieu à l'hôpital de Beaune, dans la *Revue des Deux Mondes* du 1er septembre 1898, p. 88 à 112. Nous avons pensé que le lecteur aurait plaisir à trouver ici les passages les plus saillants de cet article intitulé : la Fête-Dieu à Beaune : « Une ceinture de tapisseries se deploie sur les quatre faces de la Cour s'élève de terre et « monte assez haut, passe sous la galerie inférieure, s'enfonce dans les « angles des murailles et en suit les contours, et voici que des légendes « en action, des histoires de miracles, des processions de saints et de « guerriers, des perspectives de villes orientales avec des emblèmes, « des écussons, des devises, font à l'édifice qui nous ravit un merveilleux soubassement. Il faut longer de près cette bande multicolore « comprenant quatre-vingt-quatre tapisseries ; tout y mérite d'être vu. « Sur notre gauche, à partir du seuil, une traînée rouge s'allonge, une « succession de tapis d'un bel éclat de vermillon, à peine amorti par le « temps. Sur le fond se détachent, brodées à intervalles réguliers, les « armes des fondateurs et l'énigmatique devise : *Seulle* (suit un essai « d'explication de la devise). Les plus belles tapisseries sont celles qui « succèdent au décor rouge et s'appliquent au fond de la galerie intérieure sur la plus grande partie de son étendue. C'est une suite admirable, une série de compositions représentant la *Vie de la Vierge* avec « des légendes explicatives en caractères gothiques. L'église Notre-« Dame de Beaune, l'insigne collégiale, qui possède ces trésors, les « prête à l'hôpital pour la Fête-Dieu... »

2. Château du Plessis-Macé. Catalogue des splendides tapisseries et objets d'art garnissant ce château, dont la vente aura lieu aux enchères, du dimanche 30 septembre au vendredi 5 octobre 1888. — Ce Catalogue est accompagné de photographies reproduisant une dizaine de scènes avec diverses autres tapisseries ayant appartenu également à la comtesse de Serrant.

divisée en onze panneaux ne comptant pas moins de vingt sujets distincts, tous ayant un rapport plus ou moins direct avec le sacrement de la Messe, ainsi que l'explique la légende du premier tableau :

Cy commence l'ystoire et la figure
De Jhesus Christ et son Sainct Sacrement
Depuis Abel et la loy de nature
Jusques à son cruel Crucifiement.

Les deux sujets acquis par les Gobelins[1] donnent une idée du style de cette suite dont l'origine

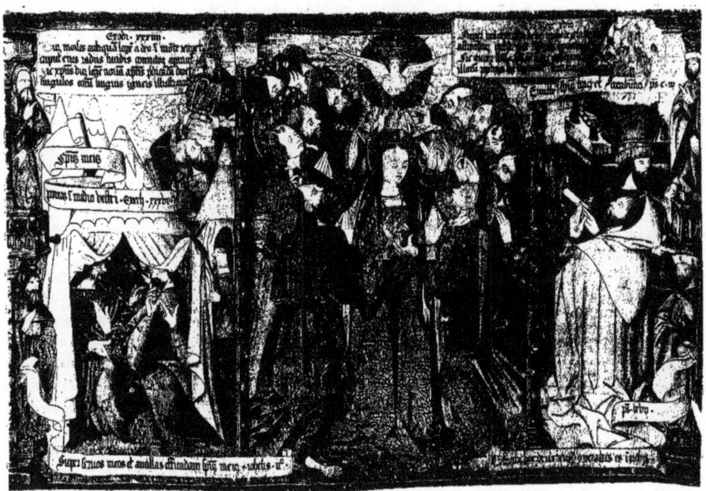

Fig. 47. — La Descente du Saint-Esprit. Atelier français, vers 1510 (Église de La Chaise-Dieu).

reste inconnue. L'hypothèse proposée par le catalogue de vente qu'elle provenait des ateliers d'Arras et que les cartons auraient été dessinés par Jean Bellegambe ne repose sur aucun fondement. Les écussons tissés en divers endroits indiquent certainement les donatrices, qu'il faut chercher parmi les abbesses de la fin du xve siècle. Jusqu'ici, ces écussons n'ont pas été identifiés. La scène huitième porte cette légende assez obscure : « Dame Loyse Le Roux, doyenne et dame de chambre de céans[2]. » Ce qui semble hors de doute, c'est que l'auteur des modèles est bien français par le style et le dessin. Cette tenture n'aurait-elle pas été tissée dans un de ces ateliers des bords de la Loire, dont l'histoire reste à compléter, mais dont l'existence ne fait plus doute aujourd'hui ?

L'*Histoire de saint Gervais et de saint Protais*, qui appartient à la cathédrale du Mans, porte avec elle sa date. D'après l'inscription du dernier tableau, la tenture, terminée en 1509, fut offerte par Martin Guérande, natif d'Angers et chanoine du Mans, à l'église de cette ville pour décorer le

1. Les pièces appartenant aux Gobelins et exposées dans la chapelle sont le 4e panneau, « a St Gervais ung larron prin l'ostie », et le 6e, ung idolâtre qui « la foy regnia... ». On trouvera plus loin (fig. 48) la reproduction du morceau légué au Louvre.

2. Voy. C. Port, *Dictionnaire historique..... de l'Anjou*, t. III, p. 124, au mot Plessis-Macé.

chœur[1]. Martin Guérande avait été le secrétaire de deux prélats illustres, le cardinal Philippe de Luxembourg et son neveu François de Luxembourg, évêque du Mans. Si ces hauts personnages ne contribuèrent pas personnellement aux frais de ce travail, c'est du moins grâce à leurs libéralités que le bon chanoine put enrichir l'église du Mans de la légende de ses saints patrons. Le fait est assez commun. On vient de voir l'archidiacre de Beaune, Hugues Le Coq, réaliser pour la décoration du chœur de son église le projet formé par Jean Rolin et dont les événements politiques avaient empêché l'accomplissement. De même, au XVIIe siècle, un secrétaire, homme de confiance du cardinal de Richelieu, le prieur des Roches, chanoine et chantre de l'église cathédrale de Paris, fera exécuter, pour orner le chœur dans lequel il officiait, une tenture de l'histoire de la Vierge en quatorze panneaux, d'après les modèles peints par des artistes de l'école de Philippe de Champagne. Et ce chanoine généreux, tout en plaçant ses armoiries personnelles au bas des bordures latérales, aura l'attention de répéter celles de son maître, le cardinal de Richelieu, sur chacune des tapisseries, dans le haut des encadrements.

C'était donc un usage courant, chez les protégés des grands dignitaires ecclésiastiques, de consacrer ainsi le témoignage de leur gratitude envers leurs nobles patrons.

Pour en finir avec la tenture offerte par Martin Guérande à l'église du Mans, constatons que les cinq pièces, avec dix-sept sujets, mesurent une vingtaine de mètres de cours, sur 1 m 50 de hauteur. C'est à peu de chose près la dimension habituelle de ces dosserets réservés à la garniture des stalles du chœur. Les plus hauts ne vont pas au delà de 2 mètres ou 2 m 20. La largeur, cela se conçoit, varie suivant l'emplacement.

La vie de saint Gervais et de son inséparable compagnon se trouve retracée sur cette tenture, depuis la mort de leur père et de leur mère, saint Vital et sainte Valérie, jusqu'à leur comparution devant Néron, suivie de leur emprisonnement, de leur supplice et de leur exécution. Les gestes des personnages trahissent une certaine raideur. Les œuvres flamandes de la même époque et même d'une date un peu plus ancienne, telles que le *Couronnement de la Vierge* du Louvre (1485), montrent un art plus libre et plus délicat. Aussi, croyons-nous que la *Vie de saint Gervais et de saint Protais* a été conçue et exécutée par un artiste français, et que la tapisserie sort, comme la plupart de celles dont il est question ci-dessus, d'un de ces ateliers, encore si peu connus, des bords de la Loire. La vulgarité de certaines têtes n'irait pas contre cette hypothèse. La tenture du Mans peut être proposée comme type d'un travail bien français par sa conception comme par son exécution, datant de la fin du XVe siècle, se rattachant encore aux traditions du Moyen Age.

L'*Histoire de saint Martin*, de l'église de Montpezat, près Cahors, en cinq pièces et quinze tableaux, est peu connue, se trouvant dans une localité éloignée des routes fréquentées par les touristes. D'une étude approfondie de M. Devals, publiée jadis dans les *Annales archéologiques*[2], il résulterait que cette tenture serait la répétition, exécutée sur les mêmes modèles, de panneaux offerts à l'église de Montauban par un de ses évêques, Jean d'Auriole, et détruits par les protestants en 1551. L'exemplaire de Montpezat aurait été donné par le doyen Jean Desprez, dont l'écusson se retrouve en plusieurs endroits. Ce doyen offrit de précieux présents à son église ; la tapisserie de l'histoire de saint Martin n'est pas un des moindres. L'ensemble mesure 23 m 88 de cours, sur une hauteur de 1 m 83. Chacune des pièces est divisée en trois scènes, dont l'explication est donnée par une inscription en caractères clairs sur fond rouge. La première nous montre saint Martin à cheval, partageant son manteau avec un pauvre ; puis, il voit Dieu lui apparaître dans un songe, et tombe entre les mains

1. Voici le texte de cette inscription placée sous la figure du donateur : « Anno domini millesimo quingentesimo nono magister Martinus Guerande, presbiter natione Andegavus, Cenomanensis ecclesie canonicus donavit eidem ecclesie Cenomanensi hanc tapiceriam pro ornatu chori, ad laudem Dei, etc. »

2. *Annales archéologiques*, t. III, p. 93. — Baron Chaudruc de Crazannes, *Notice historique et descriptive de l'ancienne cathédrale de Montauban*, Montauban, 1840, in-8. — Abbé Pottier, *Les tapisseries de Montpezat*, Congrès archéologique de France, session de Montauban, 1865, p. 320-324.

de deux bandits au cours d'un voyage dans la montagne. Sur la seconde, le saint est sacré évêque de Tours; un temple païen tombe en ruines sur un signe de croix ; un arbre auquel le saint était attaché se rompt et écrase ses persécuteurs. Les trois autres pièces retracent d'autres épisodes de la Légende dorée, notamment celui où le saint, s'étant dépouillé de ses vêtements pour couvrir

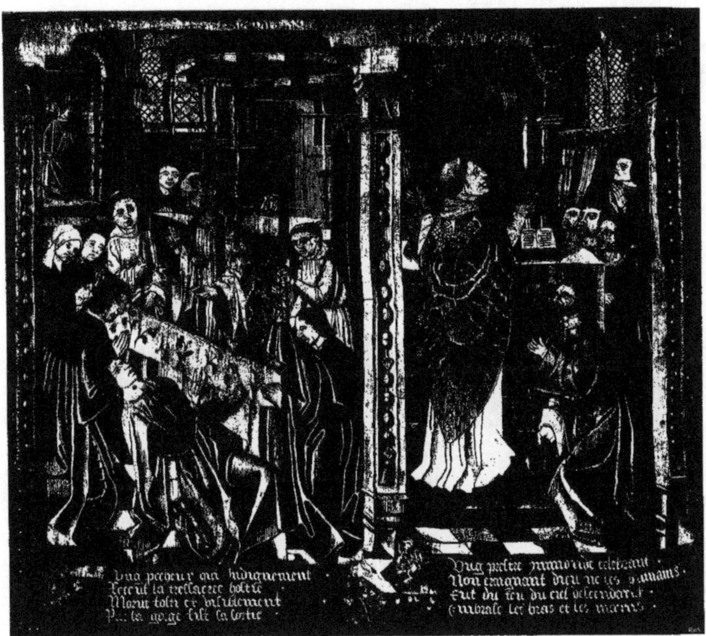

Fig. 48. — Les Miracles de l'Eucharistie. Tapisserie française de la fin du xvᵉ siècle, de l'abbaye du Ronceray (Musée du Louvre).

un pauvre, reçoit d'un ange, pendant qu'il célèbre la messe, les manchettes qui furent longtemps conservées à Tours comme une précieuse relique[1], sous le nom de *bonets de saint Martin*.

L'étude de cette relique conservée à Tours et rappelant un des épisodes les moins connus de la légende de saint Martin a inspiré à M. de Grandmaison l'hypothèse que les modèles de la tenture de Montpezat, et peut-être aussi les tapisseries, pourraient bien sortir d'ateliers tourangeaux, attendu que le miracle des *bonets* n'était guère connu ailleurs qu'à Tours. Quelque incertaine que semble cette attribution au premier abord, elle se trouve corroborée par des arguments qui ne laissent pas de la

1. Sur cette relique, voyez l'étude de M. Charles de Grandmaison intitulée : *Les tapisseries de Montpezat et la relique appelée les bonets de Saint-Martin de Tours*, dans le Compte rendu de la 22ᵉ session de la réunion des Sociétés des Beaux-Arts à Paris, 1898, in-8, p. 550-556. M. de Grandmaison signale dans cette étude une *Vie de saint Martin*, publiée peu de temps auparavant par M. l'abbé Bas, curé de Mettray, près Tours, qui, à cette occasion, fit photographier les tapisseries de Montpezat.

rendre assez vraisemblable. Le donateur des tapisseries, Jean Desprez de Montpezat, évêque de Montauban de 1519 à 1539, avait pour neveu Antoine de Lettes, qui se fixa dans le Poitou, tout près de la Touraine, après avoir épousé, en 1521, Lyette, héritière du château du Fou, situé à quelques lieues de Châtellerault. Ainsi s'expliquerait cette commande faite aux ateliers des bords de la Loire par un prélat du Midi de la France.

Peu de collections publiques présentent une importance égale pour l'histoire de la tapisserie française, nous avons eu plus d'une occasion déjà de le constater, à celle de la cathédrale d'Angers[1]. A côté de l'imposante tenture de l'Apocalypse sont exposés des échantillons de l'art textile de diverses époques, de sorte que les murs de l'église Saint-Maurice présentent comme un abrégé de l'histoire

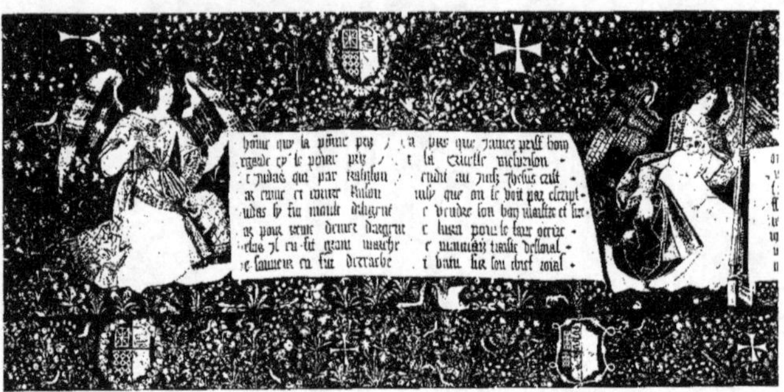

Fig. 49. — Les Instruments de la Passion (aux armes de Pierre de Rohan). France. Commencement du XVIe siècle (Cathédrale d'Angers).

de l'industrie textile par excellence, depuis ses origines jusqu'à la veille de la Révolution. A la fin du XVe ou aux premières années du XVIe siècle remontent diverses pièces qui faisaient jadis partie de tentures aujourd'hui incomplètes. A cette catégorie appartiennent deux tableaux de la *Légende de saint Martin*, dernier débris d'une série de six tapisseries, offerte jadis à la collégiale de Saint-Martin. Un des tableaux reproduit une des scènes de Montpezat : saint Martin que les païens veulent écraser sous un arbre. Sur l'autre, le saint recueille dans des fioles le sang des martyrs[2].

De l'*Histoire de saint Jean-Baptiste* il ne subsiste plus, dans l'église d'Angers, que deux fragments, remarquables d'ailleurs par leur finesse. Cette tenture avait décoré l'église collégiale de Saint-Julien ou de Saint-Jean-Baptiste. Son exécution remonte à la fin du XVe siècle.

Les quatre panneaux de la Passion sont d'une date un peu postérieure, car ils furent offerts en 1505, par un trésorier général des finances, messire Pierre Morin, à l'église Saint-Saturnin de Tours. C'est assurément une des plus belles séries d'Angers. Son caractère semblerait lui assigner une origine française, et pourtant un critique des plus compétents, M. de Farcy, déclare qu'elle appartient plutôt, par son style, son ornementation et ses costumes, à l'école flamande contemporaine de Louis XII. De la trop grande abondance de tapisseries exposées dans l'église d'Angers résulte un sérieux incon-

1. Que vont devenir ces précieux monuments de l'industrie nationale? Il faut souhaiter que les principales tapisseries continuent à décorer l'édifice pour lequel Mgr Angebault, évêque d'Angers, les a rachetées de ses deniers et que la cathédrale de Saint-Maurice reste ainsi un musée de tentures religieuses unique en France.

2. Cette scène a été reproduite en couleur dans l'*Histoire de la tapisserie depuis le Moyen Age jusqu'à nos jours*, Mame, 1886, in-8, d'après une aquarelle très exacte, peinte et communiquée par M. Louis de Farcy.

vénient. Elles sont placées très haut; leur examen et leur étude deviennent par suite bien difficiles. Aussi, sommes-nous parfois réduit à nous en rapporter à l'opinion de savants ayant eu le loisir et l'occasion de les examiner de près.

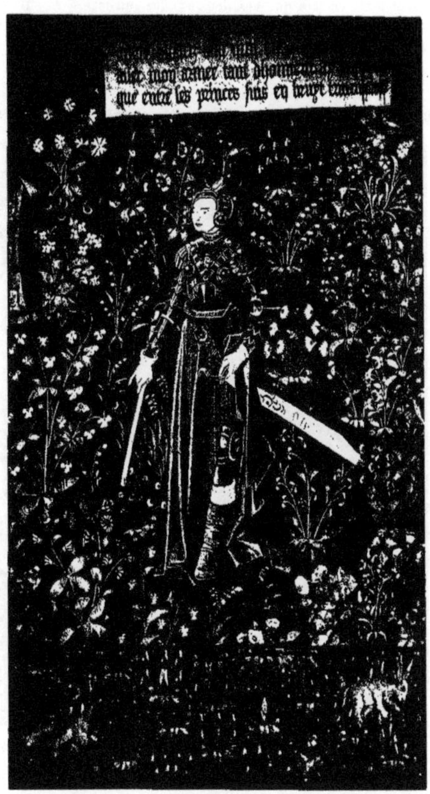

Fig. 50. — La Preuse Pentasilée. Atelier français. Fin du xve siècle (Cathédrale d'Angers).

Une des plus originales parmi les tentures de cette période si bien représentée ici, est certainement la série de trois pièces représentant des *Anges portant les instruments de la Passion*, c'est-à-dire la bourse contenant les trente deniers, la lance, la colonne de la flagellation, l'aiguière et le bassin ayant servi au lavement des mains, l'éponge de fiel et le suaire. Vêtus de riches dalmatiques, ces anges tiennent par leurs angles supérieurs de larges tentures blanches où des inscriptions en vers français racontent les péripéties du drame divin. Le tout se détache sur ce fond « vert herbu », semé d'ancolies, d'œillets, de marguerites, commun à quantité de tentures de cette époque. Nous le retrouverons sur deux autres tapisseries ayant même origine que les précédentes.

Les *Anges portant les instruments de la Passion* proviennent de l'église Sainte-Croix, près du château du Verger, dont le prieuré devait sa fondation à Pierre de Rohan, seigneur de Gié et du Verger, père de François de Rohan; ce seigneur paraît avoir eu un goût très vif pour les belles tentures. Nous avons la preuve de cette passion dans deux remarquables tapisseries lui ayant appartenu. L'une est encore exposée dans la cathédrale d'Angers; l'autre, après de longues pérégrinations, a trouvé asile au Musée des Gobelins. Il semblerait que Pierre de Rohan n'aimât pas moins la musique que les draps historiés. En effet, les deux pièces d'Angers et des Gobelins nous présentent un seigneur de la fin du xve siècle, peut-être Pierre de Rohan lui-même, accompagnant une dame assise devant un petit orgue portatif. Sur l'escarcelle du musicien est tracée la lettre P, initiale de son nom, tandis que, sur la tapisserie des Gobelins, l'aumônière du seigneur est ornée d'un A. On a prétendu que c'était la première lettre du mot Armagnac; mais il est contraire à toutes les habitudes de rappeler en pareille circonstance un nom de famille. Cet A évoque plus vraisemblablement le souvenir du nom d'un des personnages[1], peut-être celui d'Anne de Rohan, femme de Pierre, son cousin.

Il semble certain que ces deux scènes musicales, si curieuses par les ustensiles qui s'y trouvent dessinés, étaient destinées à l'habitation de Pierre de Rohan. Elles avaient été tissées peut-être à l'occasion d'un mariage, probablement dans le même atelier que les *Anges portant les instruments de la Passion.*

Une autre petite tapisserie d'Angers sur laquelle une guerrière se détache également d'un fond vert semé de fleurettes, comme celui des pièces précédentes, paraît bien du même style que celles dont on

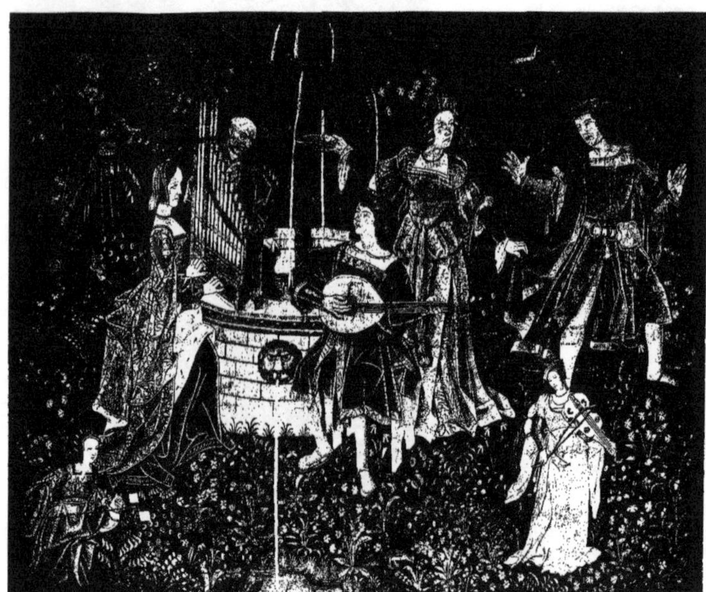

Fig. 51. — Le Concert. Atelier français, vers 1500 (Musée des Gobelins).

vient de parler. Dans la femme revêtue d'une armure, on avait voulu retrouver l'image de l'héroïne de Domrémy, tandis que cette amazone n'est autre que la reine Pentasilée, une des Preuses dont il a été déjà question[2]. Le blason qui l'accompagne ne laisse place à aucun doute. Ce fragment faisait probablement partie d'un panneau plus étendu, réunissant plusieurs personnages de Preuses ou Amazones.

1. L'*Orgue* d'Angers et le *Concert* des Gobelins se trouvèrent temporairement réunis à l'Exposition des Primitifs français de 1904. On put constater alors leur très proche parenté. Et c'est au sujet du Catalogue, où la lettre A du Concert avait reçu l'explication adoptée couramment jusque là, qu'un visiteur attentif fit remarquer que du moment où le personnage de l'*Orgue* portait un P, initiale du mot Pierre, l'A du *Concert* devait être la première lettre du nom de la dame. Le *Concert* des Gobelins fut acquis en Alsace, vers 1890, par M. Gerspach, alors administrateur de la manufacture nationale. N'aurait-il pas été transporté à une date indéterminée, par un des Rohan, au château de Saverne, résidence d'été du cardinal de Rohan, évêque de Strasbourg?

2. Cette pièce figurait à l'Exposition des Primitifs français en 1904. Le catalogue donne bien le nom de la reine des Amazones.

Les anges portant les instruments de la Passion d'Angers doivent être rapprochés de ceux de Notre-Dame de Nantilly, datant de la même époque. La composition des deux tentures diffère notablement. A Nantilly, les anges tenant, l'un la couronne, les autres la croix, la colonne, la lance, se détachent, debout, vêtus d'amples dalmatiques, sur un fond d'étoffe damassée à larges rosaces. Des inscriptions garnissent des cartouches au-dessus de leurs têtes. Ce sujet devint populaire à la fin du Moyen Age. On cite des peintures murales où il se retrouve[1]; il paraît probable que certaines de ces décorations murales ont servi de modèles aux tapissiers des bords de la Loire, car la tapisserie de Nantilly, comme celle d'Angers, est très certainement un travail français.

L'église de Nantilly possède encore nombre de tentures d'époques très différentes, sans rivaliser

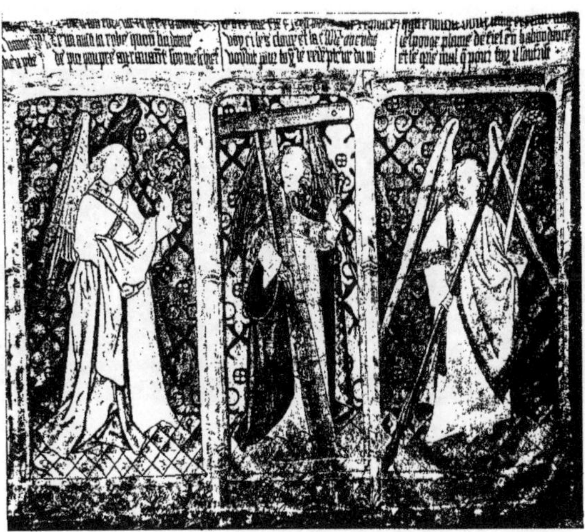

Fig. 52. — Anges portant les instruments de la Passion. Atelier français, vers 1500 (Église de N.-D. de Nantilly).

toutefois avec la cathédrale d'Angers. A signaler notamment un *Arbre de Jessé* tissé en laine ; c'est le seul exemple que nous connaissions d'une tapisserie sur ce sujet. La *Vie de la Vierge*, exposée à Paris en 1900, paraît également dater du premier tiers du XVIe siècle.

A la même période de l'art français appartiennent encore deux séries à date certaine, toutes deux de 1527. L'une, représentant l'*Histoire de saint Saturnin*, ayant décoré l'église d'Angers ; l'autre, consacrée à l'*Histoire de saint Florent*, conservée dans l'église Saint-Pierre à Saumur. Elles sortent des ateliers locaux et doivent pour cette raison attirer particulièrement l'attention.

L'*Histoire de saint Saturnin*, en trois panneaux contenant chacun plusieurs épisodes, aurait été dessinée par un artiste tout imbu des principes de la Renaissance italienne, peut-être par un de ces

1. « Rien n'était plus commun au XVe siècle que ces anges », dit M. L. de Farcy, et il énumère plusieurs chapelles où ce sujet était peint, sur les murs. C'était peut-être une décoration particulière aux provinces de l'Ouest de la France.

maîtres que François Ier attirait à sa cour. Elle fut offerte à l'église Saint-Saturnin de Tours par Jacques de Semblançay[1]. La disposition générale, l'expression des figures, le caractère du dessin, les détails de l'architecture annoncent une influence italienne, tandis que la *Vie de saint Florent* de Saumur reste absolument dans la tradition purement française et évoque encore le souvenir du Moyen Age[2].

Comment se fait-il que trois fragments des scènes de la vie de saint Florent aient été s'égarer à la cathédrale et au Musée d'Angers, dans un état assez misérable? Ne conviendrait-il pas de reconstituer l'ensemble en réunissant ces morceaux à la série principale ?

La tenture de saint Florent, commandée, en 1524, par Jacques Le Roy, abbé de Saint-Florent, près Saumur, pour décorer les stalles du chœur de son abbaye, revint à la somme de 2.066 livres.

Si riche que soit la collection angevine, grâce à la proximité des ateliers tourangeaux, elle ne possède pas de pièce comparable, pour la délicatesse de l'exécution, pour la richesse du tissu, à la

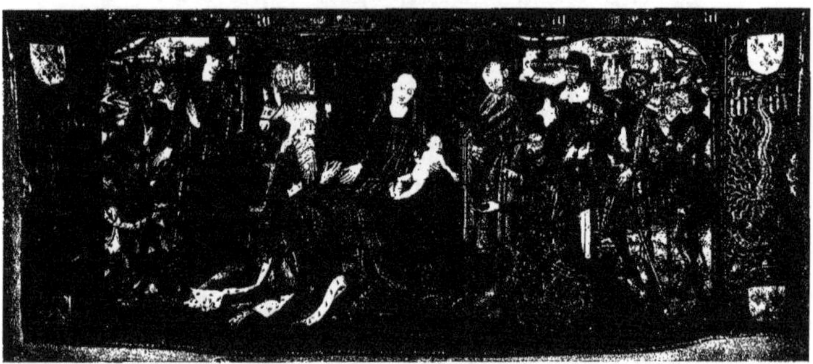

Fig. 53. — L'Adoration des Rois. Atelier franco-flamand, vers 1500 (Cathédrale de Sens).

tapisserie de la cathédrale de Sens[3]. Il n'y a rien d'excessif dans l'éloge que ces chefs-d'œuvre inspiraient jadis à un très fin connaisseur : « Dans le sens de la richesse et de la grâce, écrivait Anatole de Montaiglon en 1880, c'est une pure merveille de tapisserie, et à part celles de Raphaël, qui sont d'un autre ordre, on n'en citera ni de supérieure, ni même d'égale. » Tout amateur qui aura vu ces tissus, soit au trésor de la cathédrale, soit à l'Exposition universelle de 1900, souscrira volontiers à cette appréciation enthousiaste.

Sur leur origine, on ne peut invoquer que les indications tirées des pièces elles-mêmes. Les deux panneaux principaux représentent, l'un l'*Adoration des Mages*, l'autre les *Trois Couronnements*, c'est-à-dire le Couronnement de la Vierge, entre celui de Bethsabée par Salomon et celui d'Esther par Assuérus. L'abbé Chartraire, dans son *Inventaire du Trésor*, et A. de Montaiglon, dans ses articles de la *Gazette*, donnent une description détaillée des sujets. Le dernier insiste sur certaines particularités pouvant mettre sur la voie de l'origine de ces tableaux délicats. Ainsi, c'est un fait

1. Voy. sur cette tapisserie l'*Album de l'Exposition de Tours de 1873*. Elle mesure 9 m 60 de cours sur 2 m 67 de hauteur.

2. La *Vie de saint Florent* a été gravée au trait par Hawke en 1842. Une des pièces a été restaurée en ces derniers temps à la manufacture des Gobelins. L'atelier de réparation des Gobelins, grâce à une subvention votée par le Parlement, a rendu en ces derniers temps d'immenses services, en sauvant d'une destruction imminente des chefs-d'œuvre très menacés. Il faut espérer qu'une institution aussi utile sera conservée longtemps encore.

3. Sur les tapisseries de Sens on consultera : Gaussen, *Album archéologique de la Champagne*. — A. de Montaiglon, *Antiquités et curiosités de la ville de Sens; les étoffes et les tapisseries*. *Gazette des Beaux-Arts*, 1880, t. XXI, p. 242-261. — Soil (E.-J.), *La tapisserie de Judith et d'Holopherne à la cathédrale de Sens*, *Bulletin monumental*, Caen, 1902, 1 pl. — Abbé Chartraire, *Inventaire du trésor de l'église de Sens*, Sens, 1897, in-8, avec planches de tapisseries et d'étoffes anciennes.

établi qu'ils furent offerts à l'église par Louis de Bourbon-Vendôme, archevêque de Sens de 1535 à 1557 ; leur exécution remonte certainement à une date antérieure. Louis de Bourbon avait reçu ce précieux legs de son oncle le cardinal Charles de Bourbon, archevêque de Lyon, mort en 1488[1] ? L'abbé Chartraire admet cette hypothèse, confirmée par les lettres C H S (Charles), inscrites dans la bordure où se voient les écussons de la famille. Les costumes, les étoffes, tous les détails datent du temps de Louis XII. Mais les bordures n'auraient-elles pas été ajoutées après coup[2] ? L'hypothèse a été formulée ; elle ne paraît pas invraisemblable. N'a-t-on pas vu le connétable de Montmorency substituer son blason à celui du pape Léon X sur les célèbres tentures du Vatican ?

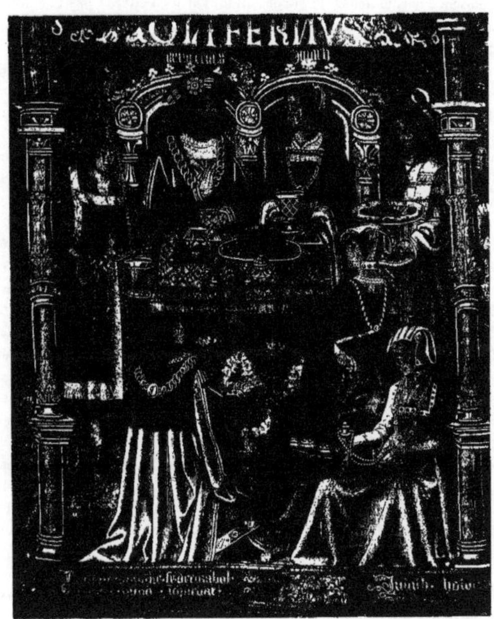

Fig. 54. — Judith et Holopherne. Flandres. XVIe siècle (Cathédrale de Sens).

Enfin n'oublions pas que de 1475 à 1519, — c'est précisément l'époque de l'exécution de nos tentures — le siège épiscopal de Sens était occupé par un prélat fort généreux, grand amateur de belles tapisseries et qui entretenait dans son habitation parisienne de la rue du Figuier, dans cet hôtel de Sens qui existe encore, un tapissier nommé Allardin de Souyn, travaillant à de petits ouvrages d'une exécution particulièrement soignée. Un parement d'autel, décrit dans le catalogue de l'abbé Chartraire et représentant une Notre-Dame de Pitié, porte les armoiries de Jean de Bray, secrétaire de l'archevêque de Salazar et son exécuteur testamentaire. Le nom du prélat se trouve ainsi indirectement rattaché à une tapisserie du début du XVIe siècle. Tout cela reste encore bien vague.

Nous n'en savons pas davantage sur l'atelier auquel on doit faire honneur de ces pièces exceptionnelles. Il n'est pas possible de songer aux ateliers d'Arras, fermés depuis une vingtaine d'années. Peut-être, les ateliers flamands, alors dans toute leur activité, furent-ils mis à contribution, à moins que des tapissiers d'une expérience consommée n'aient été appelés à Lyon pour travailler sous les yeux de l'archevêque. Ces tapisseries, on le voit, soulèvent des problèmes compliqués. La question

1. Un inventaire de 1595 signale les parements d'autel « donnés par Monsieur de Borbon ». Il ne s'agit là que de l'Adoration des Rois.

2. Quand on lit, dans l'abbé Chartraire, que le fragment du retable des Trois Couronnements, décrit sous le n° 3 de son inventaire, est formé de nombreux morceaux juxtaposés, quand on constate que les trois tableaux sont des pièces distinctes cousues ensemble, on est presque autorisé à se demander si les armoiries de la maison de Bourbon ne sont pas, elles aussi, une addition à l'œuvre primitive.

mériterait d'être reprise de fond en comble. Tout d'abord, un examen minutieux de chaque pièce s'impose, et il faudrait obtenir l'autorisation de s'y livrer, afin de constater si les bordures sont ajoutées ou font partie intégrante du tissu central. Il ne semble pas qu'on se soit suffisamment inquiété jusqu'ici de ces détails, pourtant si importants.

Quoi qu'il en soit, l'œuvre est exquise par la richesse du détail, par l'expression des figures, par la puissance harmonieuse de la coloration. On n'en citerait pas une autre en France comparable à celle-là. C'est l'art parvenu à son suprême degré de perfection. Même les collections royales de Madrid ne contiennent rien de supérieur.

L'*Adoration des Mages* mesure 3 m 31 de cours sur 1 m 38 de hauteur. Les dimensions des *Trois Couronnements*, où l'or et l'argent se mélangent à la laine et à la soie, ne dépassent pas 1 mètre de hauteur sur 2 m 92 de large. Une troisième pièce est entrée à une date assez récente dans le trésor. Elle est connue sous la désignation de tenture du cardinal Wolsey, dont les armoiries se voient dans la bordure supérieure. Sur cette tapisserie est retracée, en quatre compartiments, l'histoire de Judith et d'Holopherne. L'architecture, ainsi que les costumes, accuse une date assez avancée de la Renaissance. Comme les précédentes, cette pièce aurait subi des remaniements et des mutilations. La bordure supérieure, aux armes de Wolsey, n'appartenait certainement pas à la pièce actuelle. L'encadrement des trois autres côtés se prolongeait au-dessus des personnages.

La tenture de l'*histoire de saint Étienne*, donnée en 1502 à l'église d'Auxerre par l'évêque Jean Baillet, fils d'un conseiller au Parlement, fut acquise, il y a une trentaine d'années, par le Musée de Cluny, où elle est exposée dans une salle du premier étage. Le Catalogue du Musée en attribue la fabrication aux tapissiers d'Arras, ce qui n'est pas admissible si cette suite appartient réellement, comme tout le donne à croire, à la fin du XVe siècle. Elle rentre dans la catégorie des tentures de chœur ; ses proportions l'indiquent : la hauteur ne dépasse pas 1 m 65 et ses neuf pièces, divisées en dix-huit tableaux, se développent sur une longueur de 32 m 50. Elles dépassent sensiblement la dimension habituelle des dosserets qu'on voit un peu partout. Leur conservation ne laisse rien à désirer, ce qui tient sans doute à ce qu'elles restèrent plus d'un siècle sans être exposées, jusqu'au moment où l'hôpital d'Auxerre, qui les avait reçues en don de la cathédrale et qui ne les utilisait pas, consentit à les céder à l'État. Depuis 1880, elles représentent au Musée de Cluny cet art français de la fin du XVe siècle dont il subsiste encore, comme nous le constatons ici, de si nombreux et de si remarquables spécimens dans les différentes provinces de notre pays.

L'histoire elle-même du premier martyr chrétien ne fournissait guère matière à de nombreux épisodes. Dès le cinquième tableau, nous assistons à la lapidation de saint Étienne. Les sujets suivants montrent l'inhumation du corps du martyr, puis son exhumation, 417 ans après sa mort, enfin les miracles et les guérisons que la Légende dorée attribue à ses reliques. Sans les inscriptions françaises, en lettres gothiques sur fond rouge, placées au bas de chaque tableau, on aurait quelque peine à deviner le sujet de chaque scène. Il est à regretter que le défaut de place ne permette pas d'exposer, au Musée de Cluny, ce monument précieux dans de meilleures conditions.

Presque toutes les tapisseries d'église qui viennent d'être signalées rentraient dans la classe des dosserets ou parements affectés aux stalles du chœur. Les grandes pièces de la cathédrale et de l'église de Saint-Remi, à Reims, sont d'un ordre différent. Destinées à la décoration de la nef, elles atteignent de très vastes proportions. Chaque pièce mesure en effet 5 mètres de hauteur, sur une largeur à peu près égale, et comme chacune des tentures se compose de dix panneaux, l'ensemble n'a pas moins de 50 mètres de cours, soit 250 mètres carrés. Ce travail fut commandé et donné à l'église par l'archevêque Robert de Lenoncourt, entre les années 1509 et 1532. La cathédrale étant placée sous l'invocation de la Vierge, la tenture représente la Vie de la mère du Christ. Chaque panneau se divise en quatre parties ou sujets différents, avec explication en vers français. La tenture destinée à l'abbaye de Saint-Remi reproduit, sur le même plan que la *Vie de la Vierge*, les épisodes de l'histoire du patron de l'abbaye, à commencer par la conversion et le baptême de Clovis[1]. Cette double collection clôt dignement la période de l'histoire de la tapisserie française, avant l'invasion des influences étrangères. La nomination de l'archevêque de Lenoncourt remontant à l'année 1509, les modèles

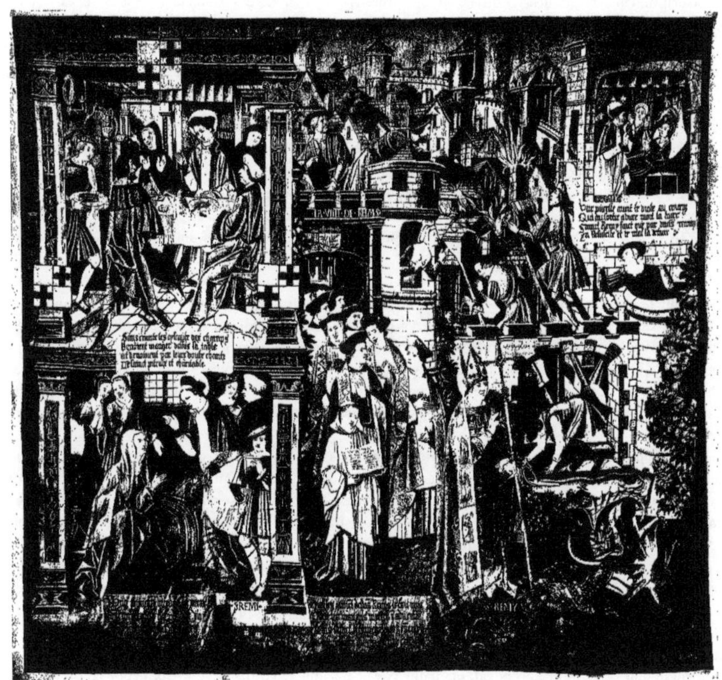

Fig. 55. — Miracles de saint Remi. Tenture de saint Remi, 1530 (Église Saint-Remi de Reims).

durent être commencés peu après cette date. Leur auteur se conforme au style et à la tradition de son temps; de là, le caractère franchement archaïque du dessin et de la composition. Il fallut sans doute bien des années pour achever ces cinq cents mètres carrés de tapisserie. Si certains gestes

1. De nombreux érudits se sont occupés des tapisseries de Reims. Voici les principaux travaux publiés sur ce sujet : Charles Loriquet, *Les tapisseries de Notre-Dame de Reims, description précédée de l'histoire de la tapisserie dans cette ville*, Reims, 1876, in-8. — Charles Loriquet, *Tapisseries de la cathédrale de Reims; histoire de Clovis* (XVe siècle); *Histoire de la Vierge* (XVIe siècle). Reproductions en héliogravure par les procédés de la maison Goupil et Cie, d'après les clichés de MM. Aug. Marquet et Ad. Dauphinot, Paris et Reims, 1882, in-fol., 20 pl. D'autres études ont été consacrées aux tentures de Reims par MM. Jubinal, Armand Prior (1846), Cerf (1861), Édouard de Barthélemy, Eugène Soil et le comte de Marsy. On trouvera la liste de ces travaux dans notre *Bibliographie de la Tapisserie*, n°s 626-634.

trahissent par leur maladresse l'inexpérience du peintre, l'ensemble a une allure, un style qui va bientôt faire place aux attitudes tourmentées de l'école de Fontainebleau. Divers personnages, en particulier l'archevêque agenouillé devant l'autel, sur le dernier panneau de la *Vie de saint Remi*, montrent une dignité et une noblesse singulières. Cette figure, évidemment un portrait, rappelle les qualités propres à notre école française quand ses représentants se trouvent en face de la nature. L'inscription placée au-dessus du vénérable prélat précise la date de l'achèvement de cette œuvre capitale. En voici le passage essentiel :

L'an mil cinq cens, trente et ung adjoustez,
Le Révérend Robert de Lenoncourt
Pour décorer ce lieu de tous coustez
Me fit parfaire, encor le bruyt en court
....

Si donc on ne saurait fixer exactement l'année où cette tenture fut commencée, on peut la considérer comme achevée en 1531, un an avant la mort du donateur[1]. Suivant l'habitude du Moyen Age, les panneaux n'ont pas de bordures; les côtés se terminent par des pilastres ou des arbres. Quant à l'exécution technique, elle se conforme aux principes anciens : modelé très large, obtenu par l'emploi d'un très petit nombre de tons; têtes en pleine lumière, presque sans ombre; draperies décorées d'ornements d'un dessin somptueux.

Il existe donc encore, les pages qui précèdent le montrent, quantité de tentures religieuses exécutées pour les églises de toutes les régions de la France dans un espace d'une quarantaine d'années, de 1485 à 1525 ou 1530. Mais combien d'autres ont péri par la négligence ou le vandalisme, dont les anciens inventaires n'ont pas même gardé la mémoire. Une revue de ces vieux documents a démontré que les seules églises de Paris possédaient, au XVIIe et au XVIIIe siècle, nombre de tentures réservées à la décoration du sanctuaire ou louées aux habitants du quartier environnant qui les tendaient devant la façade de leurs maisons quand les processions religieuses parcouraient les rues de la ville[2].

Ainsi, pendant la période dont nous nous occupons, les tapissiers français ont fait preuve d'une activité, d'une habileté dont on ne trouverait guère d'exemple à une autre époque et dans un autre pays. Certes, beaucoup de ces décorations religieuses, dues aux tisseurs de la fin du Moyen Age, ont disparu; mais combien les tapisseries profanes destinées à garnir les salles des palais princiers ou des habitations particulières étaient plus exposées encore aux diverses chances de destruction! Aussi, n'est-il pas surprenant que ces représentations de scènes romanesques ou symboliques soient d'une grande rareté. Quelques-unes ont cependant survécu et nous offrent des types d'une véritable originalité.

Voici tout d'abord le curieux *portrait équestre de Charles VIII* appartenant à M. le comte de Schickler, qu'on a revu récemment à l'Exposition des Primitifs français. Sans doute, la laine est un peu grosse, et la main qui a exécuté ce travail n'était pas des plus exercées. Mais quel précieux document historique que cette figure à cheval, en habit royal, portant le collier de l'ordre, l'épée haute, la tête couverte d'un chapeau tout empanaché, se détachant sur un fond vert à fleurettes qui est comme la marque distinctive des tapisseries de cette période! Ce fond, nous l'avons signalé dans la pièce des *Anges portant les instruments de la Passion*, dans le *Concert* et l'*Orgue* de Rohan. Le même parti pris, nous allons le retrouver dans la *Dame à la licorne* dont nous nous occuperons tout à l'heure, et

1. Les dix pièces de l'histoire de saint Remi ont passé tout récemment dans l'atelier de réparation des Gobelins, ce qui nous a permis de les examiner longuement et de les étudier de près. Deux de ces tapisseries furent envoyées à l'Exposition de 1900. L'une d'elles était tendue à l'envers pour montrer la richesse et aussi la solidité des tons des vieilles tentures. Les tapisseries anciennes étaient, en général, d'une coloration très puissante que le temps s'est chargé d'harmoniser.

2. Voyez notre article publié dans la *Revue de l'art chrétien* de 1889, sur les *Tapisseries des églises de Paris*, où sont passées en revue, d'après les anciens documents, les tentures des églises de Saint-Germain-des-Prés, Saint-Paul, Saint-Étienne-du-Mont, Sainte-Martine, Notre-Dame de Lorette, Saint-Merri, Saint-Germain-l'Auxerrois, Saint-Sauveur et Notre-Dame. Combien subsiste-t-il aujourd'hui de pièces mentionnées dans ces Inventaires?

aussi en d'autres tentures contemporaines. L'inscription latine[1] et la bordure composée de petites figures ailées lançant des flèches et séparées par des banderoles, avec la devise *inquire pacem* plusieurs fois répétée, complètent un ensemble très original et dont l'exécution ne peut être attribuée à des tapissiers étrangers. Ces souvenirs de la conquête de Naples et du passage des Alpes ne permettent-ils pas d'admettre que ce portrait tissé fut commandé du vivant du Roi et pour le Roi ? Nous disons ce *portrait* avec intention, car le roi Charles VIII était remarquable, on le sait, par sa laideur, et le buste qui est au Bargello de Florence nous fournit sur ce détail un témoignage irrécusable ; or, il s'en faut que le dessinateur de la tapisserie ait songé à donner à son modèle des traits séduisants[2]. Le panneau de M. de Schickler doit donc être tenu pour un document iconographique de premier ordre. C'est une véritable pièce historique. Sa place serait dans un de nos Musées.

Arrivons à la fameuse tenture de la *Dame à la licorne*. Inutile de revenir ici sur les négociations à la suite desquelles ces pièces charmantes, jadis l'orgueil de la petite sous-préfecture de Boussac, perdue au fond de l'Auvergne, trouvèrent un cadre digne de leur mérite dans les salles du Musée de Cluny. On a disserté à perte de vue sur l'origine de ces tableaux, sur leur signification mystérieuse, sans arriver à une explication satisfaisante. Doit-on y voir une allégorie discrète aux qualités de la noble dame à qui les tapisseries étaient destinées ? Faut-il supposer que ce tissu d'un dessin si charmant, si délicat, si serré, provient d'un atelier provincial ? L'hypothèse semble difficile à admettre. Un seul point est acquis : l'écusson d'azur, à la bande de gueules, chargée de trois croissants d'argent, est celui de la famille des Le Viste, seigneurs de Fresne, qui donna un président au Parlement de Paris. Quant à l'aventure du prince Zizim, frère de Bajazet, enfermé au château de Boussac, et à ses amours avec une belle dame des environs, dont la tapisserie retracerait les traits, il faut la reléguer dans le domaine des fables romanesques[3]. Il paraît bien plus vraisemblable que ces tableaux ont été inspirés par un poétique roman dont l'original est perdu. Cette charmante fiction a d'ailleurs inspiré à un grand écrivain contemporain une description des plus vibrantes et des plus imagées[4].

La série se compose de six pièces ; sur chacune d'elles, la dame, vêtue des plus riches atours, chargée de colliers, de bracelets, avec des perles et des cabochons cousus à sa robe, se livre à diverses occupations familières, ayant à ses côtés une jeune demoiselle richement parée qui la sert et lui tient compagnie. Sur la plupart des tableaux, le lion et la licorne, soutenant de leurs pattes une lance au sommet de laquelle flotte l'écusson des Le Viste, encadrent la scène centrale. Les personnages, debout sur une prairie verte, émaillée de fleurs, où se jouent divers animaux, chiens, lapins, singes et renards, se détachent sur un fond rouge, semé de branches de fleurs et d'animaux identiques à ceux qui se voient sur le terrain. Voici d'ailleurs la description sommaire de chaque scène : 1° La dame, la tête ceinte d'un bandeau, tenant un perroquet sur la main gauche, prend des pierreries dans une coupe que lui présente sa servante fléchissant le genou devant elle. Les deux animaux se dressent de chaque côté, cravatés d'une draperie aux armes des Le Viste, portant une lance surmontée du fanion chargé du même écusson. 2° Coiffée d'une sorte de cape retombant sur les épaules, la dame prend dans un plat que sa suivante tient sous son bras des fleurs pour tresser une couronne. Le lion et la licorne encadrent le groupe central comme dans le premier sujet. 3° La dame a les doigts sur les touches d'un petit orgue posé sur une table et dont sa suivante agite les soufflets. Ici, la coiffure est singulière, les cheveux sont ramenés sur le devant de la tête de manière à former comme une

1. Voici le texte de cette inscription : « Carolus invicti Ludovici filius olim Parthenopem domuit, saliens sicut Hanibal Alpes. »

2. La salamandre placée au bas du tableau, entre les jambes du cheval, si elle n'a pas été ajoutée après coup, donnerait à supposer que la pièce date du règne de François Ier. Que d'incertitudes et que de contradictions se rencontrent ainsi à chaque pas !

3. Il est fâcheux que les fables se perpétuent indéfiniment, sans égard pour les indications de la critique. Dans le plus récent travail sur *les tapisseries de la dame à la licorne* (Paris, 1907, in-8, grav.), M. H. de Lavillatte admet encore que la dame de la tapisserie représente une belle Grecque, Almeïda, esclave aimée du prince Zizim.

4. George Sand, *Journal d'un voyageur pendant la guerre*, Paris, 1871, in-12, p. 76-78. — Consulter sur la Dame à la licorne : Callier (G.), *Vente des tapisseries de Boussac*, dans le *Bulletin monumental*, 1882, 5e série, t. VIII, p. 567, et, du même auteur, *Note sur les tapisseries de Boussac*, Guéret, 1887, in-8.

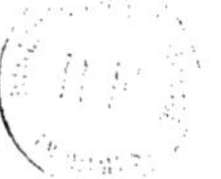

aigrette sur le front. 4° La dame est debout sous une tente d'une étoffe à riches dessins, dont les deux animaux porteurs de blasons relèvent de leurs pattes les rideaux. Elle prend des joyaux, des colliers, des perles dans une cassette à couvercle arrondi, que sa compagne lui présente ouverte. La coiffure de la figure principale consiste en un turban surmonté d'une aigrette, tandis que les nattes de sa suivante sont ramenées sur le haut du front en forme de houppe. 5° La servante a disparu ; les cheveux de la dame tombent épars sur ses épaules. Elle porte la main gauche sur la corne de la licorne, et appuie la main droite sur la lance. Le lion est assis devant elle. Un singe enchaîné à un rouleau et un lévrier à large collier occupent le fond. 6° Encore seule et assise au milieu du terrain, la dame, coiffée d'une sorte de turban, les cheveux relevés sur le front en aigrette, présente à la licorne, qui pose ses pieds sur les genoux de sa maîtresse, un miroir où se reflète la tête de l'animal fantastique[1].

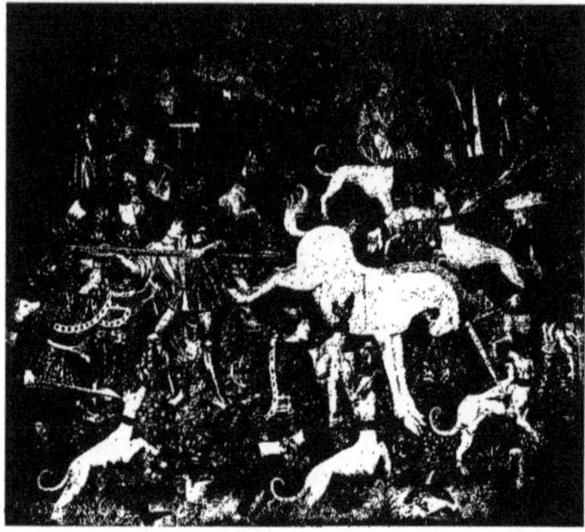

Fig. 56. — La chasse de la licorne. Atelier français. Fin du XVe siècle (Château de Verteuil).

Tel est, aussi fidèlement traduit que possible, ce mystérieux poème dont nous renonçons à donner une explication satisfaisante, mais dont il nous paraît impossible d'attribuer la conception comme l'exécution à d'autres artistes qu'à des peintres et des tapissiers français.

Si la *Dame à la licorne* est une suite unique par les scènes qu'on y voit représentées, il existe plus d'une tapisserie de la même période, où ce parti pris de détacher les personnages sur un fond rouge, semé de fleurs, produit le plus brillant effet. Il faut signaler en première ligne la belle pièce qui appartient à M. Martin Le Roy et qu'on a vue à l'Exposition des Primitifs français. Un homme entre deux femmes représenterait, a-t-on supposé, *Hercule, entre le Vice et la Vertu.* Mais qu'importe le sujet ? Ce qu'il faut admirer ici, comme dans la *Dame à la licorne*, c'est le parti que le tapissier a su tirer de toutes les ressources de la laine, et cependant le nombre des couleurs est aussi limité que possible. On en compterait une vingtaine peut-être dans les tapisseries de Cluny et dans celles de M. Martin Le Roy[2], et c'est là le secret essentiel de la richesse décorative et de l'harmonie de ces anciennes tentures.

De la tapisserie du Musée de Cluny il faut rapprocher une tenture moins connue, où la licorne se présente dans des conditions très différentes. Alors que dans la tenture de Boussac, elle n'apparaît qu'en seconde ligne et comme un accessoire secondaire, la très curieuse série garnissant un des salons du château de Verteuil, propriété plusieurs fois séculaire de l'illustre maison des La Rochefoucauld, fait au contraire de la licorne le personnage principal du drame qui se déroule en six tableaux[3].

1. Ces tapisseries ont souffert du temps et aussi de l'inexpérience des réparateurs. L'humidité des salles où elles étaient tendues à Boussac avait pourri le bas des tapisseries. M. Darcel a remplacé par un travail de haute lisse exécuté par un artiste des Gobelins, les peintures sur toile que dissimulaient les anciennes lacunes.

2. M. Martin Le Roy possède non pas une, mais trois tapisseries offrant la même disposition d'un semis de fleurs sur fond rouge. Il était superflu d'insister sur ces différentes applications du même principe. On trouvera de bonnes reproductions des tapisseries de M. Martin Le Roy dans le magnifique catalogue illustré des collections de ce délicat amateur, publié par les soins et sous la direction de M. Marquet de Vasselot, avec de savantes notices de l'éditeur.

3. La tenture de Verteuil fut l'objet d'une étude présentée par M. Émile Biais à la Réunion des Sociétés des Beaux-Arts des départe-

L'animal fabuleux, symbole de chasteté et d'immortalité, devient ici la proie de chasseurs impitoyables. Elle a beau lutter, se défendre des pieds et de la corne, elle finit par succomber, et son corps inanimé est offert comme un trophée glorieux au seigneur et à la dame qui présidaient à cet exploit cynégétique. Toutes les phases de la poursuite sont successivement figurées. Le sixième panneau nous montre l'animal immaculé reposant au milieu d'un de ces parcs entourés de branches entrelacées, comme on en voit sur nombre de tapisseries anciennes.

Ce n'est pas seulement le sujet qui donne à cette suite un intérêt singulier. Le fil de métal employé en maint endroit indique que le tissu a été l'objet d'un soin exceptionnel. Diverses questions se posent au sujet de cette tenture, qui n'ont pas reçu jusqu'ici de réponse satisfaisante. Que signifie cette chasse allégorique où des personnages très réels poursuivent un animal fabuleux? A qui se rapportent ces initiales AE, rattachées par une cordelière et cinq fois répétées sur chacune des pièces, aux quatre coins et au milieu du ciel? Que veulent dire ces deux lettres F. R. qui ne se lisent que sur un seul panneau? Diverses explications ont été proposées, sans qu'aucune nous semble satisfaisante. La conjecture la plus vraisemblable serait que ces initiales rappelleraient les noms des deux fiancés ou des deux époux auxquels les tapisseries étaient destinées. Mais alors que viennent faire ici ces lettres F R? Le propriétaire voit dans ces scènes une allégorie à la lutte du bien et du mal. Si cette explication nous laisse quelques doutes, nous serions bien embarrassé pour en proposer une autre. Cependant, nous y verrions plutôt un cadeau de fiançailles; mais n'allons pas plus loin, de crainte de nous égarer à notre tour. Aucune des six tapisseries ne porte d'écusson; nous estimons que si elles avaient été destinées dès l'origine à la famille qui la possède aujourd'hui, on y aurait dessiné le blason burelé d'argent et d'azur, aux trois chevrons de gueules sur le tout, qui paraît sur une série de divertissements champêtres dont Gaignières nous a transmis le dessin, et qui est celui des La Rochefoucauld. Quoi qu'il en soit de tous ces problèmes obscurs, la tenture de Verteuil présente un spécimen unique d'un sujet fort original. Elle présente en outre un contraste étrange entre le choix du sujet tout à fait fabuleux et le

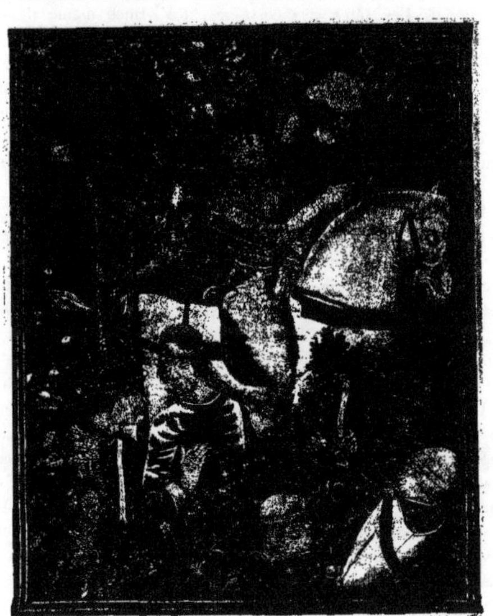

Fig. 57. — Scène de chasse (fragment). Atelier français. Fin du XVe siècle (Collection Heilbronner).

ments, en 1905. (Voy. Compte rendu des réunions, p. 669-677.) Ce travail était accompagné de la reproduction de deux panneaux. Ajoutons qu'il n'en existe pas de bonnes photographies, ce qui est fort regrettable. M. Biais cite l'opinion de plusieurs savants sur l'origine de la tenture. Charles de Grandmaison pensait qu'elle pouvait sortir d'un atelier des bords de la Loire. Tous les connaisseurs s'accordent à y reconnaître une fabrication et un style bien français. On peut aussi consulter sur ces tapisseries l'*Inventaire des meubles existant dans les châteaux de La Rochefoucauld, de Vertheuil et de La Terne en 1728*, publié par M. Paul de Fleury, en 1886, dans le *Bulletin de la Société archéologique et historique de la Charente*. La tapisserie de la Licorne figure dans cet Inventaire (p. 56), avec d'autres tentures fort anciennes.

caractère très naturaliste de tous les personnages, des animaux qui figurent dans les divers tableaux. Le paysage, lui aussi, est très réel. On rencontre peu de tapisseries offrant des types aussi expressifs, aussi caractéristiques. Et sous ce rapport, la *Chasse à la Licorne* se rapproche du fragment d'un autre sujet de chasse que nous avons vu récemment dans les galeries d'un grand marchand parisien, M. Heilbronner, et dont nous pouvons donner ici, grâce à l'obligeance de son possesseur, une fidèle reproduction. Pour nous, ce fragment et la *Chasse de la Licorne* appartiennent à la même famille, à la même époque. Elles sortiraient du même atelier que cela ne nous étonnerait nullement. Les têtes, les costumes, les armes même donneraient lieu à des rapprochements curieux.

L'origine française de la suite de Verteuil et de la tapisserie de Paris ne saurait faire l'objet d'un doute. Quant à la date de l'exécution des modèles, elle se trouve très exactement indiquée par les costumes des chasseurs. Les six sujets de *la Chasse* nous présentent successivement : 1° La Licorne assise seule au milieu d'un clos champêtre; 2° Le départ des chasseurs; 3° La Licorne réunie à d'autres animaux, lions, panthères, et attaquée par les chasseurs; 4° Elle traverse une rivière; 5° Elle se défend contre les piques des chasseurs et contre les chiens : c'est la scène que nous donnons ici; 6° Portée sur une civière, elle est présentée au seigneur et à sa dame. De grands arbres, couverts de fruits divers, garnissent le fond, tandis que les premiers plans sont semés de fleurettes se détachant sur un terrain vert foncé.

Nous retrouvons ce genre de décoration consistant en fleurs variées, ancolies, marguerites, violettes, etc., sur les belles tapisseries qui décorent l'hôtel de M. Martin Le Roy. Ici, le ton local est rouge comme dans la suite de Cluny, ce qui rehausse beaucoup la tonalité de l'ensemble. Le sujet semble cacher une allégorie assez obscure.

On rencontre souvent, vers la fin du xve siècle, des sujets d'un caractère tout spécial, retraçant les distractions journalières des châtelains et des dames, formant contraste avec ces scènes de la campagne où l'on voit des bûcherons et des bergers occupés à leur besogne quotidienne. A cette catégorie appartiennent ces pièces du *Concert* et de *l'Orgue*, conservées aux Gobelins et à Angers, tissées vraisemblablement pour un membre de la famille de Rohan. La collection Gaignières offre la reproduction de diverses tentures aristocratiques ayant le même caractère que le *Concert* et *l'Orgue*. Il suffira de signaler deux panneaux aux armes de dame Marguerite de La Rochefoucauld-Barbezieux, devenue après son veuvage (1492) dame de Maillé. Sur un des tableaux, une noble dame brode sur un métier, dans un jardin, au milieu d'une société de trois seigneurs et de quatre dames, avec la devise des La Rochefoucauld : *C'est mon plaisir*. Sur l'autre panneau, portant mêmes blasons, une nombreuse société de seigneurs et de dames se livrent aux plaisirs de la chasse à la pipée.

Ces scènes nous montrent dans leurs occupations journalières, dans leurs distractions coutumières, les habitants des vieilles demeures féodales. A coup sûr, ces tissus ont été exécutés sur la commande des nobles familles dont ils portent les blasons. On a déjà fait observer la facilité avec laquelle nos vieux artisans se transportaient avec leurs métiers de ville en ville, de château en château, pour exercer leur profession, et tissaient, sous les yeux mêmes de leur riche clientèle, les tentures commandées. Des fabricants ou des réparateurs de paniers d'osier ou de chaises de paille parcourent ainsi, de nos jours, nos campagnes pour chercher de l'ouvrage. Que les réunions musicales des Rohan ou les amusements champêtres des La Rochefoucauld aient été tissés chez les représentants de ces vieilles familles, il n'y aurait là rien pour nous surprendre. Et on peut admettre par analogie que certaines autres suites fameuses, comme la *Dame à la Licorne*, la *Chasse de Verteuil*, d'autres tentures encore, ont été fabriquées chez le châtelain auquel elles étaient destinées. Pure hypothèse sans doute; mais si les chanoines des cathédrales hébergeaient les artisans auxquels ils confiaient des travaux, et cela s'est fait bien souvent, on en a plus d'une preuve, pourquoi les clients aristocratiques n'auraient-ils pas suivi cet exemple ? Pourquoi ne se seraient-ils pas ainsi procuré un divertissement précieux pour distraire les longues heures de la vie monotone de la campagne ?

La légende de saint Quentin, provenant de la collection Revoil et aujourd'hui au Musée du Louvre, fait partie de cette série de tentures religieuses du temps de Louis XI ou de Charles VIII dont nous venons d'énumérer de nombreux échantillons. L'origine française de cette suite ne paraît pas douteuse. Sur une bande de 8 mètres de long environ et de 3 mètres 30 de hauteur est racontée l'histoire

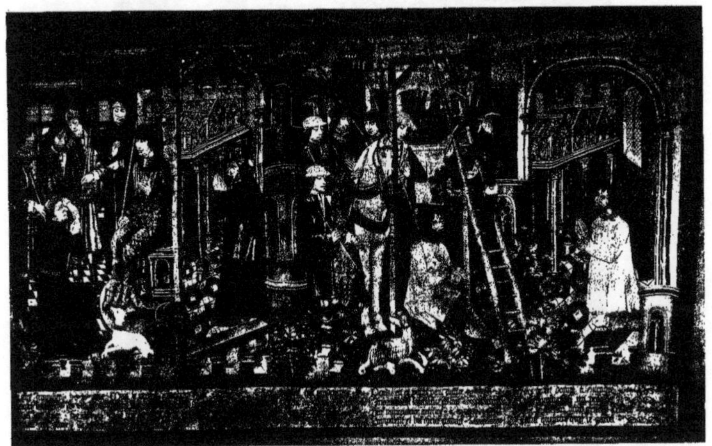

Fig. 58. — Les miracles de saint Quentin. Atelier français, XVIe siècle (Musée du Louvre).

du voleur condamné à être pendu pour avoir dérobé un cheval et sauvé par l'intercession de saint Quentin. Au-dessous des tableaux, huit quatrains octosyllabiques expliquent l'aventure dont voici la conclusion :

Lors ce fet donné à entendre
Au prevost, plus n'y proceda.
Dont le larron vint graces rendre
A saint Quentin quy le garda.

Le Louvre expose d'autres pièces contemporaines de Louis XII, venant soit de la collection Revoil[1], soit du legs Davillier, qui représentent très convenablement l'industrie française du début du XVIe siècle. Non moins curieuses au point de vue des costumes que par l'exécution matérielle, ces tapisseries méritent un examen attentif auquel nous ne saurions donner place ici. Regrettons seulement que ces échantillons d'un art si délicat soient généralement exposés dans des conditions assez défavorables. C'est le sort commun à toutes les tapisseries ; on ne trouve jamais l'espace néces-

1. M. de Laborde a donné, dans sa *Notice des Émaux* du Louvre, publiée en 1853, un catalogue sommaire des tapisseries appartenant alors au Musée (t. I, pp. 415 à 418, n°s 1117 à 1139). On s'étonnera peut-être qu'il n'ait pas paru depuis lors de travail plus étendu et plus complet sur les tapisseries de notre Musée. Une description sommaire de toutes les tapisseries conservées dans les collections publiques serait bien précieuse pour les travailleurs, surtout si de bonnes reproductions étaient jointes au commentaire imprimé.

saire pour les placer sous un jour avantageux près de l'œil du spectateur, même quand elles sont de dimensions assez restreintes pour nécessiter cette disposition.

Les églises de Paris possédaient jadis de nombreuses tentures dont nous avons publié le Cata-

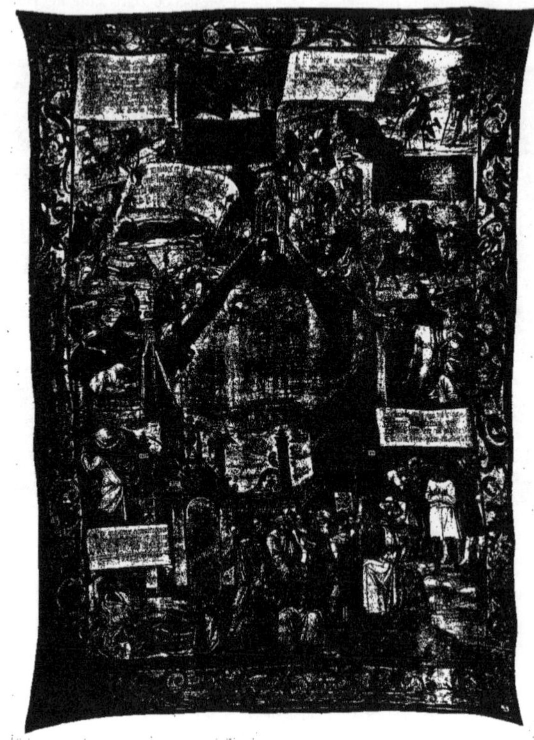

Fig. 59. — La Piscine probatique. Toile peinte. Vers 1500 (Musée de Reims).

logue d'après les anciens inventaires[1]. A Saint-Germain-le-Vieil se voyait, en 1618, une tenture représentant la vie du patron de l'église, en quatorze pièces et vingt-quatre sujets. Le style des légendes date ces pièces de la fin du xve siècle.

L'église Saint-Paul exposait l'histoire de son patron, rehaussée d'or et citée avec admiration par les anciens historiens de Paris. Cette église était une des plus riches en vieilles tapisseries. Ses inven-

1. *Revue de l'art chrétien*, 1889, 4e livraison.

taires en mentionnent soixante-dix-huit. A Saint-Étienne-du-Mont, une histoire du patron de la paroisse, d'après les dessins de La Hyre exposés dans la sacristie, était tendue les jours de fêtes solennelles. L'église ne possédait pas moins de quatre-vingts pièces, tant anciennes que modernes. Les paroisses ou chapelles de Saint-Merri, de Notre-Dame-de-Lorette, de Sainte-Marine, de Saint-Germain-l'Auxerrois, de Saint-Gervais, de Saint-Sauveur, de l'église cathédrale de Notre-Dame conservaient aussi de riches panneaux. La plupart de ces ornements, il est vrai, ne dataient que du XVIIe siècle. Toutefois, dans un inventaire de Notre-Dame portant la date de 1416 sont énumérés sept tapis provenant de divers dons ou legs, dont un grand tapis *des Vices et des Vertus*, servant à parer l'aigle du chœur. Un autre représentait la Vierge et le Seigneur ; il avait été offert en 1386. Le nombre des tapisseries augmentait sensiblement à chaque inventaire nouveau.

Si grande qu'ait été l'activité déployée par ces ateliers français du commencement du XVIe siècle encore peu connus, il semble qu'ils n'arrivèrent pas à satisfaire à toutes les demandes qui leur étaient adressées. Une sorte d'émulation s'était répandue dans toutes les églises de France ; chacune d'elles, profitant de la prospérité renaissante, voulait décorer le sanctuaire des brillantes productions de l'industrie en vogue. Mais, soit que certaines fussent trop pressées pour attendre les délais réclamés par les tapissiers, soit qu'elles n'eussent que des ressources trop modiques pour payer des ornements d'un prix élevé, nous voyons des églises se résigner à remplacer les images tissées par des tableaux peints sur toile, dont l'exécution était plus rapide et moins onéreuse. C'est ainsi du moins qu'est expliquée l'origine de ces toiles peintes dont le musée de la ville de Reims possède une si riche collection [1]. Sans entrer dans de longs détails sur ces scènes religieuses, nous rappellerons qu'elles forment trois groupes distincts : la *Passion de Jésus-Christ*, en dix panneaux ; la *Vengeance de Notre-Seigneur*, sept toiles ; puis huit sujets différents tirés de l'Ancien Testament, parmi lesquels se rencontrent, à côté d'une *Glorification de la Vierge*, la pièce la plus ancienne de la collection, toute pleine de réminiscences gothiques, l'*Histoire de Judith et d'Holopherne*, l'*Histoire d'Esther et d'Assuérus*, l'*Histoire de Suzanne*, en quatre scènes ; enfin cette *Piscine probatique*, dont on trouvera ici une bonne reproduction, la plus singulière assurément de toutes ces compositions. Que ces tableaux aient servi à rehausser l'éclat des fêtes religieuses, cela paraît peu douteux ; mais il est plus improbable qu'ils aient été destinés à servir de modèles aux tapissiers. En ces dernières années, on songea un moment à tenter une expérience et à faire reproduire quelqu'un de ces cartons en haute lisse ; il a fallu renoncer à cette idée, car il eût été impossible de respecter jusqu'au bout le caractère tout à fait archaïque du dessin. Si l'on eût enlevé à ces figures un peu raides leur bizarrerie et leur fleur de naïveté, que fût-il resté ?

Quelle que fût la destination de ces peintures si curieuses, elles semblent bien inspirées par les représentations théâtrales des Confrères de la Passion. Dans son étude sur l'art religieux du XVe siècle, M. Émile Mâle s'est attaché à faire ressortir l'incontestable influence que la vogue des Mystères populaires exerce sur les tendances réalistes de la peinture et de la sculpture à la fin du Moyen Age. Cette influence s'impose également aux tapissiers. Il paraît certain que les deux suites de la *Passion* et de la *Vengeance de Notre-Seigneur* retracent des scènes jouées sur quelque théâtre improvisé pour l'édification des fidèles.

Pendant la période dont nous venons d'énumérer les nombreuses productions et d'exposer l'actif labeur, à peine rencontre-t-on quelques noms de tapissiers à citer. Les artistes du Moyen Age ne signent jamais ou presque jamais leurs travaux ; c'est encore l'opinion qui prévaut, malgré les efforts tentés par certains érudits pour faire la preuve du contraire. Les documents où étaient nommés ces habiles artistes ont péri pour la plupart ou sont aujourd'hui d'une extrême rareté,

1. Voir Paris et Loberthais, *Les toiles peintes de Reims*, 2 vol. in-4 et un album in-fol.

Aussi, faut-il se résigner à ne jamais connaître les auteurs de ces chefs-d'œuvre qu'on admire à La Chaise-Dieu, à Angers, à Beaune, à Saumur, au Mans, à Reims, au Musée de Cluny. Ce n'est guère que vers le second tiers du XVIe siècle que nous enregistrerons quelques noms de tapissiers, véritables artistes dans leur spécialité, dirigeant les ateliers, soit de Tours, soit de Paris, soit des autres centres provinciaux. Quant aux grands artisans de la période antérieure, il est désormais à peu près certain qu'on ignorera toujours leurs noms.

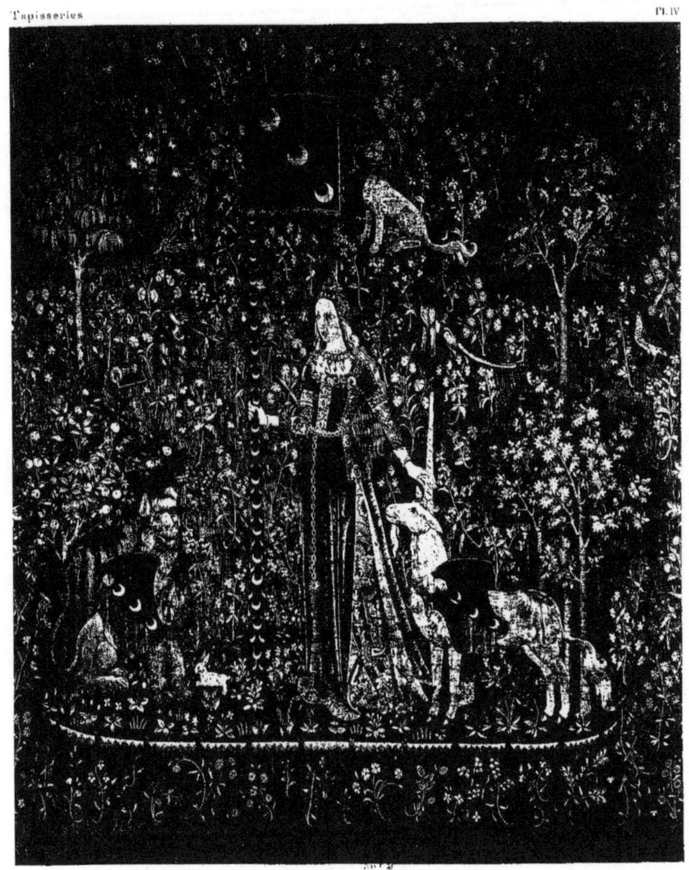

LA DAME À LA LICORNE
ATELIER FRANÇAIS VERS 1500
Musée de Cluny

CHAPITRE VI

L'AGE D'OR DE LA TAPISSERIE (1480-1540). — LES CHEFS-D'ŒUVRE DES TAPISSIERS FLAMANDS.
ATELIERS DE BRUXELLES, DE TOURNAI, DE BRUGES, D'AUDENARDE, D'ENGHIEN.

De la période comprise entre la mort du dernier duc de Bourgogne et l'avènement de Charles-Quint à l'Empire datent les œuvres les plus accomplies qu'ait produites l'art de la tapisserie. Cette période a été nommée souvent l'âge d'or de la tapisserie. Éloge certes bien mérité, car jamais les productions de cette glorieuse époque ne seront surpassées ou même égalées par la suite. Elles possèdent encore ce charme de naïveté, cet amour profond de la nature, si remarquables chez les artistes du Moyen Age, et ne tombent pas dans les conventions archaïques de la Renaissance classique. Dans cette admirable floraison d'un des arts décoratifs les plus délicats persiste l'influence de la tradition française. Jusqu'à l'annexion définitive des Pays-Bas à l'immense empire de Charles-Quint, les provinces du nord de la France et la Flandre restent inséparables. Les artistes ou les tapissiers fixés à Bruges, à Gand, à Bruxelles sont de la même nationalité, de la même race, obéissent aux mêmes principes, respectent les mêmes lois artistiques que les artisans ou les peintres de l'Artois, de la Picardie et même de l'Ile-de-France. Pour tout dire en un mot, cette agglomération des provinces septentrionales conserve sa personnalité française jusqu'au XVIe siècle. Que des nuances plus ou moins sensibles distinguent les travailleurs des divers ateliers, rien de plus naturel; mais l'ensemble des tapissiers dits flamands demeure bien français de tendance et d'inspiration jusqu'à l'absorption définitive des Pays-Bas par l'Empire allemand. Cette influence de l'art et du goût tudesques apparaît notamment dans les nombreuses tentures dont Bernard van Orley donna les modèles. Et, par contre, il est telle tapisserie fameuse ayant une origine brugeoise authentiquement établie, dont l'identité avec les œuvres françaises de la même époque s'impose à première vue. Nous faisons en ce moment allusion à cette tenture de l'histoire et des miracles de saint Anatoile, exécutée en 1507 par Jean Sauvage dans son atelier de Bruges. Si l'on ne connaissait pas l'inscription, aujourd'hui détruite, mais dont le texte a été heureusement conservé par les historiens, qui attribue formellement cet ouvrage à la vieille cité flamande, ne le croirait-on pas exécuté sur les rives de la Seine ou de la Loire? Il y a donc au début du XVIe siècle, comme pendant tout le Moyen Age, confusion ou assimilation complète des tapissiers français et flamands. Impossible d'établir une distinction entre les uns et les autres. Les désastres de la guerre et l'occupation d'une partie de la France par l'envahisseur étranger ont chassé les industries somptuaires de leur ancienne résidence et les ont fait refluer vers le Nord, à la recherche d'un séjour plus tranquille. Mais l'influence du goût national persiste dans le nouveau centre de la haute lisse, et la distinction entre les œuvres des deux régions ne repose que sur des données géographiques.

Cette distinction ne date d'ailleurs que de la rupture définitive de 1515; car, jusqu'à cette séparation, les Flamands ne cessèrent d'être considérés comme Français au même titre que les habitants de la Provence, du Languedoc ou de la Gascogne. On sait que les plus beaux échantillons des productions des Pays-Bas ont passé par héritage dans les pays étrangers. Les collections de Madrid et de Vienne, surtout celle de Madrid, possèdent les types les plus remarquables du travail des ouvriers du Nord au moment où leur travail atteignit son plus haut degré de perfection. C'est donc à l'étranger qu'il faut aller étudier ces œuvres d'art. Sans doute, elles sont conservées, là où elles se trouvent, avec un soin presque religieux. Mais la sollicitude même qu'on leur témoigne en rend l'accès bien difficile. Ce n'est guère qu'à la faveur de solennités ou de circonstances exceptionnelles, comme un Centenaire, une Exposition universelle, qu'elles quittent un moment leurs retraites inaccessibles pour être offertes à la contemplation et à l'admiration des amateurs et des érudits. Toutes ces conditions ont exercé une influence fâcheuse sur la connaissance des anciens monuments de l'art textile, et c'est pourquoi des erreurs, contre lesquelles on ne saurait trop réagir, s'étaient glissées dans le public et sont presque considérées comme articles de foi.

Après avoir constaté que la Flandre, comme l'Artois, comme la Picardie, comme la Bourgogne, est une partie intégrante de la patrie française jusqu'au début du XVIe siècle, nous accorderons sans difficulté qu'elle a possédé une école originale qui se distingue par certains caractères particuliers. Cette école avait atteint son développement complet au cours du XVe siècle. Elle devait nécessairement exercer une influence prépondérante sur la production de ces villes manufacturières qui ont toujours occupé le premier rang dans l'industrie textile. Toutefois, le chapitre précédent a fourni la preuve que, si les ateliers flamands surpassèrent leurs anciens rivaux à partir de l'an 1500 environ, les vieilles fabriques françaises ont continué, non sans honneur, à suivre les traditions nationales. Quoi qu'il en soit, la réputation des tapissiers flamands éclipse, dès le XVIe siècle, celle de tous leurs concurrents et persiste longtemps après que la décadence a commencé. Un historien des peintres français, André Félibien [1], rend hommage en ces termes à la supériorité manifeste des artisans de la Flandre au début du XVIe siècle : « Il y avoit alors en Flandres des tapissiers, non seulement très habiles « à bien employer les laines, mais qui dessinoient parfaitement; et ils étoient si capables qu'il se voit « beaucoup de tapisseries dont les couleurs sont de leur invention et qu'ils ont fabriquées sur des « desseins qui n'étoient pas même bien arrêtez. » Cette dernière phrase fait sans doute allusion à la fameuse tenture des Actes des Apôtres.

Nous réserverons l'étude de cette suite célèbre pour un chapitre spécial; avant d'y arriver, nous nous arrêterons à ces tapisseries du début du XVIe siècle, considérées à juste titre comme les chefs-d'œuvre de l'art de la haute lisse. Beaucoup de ces morceaux hors ligne, conservés dans les collections espagnoles, ont paru à l'Exposition universelle de 1900; ce fut une occasion unique de les voir et de les étudier à loisir. Mais il existe aussi, dans les musées et les collections particulières, des échantillons fort remarquables de cette période féconde entre toutes; nous allons réunir ici ces diverses tentures antérieures à l'avènement de Charles-Quint. Nous exposerons ensuite dans un chapitre spécial tout ce qu'on sait de l'histoire des tentures de Vatican; puis viendra l'exposé des travaux des centres industriels des Pays-Bas pendant la période de leur plus grande prospérité, sous les règnes de Charles-Quint et de son fils. Le dernier tiers du XVIe siècle annoncera ensuite la décadence.

Souvent, on a fait cette remarque que des œuvres, parfois insignifiantes, banales, médiocres en un mot, prennent, grâce à l'interprétation du tapissier, une vie, une originalité, une allure nouvelles. Que de tapisseries nous avons vues bien supérieures au modèle qui les a inspirées! De cette constatation il résulte que les traductions l'emportent parfois sur les originaux. L'observation pourrait être généralisée. N'est-ce pas ce qui est advenu du *Saint Luc peignant la Vierge* du Louvre? La

1. *Entretiens sur la vie des plus excellents peintres anciens et modernes*, 1725, in-12, t. I, p. 324.

remarque ne s'applique-t-elle pas aussi au *Couronnement de la Vierge*, légué à notre musée par le baron Charles Davillier? L'auteur de la composition reste inconnu; le seul détail précis sur l'origine de l'œuvre est la date inscrite dans la bordure inférieure : *Actum anno 1485*. Cette date paraît bien peu de chose; c'est cependant un point capital. Quel était le grand artiste capable de composer une pareille scène? On a songé à Memling; mais il était mort depuis quelques années, et la Vierge du Couronnement n'a pas le caractère des figures du maître de Bruges. Serait-ce Hugo van der Goes? Les peintures connues de cet artiste sont plus imprégnées, semble-t-il, que la tapisserie du Louvre, des

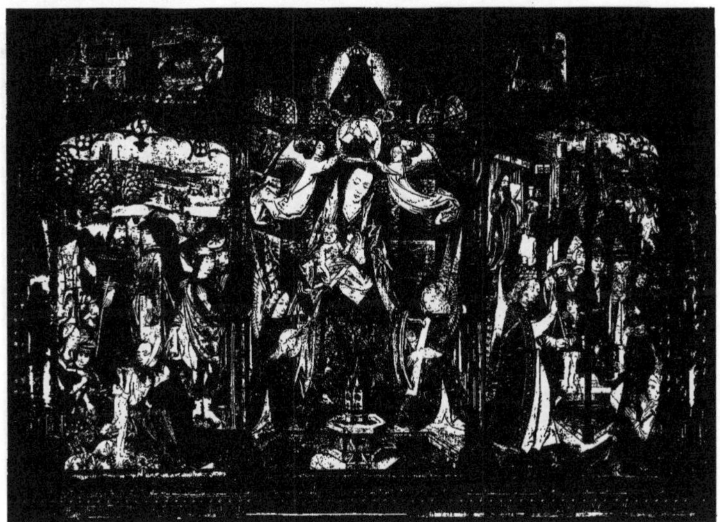

Fig. 60. — Le Couronnement de la Vierge. Atelier de Bruges. 1485 (Musée du Louvre).

influences de la Renaissance italienne. Dans tous les cas, c'est là une œuvre maîtresse fort bien conservée, et le baron Davillier, qui l'avait rapportée d'Espagne, s'il exagérait un peu l'expression de son admiration, avait pourtant quelque raison de la décorer du titre de « reine des tapisseries ».

Si on ignore l'atelier où fut tissé le *Couronnement de la Vierge*, nous sommes mieux renseignés sur une autre œuvre capitale de la Flandre. Le Musée de la manufacture des Gobelins tient de la générosité de M. Spitzer une grande page historique, portant en une longue légende gothique le commentaire de la scène représentée. On sait ainsi que, lors du siège des villes de Dôle et de Salins par Louis XI, le 4 septembre 1477, les habitants de Salins promenèrent en grande pompe la châsse de saint Anatoile, leur patron; le même jour, les Français levèrent le siège. C'est le sujet de la tapisserie. Elle faisait partie d'une série de quatorze pièces célébrant l'histoire et les miracles de saint Anatoile, protecteur de la ville de Salins. Le tout décorait, avant la Révolution, le chœur de l'église principale de la cité. De ces quatorze tableaux, trois seulement ont échappé à la destruction : celui des Gobelins et deux autres, actuellement au Musée de Salins, de moindre dimension que celui de Paris. Les trois tapisseries se trouvèrent réunies récemment dans une exposition rétrospective ouverte à Besançon pendant l'été de 1906[1]. Or, cette œuvre encore considérable, bien que fort incomplète, portait sur la dernière pièce, aujourd'hui perdue, une signature et une date. L'inscription a été conservée; en voici le texte : « Ces quatorze pièces de tapis furent à Burges faits et construits — à l'hostel de Jehan Sauvage — en Incarnation à notre usage — l'an 1501, et furent pour saint Anathoile, evesque de Constantinoble, fils du roi d'Escosse[2]. »

Commencée en 1501, la tenture aurait été terminée et livrée en 1506. Voici une pièce bien certai-

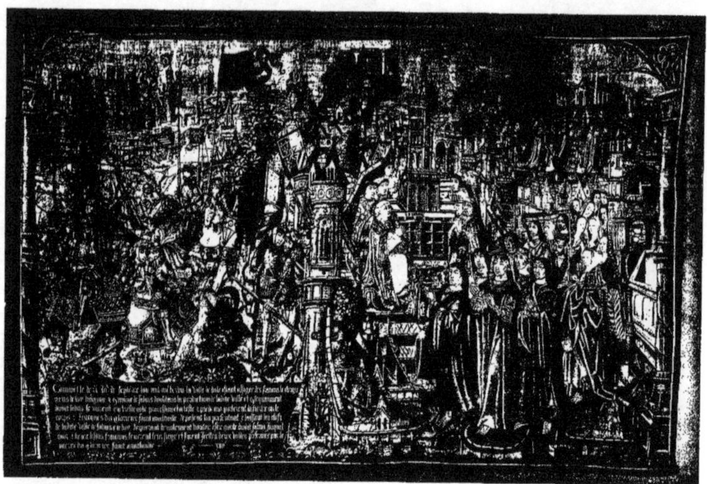

Fig. 61. — Levée du siège de Dôle et de Salins. Atelier de Bruges. 1501 (Musée des Gobelins).

nement flamande, exécutée au XVIe siècle, affectant néanmoins un caractère gothique très prononcé. A en juger par les fragments sauvés de la destruction, l'ensemble de la tenture mesurait plusieurs centaines d'aunes carrées, et il ne fallut pas plus de cinq ans pour terminer ce grand ouvrage! Nous avons insisté à diverses reprises déjà sur les conditions du travail assurant la rapidité de l'exécution et la modicité du prix de revient. Dans le cas actuel, l'aune, suivant le marché, avait coûté aux chanoines sept solz de gros, monnaie de Flandres, soit quarante-deux sols tournois; en tout 908 livres tournois environ. Que si on rapproche maintenant ce panneau, daté de 1506, de pièces contemporaines ou même antérieures, comme l'*Annonciation* et l'*Adoration des Mages* des Gobelins,

1. Les deux tapisseries du Musée de Salins, beaucoup plus étroites que celles des Gobelins, semblent faites pour accompagner la scène de la procession de la châsse. M. Bernard Prost avait étudié, avec sa ponctualité et son soin ordinaires, la tenture de saint Anatoile (*Gazette des Beaux-Arts*, 1892, t. VIII, p. 496-507). Son article donne la liste des quatorze sujets composant l'ensemble de la tenture avec la reproduction des deux panneaux de Salins. Il est fâcheux que les trois pièces subsistantes se trouvent séparées.

2. Ce Jehan Sauvage (ou de Wilde) ne serait-il pas d'origine française ou tout au moins bourguignonne? Le duc Philippe le Bon faisait sa résidence habituelle dans les Flandres, où s'étaient groupés les habiles artisans occupés aux importants travaux du duc. Les inscriptions de la légende de saint Anatoile sont en français. Surtout, le caractère des figures se rapproche sensiblement de celui des personnages qu'on rencontre sur des œuvres essentiellement françaises du XVe siècle, comme l'histoire de Clovis, tandis qu'aucune analogie n'existe entre la tapisserie de ce Jean Sauvage et les œuvres inspirées par les peintures de l'école de Van der Weyden ou de Memling.

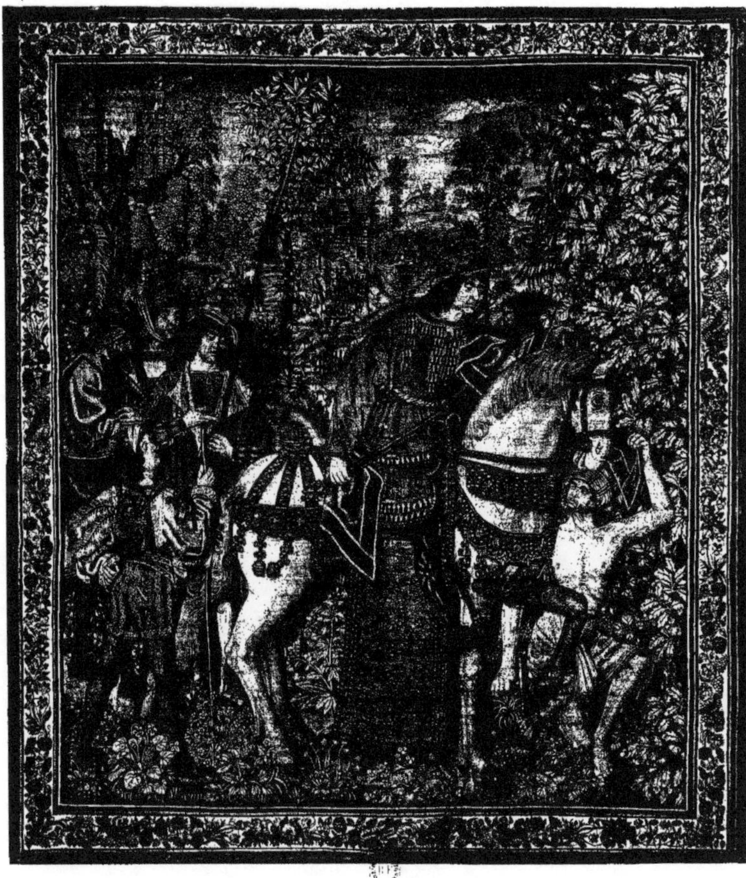

SAINT MARTIN

ATELIER BRUXELLOIS, PREMIER TIERS DU XVIe SIÈCLE

[illegible] M. Martin Le Roy

comme *le Couronnement de la Vierge* du Louvre, comme les *Trois Couronnements* de Sens, quelle différence dans la conception et aussi dans l'exécution! Aux petites pièces sont employées une chaîne très fine, des laines et des soies bien plus menues que celles du *Siège de Dôle;* aussi, l'effet à obtenir diffère-t-il essentiellement quand il s'agit de petits tableaux d'autel, destinés à être sous l'œil même de l'officiant, ou de grandes compositions de quatre ou cinq mètres de hauteur. Le tapissier Jean Sauvage était-il aussi capable de tisser les délicats détails de la tapisserie de Sens que les grandes figures de la suite de Salins? Nous l'ignorons. Mais la date authentique de ces panneaux prouve qu'il a existé en Belgique, au début du XVIe siècle, des artisans assez habiles pour reproduire les modèles les plus précieux, les plus délicats, et en même temps des ateliers où se conservaient, dans toute leur pureté, les traditions du Moyen Age. Comment, en présence de faits pareils, essayer de fixer la date de l'exécution des œuvres sur lesquelles il n'existe pas de documents certains? Tout au plus est-il permis d'admettre que chaque atelier se livrait à un genre spécial d'ouvrages et que les tableaux d'autel ne provenaient pas des mêmes métiers que les grandes tentures murales. Cette division du travail en assurait la perfection. Que si l'on jugeait que c'est s'attarder bien longtemps à une seule tapisserie quand la période qui nous occupe compte tant d'échantillons infiniment variés, nous répondrions que les pièces de date et d'origine certaines sont d'une extrême rareté, et que de celles-là seules il est possible de tirer des notions certaines sur les métiers d'autrefois; seules donc, elles permettent d'introduire quelque méthode et de poser de rares jalons dans l'histoire de l'industrie textile.

Encore convient-il de signaler, ne fût-ce que rapidement, les œuvres exceptionnelles caractérisant les principales époques de l'art. A ce titre, la *Vie de la Vierge*, appartenant aux collections de Madrid et exposée à Paris en 1900, mérite une mention particulière. Les pièces de cette suite sont certainement au nombre des plus belles qui soient jamais sorties d'un atelier flamand. Le dessin, la composition, la finesse et la sûreté de l'exécution sont dignes des plus grands éloges. Véritables chefs-d'œuvre, elles ont provoqué l'admiration de tous les visiteurs de l'Exposition. De toutes les tentures de la Couronne d'Espagne, celles-ci pouvaient être considérées comme les plus parfaites. Les quatre ou cinq scènes de chaque panneau, séparées par des arcatures surbaissées et de minces colonnettes, offrent une abondance de figures encadrées de draperies chatoyantes décorées des plus riches dessins [1]. Nulle confusion dans ces personnages groupés dans un étroit espace. Et quelle délicatesse de dessin dans ces suaves figures féminines devant lesquelles on songe aux plus délicates créations de Memling et de Rogier!

D'où viennent ces œuvres incomparables? La tradition veut qu'elles aient appartenu à la reine Jeanne la Folle. Charles-Quint les tenait de sa mère; il avait pour elles une telle vénération qu'il les fit transporter au monastère de Yuste quand il s'y retira. Peut-être ne donna-t-il jamais une meilleure preuve de son bon goût.

Mais sur le grand artiste auteur des modèles, sur l'habile tapissier chargé de l'exécution, aucun renseignement. Les sujets sont encadrés d'une de ces étroites bordures de feuillages et de fleurettes qui apparaissent à la fin du XVe siècle, entourage bien caractéristique des œuvres flamandes de cette période. On sait que les tisseurs du Moyen Age n'entouraient presque jamais leurs tentures de bordures formant cadres.

D'après les légendes reproduites par le comte de Valencia dans le catalogue de l'Exposition de 1900, les quatre panneaux de la *Vie de la Vierge* représenteraient l'Annonciation, l'ange Gabriel envoyé par Dieu à la Vierge (ce sujet paraît mal défini), la Naissance du Christ et le Couronnement de Marie. Comme chaque tapisserie compte cinq scènes distinctes, c'est, au total, une vingtaine de composi-

1. Voy. le *Catalogue des objets d'art exposés au pavillon royal d'Espagne à l'Exposition universelle de Paris en 1900*, n°s 4, 5, 10 et 13. — Cf. J. Destrée, *Étude sur les tapisseries exposées à Paris en 1900 au petit palais et au pavillon d'Espagne*, p. 51-53. — J. Guiffrey, *Les tapisseries à l'Exposition rétrospective et à l'Exposition contemporaine*, dans la *Gazette des Beaux-Arts*, 1900, t. XXIV, p. 100. — La Vie de la Vierge a été reproduite en phototypie dans l'album des principales tentures de la couronne d'Espagne, publié par M. le comte de Valencia, le savant organisateur du pavillon de 1900, sous le titre : *Tapices de la Corona de España*, pl. 3 à 8.

tions de cinq ou six personnages pour les tableaux accessoires, et de vingt à vingt-cinq figures pour le sujet central.

Deux autres tapisseries relatives à la naissance du Christ : *Adoration des Rois* et *Présentation au temple*, offrent de sérieuses analogies avec la *Vie de la Vierge*. Il semble bien que les mêmes têtes de femmes et de vieillards ont fourni les modèles des deux suites ; les draperies sont rehaussées d'ornements identiques. Ces deux derniers sujets seraient peut-être de quelques années postérieurs à la *Vie de la Vierge*. Les fonds de paysages et les premiers plans, agrémentés de plantes destinées à rompre la monotonie de la ligne annoncent un art plus raffiné. Une particularité remarquable mérite d'être relevée ; sur une de ces pièces, les personnages d'Adam et d'Ève, représentés en pied, sans vêtements, rappellent un peu les volets de l'Agneau pascal de Van Eyck, conservés au Musée de Bruxelles[1]. Peut-être les modèles de ces belles tentures étaient-ils copiés sur des tableaux dus aux premiers artistes du temps. C'est ainsi que les ouvrages des tapissiers nous ont conservé la traduction fidèle de certains chefs-d'œuvre de la peinture aujourd'hui perdus.

Les tapissiers chargés de traduire ces tableaux des maîtres flamands ne s'en tenaient pas à une seule reproduction. Le panneau de la *Présentation au temple* se trouve à la fois dans la collection d'Espagne et dans celle d'un des plus délicats amateurs parisiens[2]. A peine quelques détails secondaires distinguent-ils les deux traductions du même original. Une ou deux têtes ont été ajoutées ou supprimées. Ces modifications tendraient à démontrer que les tisseurs du XVIe siècle en prenaient souvent fort à leur aise avec les modèles les plus parfaits.

Dans la suite de la *Vie de la Vierge*, tous les fonds sont décorés d'étoffes à riches dessins, toutes les figures se présentent au même plan, tandis que, dans l'*Adoration des Rois* et la *Présentation au Temple*, les personnages s'échelonnent à des plans différents et les fonds se garnissent de petits paysages.

Le tissu, d'une finesse extrême, est rehaussé de fil d'or ; la soie aussi est employée en grande quantité. La coloration générale, d'une richesse, d'une intensité singulière, s'obtient avec très peu de couleurs. La tapisserie de M. Martin Le Roy a été étudiée de près quand elle fut exposée, en 1905, au cercle artistique de Bruxelles ; il fut reconnu que dix-neuf ou vingt tons seulement entraient dans sa composition.

C'est encore une *Nativité* que représente la pièce la plus ancienne de la Couronne d'Espagne, découpée en forme de retable et enrichie de fils d'or et de soie[3]. Elle proviendrait de la reine Jeanne la Folle, comme la *Vie de la Vierge*. Quant à la *Messe de saint Grégoire le Grand*[4], appartenant aussi au trésor de Madrid, elle aurait été offerte par la princesse Jeanne à Isabelle la Catholique. L'identité de plusieurs têtes de prophètes et de la décoration des étoffes dans cette dernière pièce et dans la *Vie de la Vierge* assigne à peu près la même date à leur exécution.

Jusqu'ici, l'étude de ces chefs-d'œuvre n'a pas été poursuivie avec une méthode suffisante. Leur exposition à Paris fut pour beaucoup de personnes une révélation ; car les tapisseries de Madrid ne sont guère accessibles aux touristes amateurs ; d'ailleurs, cette sollicitude a contribué pour beaucoup à leur étonnante conservation. Celles que nous venons de signaler comptent certainement parmi les plus belles productions des ateliers flamands.

Le Musée d'art décoratif de Bruxelles, dit Musée du Cinquantenaire, expose une *Descente de croix*. acquise il y a une cinquantaine d'années, sur les conseils d'Alexandre Pinchart, le premier des historiens de la tapisserie flamande[5]. Les auteurs qui se sont occupés de cette œuvre magistrale en attribuent

1. Planche n° 7 de la publication espagnole : *Tapices de la Corona*, etc.
2. Planche n° 8 de l'Album publié par le comte de Valencia. La répétition de ce sujet appartient à M. Martin Le Roy.
3. Planche 1 des *Tapices de la Corona*.
4. Planche 2 de la même publication.
5. Alexandre Pinchart, *Notice sur deux tapisseries de haute lisse du XVIe siècle conservées au Musée royal d'antiquités*, Bruxelles, octobre 1865, in-8, 20 p. et 1 pl. La *Descente de croix* acquise, en 1861, à la vente de la douairière Van Antwerpen, fut payée 2.035 francs. Ce fut Pinchart qui la découvrit au moment de la vente et la signala au ministre Rogier : à lui par conséquent revient l'honneur d'avoir doté le Musée de Bruxelles d'un de ses plus précieux chefs-d'œuvre.

la paternité à un des premiers peintres flamands. On hésite entre Bernard van Orley et un autre peintre, désigné sous le nom de maître Philippe, dans lequel on a cru reconnaître soit Philippe van Orley, soit Philippe de Mol, artistes aussi oubliés l'un que l'autre. Inutile d'insister sur ces conjectures ; jusqu'ici aucune solution définitive n'a été proposée. Toutefois, un rapprochement récemment proposé par M. Joseph Destrée, conservateur des musées royaux de Bruxelles, jette un jour

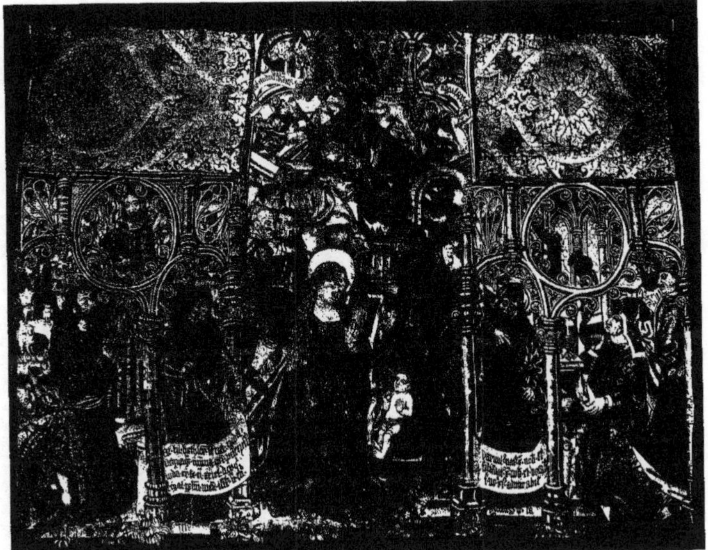

Fig. 62. — Naissance de Jésus. Atelier flamand. Fin du xve siècle (Collection royale de Madrid).

nouveau sur l'origine de cette admirable composition. M. Destrée met en regard [1] la *Descente de croix* de Bruxelles et la *Pietà* du Pérugin, qui se trouve au Musée de Florence. Le rapprochement ne laisse aucun doute sur l'identité absolue du groupe principal dans les deux scènes. Même attitude du cadavre, même disposition des mains du Christ. Le saint Jean qui soutient avec la Madeleine le corps étendu du supplicié ne présente que des différences insensibles dans le vêtement et le visage. La Vierge de la tapisserie ne pose plus sa main sur le corps de son fils. Les changements essentiels se remarquent surtout dans les deux personnages placés aux extrémités du tableau. L'auteur du carton a pris de grandes libertés au sujet de ces figures secondaires ; il a garni les fonds de groupes accessoires et même d'épisodes variés : Mise au tombeau, Descente aux limbes. Sans doute, ces additions se trouvent reliées avec une grande habileté au groupe central ; il n'en reste pas moins acquis que les quatre person-

1. Joseph Destrée, *Maître Philippe, auteur de cartons de tapisseries, étude suivie d'une note à propos de Jean de Bruxelles, dit van Room*, 1904, in-4, pl. (Publié d'abord dans le *Bulletin des Musées royaux des arts décoratifs et industriels* de 1903). — Cf. A. Thiéry, *Les incriptions et signatures du peintre bruxellois Jean de Bruxelles, appelé aussi Jan van Room, peintre de Marguerite de Savoie*, Louvain, 1907, in-4.

nages principaux, le Christ, la Vierge, saint Jean, la Madeleine, sont la copie littérale de l'œuvre du Pérugin. Cet exemple ne fournit-il pas la preuve décisive des emprunts fréquents faits par les auteurs des cartons du XVIe siècle aux œuvres les plus célèbres des maîtres contemporains. On en a signalé un autre fait identique; c'est cette Histoire d'Herkinbald, qui serait, d'après les anciens auteurs, la copie des peintures de Rogier van der Weyden, autrefois placées dans l'Hôtel de Ville de Bruxelles. En

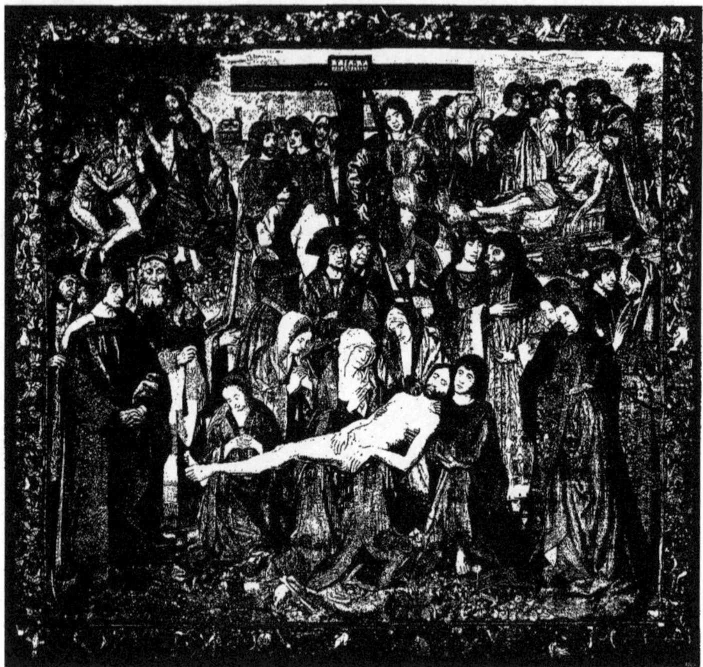

Fig. 63. — Le Christ descendu de la croix. Atelier flamand. Vers 1500 (Musée de Bruxelles).

faut-il davantage pour admettre que certaines des plus belles tentures doivent être considérées comme la reproduction des œuvres maîtresses des artistes contemporains ? Elles nous ont conservé tout au moins la composition et le caractère de nombreuses peintures disparues, et cela ne laisse pas que d'augmenter singulièrement leur intérêt.

Toutefois, la tapisserie, même religieuse, tendant avant tout à un but décoratif, modifie parfois les modèles qu'elle interprète, pour ajouter à la richesse de l'original. C'est ce qui explique cette introduction de personnages accessoires, inutiles à l'action principale, détournant même l'attention du spectateur, mais nécessaires pour combler les vides et donner plus d'ampleur à la composition. N'est-ce pas d'ailleurs un des caractères de l'art flamand d'entasser les personnages les uns sur les autres et de ne pas se contenter de cette simplicité d'ordonnance propre aux maîtres italiens comme aux peintres français ?

Que l'auteur de la *Descente de croix* de Bruxelles s'appelle Philippe de Mol, comme le voulait Pinchart, ou Philippe van Orley, comme l'a proposé Wauters, M. Joseph Destrée n'hésite pas à admettre que le même artiste, le même maître Philippe, a donné les cartons de la *Descente de croix*

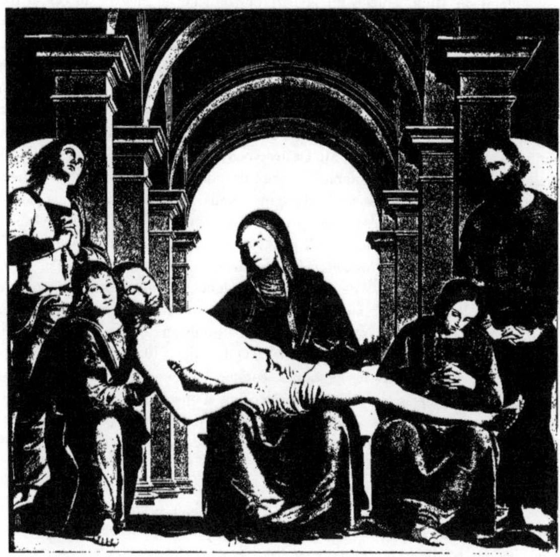

Fig. 64. — Pietà. Tableau du Pérugin (Académie des Beaux-Arts, à Florence, salle du Pérugin).

inspirée du Pérugin et de la *Communion d'Herkinbald*, du Musée de Bruxelles, qui ne doit pas être confondue avec celle de Berne. Avec cette dernière pièce, nous sommes en pleine Renaissance, tandis que la tapisserie de Berne appartient sans hésitation possible aux traditions et au style du Moyen Age.

La comparaison des deux interprétations différentes du même sujet nous paraît des plus instructives. L'histoire du duc Herkinbald se rapprochait habituellement de la Justice de Trajan, comme un exemple proposé à tous les magistrats chargés de rendre la justice. Nous avons insisté ci-dessus sur les divergences qui existent entre la tapisserie de Berne et celle de Bruxelles. Rien ne saurait mieux que la comparaison des deux compositions faire sentir la distance immense qui sépare les derniers représentants de l'art gothique, sain, robuste, franc dans sa brutalité naïve, et les procédés que la Renaissance employait pour atténuer l'horreur d'un drame sanglant.

Comme le rôle des peintres dans la préparation des cartons reste encore fort obscur, rien ne doit être négligé de ce qui peut apporter un peu de lumière sur cette question.

La *Communion d'Herkinbald*, de Bruxelles, tissée d'or et de soie, fut commandée par la confrérie du Saint-Sacrement pour décorer sa chapelle, dans l'église collégiale de Saint-Pierre, à Louvain [1], chapelle qui possède encore deux tableaux fameux de Thierry Bouts : la *Cène* et le *Martyre de saint Érasme*. Les confrères s'adressèrent à un peintre bruxellois, désigné sous le nom de Jean van Brussel, et lui demandèrent un projet de patron. Ce travail fut payé, en 1513, deux florins et demi du Rhin. Puis, maître Philippe, le tapissier, fut chargé d'exécuter le modèle définitif pour la somme de treize florins et demi du Rhin. Quelle fut la part personnelle de chacun de ces artistes dans l'invention et la confection du carton ? L'un d'eux a-t-il consenti à donner seulement l'esquisse, que l'autre aurait mise au carreau et dessinée à grandeur d'exécution ? C'est, semble-t-il, la seule explication rationnelle de cette étrange collaboration. Des textes authentiques découverts par Alexandre Pinchart il résulte que la Flandre possédait, entre 1510 et 1520, deux peintres parvenus à une grande notoriété et complètement oubliés aujourd'hui. L'un avait nom Jean van Brussel, ou Jean van Room ; l'autre, maître Philippe, auteur du modèle de la *Descente de croix*, aurait subi l'influence des peintres italiens et aurait connu les tableaux de Pérugin. M. Destrée pense qu'on peut lui attribuer plusieurs cartons d'autres tapisseries contemporaines, notamment ceux de plusieurs *Triomphes de la Renommée*, etc., d'après Pétrarque, exposés au Musée de Kensington. Nous ne nous hasarderons pas sur ce terrain, estimant qu'on ne saurait être trop réservé en pareille matière et que l'identité de style n'autorise guère à conclure à la communauté d'origine. Mais il paraît certain que maître Philippe, cet inconnu d'hier, occupait une place éminente parmi les auteurs de modèles du début du XVIe siècle. La *Déposition de croix* et la *Communion d'Herkinbald* de Bruxelles témoignent suffisamment de son mérite. Quant à Jean van Room ou de Bruxelles [2], il paraît avoir joui de la confiance des gouverneurs des Pays-Bas. Pinchart cite plusieurs projets en grisaille de statues, de tombeaux ou de sceaux, dont il aurait reçu la commande de Marguerite d'Autriche et de Charles-Quint, de 1510 à 1517. C'était probablement un dessinateur ingénieux, prêt à toutes les besognes, comme Jean Lemaire, son contemporain. On sait de source certaine que la tapisserie d'Herkinbald sortait d'un atelier bruxellois et que son auteur, dont Pinchart a retrouvé le nom, se nommait maître Léon. Peut-être parviendra-t-on, en étudiant de près et en comparant diverses tentures de la même période, à découvrir d'autres ouvrages de cet artisan.

Les tapisseries de la Couronne d'Espagne offrent cet immense avantage qu'elles n'ont guère quitté Madrid depuis le XVIe siècle ; donc, point d'incertitude sur leur origine. Aussi, leur étude attentive s'impose-t-elle à tout érudit s'occupant de l'histoire de la tapisserie et cherchant à dresser dans ce but la chronologie des œuvres de haute et de basse lisse.

L'édit établissant l'obligation d'une marque officielle pour les ouvrages bruxellois, indépendamment de la signature particulière de chaque entrepreneur ou chef d'atelier, fut rendu le 15 mai 1528 ; par suite, toutes les pièces où sont tissés dans la lisière inférieure ou latérale les deux B séparés par l'écu de gueules doivent être considérées comme postérieures à 1528. On ne saurait toutefois en conclure d'une manière absolue que les panneaux sans marque soient toujours d'une date antérieure. Les villes de Bruges, d'Audenarde, de Tournai eurent aussi des marques spéciales indiquant l'origine des ouvrages qui les portent. A Bruges, c'est le B entouré d'une couronne, et au-dessous une broche de tapissier. Tournai avait adopté pour signe distinctif une tour crénelée, Audenarde des bésicles ou lunettes. Le nombre des tapisseries ayant conservé leurs certificats d'origine est fort restreint.

1. Pinchart, *Notice sur deux tapisseries de haute lisse du XVIe siècle*, p. 14, 15.

2. Voyez à la suite de l'étude de M. Joseph Destrée sur maître Philippe, signalée ci-dessus, une note sur Jean de Bruxelles dit Jean van Room, du même auteur, en réponse à un article de M. A.-J. Wauters (p. 35 de la brochure).

Beaucoup, semble-t-il, n'en ont jamais porté ; pour d'autres, les marques ont disparu avec les lisières primitives, déchirées et détruites par l'usage. Les précautions destinées à garantir la provenance des tapisseries n'ont donc donné que des résultats précaires ; innombrables sont les cas où l'origine des tentures les plus originales demeure indécise.

Si nous passons en revue maintenant les plus anciens panneaux de la collection espagnole, nous

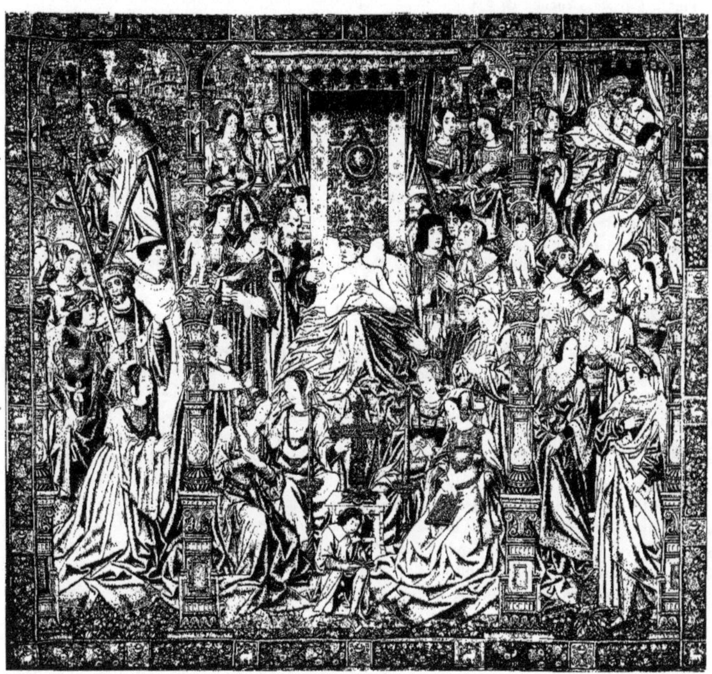

Fig. 65. — La légende du comte d'Herkinbald. Atelier de Bruxelles, vers 1515 (Musée de Bruxelles).

rencontrons plusieurs suites à peu près contemporaines de la seconde *Vie de la Vierge* décrite précédemment : l'*Histoire de David et de Bethsabée* [1], formant trois panneaux et sept bandes ou gouttières, le tout agrémenté de conversations galantes, de groupes de seigneurs et de dames devisant

1. L'examen détaillé de chacune des pièces de ces tentures remarquables nous entraînerait trop loin ; nous nous contenterons d'en présenter une énumération sommaire : sur la première, David contemple d'un balcon élevé la femme d'Uri se lavant les mains à une fontaine formant un édicule élégant au centre de la composition. Bethsabée est vêtue d'une robe couverte de pierreries. Sur le second tableau, le roi est en conversation intime avec Bethsabée, toujours somptueusement habillée. La dernière scène nous montre le prophète Nathan reprochant à David son adultère et la mort d'Uri. La tenture de Cluny, en dix pièces, sur le même sujet, un peu plus moderne, offre une suite de compositions complètement différentes de celles de Madrid. La comparaison des deux séries prouve la fertilité d'imagination des dessinateurs de modèles.

dans la campagne, sujets essentiellement profanes [1]; deux scènes de la *Passion du Christ* [2] mentionnées dans l'inventaire de Marguerite d'Autriche, rédigé en 1523; l'*Histoire de saint Jean* [3], en quatre panneaux. Toutes ces pièces sont enrichies de fils d'or et d'argent et paraissent dater des vingt premières années du XVIe siècle. A la même période appartiennent deux tentures de la collection impériale de Vienne : *les Triomphes* [4], inspirée des poésies de Pétrarque, et trois ou quatre scènes de la *Vie du Christ* [5]. Aucune de ces tapisseries ne porte de marque d'atelier; leurs bordures étroites rappellent celles de la *Vie de la Vierge*, et une certaine identité dans le caractère des têtes trahit la communauté d'origine. Mais il convient de procéder avec une extrême précaution, car les monuments originaux ne sont guère connus que par des reproductions photographiques.

D'après la notice jointe à la publication officielle des tapisseries d'Espagne, l'*Histoire de David* figurerait sur un inventaire de 1479 et serait par conséquent antérieure aux dernières séries dont il vient d'être parlé. Ce rapprochement provient certainement d'une confusion, car les tapisseries accusent une influence évidente de la Renaissance.

Les épisodes de la *Passion* de la collection espagnole trahissent par divers détails le goût flamand. Certaines têtes sont grimaçantes. Ce soldat en cuirasse, allongeant sa jambe pour frapper du pied le Christ chargé de sa croix, se voit aussi dans d'autres représentations du même sujet. Les Flamands ne craignent pas d'introduire parfois la caricature jusque dans les scènes religieuses les plus émouvantes.

Plusieurs détails de la *Vie de saint Jean*, de Madrid, se retrouvent dans les bandes étroites du château de Pau, représentant le même sujet. Comme à Madrid, la Pénitence figure à Pau sous les traits d'une femme portant un martinet. La scène du Baptême offre des analogies sensibles dans les deux compositions [6].

Les *Triomphes* de Vienne paraissent remonter à une date plus ancienne que toutes les autres tapisseries de la collection impériale. Le dessin et le type des figures affectent un caractère archaïque très marqué. Un détail doit être signalé : les quatrains explicatifs placés dans le haut de la composition et les noms des personnages sont en français. Cette particularité ne suffit pas sans doute pour permettre de donner à la série une origine française; mais autorise-t-elle une provenance flamande? Le style de ces six panneaux diffère notablement de celui des autres Triomphes exposés en diverses circonstances, de ceux qu'on voit au Kensington Museum en particulier.

Parmi les tentures flamandes à date certaine, celles de la cathédrale d'Aix en Provence méritent une mention particulière. Elle nous est parvenue dans un remarquable état de conservation; depuis le milieu du XVIIe siècle, elle n'a pas quitté l'église à laquelle elle fut offerte, par le chanoine de Mimata, si on en croit les registres capitulaires; ce prêtre l'aurait acquise à Paris, le 4 avril 1656, pour la somme de 1.200 écus. Mise en vente après la Révolution de 1789, elle fut rachetée par Mgr de Cicé,

1. Ces sept gouttières ou pentes de lit se trouvent rapprochées de l'histoire de David d'une façon tout à fait arbitraire dans la publication du comte de Valencia. D'une date plus ancienne, elles paraissent d'une exécution très précieuse. Ces divertissements galants, qui montrent des dames jouant aux cartes, couronnant de fleurs un jeune seigneur, cueillant des fleurs à un arbre, devisant autour d'une fontaine, répètent à diverses reprises le même sujet. Il en est même un qu'on retrouve jusqu'à trois fois. Toutefois, si la composition est exactement la même sur ces diverses répliques, des différences notables se font voir dans la décoration des étoffes et même dans le caractère des figures. En somme, ces gouttières offrent un exemple remarquable de ces conversations galantes si appréciées à la fin du XVe siècle; le costume des personnages indique en effet cette époque. Ces gouttières de Madrid sont à comparer avec les bandes exposées dans le Musée spécial des tapisseries de Florence, au palais de la Crocetta, qui paraissent d'origine allemande et dont on donne ici un spécimen, page 63.

2. La *Passion* de Madrid n'a que deux tableaux : un *Crucifiement*, avec le Christ portant sa croix au premier plan, et une *Descente de croix*, avec deux épisodes à l'arrière-plan : Ensevelissement de Jésus, à droite; Descente aux limbes, à gauche.

3. Voici le sujet des scènes représentées sur cette tenture : 1° *Naissance du Précurseur*; la joie d'avoir un fils rend à Zacarias l'usage de la parole. 2° *Jean quitte sa famille pour faire pénitence dans le désert*. On le voit dans le fond présenté à une femme qui tient un martinet et qui figure sans doute la Pénitence, malgré la richesse de ses atours et la couronne placée sur sa tête. 3° *Prédication de saint Jean dans le désert*; Jésus s'approche dans le fond. 4° *Baptême du Christ*.

4. Les *Triomphes* de la collection impériale de Vienne comptent six tableaux : *Triomphes de Cupidon*, *de la Chasteté*, *de la Mort*, *de la Renommée*, *du Temps*, *de la Trinité*.

5. Le Catalogue de la collection viennoise inséré dans le *Jahrbuch* attribue les trois sujets réunis sans former une suite continue au XVe siècle. Si on accepte cette opinion, il ne faut pas les faire remonter au delà des dernières années de ce siècle. Les scènes de cette tenture factice, reproduite dans la grande publication sur les collections d'Autriche, représentent l'*Adoration des Rois* et un double *Baptême du Christ*.

6. Voyez l'étude sur les tapisseries du château de Pau publiée dans le *Bulletin du Comité d'archéologie* de 1888, sous le titre : *L'Histoire de saint Jean et l'Histoire de Psyché, tapisseries du mobilier national, conservées au château de Pau*, avec une planche. Cette planche donne précisément la reproduction du panneau où paraît la figure allégorique de la Pénitence avec son martinet.

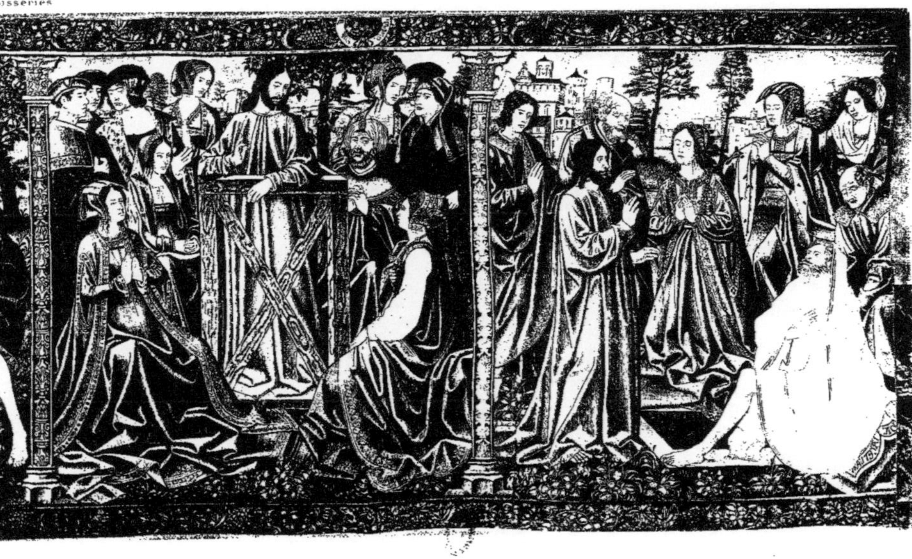

LA PRÉDICATION DE JÉSUS _ LA RÉSURRECTION DE LAZARE

ATELIER BRUXELLOIS (COMMENCEMENT DU XVIe SIÈCLE

Cathédrale d'Aix

archevêque d'Aix, qui la rendit à l'église métropolitaine. La tradition recueillie par M. Fauris de Saint-Vincens, dans une histoire manuscrite de la ville d'Aix [1], assure que cette tenture avait été commandée, soit pour l'église Saint-Paul de Londres, soit pour une autre paroisse d'Angleterre, tradition qui paraît justifiée par la présence des armoiries de plusieurs prélats anglais du commencement du XVIe siècle, tissées en divers endroits. Parmi ces écussons on remarque celui du roi Henri VIII qui venait de monter sur le trône d'Angleterre. On posséderait donc là une pièce historique au premier chef. Pourquoi ne pas admettre que la tenture fut exécutée avec le concours de plusieurs prélats et du Roi? Ces hauts personnages, après avoir contribué à l'exécution de cet immense travail, auraient tenu à honneur de perpétuer la mémoire de leur libéralité en faisant insérer leurs armoiries dans la bordure. A l'époque de la Réforme, les protestants anglais vendirent ou détruisirent les décorations de leurs églises [2]. Comment la tapisserie d'Aix parvint-elle à échapper à cette proscription ? On ne sait. Mais elle ne sortit d'Angleterre qu'un siècle plus tard, du temps de Cromwell. L'auteur qui nous a transmis le souvenir de ces vicissitudes ne nous dit pas dans quelles circonstances et par qui elle fut expédiée à Paris.

Donc, d'une part, l'origine flamande des tapisseries ne saurait être mise en doute, et d'un autre côté, leur destination première paraît certaine. Elles furent exécutées pour une des principales églises de l'Angleterre.

La *Vie du Christ* y est représentée en vingt-sept compositions réparties entre quatorze pièces, les treize premières divisées en deux sujets; un seul sur la dernière. La série s'ouvre par la Nativité de la Vierge et sa Présentation au Temple pour se terminer avec le Jugement dernier, comme la plupart des tentures religieuses de la même époque, celle de La Chaise-Dieu notamment [3]. Quant à désigner l'auteur probable des modèles, il faut y renoncer. M. Fauris de Saint-Vincens l'a tenté sans succès; il est préférable de s'abstenir [4].

La prospérité des ateliers flamands avait atteint son apogée sous les héritiers de Charles le Téméraire. La ruine d'Arras, d'une part, les désastres de la guerre de Cent ans, de l'autre, avaient entraîné la disparition des tapissiers français. Tous les artisans de la haute lisse s'étaient réfugiés dans ces provinces placées sous la protection d'un prince puissant et fastueux. La plupart des villes de Flandre profitèrent de cette période de paix et d'épanouissement industriel. Toutefois, si l'historien le

1. L'article de M. Fauris de Saint-Vincens, le plus complet sur les tapisseries d'Aix, a paru dans le *Magasin encyclopédique* du mois de décembre 1812.

2. Voyez la *Bibliographie générale des inventaires imprimés*, Paris, 1892-4, 2 vol. in-8. M. Edmond Bishop a publié la liste des nombreux inventaires des trésors et meubles des églises catholiques dépouillées par Henri VIII. Il en signale plusieurs centaines.

3. Dans ses *Tapisseries historiées*, M. Achille Jubinal donne la reproduction des tableaux 1, 2, 3, 4, 5, 24, 25, 26 et 27 de la tenture d'Aix, formant six tapisseries. Il est difficile de juger les originaux sur ces interprétations très imparfaites.

4. Voici la liste des compositions, avec la mention des particularités qui distinguent chacune d'elles.

1° et 2° Naissance de la Vierge. — Présentation au temple. — Dans le haut se voit l'écusson de Henri Déné, archevêque de Cantorbéry, mort en 1503.

3° 4° Annonciation. — Visitation. — Nouvel écusson portant les armes de la maison d Oktanton, éteinte au milieu du XVIe siècle. Cet écusson revient trois fois sur la tenture.

5° 6° L'ange apparait aux bergers. — Naissance de Jésus-Christ. — Ici sont placées les armes royales d'Angleterre avec les fleurs de lis au premier et au quatrième quartier, et les trois léopards aux autres, écusson surmonté de la couronne royale.

7° 8° Baptême du Christ par saint Jean. — Sermon sur la montagne. — Écusson indéterminé, avec la devise *Soli Deo honor et gloria*.

9° 10° Résurrection de Lazare. — Entrée à Jérusalem. — Écusson paraissant appartenir à un membre de la maison de Portland. Devise : *Craignés honte*.

11° 12° Lavement des pieds. — Le jardin des Oliviers. — Dans la bordure supérieure, les armes royales d'Angleterre.

13° 14° Jésus devant Caïphe. — La Flagellation. — Entre ce tableau et le suivant se voit un reste d'inscription dont le début est détruit par le temps ; il contenait sans doute le nom du peintre ou du tapissier. Elle se termine ainsi :

.... Me fecit
Anno Domini millesimo quingentesimo ondecimo.

15° 16° Couronnement d'épines. — Crucifiement. — Répétition des armoiries du n° 4 et du n° 8.

17° 18° Descente de croix. — Jésus aux limbes.

19° 20° Résurrection. — Apparition aux trois Maries. — Répétition des armoiries des n°s 4 et 8.

21° 22° Ascension. — Pentecôte. — Armoiries de l'archevêque de Cantorbéry qui figurent déjà au n° 2.

23° 24° La Vierge et les Apôtres. — La Mort de la Vierge. — Armoiries du cardinal Morton, mort en 1500, archevêque de Cantorbéry avant Henri Déné.

25° 26° Enterrement de la Vierge. (La scène représentée ici est celle du miracle arrivé lors des funérailles de la Vierge. Un juif toucha le cercueil de sa main et cette main se détacha du bras.) Assomption. — Armoiries de William Warham nommé archevêque de Cantorbéry en 1503, après la mort de Déné.

27° Jugement dernier où figurent seulement le Christ, la Vierge, quelques apôtres et deux anges sonnant la trompette.

La présence des armoiries de trois prélats appelés successivement au siège de Cantorbury ne semble-t-elle pas indiquer que la tenture était destinée à cette église plutôt qu'à celle de Londres ? Quoi qu'il en soit, la date, la conservation et les différents écussons épars dans les bordures donnent à cette suite un intérêt singulier. Elle mériterait de provoquer des recherches approfondies; peut-être parviendrait-on enfin à faire la lumière sur son origine.

mieux informé de la tapisserie flamande a pu démontrer, pièces en main, l'existence éphémère d'ateliers dans nombre de villes telles que Mons, Binche, Enghien, Middelbourg, Grammont, Lessines, Ath, Courtrai, Gand, Alost, Ypres, Douai, Lille, Valenciennes, presque tous les grands travaux du XVIe siècle sortent de trois ou quatre centres principaux : Bruxelles, Audenarde, Bruges et Tournai.

Tournai. — La ville de Tournai avait précédé ses rivales dans la fabrication de la tapisserie, puisque le premier règlement des haut lisseurs tournaisiens remonte à 1398, et leurs métiers jouissent encore d'une grande réputation au commencement du XVIe siècle; mais cette ville ne cesse de décliner du jour où elle passe de la domination française à la couronne d'Espagne (1521). Parmi les tapissiers tournaisiens les plus en vue à cette époque d'active production, Pinchart a signalé le nom des Grenier. L'auteur de la famille vendait, en 1459, une *Histoire d'Alexandre* au duc de Bourgogne, et, trois ans plus tard, cédait au même client une *Histoire d'Esther et d'Assuérus* et *l'Histoire du Chevalier au Cygne*[1]. Il a été déjà fait mention plus haut de ces diverses tentures. C'est encore Pasquier Grenier qui a exécuté ces pièces « à orangers » et « à boscherons » qu'un jeune savant a identifiées tout récemment avec les tentures du Musée des Arts décoratifs de Paris. Il a existé de nombreuses répétitions de ces sujets champêtres, et il est peut-être quelque peu hardi de rapprocher une pièce encore existante d'un article cité par un document du XVe siècle[2].

Un autre membre de cette famille des Grenier livrait au cardinal Georges d'Amboise, en 1497, diverses tentures destinées à son palais de Rouen[3]. Le nom de ce tapissier figure aussi sur les comptes du château de Gaillon. Jean Grenier serait l'auteur d'une *Histoire de banquet*, en six pièces, mesurant 209 aunes, vendues 13 livres l'aune. Serait-ce une répétition de la tapisserie bien connue sous le titre de *Condamnation de banquet et de souper*, conservée au Musée lorrain de Nancy ? Notre Jean Grenier fabrique encore, comme son ancêtre Pasquier, des pièces à personnages de boscherons; elles sont vendues 30 livres l'aune[4].

L'*Histoire de Suzanne*, en cinq panneaux, appartenant à M. Paul Marmottan, proviendrait, d'après M. Soil, des ateliers tournaisiens et daterait de 1509. A l'appui de cette attribution aucun argument décisif n'a été invoqué ; l'auteur de l'histoire de Suzanne subit certainement l'influence du goût français; les écussons des familles Circy et Jacquot, qu'on y voit encore, rattacherait d'ailleurs cette œuvre décorative à la Bourgogne[5].

Quand la ville de Tournai veut offrir un présent à Marguerite d'Autriche, douairière de Savoie, en 1513, c'est à Jean Grenier qu'elle s'adresse, et ce choix seul prouve qu'il occupait le premier rang dans sa corporation. La tenture livrée à cette intention représentait *la Cité des Dames*; elle comptait six pièces, du prix de 7 sous de gros l'aune. Cette suite figure dans l'inventaire de la princesse, dressé à Malines en 1516.

M. Soil énumère un certain nombre de tapissiers tournaisiens ayant vécu au début du XVIe siècle. Clément Sarrasin travaillait en 1513, au moment de sa mort, à une *Histoire d'Hercule*. Arnould Poissonnier livre, au cours de cette même année 1513, une *Histoire de Judith* destinée au duc de Suffolk,

1. Le Musée industriel de Cracovie conserve un fragment très délabré, mais très curieux de l'*Histoire du Chevalier au cygne* (Lohengrin), dont quatre autres panneaux sont conservés dans l'église Sainte-Ctaberine, à Cracovie. Des légendes françaises donnent l'explication des sujets. Les types des personnages dénoteraient aussi une origine française. Le fragment de Cracovie nous fait assister, en deux scènes superposées, au mariage du roi Oriant et à l'accouchement de la reine, pendant lequel une perfide marâtre a substitué aux sept enfants mis au monde sept petits chiens. Au-dessus de cette scène, on lit : « Comment par fainte opinion furent posé devant..... en lieu de generacion VII chiens pour le réduire. »

2. Les « Boscherons » du Musée des Arts décoratifs portent les armoiries deux fois répétées du chancelier de Bourgogne, Nicolas Rolin, d'abord dans un écusson surmonté d'un heaume de gueules, aux trois clefs d'argent, placé au sommet de la pièce, puis sur le collier d'un chien. Ce blason est probablement celui du propriétaire primitif de la tapisserie, sans doute un des membres de la famille du chancelier ; mais l'exécution de la pièce paraît d'une date plus récente que 1459 et par conséquent ne saurait remonter au chancelier lui-même. Elle fut peut-être commandée pour un de ses fils.

3. Pinchart, *Histoire générale de la tapisserie, Tapisseries flamandes, Tournai*, p. 73-83. — Eug. Soil, *Les tapisseries de Tournai*, 1892, in-8, p. 247 et suiv. — L. de Laborde, *Les ducs de Bourgogne*, t. I, p. 94.

4. Voy. A. Deville, *Comptes de dépenses de la construction du château de Gaillon* (in-4, 1850), p. CLVIII et 341. Mention est faite de deux tapissiers Guillaume Racc et Anthoine Grenier, fournissant, le premier, deux chambres, et l'autre, trois chambres de tapisseries, payées 821 l. 4 s. 8 d. et 1335 l. 16 s. 3 d. L'éditeur ajoute que ces deux artisans étaient Parisiens. Plusieurs des autres tapissiers cités dans ces Comptes paroissent n'être que des ouvriers à façon.

5. Voy. Jules Guiffrey, *La tapisserie de la chaste Suzanne, avec une introduction par M. Paul Marmottan*. Paris, 1887, in-4, 4 pl.

puis une autre tenture offerte par le Magistrat au roi d'Angleterre Henri VIII, lorsque la ville passe sous la domination anglaise. Cette année 1513 est une date néfaste dans l'histoire de Tournai. La peste éclate et enlève la moitié de la population ; l'épidémie porte un coup terrible aux industries locales, surtout aux métiers somptuaires. A ce moment commence la décadence de la ville. Cependant, la domination anglaise dure à peine quelques années; en 1517, Tournai rentre sous l'autorité française. Quand le maréchal de Chastillon vient, au nom de François Ier, prendre possession de la cité, les habitants offrent au nouveau gouverneur une tenture en huit pièces de l'*Histoire de Banquet*. Elle avait été fournie par un tapissier tournaisien nommé Nicolas de Burbur. Nouveau présent des citoyens de la ville au seigneur de La Motte, lieutenant du gouverneur, lors du départ de la garnison française, en 1521, quand Tournai, définitivement perdue pour la France, est annexée aux Pays-Bas espagnols. On offre au seigneur de la Motte plusieurs tapisseries en reconnaissance des services rendus par lui et comme témoignage des regrets des habitants désolés de changer de nationalité.

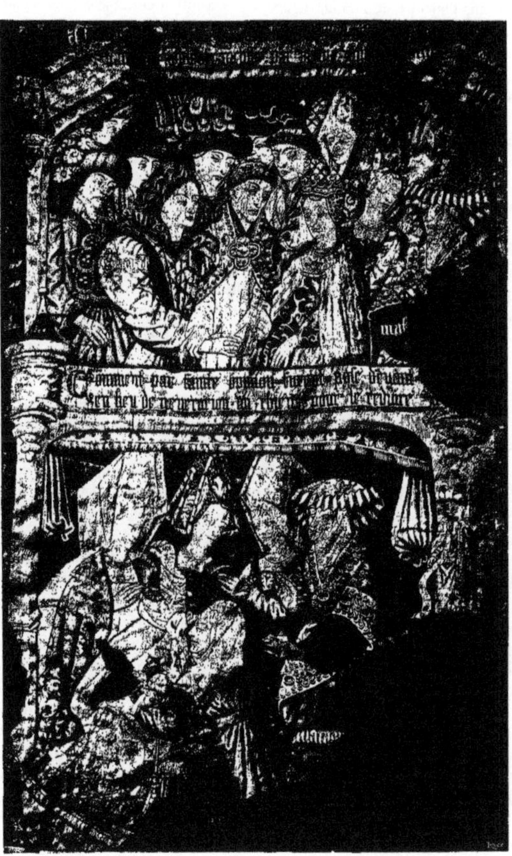

Fig. 66. — Le Chevalier au Cygne. Fin du XVe siècle (Musée de Cracovie).

A dater de cette annexion à l'Espagne, la haute lisse, si florissante sous la domination française, décline rapidement. M. Soil attribue aux métiers tournaisiens l'exécution de *la Vie de la Vierge* donnée à la cathédrale de Reims par l'archevêque Robert de Lenoncourt, qui fit en même temps hommage à l'abbaye de Saint-Remi de l'*Histoire de saint Remi*. Certes, ces deux tentures sont une œuvre capitale dans l'histoire de l'industrie textile; l'exécution en est des plus remarquables; la figure du donateur agenouillé sur le dernier panneau de la *Vie de saint Remi* mérite d'être considérée comme un chef-d'œuvre; mais nous n'avons rencontré dans les commentaires de M. Soil aucune preuve décisive en faveur de son opinion. Les tapisseries de Reims resteront pour nous, jusqu'à plus ample informé, absolument françaises d'invention comme d'exécution.

Bien plus probable serait l'origine d'une *Histoire de Jacob*, commandée pour son église par l'évêque de Tournai, Charles de Croy, au tapissier indigène Martin le jeune. Deux pièces de cette tenture existent encore, datées de 1554.

La ville de Tournai figure dans l'édit de 1544 comme un des centres de fabrication importants des Pays-Bas. Bien que les persécutions religieuses du Conseil des troubles eussent réduit nombre d'artisans à chercher un refuge à l'étranger, l'industrie occupait un assez nombreux personnel pour nécessiter la promulgation d'une nouvelle ordonnance en 1570. Quelques années plus tard, la corporation possédait encore plusieurs maisons de retraite réservées aux « pauvres anchiens du stil ». Ces hospices étaient en quelque sorte une nécessité dans une ville où le métier de la tapisserie se recrutait surtout parmi les enfants trouvés, exposés plus que tous autres à mourir de faim sur leurs vieux jours.

La marque particulière des ateliers de Tournai consistait en une tour crénelée. On la rencontre parfois sur d'anciennes tentures [1].

Bruges. — La seule œuvre bien authentique d'un atelier brugeois a été décrite ci-dessus. C'est la tenture commandée par le chapitre de Salins au tapissier brugeois Jean Sauvage, en 1505. Si on compare cette pièce aux autres tapisseries flamandes de même date, on reconnaîtra que la levée du siège de Dôle et de Salins trahit une exécution assez grossière, mais qui cependant, vu l'étendue du sujet, produit un effet décoratif très satisfaisant. Sans doute, la finesse du tissu était en raison du prix, et probablement les ressources des chanoines de Salins ne leur permettaient qu'une dépense relativement modique. Quoi qu'il en soit, la pièce offerte aux Gobelins par M. Spitzer fait honneur à son auteur et classe Jean Sauvage parmi les bons artisans de son temps.

Le duc Philippe le Bon avait contribué singulièrement à la prospérité de la ville de Bruges où il se plaisait à faire sa résidence habituelle. Elle était devenue l'entrepôt du commerce de toute l'Europe. On y vendait nombre de tentures provenant des autres parties de la province. La mort du Téméraire fut le signal du déclin de l'orgueilleuse cité qui avait offusqué jadis par son luxe les rois de France. L'ensablement du « zwyn », qui établissait jadis la communication de la ville avec la mer du Nord, avait fermé l'accès du port et entraîné la décadence du commerce local. Toutefois, au début du XVIe siècle, la corporation des hauts lisseurs (lechwerckers) brugeois reçut une organisation et des statuts. En 1529, au palais de la châtellenie du Franc de Bruges, sont déposées cinq pièces de verdure tissées par Antoine Segon sur les cartons de Guillaume de Hollandere. Le célèbre peintre Lancelot Blondeel donnait le dessin de deux sujets destinés à la salle du Conseil. Le même artiste signait, en 1534, l'engagement de livrer trois cartons de tapisserie, au prix de 3 sous de gros l'aune, représentant l'*Histoire de saint Paul*, la *Mort* et l'*Assomption de la Vierge*. Le marché retrouvé par Alexandre Pinchart entre dans les plus minutieux détails [2]. Le même auteur a donné une liste des tapissiers dont les noms ont été relevés par lui dans les documents contemporains; de cette liste il ressort que la haute lisse ne cessa d'être en honneur à Bruges pendant toute la durée du XVIe siècle. Mais le nombre des tentures pouvant être attribuées avec certitude à ses ateliers reste fort limité. La marque de la ville, le B gothique, avec ou sans couronne, placé au-dessus d'une broche, a été relevée sur la bande

1. Un registre du métier de haute lisse existe encore à Tournai.

2. *Histoire générale de la Tapisserie. Pays-Bas*, p. 65 et suivantes.

d'une *Histoire de Scipion*, en trois pièces, datant de la deuxième moitié du xvie siècle [1], et aussi sur une scène de chasse représentant l'*Hallali du chevreuil*. Un combat de cavalerie ayant appartenu au comte Pillet-Will et deux autres pièces au même propriétaire portent aussi le B couronné avec la broche. Quant aux bandes relatives à l'*Histoire miraculeuse de Notre-Dame de la Poterie*, on ne saurait guère invoquer d'autre titre à une origine brugeoise que leur présence fort ancienne dans un hôpital

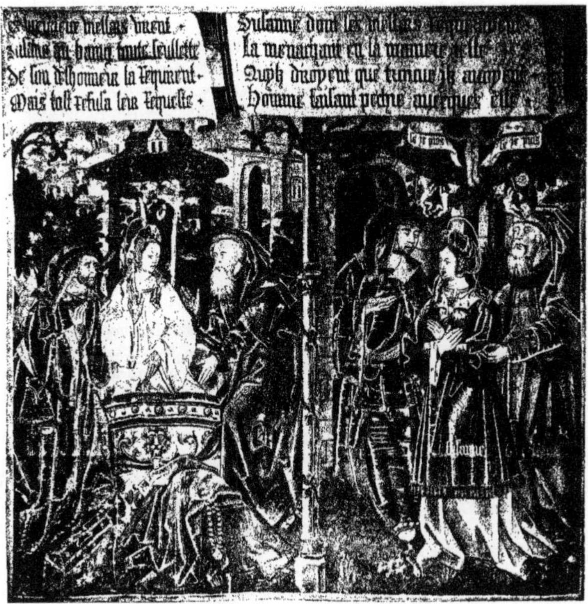

Fig. 67. — Suzanne au bain. Atelier français. Premières années du xvie siècle (Collection de M. P. Marmottan).

de la ville. L'argument ne manque pas de valeur; encore, est-il préférable de laisser dans l'incertitude les cas qui n'ont pas pour eux des preuves catégoriques. Contentons-nous de noter ceux sur lesquels le doute n'est pas possible.

Le travail des ouvriers de Bruges donna, paraît-il, matière à de sérieuses critiques, car le jugement porté sur les Brugeois par la corporation des tapissiers parisiens, dans le préambule de leurs statuts de 1718, est des plus sévères [2].

1. Le monogramme tissé dans la lisière de ces tapisseries serait la marque de Jean Crayloot, de Bruges.

2. « La fabrique de Bruges, disent les rédacteurs de ce préambule, « le dispute à toutes les villes de Flandres pour l'ancienneté. Elle ne « s'appliquait autrefois qu'à la haute lisse; mais, dans ses dessins, ses « figures et ses fleurs, on y apperçoit une négligence extraordinaire, qui « fait que le tout n'est pas assez nuancé; leurs couleurs ont longtemps « surpassé toutes les autres fabriques par leur beauté. Cette fabrique « n'est pas difficile à connaitre; son travail est tout de layne et peu de « soye (elle donne beaucoup dans l'antiquité, et c'est ce qui la rend « aride et d'un grain dur et mal travaillé), ce qu'on remarque aisément à « ses chaines grosses et velues. Pour ce qui est de ses verdures, le goût « n'en est pas des plus estimés : elle a cependant changé aujourd'hui « quelque chose dans sa manière de travailler, mais non pas dans le « fond, car cette fabrique est toujours la même. » On remarquera dans ce passage bien des contradictions. Si les Brugeois s'astreignaient à suivre les anciennes méthodes de travail, peut-être n'avaient-ils pas si grand tort que le prétendaient les Parisiens.

Enghien. — Propriété de la puissante maison du Luxembourg, la ville d'Enghien possède des ateliers en activité pendant le dernier quart du xve siècle. L'industrie naissante ne tarde pas à prendre une grande extension, grâce aux encouragements qu'elle reçoit de Philippe de Clèves, au commencement du xvie siècle. Ce seigneur concédait des statuts aux tapissiers de la ville et des localités environnantes en 1514. Il existe encore dans le château d'Enghien, propriété de la famille d'Arenberg, une tapisserie aux armes de Clèves et de Luxembourg, datant de l'an 1500 environ. Elle est consacrée à la fable allégorique du *Roi Modus et de la reine Ratio*.

Marguerite d'Autriche, gouvernante des Pays-Bas, fit d'importantes commandes aux ateliers d'Enghien. Elle achetait, en 1524, six pièces à ses armes, de Laurent Flaschoen, au prix de 18 sous l'aune. Ces tapisseries étaient destinées au chœur de l'église des frères prêcheurs de Poligny en Bourgogne. Nouvelle livraison, en 1525, de quatre pièces aux armes de la princesse, par le même Flaschoen, pour l'église Saint-Gommaire de Lierre. La gouvernante se plaisait à revêtir de riches parures les sanctuaires les plus vénérés du pays. En 1528, elle s'adresse à un autre fabricant, Henri van Lacke, et lui commande quatre pièces à grands feuillages qui paraissent bien rentrer dans le genre des verdures. La reine Marie de Hongrie, et, après elle, Marguerite de Parme, ne cessèrent d'accorder leurs encouragements aux ateliers d'Enghien, classés immédiatement après ceux de Bruxelles et d'Audenarde, si l'on en croit le témoignage d'un ambassadeur vénitien qui habitait les Pays-Bas vers le milieu du xvie siècle.

La répression des fureurs iconoclastes de 1566 contraignit quantité de tisseurs à gagner les pays étrangers. L'industrie locale ne se releva jamais complètement de cette panique. Pourtant, en 1580, on voit un tapissier d'Enghien, J. de la Courstuerie, travailler pour le comte de Lalaing, grand bailli de Hainaut, et pour le comté de Mansfeld. Sur une tapisserie de *Samson présentant Dalila à sa famille*, l'historien des ateliers italiens, M. Cosimo Conti, a relevé une marque qu'il suppose être celle d'Enghien, parce qu'elle reproduit l'écusson gironné d'argent et de sable de dix pièces qui se trouve dans les armes de la ville[1].

En 1585, une commande importante fut faite à un des ateliers de la ville ; c'était le détail des festins, joûtes et fêtes de toute nature offertes à Paris aux ambassadeurs polonais chargés de présenter au duc d'Anjou, frère du roi de France, la couronne de Pologne. Cette tenture, destinée à la cour de France, existe encore. Elle est conservée à Florence, et constitue un des plus précieux documents iconographiques que nous possédions sur cette époque, d'autant plus que les personnages qui figurent sur les premiers plans de chaque panneau sont des portraits fort ressemblants de Henri III, de Louise de Lorraine, sa femme, de la reine Catherine, sa mère, de Henri, roi de Navarre, et des principaux seigneurs de la cour[2]. Quand nous passerons en revue les tapisseries flamandes de la fin du xvie siècle qui existent encore, nous nous étendrons sur ces scènes historiques, dignes à tant de titres de retenir l'attention. Elles sont d'une grande richesse d'exécution et font le plus grand honneur à l'habileté des tapissiers d'Enghien.

La persistance du travail de la tapisserie jusqu'aux dernières années du xviie siècle est un fait certain. Un artisan nommé Nicolas van den Leen possédait quelques métiers en activité vers 1685. Avec lui s'éteignit l'industrie de la ville d'Enghien.

Un nom a contribué plus que tout autre à assurer aux métiers de la petite cité flamande une réputation universelle. Enghien a donné le jour à un des maîtres les plus fameux du commencement du xvie siècle : Pierre van Aelst ou d'Enghien, dont le nom reste attaché à la fabrication des fameuses tentures des *Actes des Apôtres*, d'après Raphaël. En réalité, van Aelst, quand il fut chargé de cet impor-

1. Alexandre Pinchart a publié dans l'*Histoire générale de la tapisserie* (p. 89-93) de nombreuses notes inédites ou empruntées à différents auteurs sur l'industrie de la haute lisse à Enghien.

2. L'attribution de ces précieuses tentures aux ateliers de la ville d'Enghien est garantie par l'annaliste flamand P. Colins, à qui on doit une *Histoire des Seigneurs d'Enghien*, publiée par lui en 1634, à l'âge de 74 ans. Colins, né à Enghien en 1560, peut être considéré comme un témoin digne de foi puisqu'il était contemporain de l'exécution des pièces.

tant travail, avait déserté sa ville natale pour se fixer à Bruxelles. Il n'en est pas moins originaire d'Enghien, et une partie de la gloire qui lui fut acquise par son œuvre immortelle doit rejaillir sur sa ville natale.

Valenciennes et autres ateliers voisins. — Sans nous attarder à relever toutes les mentions de tapissiers isolés, dont l'existence en diverses petites localités des Pays-Bas a été établie par les historiens, nous rappellerons qu'un haut lisseur, originaire de Valenciennes, était fixé à Cambrai en 1559. Il se nommait Philippe Blanchard. D'autres ouvriers de Valenciennes furent bannis en 1567 et 1568 par le Conseil des troubles[1]. L'existence de ces artisans ne prouve nullement que le fameux *Tournoi* de Valenciennes est sorti d'un atelier de cette ville. Pinchart a démontré que les écussons, pour la plupart allemands, semés dans la bordure, indiquent une origine germanique, et il rappelle que l'inventaire de Marguerite d'Autriche, daté de 1523, mentionnait « *six pièces de tapisseries de personnages de tournoi*[2] ».

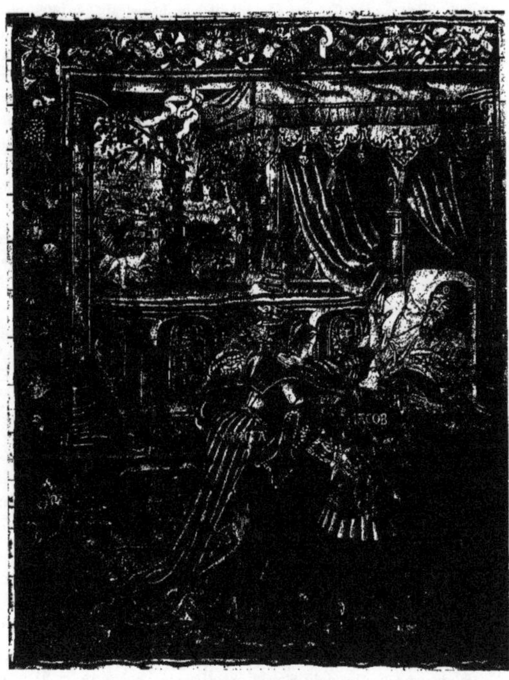

Fig. 68. — La Bénédiction de Jacob (fragment). Atelier flamand. XVIe siècle (Collection Seligmann).

Tandis que les artisans de Valenciennes cherchaient un asile à l'étranger, deux tisseurs originaires d'Orchies, contraints à quitter leur pays pour cause de religion, se réfugiaient à Valenciennes. On a constaté l'existence de tapissiers à Béthune en 1505, à Grammont et à Lessines en 1520, à Courtrai en 1562, à Launay en 1566. Un haultlisseur, nommé Christophe de Roovere, s'établit à Ypres en 1562; il fournit, deux ans plus tard, aux échevins, deux pièces de tapisserie. Par contre, on ne possède aucun renseignement sur les métiers des villes de Louvain, de Binche, d'Alost et d'Ath, et ces villes figurent pourtant dans l'édit de 1544 comme centres de fabrication privilégiés.

1. Voici les noms de ces obscurs travailleurs : Bon Mesnaige, Jean le Clerc, Josse Nisse, Rolland Balland, Jean Belval, Alexandre Sandrin.

2. On avait lu « de personnages de Tournai », ce qui ne signifiait rien et ce qui avait fait attribuer la tapisserie aux ateliers de Tournai.

Lille. — Lille compte, en 1539, vingt-deux tapissiers de haute lisse confondus dans la corporation des bourgeteurs et des tripiers de velours. Une ordonnance de 1595 interdit le métier à tout individu qui ne serait pas franc-maître de Lille ou de Douai. La ville possède donc encore des ateliers au début du XVIIe siècle.

Gand. — La tapisserie est représentée à Gand sous Charles-Quint. Le nom de la ville figure dans l'ordonnance de 1544. Pierre Péterzom loue aux magistrats, en 1508, plusieurs tentures destinées à la décoration de la salle du château où se réunissaient les états généraux de la province. Un autre Gantois, Gérard van Straten, conclut, en 1531, un marché avec Guillaume de Rom, d'Anvers, pour la livraison d'une suite de douze sujets de chasse. Le peintre Luc d'Heere, né à Gand en 1534, exécute de nombreux modèles pour les verriers et les tapissiers; il travaille surtout pour la reine Catherine de Médicis et se décide à fixer sa résidence à Fontainebleau. Les ouvriers de Gand ont toujours passé pour les plus turbulents de la Flandre. Lors de la révolte de 1539, les tapissiers se mirent à la tête du mouvement; après la répression, ils durent partir en exil, ce qui porta un coup fatal à leur industrie. Les troubles populaires qui durent une dizaine d'années, de 1576 à 1586, et l'anarchie qui en fut la conséquence, achevèrent la ruine des ateliers de Gand.

Anvers. — Bien que comprise dans l'édit de 1544, la ville d'Anvers reste toujours un entrepôt, un marché, plutôt qu'un centre de fabrication. Le magistrat refuse même d'y publier l'édit de 1544, comme n'étant pas applicable à la cité. Par suite, les ventes de tapisseries faites à Anvers ne fournissent que des noms de simples marchands ou commissionnaires. Toutefois, un Pierre Casteleyn, qualifié haut lisseur, livre pour la chambre du conseil privé de Bruxelles deux pièces exécutées sur les cartons du peintre Jean de Kempenere. En 1563, le Bruxellois Michel de Vos, installé à Anvers, engage des négociations avec le magistrat pour l'exécution d'une tenture retraçant le cours des rivières de Middelbourg à Bruxelles et l'aspect du pays environnant. Des ateliers de haute lisse furent donc en activité à Anvers au XVIe siècle. Le commerce des tapisseries bruxelloises y avait atteint un développement considérable. Une vaste galerie ou *pant* fut édifiée, permettait d'étaler les tapisseries sous les yeux des amateurs. Cette création favorisait singulièrement les transactions. Parmi les marchands les plus vantés de la fin du XVIe siècle on cite François Swerts; il vendait, en 1594 et l'année suivante, trois tentures à l'archiduc Ernest d'Autriche : l'*Histoire de Pomone*, en huit pièces, peut-être celle qui est à Vienne; *les Sept merveilles du monde*, en six panneaux, le tout au prix de 4.576 livres de Flandre; enfin six épisodes de la *Guerre de Troie*, payés 1.032 florins.

Leyde. — Dans l'hôtel de ville de Leyde est exposée une tapisserie rehaussée d'or et de soie, représentant la délivrance de la ville en 1574. C'était un réfugié flamand, Josse Lanckeert, qui s'était chargé de son exécution d'après le carton de Hans Liefrinck. Le travail fut payé 264 florins.

Delft, Middelbourg. — Il existait à Delft, au début du XVIIe siècle, des ateliers jouissant d'une telle réputation que leurs produits étaient exportés en Angleterre, en Danemark, en Pologne et dans des pays plus lointains. Le peintre historien Carel van Mander fut souvent chargé de leur fournir des cartons. L'œuvre la plus fameuse des tapissiers de Delft a péri dans l'incendie qui anéantit, en 1834, la Chambre du Parlement d'Angleterre. Elle représentait la destruction de l'*Armada* de Philippe II, et avait été tissée par François Spierinck, Flamand d'origine, réfugié à Delft. Nous reviendrons plus loin sur cette tenture capitale par son sujet et son caractère historique. Un autre fugitif flamand, Jean de Maegd, réfugié à Middelbourg, y tisse en 1598 une série de six pièces, représentant les défaites infligées aux Espagnols par les Zélandais. Il semblerait que les tapissiers réduits à abandonner leur pays pour cause de religion prenaient une sorte de revanche en retraçant les échecs infligés à leurs oppresseurs.

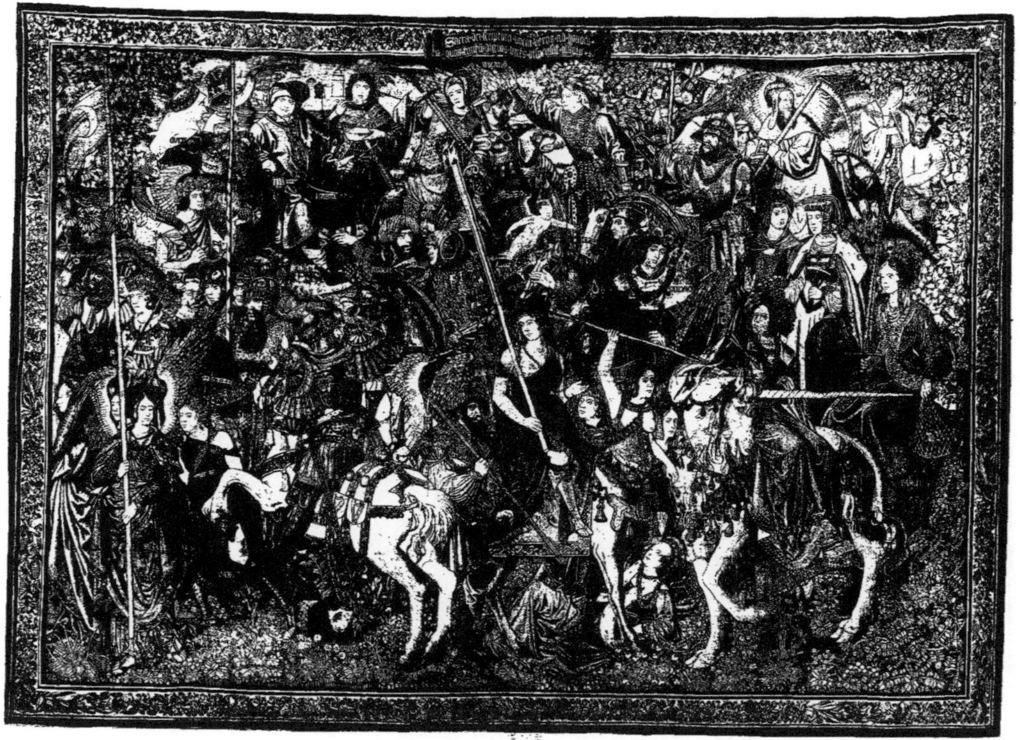

LES MORALITÉS ou LES VICES ET LES VERTUS

ATELIER FLAMAND (PREMIÈRE MOITIÉ DU XVIe SIÈCLE

Collection royale de Madrid

Frankenthal. — La petite ville de Frankenthal, dans le Palatinat, entre Spire et Mayence, reçut, elle aussi, des tapissiers flamands chassés par la persécution. Ils y installèrent des ateliers et reçurent des encouragements de l'électeur Frédéric III et de ses fils. L'atelier de Frankenthal était en pleine activité au début du XVIe siècle. La date de sa fermeture est ignorée.

Audenarde. — Les villes dont les noms viennent de passer sous les yeux du lecteur n'occupent qu'une place secondaire dans l'histoire de la tapisserie. Il en est autrement d'Audenarde, dont les ateliers occupent le second rang au XVIe siècle et viennent immédiatement après ceux de Bruxelles. La charte constitutive de la corporation remonte à 1441 ; à la suite de son organisation statutaire, le métier ne cessa de se développer et de recruter de nouveaux membres. Toutefois, les comptes des ducs de Bourgogne ne signalent aucune acquisition de tapisserie dans les ateliers d'Audenarde. Le fait n'est-il pas significatif? Il semble bien en résulter que les tentures de cette provenance étaient de qualité médiocre, de prix inférieur; aussi, ne tentaient-elles guère les grands seigneurs opulents ; mais elles convenaient à merveille, par leur bon marché, à la bourgeoisie économe et à l'exportation. La décoration de ces panneaux communs consistait surtout en grands feuillages, en verdures, objet d'un commerce considérable dans tous les pays environnants.

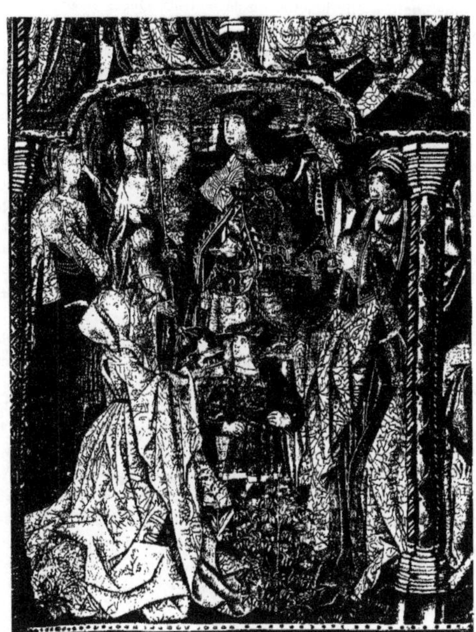

Fig. 69. — Dame présentant un casque à un chevalier (fragment). Atelier flamand. Fin du XVe siècle (Collection Seligmann).

On a souvent attribué aux tapissiers audenardais l'exécution de ces larges feuilles découpées d'un si bel effet décoratif, dont l'exécution ne comportait qu'un nombre de couleurs fort restreint. Si vraiment ce type de verdure appartient en propre aux tapissiers d'Audenarde, ils ont su créer un modèle des plus originaux, admirablement adapté à sa destination ; et ce n'est certes pas un petit mérite. Il faudrait, pour confirmer cette attribution, rencontrer une tapisserie ainsi décorée avec la marque de la ville. Mais si cette marque, assez rare d'ailleurs, a été signalée sur certaines pièces mythologiques ou historiques, nous ne croyons pas qu'elle ait été rencontrée jusqu'à ce jour sur une verdure à larges feuilles de chardons ou de rhubarbe.

Les ordonnances réglementant les détails de la fabrication de l'atelier qui nous occupe se succèdent à intervalles rapprochés, en 1515, 1520, 1539; ils constatent l'activité de cette ruche ouvrière de douze ou quatorze mille individus, en comprenant dans ce nombre, à côté des tisseurs, les femmes, les enfants et autres ouvriers employés à la préparation, à la teinture des laines, aux diverses opérations enfin que comporte le montage des métiers. Ce fut à la suite de l'ordonnance de 1544, imposant à chaque centre manufacturier l'obligation de choisir une marque spéciale, que le magistrat d'Audenarde adopta pour les tapissiers l'écusson jaune d'or, traversé de trois barres de gueules, cachant à moitié une paire de lunettes ou de besicles. On en trouve une reproduction dans la *Tapisserie* de Müntz.

Inutile d'entrer dans le détail des difficultés et des contestations que causa l'application des règlements. La tapisserie atteignit l'apogée de sa prospérité à Audenarde vers le milieu du xvie siècle. Les querelles et les persécutions religieuses hâtèrent sa décadence.

Cependant, cette ville resta un des principaux centres de production pendant le xviie siècle; la ruine ne fut complète et irrémédiable qu'après 1700, et, au xviiie siècle, les tentatives faites pour ressusciter les anciens métiers des Pays-Bas demeurèrent infructueuses.

En somme, l'époque de la plus grande prospérité des ateliers flamands est le xvie siècle. C'est aussi le moment où la tapisserie atteint sa perfection; ce n'est donc pas sans raison que les ateliers des Pays-Bas passent pour les premiers du monde. Et si on songe à l'immense travail produit dans ce centre si actif, c'est à des milliers de pièces qu'on peut évaluer la production annuelle des tapissiers de Bruxelles, d'Audenarde et des autres ateliers que nous venons de passer en revue.

Il ne faudrait pas croire que les artisans d'Audenarde fussent exclusivement condamnés à des ouvrages de qualité inférieure. Les magistrats de la ville s'adressent à eux pour décorer la maison commune. C'est en vue de cette destination que sont commandés, en 1515, au tapissier Louis de Weelf, un grand tapis de cheminée et des coussins pour le modèle desquels le peintre Guillaume Hoste reçoit 24 sous parisis. Un autre maître tisseur, Philippe van Horne, avait livré, en 1504, douze banquiers de tapisserie de verdure à l'archiduc Philippe le Beau. Ce sont là des travaux courants; mais les métiers d'Audenarde sont chargés quelquefois de travaux d'un ordre plus relevé. Jean Colpaert vend, en 1536, une tapisserie d'autel dont le sujet n'est pas mentionné. Enfin, on connaît, par un document d'un intérêt capital, découvert par Alexandre Pinchart et dont on donnera dans un autre chapitre le fac-similé, le nom de l'auteur d'une des belles suites de la collection impériale de Vienne. Il s'agit d'une *Histoire de David* en sept tableaux, portant, à côté de la marque d'Audenarde, les initiales A C. Or, du texte en question il résulte que ces initiales formaient la signature du tapissier Arnould Cobbant. Voici donc une des rares tentures encore existantes dont on peut indiquer avec certitude l'origine et l'auteur; cette tenture, chose rare, soutient sans désavantage la comparaison avec les œuvres des maîtres bruxellois.

Sous le règne de Philippe II, Audenarde subit les mêmes vicissitudes que les autres cités flamandes. Occupée, en 1572, par les gueux de bois commandés par Jacques Blommaert, ancien tapissier enrôlé sous la bannière du prince d'Orange, la ville est livrée au pillage. Puis, les Gantois s'en emparent en 1578. Quand le duc de Parme la reprend, en 1582, elle est complètement ruinée. Combien restait-il alors de ces actifs métiers qui faisaient naguère son orgueil et sa fortune? Bien peu sans doute. Tous cependant n'avaient pas cessé leurs travaux. Pour se concilier les bonnes grâces de son nouveau maître, la ville d'Audenarde offrait au duc de Parme une riche tenture de l'*Histoire d'Alexandre le Grand*, payée 2.000 florins à Josse de Pape.

Quelques ateliers restaient donc ouverts au milieu des ruines amoncelées par la guerre. Mais la fabrication des tapisseries ne reprit un certain essor qu'au début du siècle suivant, sous le gouvernement réparateur des archiducs Albert et Isabelle.

Bruxelles. — Les artisans bruxellois des premières années du xvie siècle n'ont guère mieux échappé à l'oubli que leurs émules des autres cités flamandes. C'est le hasard seulement qui révèle parfois la personnalité d'un tisseur isolé, sans qu'on puisse mettre sous son nom une œuvre quelconque. Par contre, on ignore et on ignorera probablement toujours le nom des auteurs de ces admirables scènes de la vie de la Vierge de la collection espagnole. Quand on ne sait rien de ces chefs d'industrie d'un talent transcendant, le nom de quelques travailleurs secondaires importe peu. La plupart des textes anciens ont péri, et ceux qui subsistent ne nous apprennent à peu près rien sur les auteurs des cartons les plus fameux, pas plus que sur leurs habiles interprètes.

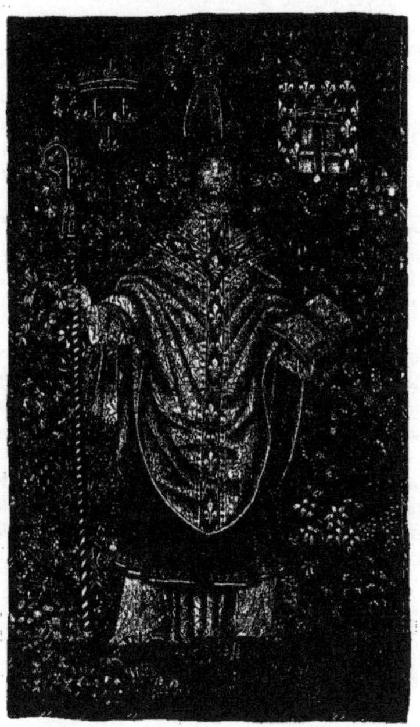

Fig. 70. — Saint Louis de Toulouse. Atelier français. Fin du XVe siècle (Collection Heilbronner).

On cite Jean Gossaert ou de Mabuse comme un des auteurs des modèles les plus fameux et les plus en faveur auprès des tapissiers; mais cette tradition ne repose sur aucun fait positif et bien certain. L'événement capital de l'histoire de la tapisserie au début du XVIe siècle est l'édit de Charles-Quint attribuant une marque collective à tous les ateliers installés dans la capitale des Pays-Bas : l'écusson entre deux B majuscules. Toutes les pièces portant ce signe seraient donc d'une exécution postérieure à 1528. La plupart des fameuses tapisseries de Madrid et de Vienne rentrent dans cette catégorie. Encore a-t-on recueilli quelques noms de maîtres bruxellois occupés au début du XVIe siècle à de modestes travaux. Nous leur devons une mention.

Un certain Franc de Houwene est chargé de réparer, en 1497, la riche tapisserie dite *du Pape*[1]. En 1499, c'est à la tapisserie de la *Bataille de Liège*, exécutée pour Jean sans Peur et dont il a été question dans un précédent chapitre, que le tapissier Jean van den Brugge est convié à donner ses soins. Plus une tapisserie est célèbre, soit par le sujet, soit par la beauté de l'exécution, plus elle est menacée d'une rapide destruction par les nombreux déplacements auxquels elle se trouve exposée. Sa réputation devient la cause de sa perte. C'est ce qui arrive notamment pour la fameuse tenture de *Gédéon*, ou de la *Toison d'or*, destinée à figurer dans les grandes cérémonies de l'ordre de chevalerie institué par Philippe le Bon. Elle en était arrivée à un tel état de délabrement qu'elle dut être complètement refaite. On s'adressa naturellement aux maîtres les plus renommés, à Pierre de Pannemaker, Jean de Hamer, Pierre van Oppenem et Zacharias[2]. L'opération date de 1529[3]. Un peu plus tard, en 1541 et 1543, deux autres membres de la célèbre dynastie des Pannemaker, Henri et Guillaume, recevaient 120 livres pour la réparation de cette histoire de Clovis, dont les derniers

1. Alphonse Wauters, *Les tapisseries bruxelloises*, p. 72.
2. Houdoy, *Les tapisseries de haute lisse*, p. 141.
3. M. Wauters suppose que cette pièce, refaite en 1529, se trouve aujourd'hui dans la collection impériale de Vienne.

panneaux se voient dans la cathédrale de Reims, et 200 livres pour remettre en état cette *Bataille de Liège*, à laquelle Jean van den Brugge travaillait en 1499[1].

Aux recherches de Jules Houdoy dans les Archives de Lille sont dues les rares mentions de tapissiers bruxellois qu'on possède sur cette période. En 1497, Pierre d'Enghien ou van Aelst, tapissier de Bruxelles, reçoit 1.004 liv. 6 s. pour une chambre de tapisseries *à personnes de Bregiers et Bregieres* et une salette *à personnages de Boquillons* (Bûcherons). Un marchand de tapisserie, nommé Jehan Pissonnier, livre, en 1510, trois tentures au prix de 1.460 livres, soit : huit pièces du *Triomphe de Jules César*, de 400 aunes et demie; une *Histoire de gens et de bestes sauvages à la manière de Calcut*, de 302 aunes, et une chambre de *chasse et de volerie*, de 299 aunes[2].

On rencontre encore le nom d'un Gabriel van den Tombe, ou van der Tommen, d'après M. Wauters, vendant, au prix de 2.009 livres, seize pièces de tapisserie comprenant une *Histoire de Perseus* en huit sujets, et huit autres panneaux de *Chasse et de volerie*, mesurant ensemble 575 aunes, y compris quinze autres pièces *de moindre tapisserie, de Bergers et Bocquillons*.

Les fabricants qui jouissent alors de la plus grande faveur auprès des souverains des Pays-Bas sont certainement les Pannemaker, et ce Pierre d'Enghien ou van Aelst, dont il est si fréquemment question au début du XVIe siècle. Il occupait l'un des premiers rangs dans la corporation. Nous l'avons vu livrer des menues verdures de bergers et de bergères dès 1497. Il reparaît sur les comptes en 1514 et se charge alors de la réfection de toute une série d'anciennes tapisseries rehaussées d'or. Son nom revient encore sur les comptes de 1522. Cette fois il s'agit de deux tentures sortant de ses ateliers : une *Histoire de Troie*, en sept panneaux, de 350 aunes, et une *Histoire de Noé*, en quatorze pièces, de 427 aunes; le tout payé 2.020 livres[3]. La livraison est complétée par six tapis de *l'Istoire indienne à oliffans et jeraffes*, du prix de 754 livres 6 s. Cette dernière tenture rentre dans la catégorie des *Chasses* sur laquelle nous aurons à revenir, car elle a joui d'une singulière faveur au XVIe et au XVIIe siècles.

Une des œuvres de Pierre van Aelst occupe une place à part dans l'histoire de la haute lisse. Nous voulons parler de la reproduction des fameux cartons des *Actes des Apôtres*. Cette œuvre capitale fut en effet confiée au tapissier Van Aelst, et ce choix seul le désigne comme le plus renommé des tisseurs de son temps. Aussi convient-il d'entrer dans des détails circonstanciés sur la commande et l'exécution de cette suite fameuse entre toutes. Cette étude formera l'objet du chapitre suivant.

1. Houdoy, *Les tapisseries de haute lisse*, p. 145.

2 et 3. *Ibid.*, p. 143 et 144.

CHAPITRE VII

Les Actes des Apôtres. — Cartons de Raphael. — Tapisseries de Pierre van Aelst. — Histoire de la tenture du Vatican. — Les bordures. — Nombreuses répétitions de ces modèles. — Autres tapisseries du Vatican attribuées a Raphael. — Influence des modèles de Raphael sur l'art de la tapisserie [1].

Plusieurs Papes mirent leur gloire à parer les murs de la chapelle Sixtine de riches décorations, à y créer un des sanctuaires les plus somptueux du palais pontifical. A Sixte IV sont dues ces admirables scènes de l'Ancien et du Nouveau Testament comptées parmi les chefs-d'œuvre des plus grands artistes de la Renaissance. Assurément, ces compositions de Botticelli, de Ghirlandajo, de Signorelli, du Pérugin auraient pu fournir d'admirables modèles aux tapissiers; on n'y songeait pas encore. Le pape Jules II a la bonne fortune de rencontrer en Michel-Ange un artiste de génie, capable de retracer sur la voûte de la Sixtine les plus grandioses interprétations de l'histoire sacrée qu'il ait jamais été donné au génie humain de concevoir. Les parties hautes de la chapelle avaient reçu une parure comme il n'en existait de semblable nulle part. Léon X résolut de compléter l'œuvre de ses prédécesseurs; aucun artiste n'était plus désigné que Raphaël pour cette tâche. L'artiste proposa au Pontife de retracer les actes principaux de la vie des deux fondateurs de la religion catholique. C'était une innovation considérable dans les traditions. Sans doute, les peintres du Moyen Age n'avaient pas hésité à célébrer sur les vitraux, sur les murs des églises, la légende, les miracles, le martyre de leurs saints patrons. Mais représenter, à côté des mystères de l'ancienne et de la nouvelle loi, la vie des prédécesseurs du Souverain Pontife, cela devait passer pour une hardiesse singulière. Les modèles de Raphaël allaient montrer bien d'autres témoignages de l'esprit nouveau qui les avait inspirés. Les bordures, en effet, attestent que le pape Léon X avait au moins un égal souci de la renommée de sa maison que de l'exaltation des grandes traditions religieuses.

En 1514, Raphaël se met à l'ouvrage avec le concours des nombreux élèves qui l'assistaient ordinairement dans ses travaux. Son collaborateur le plus précieux en cette circonstance fut le peintre Giovanni Francesco Penni, surnommé *il Fattore*; il était chargé spécialement des bordures horizontales, de ces larges bandes imitant le bas-relief, où sont retracés les épisodes mémorables de l'histoire des Médicis.

Dès 1516, d'après les historiens contemporains, les modèles sont terminés. Mais de quels modèles est-il question? Si certains tableaux des Actes des Apôtres sont, à juste titre, comptés parmi les œuvres les plus accomplies, les plus parfaites du génie de Raphaël, d'autres, comme la *Conversion de saint Paul*, la *Lapidation de saint Étienne* et le *Saint Pierre en prison*, dit aussi le *Tremblement de terre*, sont tellement inférieurs à ceux qui les avoisinent qu'on hésite presque à y reconnaître l'inspiration et le style du maître. Dans tous les cas, ces deux ou trois années 1514-1516 avaient été bien employées.

1. Nous suivons dans ce chapitre l'ouvrage spécial d'Eugène Müntz sur « *les Tapisseries de Raphaël au Vatican* et dans les principaux musées et collections d'Europe. Paris, Rothschild, 1897, avec nombreuses illustrations hors texte et dans le texte. »

Seuls, les ateliers de Bruxelles possédaient un ensemble de tapissiers capables de traduire les compositions grandioses du maître d'Urbin. Il eût été peut-être imprudent de s'en rapporter complètement à leur goût et à leur habileté. Un peintre flamand qui avait travaillé à Rome, qui s'était ainsi en quelque sorte italianisé, fut chargé de suivre la traduction des cartons dans l'atelier de ce Pierre d'Enghien, ou Van Aelst, que le choix du pape consacrait en quelque sorte le plus habile des maîtres de son temps.

Mis sur le métier en 1516, sept panneaux étaient terminés dès 1519. De cette première série font partie : la *Pêche miraculeuse*, la *Mission de saint Pierre*, *Elymas frappé de cécité*, la *Guérison du Paralytique*, la *Mort d'Ananie*, la *Lapidation de saint Étienne* et la *Conversion de Saul*. Les trois autres : *Saint Paul devant l'Aréopage*, le *Sacrifice de Lystra* et le *Tremblement de terre*, suivirent de près, soit en tout dix panneaux, mesurant en moyenne, sauf le dernier, quatre ou cinq mètres de cours. La rapidité de l'exécution tenait du prodige ; mais aussi, le pape s'était montré fort impatient de voir en place ces tapisseries pour lesquelles il n'avait épargné aucune sorte d'encouragement. A leur arrivée à Rome, leur richesse, l'éclat de leurs couleurs excitèrent l'admiration universelle. On aurait pu reprocher aux tapissiers de ne s'être pas toujours montrés très respectueux des modèles. Une tunique du Christ, laissée blanche à dessein, avait été constellée par eux de soleils et d'étoiles. Il ne fallait pas non plus demander à des ouvriers flamands de comprendre et de respecter le style italien dans ce qu'il avait de plus pur et de plus élevé. On ne s'arrêta pas à ces détails ; l'ensemble offrait un fort bel aspect ; cela suffisait. Chaque modèle avait été payé cent ducats[1] ; le tapissier reçut 1.500 ducats par panneau.

L'histoire des cartons est bien connue. Trois sont perdus ; ce sont heureusement les moins beaux : la *Conversion de saint Paul*, le *Martyre de saint Étienne*, le *Saint Pierre en prison*. Les sept autres, acquis sous Charles Ier, furent transportés en Angleterre et employés comme modèles dans la manufacture royale de Mortlake ; après diverses stations dans les résidences princières de Hampton Court, de Buckingham Palace et de Windsor, ils ont trouvé, depuis 1865, un asile digne de leur haute valeur dans les galeries du Musée de Kensington, où ils sont traités, à juste titre, comme un des plus précieux trésors d'art que possède la Grande-Bretagne. Quant aux dessins des bordures, on ignore leur sort. On suppose qu'ils furent détruits dans les ateliers de Bruxelles, où les œuvres de Raphaël restèrent oubliées pendant un siècle, jusqu'au jour où Rubens donna au roi d'Angleterre le conseil de les acquérir.

Ces bordures des tapisseries du Vatican offrent le plus étrange amalgame de souvenirs païens et chrétiens : les Travaux d'Hercule y voisinent avec des figures religieuses, avec des vertus théologales ou avec des scènes empruntées à l'histoire contemporaine et destinées à célébrer les glorieux souvenirs de la maison de Médicis. Sur une des frises inférieures est retracée la Révolution de 1494, puis le pillage du palais des Médicis ; une autre rappelle le retour du cardinal Jean de Médicis à Florence, en 1512, et l'élection du gonfalonier Ridolfi ; puis, nous assistons à la bataille de Ravenne, au sac de Prato, enfin à l'entrée du cardinal Jean de Médicis dans Rome. Singulier encadrement, il faut en convenir, pour une suite de tableaux religieux.

Signalons encore ces armoiries du connétable de Montmorency, ajoutées comme une prise de possession quand les tapisseries, enlevées par les bandes du connétable de Bourbon, lors de la prise de Rome, en 1527, vinrent un moment décorer les salles du château d'Écouen. Ces bordures méritaient, on le voit, de nous arrêter. Il n'en existe peut-être pas d'autres aussi importantes pas leurs dimensions et, en même temps, par les souvenirs historiques qu'elles rappellent. Elles servirent à une répétition des Actes des Apôtres, aujourd'hui conservée à Vienne, et furent en partie reproduites dans

1. Le ducat ou florin d'or représente à peu près la valeur de 50 francs de notre monnaie actuelle. Raphaël reçut donc environ 5.000 francs par carton, et Van Aelst 75.000 francs par panneau de tapisserie, somme qui dépasse notablement le prix des plus belles tapisseries de cette époque.

l'encadrement des *Fêtes d'Henri III* qui se voient dans les galeries du palais de la Crocetta, à Florence.

Les œuvres de Pierre Van Aelst excitèrent un tel enthousiasme que plusieurs souverains s'empressèrent de demander une répétition des fameuses tapisseries. Comme les modèles n'avaient pas été renvoyés à Rome, il était facile de satisfaire ces solliciteurs. Dès 1534, François Ier achète trois panneaux des *Actes des Apôtres* au prix de cinquante écus d'or l'aune. Ces pièces faisaient probablement partie d'une tenture plus considérable, en neuf pièces, décrite dans l'Inventaire du Mobilier de

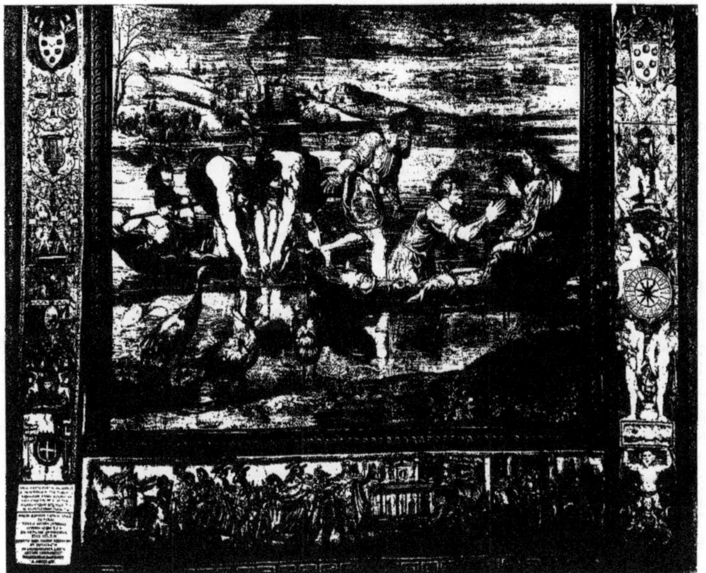

Fig. 71. — La Pêche miraculeuse, d'après Raphaël. Atelier de Bruxelles, 1520 (Musée du Vatican).

la Couronne sous Louis XIV, et brûlée à la Monnaie en 1797 pour en extraire l'or et l'argent, exemple à jamais mémorable de vandalisme officiel et d'ineptie administrative !

Autre tenture des *Actes des Apôtres* en neuf pièces, rehaussées d'or, dans le mobilier du roi Henri VIII d'Angleterre. Après avoir passé par différentes mains, cette suite est acquise par le roi de Prusse, en 1844 ; on la voit aujourd'hui au Musée de Berlin. Un exemplaire, autrefois déposé au palais de Mantoue, appartient maintenant à la collection impériale de Vienne ; il porte la marque de Bruxelles et les armoiries du cardinal Hercule de Gonzague. Une autre copie des *Actes des Apôtres*, provenant des ateliers bruxellois, fait également partie du trésor de la couronne autrichienne. Elle a été acquise, en 1804, de la famille Ruffo, de Naples, par l'Empereur François Ier. Deux autres séries, de neuf pièces chacune, sont entrées dans le mobilier de la couronne d'Espagne. Ce sont encore des œuvres flamandes ; plusieurs portent la marque du tapissier bruxellois Jean Raes.

La plupart de ces tentures comptent neuf sujets seulement. Il paraît probable que le *Saint Pierre en prison* fut peu reproduit ; cela se conçoit aisément.

Quant aux six panneaux du Musée de Dresde, ils dateraient, non du xvie, mais du xviie siècle, et sortiraient de la manufacture de Mortlake. Après l'acquisition des cartons originaux, l'atelier anglais fondé par Charles Ier consacra tous ses soins à reproduire avec le plus grand soin les nobles compositions de Raphaël. A cette occasion, les plus habiles artistes du temps furent invités à fournir des modèles de bordures. On connaît, par les exemplaires des tentures de Mortlake que possède le Mobilier national de France, les charmants encadrements d'enfants et de médaillons placés autour des grands sujets. Comme Van Dyck se trouvait alors à la cour de Charles Ier, certains auteurs lui font honneur de ces bordures remarquables ; elles rappellent en effet son talent tout particulier à rendre les grâces enfantines. Quel que soit l'auteur de cette addition si heureuse, les *Actes des Apôtres* de Mortlake peuvent soutenir la comparaison avec les tapisseries sorties des ateliers de Bruxelles, et bien qu'ils nous soient parvenus dans un état de dégradation déplorable, ils conservent peut-être encore mieux le caractère, la grandeur imposante du style raphaelesque que les tentures de Van Aelst.

Les Gobelins, eux aussi, voulurent se mesurer avec le chef-d'œuvre du peintre de Léon X. Des copies du xviie siècle avaient fourni les éléments de cette reproduction ; mais ces copies exécutées d'après les tentures par des peintres d'un ordre inférieur, trahissent souvent la pensée du maître, et l'exécution se ressent naturellement de ce défaut initial.

Ainsi, depuis le xvie siècle, les *Actes des Apôtres* sont restés le modèle par excellence sur lequel tous les ateliers de tapisserie ont tenu à honneur de prouver leur habileté.

Les cartons de Raphaël méritaient-ils, comme cartons de tapisserie, cette universelle renommée? Un incident tout personnel, datant déjà d'un certain nombre d'années, m'a fourni sur cette délicate question des indications bien imprévues. Chargé par une Société d'architectes de présenter, dans une de leurs réunions, quelques aperçus sur l'histoire et le rôle de la tapisserie, je ne crus pas devoir éluder le point le plus scabreux du sujet. Avec toutes sortes de précautions oratoires, je m'excusai de présenter certaines réserves sur la valeur des fameux cartons de Raphaël en qualité de modèles pour les tapissiers. Au lieu de la violente explosion d'indignation que je redoutais, mon audace ne rencontra qu'un murmure approbateur, et je fus tout surpris de trouver un assentiment complet chez les hommes les plus compétents sur les questions de décoration, et par conséquent sur les vrais principes de la tapisserie.

N'insistons pas. Toutefois, nous avons rencontré déjà, dans les scènes de la *Vie de la Vierge*, et nous trouverons bientôt, en passant en revue les tentures de la Couronne d'Espagne, des pages admirables qui répondent mieux que les *Actes des Apôtres* aux lois de l'art décoratif [1].

A part les dix sujets énumérés plus haut, on attribue encore au peintre de Léon X un certain nombre de cartons dont l'authenticité paraît assez contestable. Nous nous bornerons à passer rapidement en revue ces tentures exposées à Rome dans la galerie des *Arazziere* ou dans les appartements particuliers du Pape.

Le *Couronnement de la Vierge*, inspiré d'une composition de Raphaël, ne fut exécuté qu'après sa mort et n'entra dans la collection pontificale qu'en 1537.

Une série, connue sous le titre de *Arazzi della Scuola nova*, retraçant les épisodes de la vie du Christ depuis l'Adoration des bergers jusqu'à l'Ascension, la Descente aux limbes et l'Apparition aux

1. Il convient de rapprocher des célèbres tapisseries du Vatican une tenture reproduisant le fameux *Cenacolo* de Milan, que Mgr Barbier de Montault déclare avoir admiré à Rome en 1870, lors d'un séjour qu'il y faisait avec M. Badin, alors administrateur des Gobelins (*Mémoires de l'Académie d'Arras*, 2e série, t. X, 1879, p. 220). Ce serait, d'après M. Barbier de Montault, une des plus belles pièces qu'il eût jamais vues. Sa conservation ne laissait rien à désirer, et, comme la bordure portait les armes et la salamandre de François Ier, son exécution devait être presque contemporaine de celle du modèle. D'après Mezerai, elle aurait été offerte par le roi de France au pape Clément quand ce pontife vint à Marseille, en 1532. Qu'est devenue depuis cette pièce capitale ? Comment se fait-il qu'Eugène Müntz ne l'ait pas connue et n'en parle pas ? De quel prix serait aujourd'hui cette copie du chef-d'œuvre de Léonard de Vinci ! Le pape Pie VII fit reproduire le *Cenacolo* dans l'atelier pontifical de Saint-Michel, avec ses armoiries dans la bordure ; mais cette copie, d'après Barbier de Montault, laisserait fort à désirer.

disciples d'Emmaüs, en tout douze pièces, ne rappelle même pas de loin le style du maître. Le pape Léon X avait demandé cette suite à Pierre van Aelst, en 1520, pour décorer les salles du Consistoire. Les douze pièces tissées d'or et de soie coûtèrent la somme 20.750 ducats d'or ; les derniers panneaux ne parurent à Rome qu'en 1531. Il n'est que trop certain que Raphaël n'a pris aucune part à ces scènes lourdes et vulgaires, souvent vides, où le dessin ne vaut pas mieux que la composition. C'est tout au plus si quelques-uns des élèves du Sanzio ont prêté leur collaboration à une œuvre aussi médiocre [1].

La pièce des *Trois Vertus* ou des *Lions*, servant à garnir le dossier du trône pontifical, porte les

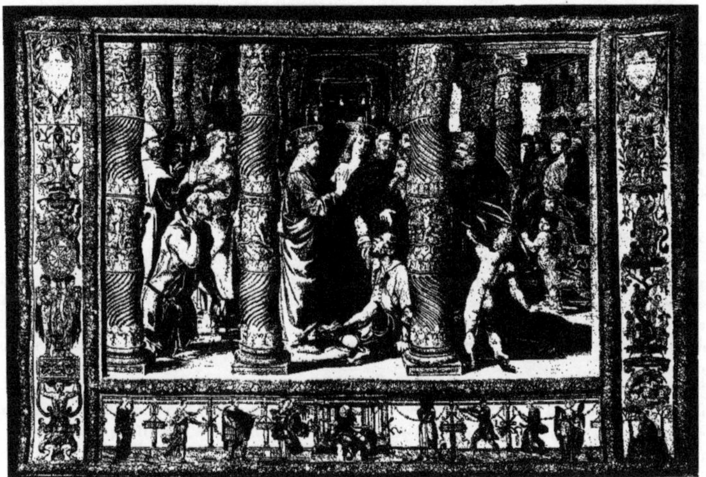

Fig. 72. — La guérison du Boiteux, d'après Raphaël. Atelier de Bruxelles. XVIe siècle (Musée du Vatican).

armes de Clément VII. Les deux lions du premier plan seraient une allusion au nom du Pape. L'invention de ce modèle a été attribuée, mais sans preuve, à Perino del Vaga.

Les *Enfants jouant*, dont la princesse Mathilde possédait une tenture en huit pièces, ne sauraient non plus être mis au compte du peintre de Léon X. Lors de la vente qui eut lieu après le décès de la princesse, ses tapisseries furent exposées ; elles trouvèrent un accueil assez froid auprès du public. Rien dans ces guirlandes massives, dans ces fruits entassés, dans ces enfants lourdauds, ne rappelle l'élégance souveraine, la distinction innée de Raphaël.

Par contre, les grandes compositions des chambres du Vatican ont fourni aux Gobelins la matière de vastes tentures où revivent les nobles qualités du maître. Quand ces pièces énormes sont étendues

1. Dans le deuxième volume de la *Renaissance des Arts à la cour de France* (Additions au tome premier, p. 960 à 993), Léon de Laborde expose en grand détail l'histoire des Cartons de Raphaël et des tentures du Vatican. Cette étude est peu connue, l'ouvrage où elle a été imprimée ne se trouvant pas très répandu. L'auteur attribue à Raphaël la composition des Arazzi de la *Scuola nuova*, et cherche à expliquer leur infériorité. Ce récit ne doit être accepté qu'avec beaucoup de réserves ; mais les observations, même les plus hasardées, de l'auteur de la Renaissance et des Ducs de Bourgogne offrent toujours, en raison de leur sagacité, un vif intérêt.

dans des conditions favorables[1], comme celles où l'on put examiner, en 1902, l'*Héliodore chassé du temple* et l'*Incendie du Bourg*, lors de l'Exposition du troisième centenaire des Gobelins, on reconnaît vraiment la griffe du lion. L'Histoire de Psyché, les scènes de la Fable, les Danses, les Musiques, traduites par les diverses manufactures parisiennes, au cours du XVIIe siècle, portent souvent sur les inventaires le nom de Raphaël. Sans doute, les auteurs des cartons se sont parfois inspirés de dessins du maître; mais cela ne nous paraît pas une raison suffisante pour attribuer au maître des maîtres les modèles eux-mêmes.

Pour résumer et appuyer les observations formulées dans les pages précédentes, il convient d'insister sur les différences essentielles qui distinguent la fresque de la tapisserie. On a quelquefois appelé la tapisserie une fresque mobile. C'est un de ces mots profonds en apparence qui se retiennent aisément, qu'on répète volontiers sans y attacher d'importance et qui contribuent bien souvent à répandre de graves erreurs. La fresque, en effet, diffère essentiellement de la tapisserie par son essence, par son but, par ses lois, par ses procédés. Elle convient exclusivement aux pays méridionaux, tandis que la tenture de laine est l'apanage propre des contrées du Nord. La fresque comporte une imitation de la nature, des plans successifs, des horizons lointains, de grands espaces de ciel ou de paysage; les scènes de la tapisserie, au contraire, se déroulent sur le même plan, sur deux au plus. Un travail aussi précieux n'admet pas les espaces vides, les ciels s'étendant à perte de vue, les personnages clairsemés. C'est la profusion de l'ornement, la richesse des étoffes, l'entassement des accessoires qui font la valeur d'une tenture. Ils ont bien compris cette nécessité les maîtres flamands à qui sont dus les modèles des admirables séries de la collection d'Espagne dont nous avons déjà parlé et que nous allons, dans le chapitre suivant, étudier à loisir. En appliquant à la décoration d'une étoffe les lois et les principes de la fresque, Raphaël a donc commis une erreur. A cette erreur, il est vrai, nous avons gagné un chef-d'œuvre incontestable. Il n'en est pas moins certain que l'immense succès des *Actes des Apôtres* du Vatican et de leurs nombreuses répétitions eut un fâcheux résultat en faisant dévier l'art de la tapisserie, en l'entraînant vers l'imitation d'œuvres d'art conçues dans un but tout opposé.

Mais les artistes flamands avaient un tempérament trop indépendant pour abandonner complètement leur originalité au contact des Italiens. Et malgré leur immense et légitime succès, les cartons des *Actes des Apôtres* ne détournèrent pas définitivement les peintres des Pays-Bas, pourvoyeurs des métiers de haute ou de basse lisse, des traditions ancestrales qui avaient fait jusque là le succès et la gloire de l'industrie de leur pays.

1. Les grandes tapisseries reproduisant les chambres du Vatican demeurèrent exposées pendant trois mois d'été, en 1909, dans la galerie des Batailles, au château de Versailles. Elles étaient placées devant les tableaux qu'elles cachaient et occupaient, des deux côtés, toute une moitié de la galerie. Cette exhibition révéla l'insuffisance des copistes chargés de reproduire ces scènes historiques. Elles avaient été exécutées par les pensionnaires de l'Académie de France au temps de Louis XIV. Le travail des tapissiers laissait aussi beaucoup à désirer. Il avait été confié aux apprentis de l'atelier de basse lisse, et cela ne se voyait que trop. Si on avait eu l'intention de nuire à la vieille réputation de notre manufacture nationale, on n'eût pas agi autrement. Les tapis de la Savonnerie, placés devant les tentures, leur faisaient aussi grand tort.

CHAPITRE VIII

Apogée des ateliers flamands. — Les tentures de la Couronne d'Espagne et de la collection impériale de Vienne. — Les tapisseries flamandes en France et en Angleterre : les Moralités, les Vices et les Vertus, la Passion de Notre Seigneur, la fondation de Rome, la conquête de Tunis, Vertumne et Pomone, l'Apocalypse de saint Jean, les Péchés capitaux, Histoire de Scipion l'Africain, Histoire de Cyrus, les Singes ou les Grotesques, Histoire de David et de Bethsabée, les Chasses de Maximilien, les Victoires de l'archiduc Albert, l'Invincible Armada, les Fêtes de Henri III, etc., etc. — Les peintres de modèles. — Les règlements de Charles-Quint. — Les marques des tapissiers.

L'histoire de la tapisserie bruxelloise, lors de son apogée, durant la première moitié du xvie siècle, se trouve résumée dans les admirables séries de la collection royale d'Espagne ; c'est tout au plus si les tentures de la même période conservées à Vienne fournissent quelques preuves complémentaires de la supériorité sans rivale de l'art flamand.

Mais quelles difficultés à peu près insurmontables on rencontre si on veut étudier consciencieusement ces admirables chefs-d'œuvre ! La plus précieuse série des tapisseries de Madrid est placée tout naturellement dans les appartements royaux, presque inaccessibles aux visiteurs. Le comte de Valencia lui-même, l'historien pour ainsi dire officiel de la célèbre collection [1], n'a-t-il pas dû renoncer à pénétrer dans le sanctuaire et à reproduire les spécimens les plus fameux de l'art auquel il avait consacré ses fécondes études. Aux pièces qu'il donne dans son ouvrage, comme la fleur de la collection, il en aurait voulu joindre une cinquantaine d'autres. Il ne lui a pas été loisible de les avoir à sa disposition et de les reproduire. La publication eût été bien autrement précieuse si le plan primitif avait pu être suivi.

Toutefois les commentaires du savant éditeur sur l'origine, l'histoire, les auteurs et les dimensions de chaque tenture fournissent de précieux éléments pour l'étude de ce trésor unique. Le comte de Valencia a dû laisser de côté deux cent trente-quatre pièces considérées comme secondaires. De quel immense intérêt eût été pourtant la liste intégrale de ces tentures ! Ce qui a paru offre toutefois comme un résumé de la fabrication flamande à l'époque de sa plus grande perfection. Encore serait-il bon d'établir une chronologie exacte entre les vingt-cinq ou trente tentures que nous trouvons dans ce recueil. En effet, nombre de ces chefs-d'œuvre datent des vingt premières années du xvie siècle, d'autres furent exécutés de 1520 à 1550. Peut-être les bordures pourraient-elles fournir des indications utiles pour le classement ; car les encadrements, inconnus au Moyen Age, n'occupèrent d'abord qu'une place des plus restreintes autour du sujet principal. Au début, ils consistent en une simple guirlande

1. *Tapices de la Corona de Espana*, *Reproduccion en fototipia de 135 paños*, por Hauser y Menet, texto del Excemo Sr Conde Vuido de Valencia de don Juan, Madrid, 1903, 2 albums obl. Ces planches représentent, entre autres tentures : les *Fables d'Ovide* (5 p.), *Les Sphères* (3 p.), deux répétitions de *Vertumne et Pomone* (14 p.), l'*Apocalypse*, la *Vie de la Vierge*, une *Histoire d'Alexandre*, les *Batailles de l'archiduc Albert*, la *Conquête de Tunis*, les *Enfants*, etc., etc. M. de Valencia avait d'abord conçu le projet de publier les reproductions en héliogravure ; mais la dépense a effrayé les éditeurs. Ils ne purent réunir un nombre suffisant de souscriptions. — Les photographies des tentures de Madrid ont été éditées, il y a une quarantaine d'années, par la maison Laurent ; les épreuves récentes laissent à désirer.

de fleurs s'allongeant selon les besoins. C'est peut-être la série des Actes des Apôtres qui fournit le premier exemple de ces larges cadres, garnis d'une série d'épisodes indépendants du tableau central, et constituant de véritables frises historiques autour de la composition qui occupe le milieu. Avant Léon X, croyons-nous, l'idée n'était venue à personne de célébrer les gloires d'une famille et de personnages encore vivants dans le voisinage d'une scène biblique. On reconnaît là les libertés que se donna la Renaissance à l'égard des traditions les plus anciennes et les plus respectées. L'esprit de la Réforme et du paganisme s'infiltre dans tous les actes émanant de l'initiative du Souverain Pontife. Peut-être aussi, les modestes encadrements de feuillages et de fleurs, ou même ceux qui sont formés seulement de lignes géométriques, répondent-ils mieux au rôle de la bordure qui ne devrait jamais lutter d'importance et d'intérêt avec le sujet central de la pièce.

Quant aux auteurs des modèles, on a beaucoup disserté sans arriver à des certitudes. La question préoccupa l'historien des tapisseries espagnoles; il ne parvint pas à la résoudre de façon satisfaisante. Il faudra bien des recherches encore, bien des études patiemment poursuivies, pour découvrir les noms des auteurs de ces vastes compositions si pleines, si riches, si nobles, si variées d'inspiration. Les Pays-Bas possèdent alors une pléiade de peintres éminents : les Matzys, les Mabuse, les van der Goes, les Coxcie, les Brenghel, les Van Orley, et combien d'autres, dont le nom est enseveli dans l'oubli, comme ce Jean Vermay ou Vermayen, auteur authentique des cartons de la *Conquête de Tunis*, ou ce Jean de Romme ou de Bruxelles, dont les savants belges sont parvenus récemment à reconstituer la personnalité.

Pour procéder à un choix judicieux entre ces maîtres distingués, il faudrait être fixé tout d'abord sur les dates de leur biographie, sur leurs relations avec les princes de la maison d'Espagne? Et combien peu de chances reste-t-il de voir jamais cette curiosité satisfaite? Ne risquons donc pas de vaines hypothèses; contentons-nous de signaler les détails caractéristiques de ces admirables monuments de l'art le plus consommé, en observant que toutes les tapisseries portant la marque de Bruxelles, les deux B séparés par un écusson de gueules, sont postérieurs à l'année 1528, date de l'octroi d'une marque spéciale à chaque centre de fabrication.

Deux princesses douées d'un goût très vif pour l'art se succédèrent, au début du XVIe siècle, dans le gouvernement des Pays-Bas : Marie de Hongrie, tante de Charles-Quint, et Marguerite d'Autriche, sa sœur; ces femmes éminentes exercèrent la plus heureuse influence sur le développement de la décoration textile par les encouragements prodigués aux tapissiers. Beaucoup des tentures d'Espagne furent acquises par elles, et leur héritage vint notablement enrichir la collection de la couronne. Les inventaires de leur mobilier ont été publiés. Le comte de Valencia y a constaté la présence de plusieurs des tentures dont il étudiait l'histoire. L'empereur Charles-Quint ou son fils ajoutèrent à ce premier fonds d'importantes séries, achetées en Flandre au cours de leur règne. Dès la fin du XVIe siècle, les tapisseries les plus précieuses de cette suite unique se trouvaient réunies à Madrid. Comme les soins dont elles ont été l'objet nous les ont transmises dans un rare état de conservation, elles fournissent à l'historien un élément incomparable d'étude et d'observation. Il convient donc de nous arrêter aux principales tentures de la collection d'Espagne, en insistant sur les pièces caractéristiques.

Les trois panneaux désignés sous le nom de *Moralités* sont inspirés par les traditions persistantes du Moyen Age. Ils rappellent ces emblèmes obscurs, ces allégories compliquées qui plaisaient tant aux docteurs du XVe siècle. Le mélange continuel des héros antiques avec les personnages de l'Ancien et du Nouveau Testament, Hélène et Judith, Mars et Godefroy de Bouillon, constitue des énigmes presque indéchiffrables, en dépit de l'inscription latine placée dans la partie supérieure; les costumes et les armures nous reportent au début du XVIe siècle. Il serait bien difficile de mettre un nom sous ces compositions étranges, d'une réelle originalité et d'un si grand caractère. Comment a-t-on pu grouper l'*Enterrement de Turnus* avec les trois pièces précédentes? Ni la date, ni le sujet ne motivaient un pareil rapprochement.

L'APOCALYPSE DE SAINT JEAN

ATELIER DE BRUXELLES PREMIÈRE MOITIÉ DU XVIe SIÈCLE

[illegible] royale de Madrid

Les trois pièces qui ont reçu le titre de *Dais de Charles-Quint* présentent un assemblage assez hétéroclite, et on ne s'explique guère qu'on ait assemblé dans une même suite des compositions aussi différentes de style. Les cartons ont été attribués à Quentin Matzys sans aucune preuve décisive;

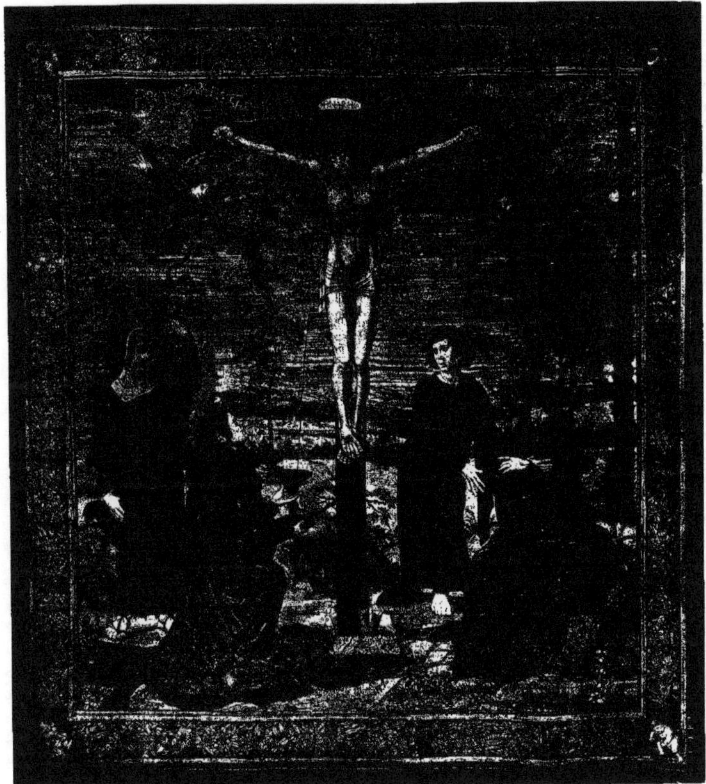

Fig. 73. — Crucifiement, dit le Dais de Charles-Quint. Atelier de Bruxelles. Début du XVIe siècle (Collection d'Espagne).

dans tous les cas, le panneau inférieur accuse certainement une exécution plus récente et plus lâchée que les autres. La tradition attribue l'exécution de ces tapisseries à Pierre de Pannemaker; il en aurait reçu, vers 1523, la commande de Marguerite d'Autriche, sur l'inventaire de laquelle on les voit figurer en 1530.

Le même Pierre de Pannemaker, le chef de l'atelier bruxellois le plus fameux avec celui de Pierre Van Aelst, aurait également tissé pour Marguerite d'Autriche, vers 1525, les quatre tapisseries de la *Passion de Notre-Seigneur*. Ici, l'influence italienne dans l'arrangement des figures, dans les fabriques des fonds, dans la nature du paysage, apparaît nettement ; on retrouve toutefois une note bien flamande dans la brutalité de certains gestes, dans la trivialité des figures accessoires. Le nom de Quentin Matzys a été prononcé au sujet de ces panneaux ; peut-être, rappelleraient-ils plutôt un Flamand italianisé tel que Mabuse ou Coxcie. L'exécution du tissu dénote beaucoup de soin et de recherche. Les bordures, formées de groupes de fleurs superposés, méritent une attention toute particulière. Nous fîmes naguère copier plusieurs fragments pour la manufacture des Gobelins, pendant l'Exposition de 1900, comme un excellent modèle d'ornement. Ces tapisseries de la Passion auraient figuré, suivant une tradition ancienne, dans la décoration de la construction provisoire élevée par les Espagnols sur l'île des Faisans, lors du mariage de Marie-Thérèse et de Louis XIV.

Les Honneurs, ou *les Vices et les Vertus*, neuf sujets en tout, constituent un des ensembles les plus considérables qui soient sortis des ateliers flamands durant la période qui nous occupe. L'étendue des panneaux mesurant 5 mètres de hauteur sur 8 m 50, 9 mètres et jusqu'à 10 m 50 de cours, le nombre extraordinaire des figures, on en compte cent au moins par composition, font de cette suite une des œuvres les plus étonnantes de la tapisserie flamande. Malgré la quantité des figures, nulle confusion dans ces scènes où un peintre moraliste a représenté *la Foi, l'Honneur, la Renommée, la Noblesse, la Fortune, l'Infamie, la Prudence, le Vice, la Justice*. La belle ordonnance de ce dernier morceau mérite une attention particulière, malgré quelque lourdeur dans l'architecture. Quant au rapprochement qu'on a voulu établir entre ces compositions et les œuvres authentiques de Bernard van Orley, telles que la *Bataille de Pavie* et les *Chasses de Maximilien*, il nous semble peu justifié.

A Van Orley également appartiendraient les six tableaux relatifs à la fondation de Rome. Il semble assez malaisé d'établir un rapprochement entre cette tenture et la précédente. Ici, le paysage occupe une place prépondérante, et les guirlandes de fleurs et de fruits, avec de charmantes figures champêtres dans les angles, sont d'une qualité exceptionnelle. L'attribution des cartons à Van Orley n'a rien de choquant cette fois. Point de marque d'atelier ; donc l'exécution serait antérieure à 1528. C'est fort admissible ; d'ailleurs, tout souvenir des temps gothiques a disparu. Les architectures sont d'une date assez avancée de la Renaissance. Les détails du paysage rappellent les ronces et les arbustes des *Chasses de Maximilien* dont nous nous occuperons bientôt.

Sur la réplique des *Actes des Apôtres* de Raphaël, tissée à Bruxelles peu après la suite de Vatican, se voient deux marques de tapissier, non encore identifiées ; les deux B de Bruxelles n'y paraissent pas. Les sujets, ici, ne se présentent pas dans le même sens que dans les pièces conservées à Rome ; une des tentures aurait donc été tissée en haute lisse, l'autre en basse lisse. Or, tandis que, sur la tapisserie de Madrid, c'est la main droite qui bénit, la main gauche remplit cette fonction dans les panneaux du Vatican. Ce détail capital n'a pas, croyons-nous, été signalé jusqu'ici. Les bordures des tapisseries de Madrid, très larges sur les côtés et dans le bas, comme celles de Rome, sont composées d'un assemblage de personnages antiques les uns au-dessus des autres, dans un encadrement d'un double feston de verdure. On ignore à l'intention de quel personnage cette répétition des *Actes des Apôtres* fut commandée ; tout paraît indiquer qu'elle reçut dès l'origine une haute destination.

Le fait d'armes qu'elle retrace a procuré une renommée universelle à la tenture de la *Conquête de Tunis* par Charles-Quint. Cette réputation nous paraît un peu excessive. Cette suite marquerait presque, selon nous, quand on la rapproche de celles que nous venons d'étudier, un commencement de décadence. L'intérêt historique du sujet ne doit pas faire oublier le rôle esthétique et décoratif de la tapisserie. Dessiner en laine une carte géographique, voilà certes une idée étrangère aux vieux tapissiers du Moyen Age. Quant à cette série de combats sur terre ou sur mer, ces attaques de cavalerie, ces bombardements de fortins, ces luttes d'artillerie, tout cela est bien confus, bien peu décoratif. Seule, la revue des troupes à Barcelone, exposée à Paris en 1900, sans doute comme le chef-d'œuvre de la série, offre une belle ordonnance. Mais combien les tapisseries plus anciennes l'emportent sur celles-ci par l'éclat des couleurs, par l'intérêt des détails! La *Conquête de Tunis* compte aujourd'hui dix panneaux; deux sont perdus. Chaque pièce mesure de 5 m 20 à 5 m 30 de haut sur 7 à 10 mètres de cours. Les cartons avaient été commandés par l'Empereur lui-même à son peintre attitré, Jean Vermay ou Vermayen, surnommé Barbalunga ou Jean el Mayo[1]. Le tapissier Guillaume de Pannemaker, chargé de la fabrication des tapisseries, y a inscrit son monogramme avec la marque de Bruxelles. Le même chef d'atelier fit de cette série une réplique, de dimensions plus restreintes, que Marie de Hongrie laissa plus tard à Philippe II. L'énumération seule des sujets montre combien il était difficile d'éviter la monotonie et les répétitions. C'est le défaut de toutes ces tentures commémorant des batailles ou des campagnes victorieuses. Voici d'ailleurs la liste des dix sujets dessinés par Vermeyen : 1° La carte de la Méditerranée (l'artiste s'est représenté lui-même sur un des côtés); 2° La revue des troupes à Barcelone; 3° Débarquement des troupes impériales ; 4° Attaque de la Goulette, combat de cavalerie; 5° Combats autour de la Goulette; 6° Sortie des assiégés; 7° Prise de la Goulette, combat naval; 8° Prise de Tunis; 9° Pillage de la ville; 10° Retour de l'Empereur à la Goulette. Les bordures manquent d'intérêt. Ces tapisseries militaires, monuments de vanité et de gloriole, répondent peu au but essentiel de la décoration. Elles n'ont ni la séduction des scènes mythologiques ou allégoriques, ni l'éclat et le charme des couleurs. Presque toujours, elles présentent un aspect terne, froid, confus.

Les six panneaux de la tenture de *Vertumne et Pomone*, dont l'Espagne possède un quadruple exemplaire, peuvent au contraire être mis au nombre des plus exquises créations décoratives de la Renaissance. La suite de *Vertumne et Pomone* offre un contraste, une opposition complète avec le goût qui inspirait jusque là les auteurs de modèles. Tandis que les tentures antérieures contiennent un nombre multiple de scènes enchevêtrées les unes dans les autres, une foule compacte d'acteurs entassés dans un petit espace, les aventures de Pomone et de Vertumne ne comportent que deux personnages, trois au plus, occupés à des actions très tranquilles, dont les gestes mesurés et lents révèlent un état d'âme des plus pacifiques. Pour garnir les fonds, auxquels l'absence de figures vivantes donne une importance capitale, des paysages d'une ordonnance régulière, des berceaux bien taillés, des parterres à l'italienne étalent derrière les deux acteurs de cette histoire très simple un décor d'une extrême richesse, variant à chaque panneau. C'est déjà presque l'invasion du tableau dans le domaine de la tapisserie. Toutefois, comme la scène animée ne comporte qu'un seul plan, derrière lequel s'étend une toile de fond avec de longues perspectives et un paysage conventionnel, nous restons dans le domaine de la fiction décorative. Aussi, cette suite de *Vertumne et Pomone* constitue-t-elle un des types les plus remarquables de la tapisserie à paysages et à verdures.

Comment l'auteur des modèles, un Italien sans doute, est-il arrivé à introduire autant de variété dans les scènes de ce petit drame à deux personnages? Comme il a bien su éviter l'écueil de la monotonie! Les figures ne jouent d'ailleurs ici qu'un rôle accessoire. Ce qui domine dans ces scènes mythologiques, c'est le fond de feuillages, de pampres, de berceaux soutenus par d'élégantes colonnettes, d'un dessin si varié. Cet ensemble original n'a peut-être pas été sans influence sur la disposition des tapisseries de Ferrare dont il sera question par la suite. Dès son apparition, l'histoire de *Vertumne et Pomone* obtint un très vif succès, car deux des exemplaires, on le sait de source certaine,

1. Les dessins de Vermay sur l'expédition de Charles-Quint à Tunis sont conservés au Musée d'art historique de Vienne. M. Eduard Ritter von Engerth leur a consacré une étude détaillée dans le *Jahrbuch der Kunsthistorischen Sammlungen des allerhöchsten Kaiserhauses* de 1884 (Wien, in-4, p. 146-152), en y ajoutant la reproduction de plusieurs originaux : le portrait de l'Empereur Charles-Quint, qui se voit au fond du premier tableau; la Revue de Barcelone; Maures fuyant, du deuxième sujet, et un groupe de la même pièce, représentant Vermay dessinant au milieu des combattants. Ces dessins sont au nombre de dix. Il manque le premier panneau, la Carte de la Méditerranée.

furent acquis par Philippe II. La série reproduite dans la publication du comte de Valencia porte un monogramme non identifié. Le double B de Bruxelles ne s'y lit pas, ce qui ne laisserait pas que d'inspirer quelques doutes sur l'origine flamande de cette suite.

L'*Histoire d'Abraham*, en sept tableaux, avec ses larges bordures rappelant au moins par leurs dimensions les encadrements des *Actes des Apôtres*, se rattache à une nouvelle conception de la tapisserie. Quoique bien composés et bien équilibrés, ces sujets n'ont plus rien de la grandeur majestueuse et du caractère impressionnant des œuvres antérieures. Les modèles deviendront de plus en plus des compositions sagement traitées selon la formule de l'école, mais s'éloignant de la conception bien autrement décorative de la tapisserie gothique. L'*Histoire d'Abraham* avait appartenu à la fille de Charles-Quint ; elle porte une marque où M. Wauters voit la signature de Guillaume Pannemaker. Cette attribution nous paraît contestable.

La marque de Pannemaker consistait en un W surmonté d'un P ; on la trouve dans la lisière des huit grandes tapisseries retraçant les scènes terribles et mystérieuses de l'*Apocalypse de saint Jean*. Cette suite, que leur sujet rapproche naturellement des tentures de la cathédrale d'Angers, a fort intrigué tous les écrivains qui en ont recherché l'auteur. On proposa jadis d'en attribuer l'invention à Albert Durer ; cette opinion ne trouve plus de défenseur. Les figures affectent un caractère bien flamand, mais où l'influence italienne paraît visiblement. Les bouquets et guirlandes de fleurs formant bordures rappellent par l'élégance du dessin et la finesse de l'exécution les admirables encadrements des *Chasses de Maximilien*. Peut-être les deux tentures sortent-elles du même atelier. La suite de l'*Apocalypse* fut acquise par Philippe II, qui décidément avait un goût prononcé pour les riches tapisseries des Flandres. Chaque panneau atteint des dimensions rares : 5 m 25 de hauteur sur 8 m 25 à 9 mètres de cours.

Un amateur distingué s'est attaché en ces derniers temps à rechercher les origines et les vicissitudes de la tenture représentant l'*Histoire de Scipion* [1]. Cette suite eut, au XVIe siècle, une immense réputation, ce qui explique l'existence de ses multiples répétitions avec variantes dans les bordures et dans les compositions elles-mêmes. Parfois, un des combattants tient l'épée de la main gauche parce que le tisseur de basse lisse n'a pas pris le soin de retourner le modèle. On sait que c'est un des signes les plus caractéristiques auxquels se reconnaît le travail de la basse lisse.

Il est souvent question dans les Comptes anciens du grand et du petit Scipion [2], sans qu'on ait pu déterminer jusqu'à présent à quels caractères particuliers se reconnaît l'une ou l'autre tenture. Celle de Madrid, le prototype de toutes les autres, mesure 5 mètres de haut sur 7 à 9 mètres de cours, suivant les sujets ; elle provient de Marie de Hongrie ; après la mort de cette princesse, Charles-Quint la trouva dans son héritage, entourée d'une bordure ornementale composée de rinceaux ; elle porte, avec la marque de Bruxelles, un monogramme encore inexpliqué. La tenture primitive comptait sept sujets : 1° Siège de Carthage ; 2° Continence de Scipion ; 3° Attaque du camp retranché d'Asdrubal ;

1. M. le colonel d'Astié de la Vigerie a publié un travail définitif sur la tenture de Scipion, sous ce titre : *La belle tapisserye du Roy* (1532-1797) *et les tentures de Scipion l'Africain*, Paris, Champion, 1907, in-4, 228 pages et 39 phototypies.

2. Voici la liste des scènes représentées sur les tapisseries du grand Scipion, d'après le catalogue des dessins du Louvre de M. Reiset (t. I, p. 242) :

1° La Victoire montrant le chemin de la gloire à Scipion.
2° Scipion sauvant son père à la bataille du Tessin.
3° Scipion à cheval force le camp d'Annibal entouré d'une palissade.
4° Prise de Carthage la Neuve par assaut.
5° Scipion remet la couronne murale à deux soldats.
6° Scipion rend une jeune captive à son fiancé.
7° Corbis et Orsua combattent pour la royauté, en présence de Scipion.
8° Conférence de Scipion avec les rois Mandonius et Indibilis.
9° Scipion assis et couronné par la Victoire pardonne à des prisonniers espagnols.
10° Repas de Syphax avec Scipion et Asdrubal.
11° Festin offert par Scipion aux tribuns romains.
12° Conférence de Scipion et d'Annibal entre les deux armées.
13° Bataille de Zama.
14° Première pièce du triomphe de Scipion avec des éléphants et un lion.
15° Suite du triomphe : joueurs de trompettes, licteurs.
16° Chevaux de Monte Cavallo dans le fond.
17° Suite du triomphe : assistants et spectatrices.
18° Suite du triomphe : deux personnes portent une écritoire.
19° Suite du triomphe : deux rois de Numidie.
20° Suite du triomphe : Syphax prisonnier avec un écriteau.
21° Suite du triomphe : Scipion dans un char.
22° Suite du triomphe : Scipion dans le Capitole.

Dix pièces du Scipion existent encore au Garde Meuble national (nos 2, 3, 4, 6, 10, 12, 13, et trois sujets non décrits ci-dessus). On juge combien il est malaisé de se reconnaître au milieu de ces suites multiples et toutes composées de scènes différentes. Les monographies de la nature de celle qu'a publiée M. d'Astié de la Vigerie rendent ainsi les plus grands services à la science.

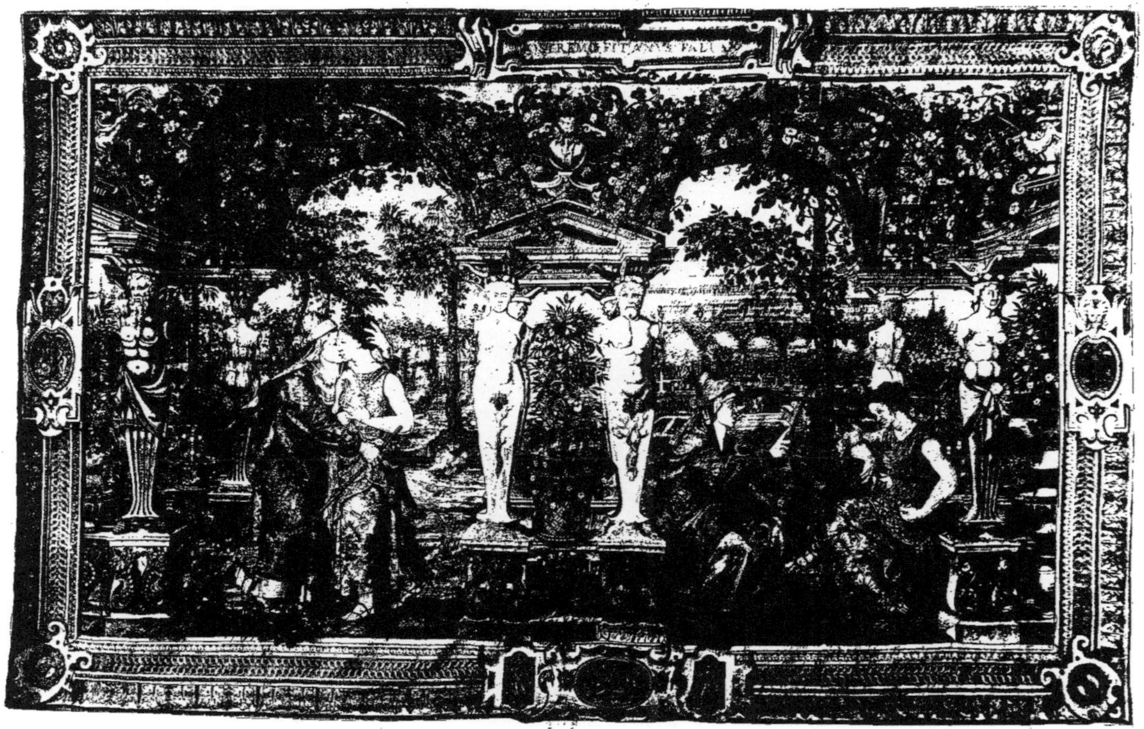

VERTUMNE ET POMONE

ATELIER DE BRUXELLES PREMIÈRE MOITIÉ DU XVIe SIÈCLE

Collection royale de Madrid

4° Entrevue des généraux ; 5° Bataille de Zama ou des éléphants, la plus grande pièce de la série ; 6° Triomphe de Scipion ; 7° Le Banquet.

Notre mobilier national possède une répétition de l'*Histoire de Scipion*, exécutée au XVIIIe siècle d'après des tapisseries du XVIe, dont nos tapissiers ont reproduit exactement, non seulement les larges

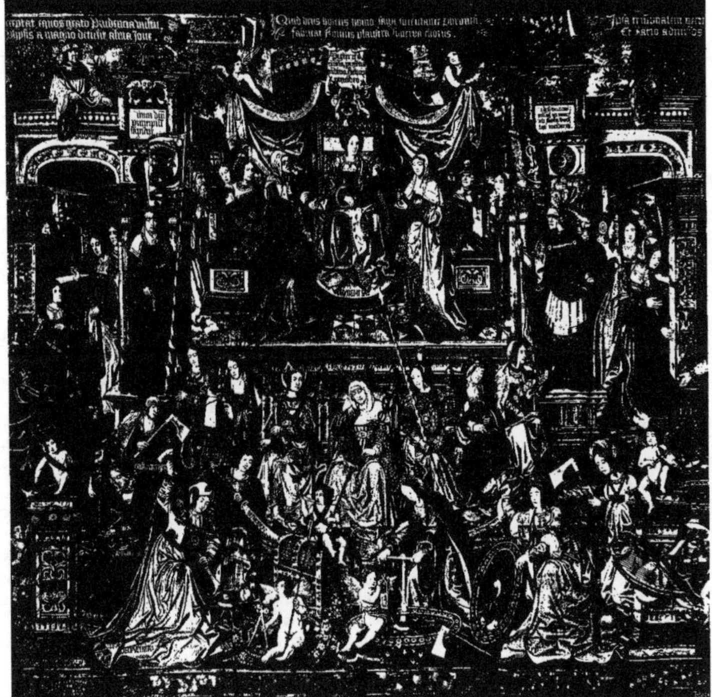

Fig. 74. — La Prudence, de la suite des Vices et des Vertus. Bruxelles, vers 1530 (Collection de Madrid).

bordures, où des enfants nus se jouent au milieu de guirlandes de fleurs, mais jusqu'aux écussons du modèle ancien qu'ils avaient sous les yeux : de sable à la croix d'or, armoiries de Jacques d'Albon, maréchal de Saint-André. D'autres répliques de cette suite sont d'une exécution assez médiocre, avec des cadres différents de ceux que nous venons de signaler.

Les deux séries des *Péchés capitaux*, l'une de six pièces, l'autre de quatre seulement, reproduisent les mêmes modèles et diffèrent seulement par les bordures. Tandis que l'un des entourages est surchargé de figures accessoires parmi des bouquets de fleurs, avec de hauts Termes dressés sur les côtés, la petite suite, portant la marque de Guillaume de Pannemaker, a pour encadrement des guirlandes de fleurs d'une exécution précieuse, avec des oiseaux et des enfants se jouant dans les angles. Cette série passe pour avoir été confisquée par Philippe II après le supplice du comte d'Egmont.

La collection impériale de Vienne possède une répétition complète des *Sept péchés mortels* avec la marque de Bruxelles et le monogramme de Pannemaker. Elle a été tissée sur les mêmes modèles que les tentures de Madrid. Les distiques latins des cartouches supérieurs sont identiques ; il existe pourtant de légères variantes dans le texte des inscriptions, comme nous l'avons constaté.

Les six tapisseries dénommées tantôt les *Singes*, tantôt les *Grotesques* ou *Arabesques*, sont formées de motifs décoratifs, de berceaux de vignes et de bouquets de fleurs. Les singes, tout en donnant leur nom à la tenture, n'y jouent qu'un rôle assez secondaire. La largeur des encadrements, composés de feuillages avec grandes figures, tous semblables dans les six panneaux, contribue à l'effet somptueux de l'ensemble. La fabrication de cette suite est attribuée au tapissier Hector Vuyens, bien que la marque, composée des lettres S B, ne semble guère se rapporter à ce nom.

Sur les quatre tapisseries de la *Tentation de saint Antoine* l'auteur a réuni toutes les excentricités délirantes, tous les monstres difformes inventés par l'imagination sans frein d'un Jérôme Bosch ou d'un Pierre Breughel. Ce sont là d'étranges sujets de tapisserie. La quatrième pièce, divisée en triptyque, reproduit une peinture de Bosch conservée à l'Escurial. La tapisserie s'éloigne de plus en plus de son véritable rôle. On en arrive à tisser sur le métier une peinture quelconque, ne fût-elle décorative à aucun titre. La décadence va commencer. Les quatre pièces de la *Tentation* portent la marque de Bruxelles ; elles sortent du même atelier, car sur chacune d'elles reparaît un monogramme identique, dont un A constitue l'élément essentiel. Entrées dans la collection royale sous Philippe IV, elles ne semblent pas remonter plus haut que les dernières années du XVIe siècle.

L'*Histoire de Cyrus le Grand*, en dix panneaux, dont un seul porte la marque de Bruxelles, aurait appartenu à Philippe II. Une tradition assez ancienne veut qu'elle ait figuré dans le service funèbre du roi de France François II, en 1560. L'exécution remonterait donc à une date antérieure. Le monogramme inscrit sur la plupart des pièces prouve qu'elles sortent de l'atelier de Nicolas Leyniers, et elles lui font certes grand honneur, car l'exécution est très soignée. On remarque surtout les larges bordures, enrichies de guirlandes de fleurs interrompues par des Termes.

En signalant les plus remarquables tentures de la collection d'Espagne, nous avons présenté en quelque sorte un résumé du travail des ateliers bruxellois au XVIe siècle. Mais les tapisseries flamandes de la grande époque conservées en Espagne n'appartiennent pas toutes à la collection royale. Les vieilles cathédrales en gardent précieusement un certain nombre. Il y a un demi-siècle à peine, l'Espagne passait pour un pays presque inaccessible aux touristes; tandis que des bandes d'étrangers, parcourant l'Italie en tous sens, pénétraient dans les régions les plus reculées, de rares voyageurs osaient à peine s'écarter des grandes villes espagnoles et s'aventurer dans les localités écartées. C'est à ce moment que le baron Davillier explorait les provinces peu visitées et en rapportait son livre sur l'Espagne, en même temps que les belles tapisseries qu'il a léguées au Musée du Louvre. Par lui et par quelques autres explorateurs nous savons que les trésors des églises de Tolède, de Saragosse, de Tarragone, de Zamora conservent encore d'admirables ornements brodés et de précieuses tentures du XVIe siècle. Le Musée de Vic, mal installé dans des salles délabrées, renferme, nous a-t-il été assuré, une incomparable collection de tissus et de broderies, comme on n'en rencontre nulle part ailleurs. C'est à Zamora que se voit le superbe panneau du XVe siècle reproduisant la dernière scène du Siège de Troie, figurée sur le dessin du Louvre. Quelques érudits se sont mis à la recherche de ces richesses méconnues et commencent à signaler les tentures perdues dans des villes inexplorées. M. Manuel Mora [1] a

1. *Tapices de la catedral de Albarracin*, dans la *Revista de archivos, bibliothecas y museos*, Madrid, 1905, août, t. IX, n° 8.

récemment décrit et reproduit une *Histoire de Gédéon* en sept panneaux, remontant au XVIe siècle, avec la marque de Bruxelles, appartenant à la cathédrale de Albarracin. Il faut signaler également l'étude très détaillée, consacrée par M. Émile Bertaux aux tentures envoyées par plusieurs sanctuaires

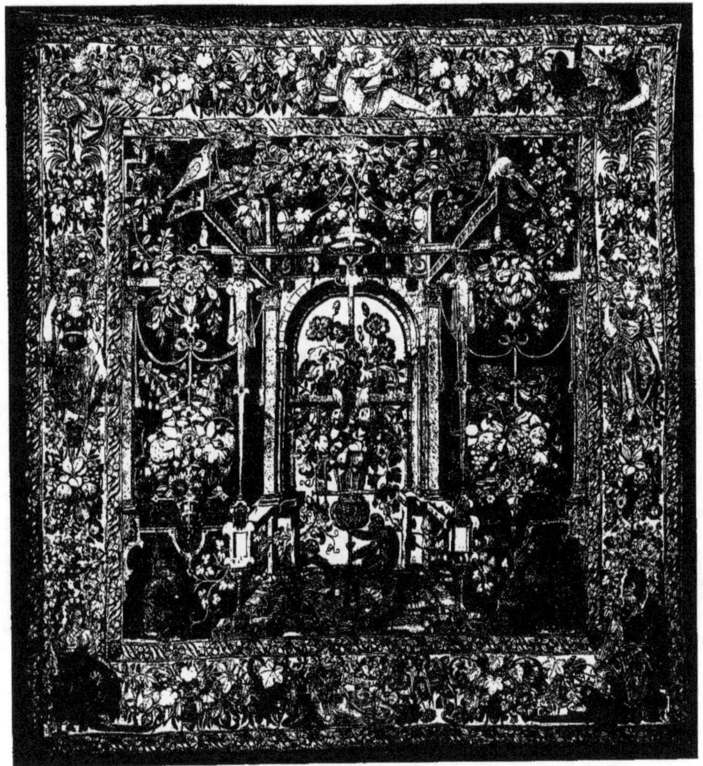

Fig. 75. — Les Rinceaux ou les Arabesques. Atelier de Bruxelles. XVIe siècle (Collection royale d'Espagne).

à l'exposition de Saragosse. Ces exemples trouveront des imitateurs, et les richesses des églises encore inexplorées nous seront peu à peu révélées. Nul doute que ces recherches érudites n'apportent de précieux documents à l'histoire de la tapisserie bruxelloise au XVIe siècle. A l'heure actuelle, les indications données par les Guides et Itinéraires du voyageur font très insuffisamment connaître ces trésors, en général bien conservés, mais qui ne vont sans doute pas tarder à tenter, quand ils seront plus connus, la cupidité des marchands. Devant l'impossibilité de fournir, en l'état actuel des choses, des indications précises sur les tentures des églises espagnoles, il est préférable de s'abstenir ; nous passerons donc à l'examen des suites conservées à Vienne.

Au milieu du XVIe siècle, la collection de l'empereur Charles-Quint, la plus riche qui ait été formée, et dont les pièces les plus précieuses provenaient par héritage de la maison de Bourgogne, divisée en deux lots : l'un resta la propriété de la couronne d'Espagne, l'autre fut attribué à l'Empire. C'est la suite qui fait aujourd'hui partie du trésor de Vienne. Elle n'est guère plus accessible au public et aux travailleurs que le trésor d'Espagne. Des savants allemands ont cependant publié, il y a quelque vingt-cinq ou trente ans, un catalogue complet des tapisseries de Vienne, avec la reproduction d'un certain nombre de panneaux choisis parmi les plus précieux, et le fac-similé des marques et des signatures relevées avec un soin minutieux [1]. Cette liste rend d'immenses services ; on la voudrait seulement un peu plus détaillée, car les descriptions sont en général concises ou manquent totalement ; quant aux reproductions par les procédés de l'héliogravure, lourdes et noires, elles donnent une idée assez imparfaite des originaux.

La collection des tapisseries de Vienne mériterait bien de tenter un éditeur et de fournir un pendant à la publication sur les *Tapices de la Corona de España*. Il n'est que juste de reconnaître que les conservateurs des collections autrichiennes ont donné l'exemple à une époque où les recherches sur les tissus et les tapisseries en étaient encore à leurs débuts, où on ne disposait pas des procédés perfectionnés que les éditeurs trouvent aujourd'hui à leur disposition.

Il semble que dans ce partage des tapisseries de Charles-Quint entre l'Espagne et l'Autriche, la meilleure part soit échue à Madrid. Car c'est à Madrid que se conservent les suites les plus précieuses et les plus anciennes, comme la *Vie de la Vierge*, la *Passion du Christ*, l'*Histoire de saint Jean*. Toutefois, les tentures de Vienne constituent, avec les pièces espagnoles, un ensemble unique au monde ; les doubles y sont fort rares. C'est à peine s'il en existe trois ou quatre, soit deux répétitions de l'*Histoire d'Abraham*, une réplique des *Sept péchés mortels*, une autre de *Vertumne et Pomone*. Les séries de Vienne sont parfois plus complètes que celles de Madrid. L'*Histoire d'Abraham* d'Espagne ne compte que sept panneaux, celle de Vienne en possède trois de plus : *Séparation d'Abraham et de Loth ; Agar chassée avec son fils Ismaël ; Éliézer s'en allant chercher une épouse pour Isaac en Mésopotamie*. Les encadrements sont exécutés sur le même modèle. La tenture des *Sept péchés capitaux*, elle aussi, se trouve complète à Vienne, tandis qu'il manque un ou plusieurs panneaux dans les deux autres suites. Même observation au sujet de *Vertumne et Pomone* ; à Vienne, la tenture compte neuf pièces, trois de plus qu'à Madrid. De ces comparaisons, il ressort que les suites conservées en Allemagne ont toujours été l'objet de soins attentifs. Il est d'autant plus regrettable qu'elles soient si peu accessibles aux travailleurs. Aussi devons-nous nous contenter de présenter ici un catalogue sommaire de cette importante collection.

L'*Histoire de David* en sept panneaux et les neuf tapisseries des *Travaux d'Hercule* représentent, dans la collection impériale, les ateliers d'Audenarde. Les marques relevées sur les bordures ne laissent aucun doute ; mais si ces pièces sont encore du XVIe siècle, comme l'affirme l'Inventaire, elles paraissent bien proches de l'an 1600.

Nous ne nous arrêterons pas à la répétition de l'*Expédition de Tunis* portant la marque de Bruxelles

1. Dr Ernest Ritter von Birk, *Inventar der im Besitze der allerhöchsten Kaiserhauses befindlichen Niederländer tapeten und Gobelins*, dans le *Jahrbuch der Kunsthistorischen Sammlungen des Allerhöchsten Kaiserhauses*, t. I, 1883, Vienne, in-4, p. 212-248, et t. II, 1884, p. 167-220, avec table des signatures et des monogrammes et 76 héliogravures, parues : savoir 13 planches en 1883, 23 en 1884, 23 en 1885 et 17 en 1886. Le catalogue descriptif est complet dans les deux premiers volumes. Voici d'ailleurs la liste des tentures gravées dans cet ouvrage peu répandu en France : Tome I : *Les Vertus*, 7 pl. (n° XVII de l'Inventaire) ; *Les Triomphes*, 6 pl. (n° CII). — Tome II : *Histoire de Moïse*, 9 pl. (n° I de l'Inventaire) ; *Histoire de saint Paul*, 4 pl. (n° III) ; *Les Victoires de Jean de Castro dans l'Inde*, 10 pl. (n° XXII). — Tome III : *Histoire d'Abraham*, 10 pl. (n° II de l'Inventaire) ; *Histoire de Josué*, 8 pl. (n° XIX) ; *Scènes de la Passion*, 3 pl. (n° XXXI) ; *Les armes de l'Empereur Charles-Quint*, 1 pl. (n° XXXII) ; Pluton et Proserpine, dais ; 1 pl. (n° XLV). — Tome IV : *Fructus belli*, 8 pl. (n° LXII de l'Inventaire), les *Travaux d'Hercule*, 9 pl. (n° CI).

et la signature Judocus de Vos. Comme l'empereur Joseph Ier (1711-1740) possédait les cartons de Jean Vermay, il lui prit fantaisie de les faire recopier une seconde fois dans les ateliers des Pays-Bas. Le travail dura dix années (1712-1721). Au même ordre de compositions appartiennent les dix tapisseries bruxelloises représentant les *Campagnes entreprises par Jean de Castro contre les Portugais dans les Indes, en 1538*. Le triomphe du vainqueur se déroule sur cinq tableaux. L'auteur inconnu des modèles n'a pas cherché à respecter la topographie, comme l'a fait Vermay pour la

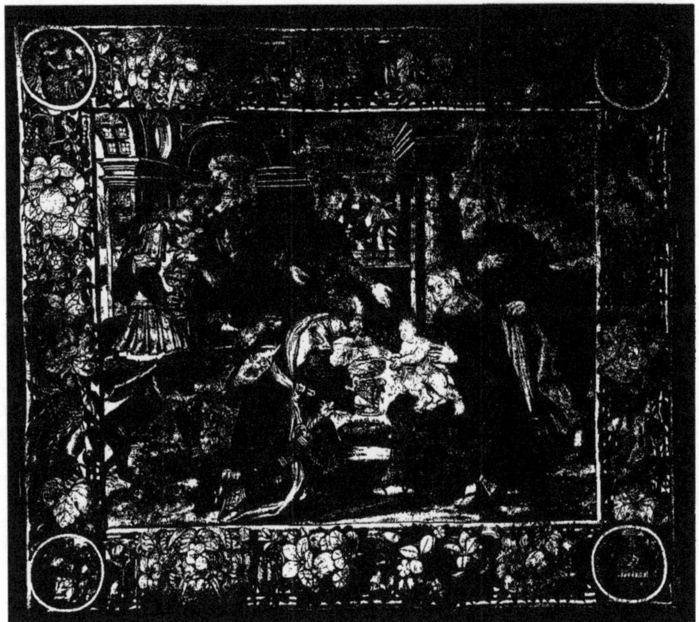

Fig. 76. — Adoration des Rois. Bruxelles. Milieu du xvie siècle (Collection de Madrid).

Conquête de Tunis; il se préoccupe avant tout de donner à ses tableaux un semblant de couleur locale et aussi de la variété. Il sait tirer bon parti des ressources du costume masculin et féminin, et il se risque à introduire dans ses sujets des figures d'amazones sur des chevaux magnifiquement harnachés. C'est une interprétation libre des récits des voyageurs par un artiste habile qui ne connaissait que par ouï-dire les événements qu'il avait à retracer.

La plus ancienne suite de la Collection viennoise serait celle des *Triomphes de l'Amour, de la Chasteté, de la Mort, de la Renommée, du Temps, de la Trinité*. Les inscriptions gothiques en langue française leur attribuent une date assez reculée, confirmée par le caractère du dessin et les accessoires archaïques de ces chars broyant sous leurs roues épaisses des monceaux de personnages étendus à terre. L'inventaire les attribue à la fin du XVe siècle ; c'est avec raison, car on retrouve dans maint détail les traditions du Moyen Age. L'absence de bordure fournirait un argument de plus en faveur de l'ancienneté de cette suite.

Des ateliers de Bruxelles proviennent encore plusieurs tentures célèbres, reproduites à plusieurs exemplaires, comme ces *Fructus Belli*, en huit panneaux, dont Vienne possède deux répétitions, et les neuf pièces des *Actes des Apôtres* de Raphaël, dont il existe ici deux séries. L'Ancien et le Nouveau Testament sont aussi représentés par un certain nombre de sujets dont il suffira de donner une rapide énumération ; tous sortent des ateliers bruxellois. N'était-ce pas d'ailleurs le thème ordinaire sur lequel s'exerçait la maîtrise des peintres et des tapissiers flamands. L'Inventaire de la collection impériale énumère : une *Histoire de Tobie* (no IV, 8 pièces) ; deux *Histoires de Josué* (nos XIX et LXVIII, 8 pièces chacune) ; deux *Histoires de David* (nos LXIX et LXXXVII, 6 et 7 pièces) ; une tenture de *David et Bethsabée* (no XCVI, 10 pièces) ; une *Vie de Jacob* (no LXXV, 8 pièces) ; *Balak et Balaam* (no XCVI*, 2 pièces) ; *Salomon* (no LXXVII, 10 pièces) ; enfin plusieurs séries formées de différents sujets tirés de la Bible (nos LXVII, LXXIV, XCIII et XCVII, 6, 9, 5 et 7 pièces).

Le Nouveau Testament a fourni plusieurs scènes de la *Passion du Christ* (nos XXX et XXXI) et une *Vie de saint Paul* (no III, 4 pièces). L'histoire ancienne a inspiré deux tentures retraçant l'*Histoire de Rémus et de Romulus* (nos VIII et XXI, 8 pièces) paraissant différer complètement de la *Fondation de Rome* de Madrid, avec deux autres séries de la *Vie d'Alexandre* (nos LXXII et LXXIII, 9 et 8 pièces), et une *Histoire de Zénobie et Aurélien* (no XCIV, 7 pièces). La mythologie est peu représentée. Elle ne compte guère, outre les *Travaux d'Hercule* (no CI, 9 pièces), qu'une suite de *Diane et Actéon* (no LXXXV, 5 pièces). Par contre, les Allégories, les Moralités, les sujets champêtres sont nombreux. A cette catégorie appartiennent les *Mois* (no XXXVIII, 9 pièces) ; les *Sept Ages du monde* (no LXXXIII, 8 pièces) ; les *Scènes de la vie des bergers* (no XC, 8 pièces) ; deux suites des *Douze Mois* (nos XI et XXXVIII, 12 pièces) ; les *Jardins avec animaux* (no LXVI, 6 pièces) ; les *Sept Vertus cardinales et théologales* (no XVII, 7 pièces) ; enfin les 8 pièces des *Armes de l'empereur Charles-Quint* (no XXXIII) où, sur un fond de verdure et de feuillage, s'enlèvent les armes impériales, d'un dessin très riche et très décoratif. Il serait difficile d'entrer ici dans le détail de ces tapisseries, rehaussées presque toutes de fils d'or et d'argent. Nous avons déjà signalé les soins dont ce trésor est entouré et auxquels est due sa remarquable conservation.

De ces collections capitales de Vienne et de Madrid, nous rapprocherons quelques suites que leur importance ne permet pas de passer sous silence. Signalons tout particulièrement la *Bataille de Pavie*, les *Chasses de l'empereur Maximilien*, l'*Histoire de David et de Bethsabée* du Musée de Cluny, les *Victoires du duc d'Albe* et la *Défaite de l'Invincible Armada*, la *Délivrance de la ville de Leyde en 1574*, les *Victoires remportées sur les Espagnols par les vaisseaux zélandais*, enfin les *Fêtes du roi Henri III*. L'ensemble de ces tentures présente des échantillons très variés des ouvrages produits par les manufactures flamandes dans le cours du XVIe siècle, jusqu'au moment où commence leur décadence et où les ateliers français entreprennent avec ceux des Pays-Bas une lutte qui doit aboutir au triomphe définitif des Gobelins et de Beauvais.

La *Bataille de Pavie* paraît avoir été la première en date de ces séries de peintures que les Espagnols firent copier en tapisserie dans les ateliers des Pays-Bas pour consacrer le souvenir de leurs succès militaires. La tenture de Pavie précéda même de plusieurs années celle de Tunis et aussi les suites consacrées aux campagnes de l'archiduc Albert et du duc d'Albe. De récents travaux [1] ont

1. Beltrami (L.), *La Battaglia di Pavia ; XXIV febbrajo MDXXV, illustrata negli arazzi del march. del Vasto al Museo di Napoli*, Milano, 1896, in-fol., 7 pl. Des comptes rendus détaillés de cette publication ont paru dans la *Gazette des Beaux-Arts* de 1897, sous la signature de M. Pierre Gauthiez (t. XVII, p. 433-437), et dans la *Revue de l'Art ancien et moderne* (t. I, p. 277-279), sous le nom de M. Maindron. — Morelli (Marie), *Gli arazzi illustranti la battaglia di Pavia, conservati nel Museo Nazionale di Napoli*, Napoli, 1899, in-4, 14 pl. — Pais (Ant.), *Tapisse-*

mis en lumière les moindres détails de la fabrication de ces tapisseries exposées aujourd'hui au Musée de Naples, et dont le Musée du Louvre possède les premières idées de la main de Bernard van Orley, qui passe pour l'auteur des modèles. Ce fut en 1531, six ans après la bataille, que les États-Généraux des Pays-Bas profitèrent d'un voyage de l'Empereur dans les Flandres pour lui offrir ce souvenir d'un de ses plus éclatants triomphes, en lui témoignant « l'espoir que cet événement lui étant agréable et « en quelque sorte personnel, l'Empereur ne donnerait pas la tapisserie, comme il avait déjà donné « d'autres présents qu'il avait reçus [1] ».

La série comptait sept pièces relatant les phases successives de la bataille. A Bruxelles, elles décorèrent longtemps le palais royal. Elles s'y trouvaient exposées, dit-on, quand Coligny s'y rendit pour

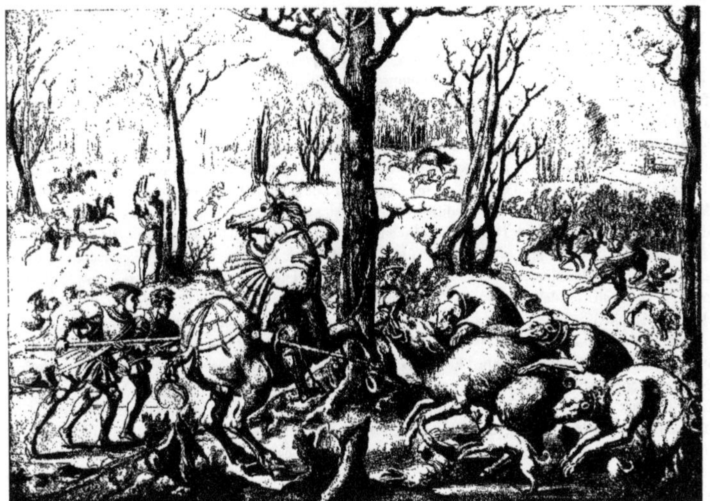

Fig. 77. — La Prise du sanglier. Dessin de Van Orley (Musée du Louvre).

ratifier, au nom du roi Henri II, la trêve de Vaucelles, et les seigneurs français se montrèrent indignés du manque de tact des Espagnols qui étalaient sous leurs yeux la représentation d'un des faits historiques les plus douloureux pour la France. Les anciens chroniqueurs nous ont transmis le souvenir de la vengeance plaisante que Brusquet, le fou de Henri II, tira de cette incivilité. Après avoir rappelé ces souvenirs [2], Alphonse Wauters supposait que la tenture pourrait bien se trouver à Naples, dans le palais de don Alphonse d'Avalos, prince de Pescaire et marquis du Guast. Il en avait retrouvé la trace à Rome, où elle avait été envoyée, en 1853, pour recevoir les restaurations exigées par son état, dans l'atelier d'Héraclite Gentili, directeur de la fabrique pontificale. Don Carlos avait trouvé ces tapisseries dans l'héritage de Charles-Quint, son aïeul, et les avait transmises au second marquis del Vasto, des-

ries tissées d'après les cartons de Van Orley, représentant les épisodes de la bataille de Pavie et retrouvées au Musée de Naples, dans *Les Arts*, 1904, p. 17-23, 16 pl.

1. Cité par Gachard, *Des anciennes assemblées nationales de la Belgique* (Revue de Bruxelles, 1839, p. 34).

2. *Les tapisseries bruxelloises*, p. 95 et suivantes.

cendant de celui qui avait pris part à la bataille. Elles se trouvaient donc à Naples depuis la fin du XVIe siècle, quand le dernier représentant de la famille les légua au gouvernement italien il y a une quarantaine d'années [1]. On les expose depuis quelque temps dans les salles du Musée de Naples. Ce don des États-Généraux suggéra sans doute plus tard à l'Empereur l'idée de traduire en tapisserie le souvenir de sa campagne d'Afrique. Si les reproches adressés par certains critiques au dessin et à la composition de Van Orley [2] ne manquent pas toujours de fondement, les tapisseries ont du moins le mérite d'offrir un monument historique d'importance capitale. Le peintre nous semble même avoir dépensé beaucoup d'imagination et de verve à varier ces épisodes un peu semblables de la même action, en cherchant à rendre sensibles les phases successives de la lutte. Si on compare les dessins originaux de la *Bataille de Pavie* avec ceux des *Chasses de Maximilien*, également conservés au Louvre, aucun doute ne subsistera sur l'identité de facture et, par suite, sur l'origine commune. Mêmes types, mêmes costumes apparaissent dans les *Chasses et* dans la *Bataille*.

Comme ces scènes de chasse, animées de nombreux personnages, au milieu des sites pittoresques de la forêt de Soignes, prêtent mieux aux compositions décoratives que les détails d'une bataille rangée! Les *belles Chasses de Maximilien* ont joui de tout temps d'une réputation universelle [3]. Après les avoir eues sous les yeux pendant plusieurs années, après les avoir étudiées longuement quand on les réparait aux Gobelins, nous gardons l'impression qu'il existe peu de tentures aussi magnifiques, aussi capables de rehausser la somptuosité d'une galerie princière. La tenture entière compte douze pièces, surmontées chacune d'un des signes du Zodiaque. Elle décore maintenant les salles du Musée du Louvre, où ses rares qualités sont un peu perdues. Les sujets par eux-mêmes n'offrent qu'un intérêt secondaire. Le *Départ des chasseurs*, le *Cerf à l'eau*, le *Hallali du sanglier*, le *Déjeuner de chasse*, la *Vue de la ville de Bruxelles*, etc., ont donné à Bernard Van Orley l'occasion d'exercer sans contrainte, librement, sa verve créatrice, sans se sentir gêné par les exigences d'un programme officiel. La richesse des costumes, l'habillement galant des amazones, la profusion du fil d'or et d'argent employé jusque dans les moindres accessoires et appliqué même aux terrains, font de l'ensemble une véritable joie pour les yeux. Il y a dans les vêtements des personnages certains rouges impossibles à reproduire aujourd'hui. Les bordures seules mériteraient une longue description. Nous en connaissons peu d'aussi originales, d'aussi parfaites de conception et d'interprétation. Une frise de dieux marins, en camaïeu imitant le bronze doré, sert de base à la tapisserie. Sur les côtés se dressent des plantes variées, d'un dessin délicat, au milieu desquelles se jouent des perroquets et autres oiseaux au plumage éclatant. La bordure supérieure est interrompue au centre par un médaillon rond contenant le signe du Zodiaque correspondant à un des mois de l'année. Plusieurs panneaux portent la signature de William Geubels et la marque de Bruxelles.

Comment cette tenture célèbre est-elle venue en France? D'après Karel van Mander, les modèles de Van Orley auraient été commandés par Charles-Quint. Or, dès le XVIe siècle, la série des Chasses reçoit parfois le titre de *Belles Chasses de Guise*. Suivant une ancienne tradition, recueillies dans les bagages de l'Empereur après la levée du siège de Metz, elles furent attribuées au général vainqueur comme part du butin. C'est ainsi qu'elles auraient passé en la possession de François de Guise. Nous les retrouvons dans l'inventaire des meubles de Charles de Lorraine, prince de Joinville,

1. C'est du comte de Valencia que M. Beltrami tenait ces détails sur l'histoire de la tenture.

2. « Composition sans équilibre, dessin difforme ou emphatique, enchevêtrement des figures, confusion des épisodes », dit M. Pierre Gauthiez en appréciant les scènes de la *Bataille de Pavie*; mais cet écrivain juge trop l'œuvre de Van Orley au point de vue du tableau. Ce qui serait un défaut dans une composition peinte peut constituer au contraire une qualité dans un modèle de tapisserie.

3. Sauval parle de ces tapisseries (*Antiquitez de Paris*, t. III, p. 10) qu'il avait vues à l'hôtel de Guise. Ce passage mérite d'être cité : « Ces tapisseries sont, après celles du Louvre et du Vatican, les plus belles et les plus estimées de la chrétienté; les couleurs en sont plus nettes, mieux choisies et conservées que celles du Louvre et ont été exécutées par un tapissier plus savant et meilleur dessinateur. Elles sont faites d'après les desseins de Rogier... Les lointains en sont merveilleux, les paysages fort naturels, les arbres fort recherchés, les perspectives bien entendues, les têtes et les hommes très vivans... Les figures de cette tapisseries sont faites par Jérôme Vancelai (*sic*), les paysages par Toms, le plus grand paysagiste qui ait jamais été, oncle de Champagne... » L'opinion de Sauval doit être prise en sérieuse considération.

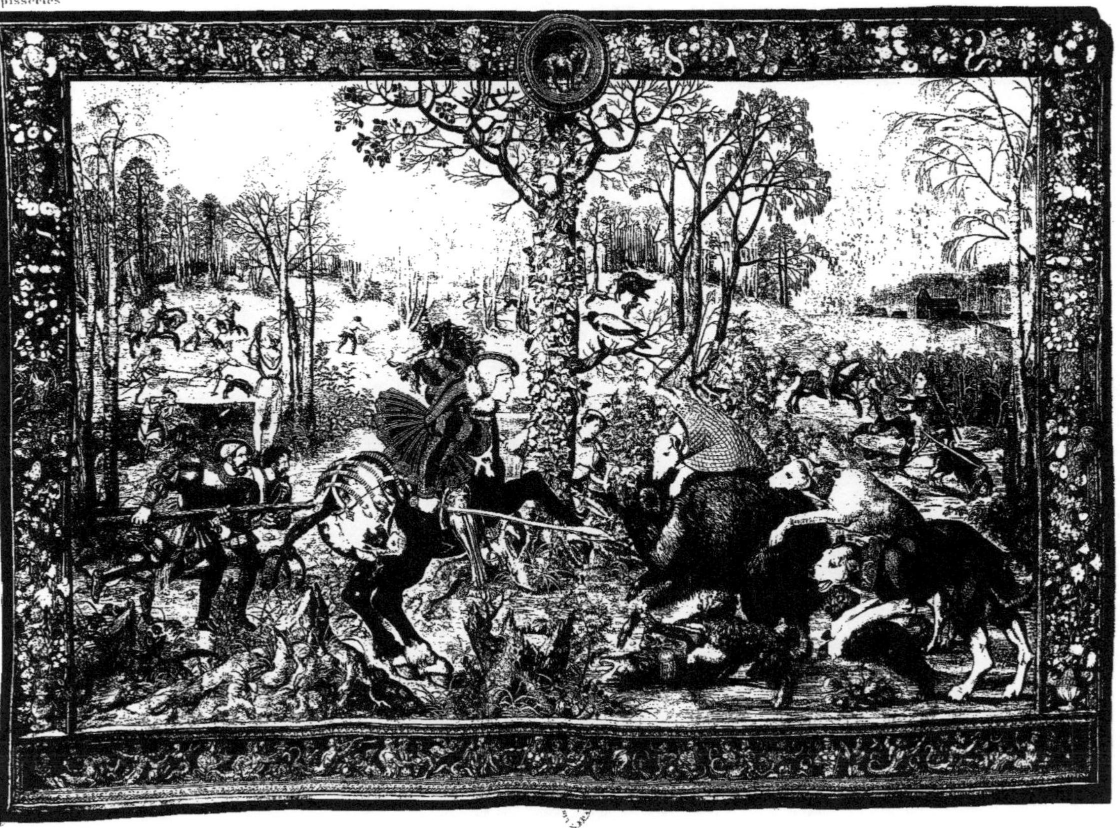

LES CHASSES DE MAXIMILIEN PRISE DU SANGLIER

ATELIER DE BRUXELLES. MILIEU DU XVIe SIÈCLE

Musée du Louvre

quatrième duc de Guise, fils du Balafré[1], dressé en 1641-1644. Les *Chasses de l'empereur Maximilien*, en douze pièces mesurant 3 aunes et demie de haut sur 68 aunes de cours, y paraissent en tête des meubles et leur estimation monte à 50.000 livres, somme considérable pour l'époque ; aucune autre tenture n'est cotée à un prix aussi élevé. C'est très probablement à la mort de Mademoiselle de Guise, dernière héritière du nom et des biens de la famille (3 mars 1688), que la tenture fut recueillie par le garde-meuble de la Couronne qui l'a transmise au Musée du Louvre.

Cette admirable série fut copiée aux Gobelins vers le début du XVIIIe siècle. La manufacture manquait de modèles. Elle entreprit alors la reproduction des compositions de Van Orley, récemment acquises par le Roi. La réplique des *Chasses de Maximilien* sortie de l'atelier des Gobelins se distingue

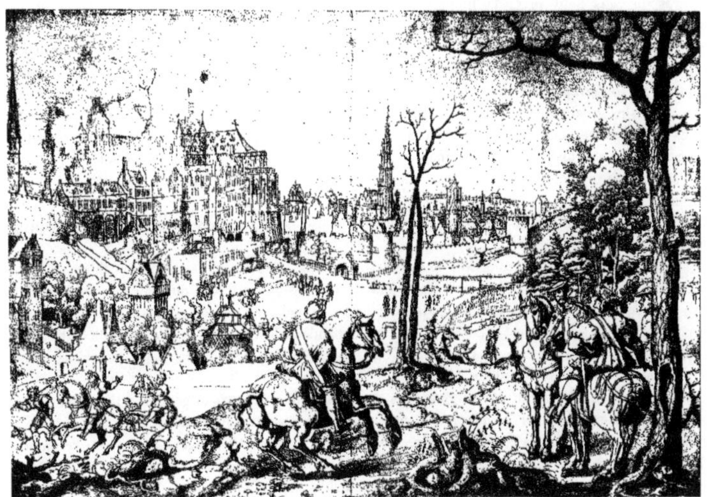

Fig. 78. — La Chasse quitte Bruxelles. Dessin de Van Orley pour la tenture des Chasses de Maximilien (Musée du Louvre).

de la tenture originale par un détail essentiel : on n'y voit pas de fils d'or ou d'argent. Quand on peut rapprocher, comme l'occasion s'en est présentée récemment pour nous, les tapisseries du XVIe siècle de celles du XVIIe, on constate dans les dernières une infériorité très sensible : dessin plus négligé, parfois incorrect, défaut d'harmonie dans la coloration générale, outrance de certains tons, surtout de rouges carminés d'une violence excessive. On s'aperçoit sans peine que cette besogne était un pis-aller pour les tapissiers, et qu'ils s'y livraient avec peu d'enthousiasme.

C'est en 1685 ou 1686 que l'atelier de basse lisse de Delacroix se mit à reproduire les *Belles Chasses*. Plusieurs pièces de cette série, avec la signature du tapissier, sont exposées au château de Chantilly. Elles sont entourées d'un cadre doré, avec guirlandes de fleurs naturelles aux angles. D'autres copies, conservées au Mobilier national, reproduisent fidèlement les bordures à dieux marins et à bouquets

1. *Inventaires des meubles précieux de l'hôtel de Guise en 1644 et en 1688*, dans les *Nouvelles Archives de l'art français*, 1890, p. 156 et suivantes.

de fleurs des pièces originales. Au début, les tapissiers avaient travaillé d'après les anciennes tentures, et le dessin se trouvait ainsi à l'envers. On prit par la suite la précaution de faire exécuter des dessins où la composition était retournée, et les figures reprirent alors leur place primitive[1].

Pour revenir aux scènes historiques datant du XVIe siècle, nous nous arrêterons aux trois tapisseries que le duc d'Albe avait commandées aux plus fameux tapissiers bruxellois, pour perpétuer le souvenir de ses succès éphémères sur Louis de Nassau, le chef de la résistance patriotique à l'invasion étrangère. Ces trois tapisseries, l'*Attaque*, le *Passage du fleuve*, la *Victoire*, dont la dernière porte les chiffres de Guillaume de Pannemaker, ont été exposées à Paris en 1877. Elles faisaient partie de la collection du duc de Berwick et d'Albe qui ne comptait pas moins de soixante-quinze tentures du plus haut prix, la plupart du XVIe siècle, presque toutes d'origine bruxelloise. Le *Baptême du Christ*, du Musée du Cinquantenaire de Bruxelles, et le *Jugement dernier*, offert au Louvre par une société d'amateurs, proviennent de cette collection célèbre. Quant aux trois pièces rappelant la bataille livrée à Gemmingen, sur les bords de l'Ems, elles donnent plutôt l'impression de tableaux topographiques que de panneaux décoratifs. La précision et l'exactitude constituent sans doute les qualités essentielles exigées de l'artiste; aussi, ferons-nous des réserves sur les éloges décernés par certains critiques à ces pièces historiques. Toutefois, les bordures méritent d'être signalées en raison de leur originalité. L'artiste nous y montre, dans la partie inférieure, toute une procession de convois militaires, de canons en marche, de voitures chargées de butin, conduites par des paysans et des soldats, des troupes de prisonniers menés par des hallebardiers; sur les côtés, des plantes et des paysages; enfin, dans le haut, une série de médaillons portant les armoiries du duc.

Plusieurs panneaux de la collection de Berwick et d'Albe offraient la reproduction fidèle de tapisseries conservées à Madrid. Dans un des sujets de la Passion, la figure du bourreau relevant d'un coup de pied le Christ écrasé sous le poids de la croix rappelle un épisode des tentures d'Espagne. Dans l'impossibilité d'énumérer toutes les œuvres flamandes décrites dans le catalogue de cette vente, unique par son importance, nous nous arrêterons seulement aux deux pièces capitales qui se voient maintenant dans les Musées publics.

Le *Baptême du Christ* du Musée des Arts décoratifs, dit du Cinquantenaire, à Bruxelles, a été maintes fois reproduit. Les petits personnages placés de distance en distance dans la bordure, et débordant sur le champ de la composition, présentent une disposition ingénieuse et peu commune. L'exécution du tissu, rehaussé d'or et d'argent, ne laisse rien à désirer. Ce panneau provient certainement de l'atelier d'un des premiers tapissiers bruxellois du commencement du XVIe siècle.

Le *Jugement dernier*, composition de cent quatre figures, de 8 mètres de cours sur 4m 10 de haut, entrée récemment au Louvre, faisait jadis partie d'une suite de quatre allégories aux vastes dimensions, datant, comme le *Baptême* de Bruxelles, du XVIe siècle. Ces quatre compositions avaient pour sujets : le *Combat des Vices et des Vertus*; le *Baptême du Christ* et le *Supplice de saint Jean*; le *Triomphe du Christianisme*; enfin le *Jugement dernier*. Ces panneaux offrent un remarquable modèle de l'art flamand, lors de son plein épanouissement.

La tenture de l'*Histoire de David et de Bethsabée*, en dix pièces, du Musée de Cluny, bien supérieures aux sujets identiques de la collection espagnole, doit également être tenu pour un des chefs-d'œuvre de l'art textile au début de la Renaissance. Un des premiers maîtres de l'école des Pays-Bas a peint les cartons; la richesse des costumes, l'expression des figures, la perfection du tissu, exécuté avec un nombre très limité de tons, le soin apporté aux moindres détails prouvent que ce travail était destiné à un haut personnage. M. Wauters[2] affirme qu'il avait été commandé pour la

1. Alphonse Wauters cite (p. 124 et 432) plusieurs sujets des *Chasses* portant les initiales d'Everard Leyniers et de Francis Crane.

2. *Les Tapisseries bruxelloises*, p. 125.

cour de France et qu'il devint successivement la propriété du duc d'York (le roi Jacques II), des marquis Spinola et des Serra de Gênes, avant d'entrer au Musée de Cluny, pour un prix infime, vers 1835. Il existe à Paris peu de tentures d'une valeur comparable à celle de l'*Histoire de David*. Elle égale, par la noblesse de la composition, par la perfection du dessin, les œuvres des plus grands maîtres. C'est ainsi que la tapisserie conserve souvent des compositions d'un ordre tout à fait supérieur, documents de premier ordre pour l'histoire de la peinture ancienne dont la plupart des chefs-d'œuvre ont péri.

Les *Chasses de Maximilien* avec la tenture de *David et Bethsabée* représentent déjà, sous des aspects très différents, la tapisserie flamande parvenue à son apogée dans nos collections françaises. Une troisième suite, que nous n'aurions garde d'oublier, mérite aussi, par l'originalité de sa conception, une attention particulière. Les trois pièces des *Triomphes des Dieux* portant, à côté de la marque BB, le monogramme de François Geubels, présentent un contraste complet avec les fameux *Triomphes des Vertus et des Vices* inspirés des sonnets de Pétrarque. Tandis que dans ces derniers revit le sombre génie du Moyen Age, les *Triomphes*, plus récents, *de Minerve*, *de Vénus* et *de Bacchus* s'inspirent uniquement des idées riantes et païennes de la plus pure Renaissance. Les modèles venaient d'Italie ; pas de doute sur ce point primordial. Quant à leur attribution à Mantegna, c'est une tradition qu'il convient de n'accueillir que sous toutes réserves. Sans doute, le dessin affecte une certaine rudesse, rappelant le maître de Padoue ; mais souvenons-nous que les tapisseries portent la marque de Bruxelles, que, par suite, leur exécution ne remonte pas à une date antérieure à 1528. Elles auraient même été mises sur le métier après l'*Histoire de David et de Bethsabée* du Musée de Cluny que nous n'en serions pas surpris. Dans tous les cas, elles rappellent, sous les formes les plus exquises, le plein épanouissement des tendances matérialistes de la Renaissance italienne.

Ces dieux marins, ces Naïades se jouant avec des Tritons dans des attitudes d'un abandon plus que libre, ces théories de petits Amours garnissant les vergues et les cordages d'un navire gigantesque, ces épisodes du triomphe de Persée sur la Gorgone nous introduisent dans un monde nouveau n'ayant aucun rapport avec les aspirations et les formules du siècle précédent. Certains épisodes du *Triomphe de Bacchus* justifient amplement la remarque des inventaires royaux déclarant que ces tentures ne doivent figurer ni dans les cérémonies religieuses, ni dans les appartements des jeunes princes et princesses. Mais par contre, quelle science dans la composition, quelle délicatesse dans le dessin ! Il est peu de tentures décoratives aussi originales, répondant aussi complètement à leur destination. Aussi, devinrent-elles l'objet d'une admiration générale quand elles furent exposées à Bruxelles, lors de la célébration de l'anniversaire de l'Indépendance, en 1880 et en 1905. Comment ces pièces uniques échurent-elles à l'ancienne collection royale ? On l'ignore. Elles s'y trouvaient certainement sous Louis XIV, puisque Le Brun entreprit de les copier aux Gobelins en faisant rajeunir le dessin des figures par Noël Coypel. L'artiste s'acquitta de sa tâche en homme habile, et avec plus de succès certainement que de la composition des nouveaux Triomphes qu'il eut mission de dessiner pour compléter la série. Nous y reviendrons quand nous nous occuperons des Gobelins. Quant aux *Triomphes* à la marque de Bruxelles, ces vastes panneaux, de conception italienne sans aucun doute, font grand honneur à l'atelier de François Geubels ; par leur exécution remarquable, ils peuvent être comptés parmi les chefs-d'œuvre du maître tapissier [1].

Pour en finir avec les scènes militaires où les Espagnols se plurent à commémorer le souvenir de leurs succès, il faut rappeler les sept pièces célébrant les *Batailles de l'archiduc Albert* et conservées au palais de Madrid, bien que ces panneaux datent des dernières années du XVIe siècle ou des premières

1. Les *Triomphes des Dieux* sont décrits dans l'*Inventaire descriptif et méthodique des tapisseries du Garde-Meuble* (Plon, in-8), p. 24, avec le dessin des marques de Geubels et de Bruxelles. L'*Histoire générale de la tapisserie* a donné la reproduction du *Triomphe de Minerve*, et l'ouvrage de Darcel et Guichard sur les *Tapisseries du mobilier national* celle du *Triomphe de Bacchus*.

du suivant, car les faits d'armes qu'ils retracent, le *Siège et la prise de Calais*, le *Siège d'Ardres* et le *Siège et la prise de Hulst*, sont d'avril et de mai 1596. Alphonse Wauters attribue la suite à Martin Reymbouts; mais il ignore le nom de l'auteur de ces cartons où la préoccupation de l'exactitude topographique l'emporte, comme il arrive presque toujours en pareil cas, sur le souci du pittoresque. Les bordures, à vrai dire, avec leur entassement de cuirasses et d'armes de toute nature, ne manquent pas de caractère.

Les Espagnols avaient pris l'initiative de ces scènes militaires rappelant leurs avantages sur terre et sur mer. Par un singulier retour des choses, les ateliers des Pays-Bas, sans cesse occupés à célébrer les exploits de leurs maîtres, reçurent un jour la mission de retracer le souvenir du plus grand échec qu'ait subi la monarchie de Philippe II. Le maître tapissier François Spiering fut chargé par le gouvernement anglais — quelques auteurs[1] disent par l'amiral anglais lord Howard — de tisser sur une tenture de dix panneaux les principaux épisodes de la défaite et de la destruction de l'invincible Armada. envoyée par le roi d'Espagne à la conquête de l'Angleterre. Spiering se serait adressé d'abord, pour les cartons, au peintre flamand Van Mander; cet artiste, n'ayant pas une connaissance suffisante des détails nautiques, ne put se charger de la commande. On fit alors appel au talent du Hollandais Henri-Cornelis de Vroom, de Harlem, qui accepta et se rendit en Angleterre, où on devait lui procurer les renseignements précis sur le détail des scènes qu'il aurait à traiter. Les compositions représentaient les épisodes suivants : 1° Entrée de la flotte espagnole dans la Manche; 2° La flotte poursuivie par les navires anglais; 3° Premier engagement défavorable aux Espagnols qui se forment en cercle; 4° Le galion de Valdez, désemparé, est pris par sir Francis Drake; l'amiral s'avance vers l'ennemi qui se forme en croissant; 5° Le vaisseau amiral de l'escadre de Guipuscoa prend feu et est capturé par les Anglais; les autres navires continuent à avancer et, arrivés près de l'île de Portland, livrent un nouveau combat; 6° Nouvelles attaques des Anglais; les Espagnols se dérobent; 7° Principal engagement des deux armées navales, livré près de l'île de Wight le 25 juillet (1558); 8° La flotte espagnole s'avance dans la Manche pour atteindre Calais et Dunkerque, où elle comptait se rallier aux forces de terre et de mer réunies par le prince de Parme; 9° Arrivée près de Calais, la flotte espagnole est inquiétée par les brûlots envoyés contre elle; 10° Les Espagnols font voile vers le Nord, poursuivis par les Anglais. La chef galéasse de l'Armada échoue et est prise[2].

Est-ce à Bruxelles même que fut exécutée la tenture? Il paraît difficile de l'admettre. Dans tous les cas, elle fut tissée dans l'atelier de Spiering, dont la famille était d'origine bruxelloise. Terminées, les tapisseries furent installées dans la grande salle de la chambre des Lords, où un incendie les détruisit en 1834[3]. Heureusement, un auteur anglais leur avait consacré une étude spéciale et les avait fait reproduire vers le milieu du XVIIIe siècle[4]; c'est ainsi que nous connaissons les scènes choisies par le peintre. Chaque pièce portait, dans le haut, les armes d'Angleterre et la devise : *Dieu et mon droit*. Le peintre avait étoffé ses compositions d'animaux marins, de poissons et de dauphins. Des armoiries garnissaient les angles des bordures où étaient espacés des médaillons, représentant les traits des principaux capitaines anglais. Les intervalles étaient remplis de fleurs, de fruits, d'oiseaux, d'enfants, etc. On conçoit quel deuil ce fut pour l'Angleterre entière quand ce trophée national périt par le feu. Nous avons vu dans une des résidences royales d'Angleterre, à Hampton Court, si nos souvenirs sont

1. Carel van Mandel, copié par Sandrart et Mariette.

2. Ces descriptions, reproduites dans les *Tapisseries bruxelloises*, d'Alphonse Wauters, sont fournies par le grand ouvrage de John Pine paru en 1733, auquel est empruntée la reproduction d'un des épisodes de cette lutte navale.

3. Les tapisseries figurent sur une gravure de l'ouvrage de Maitland, *The history of London*, 2e édition (1751-1756, 2 vol. in-fol.), représentant la grande salle de la chambre des Lords. La première édition de cet ouvrage, parue en 1736, ne donne pas la séance royale de la Chambre haute, où figurent les tentures triomphales.

4. Pine (Jone), *The Tapestry hangings of the house of Lords* (Londres, 1753, 2e édition, in-folio). En plus des dix planches, légèrement teintées de vert, représentant les engagements successifs des deux flottes, l'ouvrage de John Pine renferme plusieurs cartes indiquant, l'une, l'emplacement des postes échelonnés sur les côtes des provinces du sud pour s'opposer au débarquement des Espagnols, une autre, le chemin suivi par la flotte ennemie autour des Iles Britanniques jusqu'au jour de sa dispersion par la tempête.

LE TRIOMPHE DE MINERVE

ATELIER DE BRUXELLES. COMMENCEMENT DU XVIe SIÈCLE

Collection du Mobilier National

fidèles, des navires représentés en tapisserie[1], et nous nous étions demandé si ce n'était pas un dernier débris de la fameuse tenture de la *Destruction de l'Armada*. Mais l'ouvrage de John Pine rend cette hypothèse inadmissible. N'est-il pas naturel qu'un peuple de marins comme les Anglais ait eu de tout temps un goût prononcé pour toutes les représentations maritimes, sous quelque forme qu'elles se présentent? De même, les hobereaux allemands prenaient plaisir à faire retracer leurs armoiries et leurs arbres généalogiques dans leurs demeures; c'est ainsi que beaucoup de pièces où les écussons occupent la place principale sont d'origine allemande.

Il exista encore, au XVIe siècle, une mode étrange offrant une certaine analogie avec la reproduc-

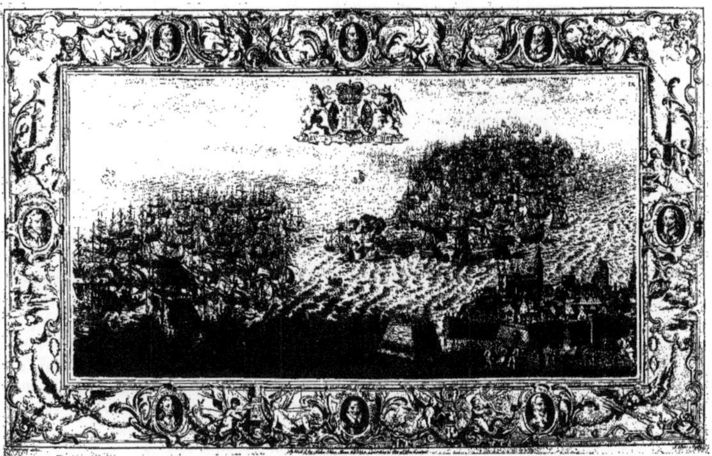

Fig. 79. — Combat des flottes anglaise et espagnole en vue de Calais. D'après la gravure de Jone Pine.

tion des opérations militaires tissées en laine et en soie. On se mit à retracer sur le métier de véritables cartes géographiques et même des plans de ville. Le fameux plan de Paris en tapisserie, qui faisait partie d'une tenture dans laquelle figuraient les villes de Rome, de Constantinople, de Venise, etc., datait probablement du milieu du XVIe siècle. Était-il d'origine flamande ou française? On sait seulement que ce monument précieux, après avoir appartenu aux Guise, fut acquis par la ville de Paris dans le cours du XVIIIe siècle, puis disparut sous la Révolution. Peut-être en retrouvera-t-on quelque jour des fragments.

Si les Espagnols montrèrent une prédilection particulière pour la représentation de leurs victoires, si les Anglais se plurent à rappeler leurs triomphes sur mer, si les Allemands préférèrent garder sous leurs yeux les preuves de l'antiquité et de la noblesse de leur maison, les Français

1. Un amateur érudit, M. Charles de Beaumont, a signalé, décrit et reproduit dans le *Compte rendu de la réunion des Sociétés des Beaux-Arts des départements de 1897* (p. 115-120, avec une planche), sous le titre : *Une tapisserie bruxelloise du XVIe siècle*, une curieuse pièce représentant des bateaux de pêcheurs et des vaisseaux de guerre; au premier plan, débarquement des poissons; dans le lointain, nombreuses embarcations chargées de voiles. Cette tapisserie originale porte l'écusson et le double B des ateliers de Bruxelles, avec une marque de fabricant consistant en un cercle chargé d'une croix ancrée ou pattée, cantonnée de quatre besants.

semblent avoir montré de tout temps une prédilection marquée pour les fêtes champêtres et les réunions galantes. A cet ordre d'idées appartient une précieuse tenture, évidemment commandée pour la cour de France et restée longtemps oubliée dans les magasins florentins, où elle est conservée depuis trois siècles. Nous entendons parler des *Fêtes de Henri III*, et non de Henri II, comme on l'a souvent répété par erreur. Ces huit pièces, d'une richesse exceptionnelle et d'une parfaite conservation, présentent les portraits bien reconnaissables du roi Henri III, de la reine mère Catherine de Médicis, du duc d'Alençon, du roi de Navarre, de la reine Louise de Lorraine, enfin des principaux personnages de la cour de France. A ce titre seul, elles constituent un document iconographique de premier ordre. A quelle occasion furent-elles commandées? Quel peintre exécuta les modèles? Quant au tapissier, son nom est demeuré inconnu; on a dit ci-dessus qu'il travaillait à Enghien; c'est un point définitivement acquis. Par suite de quelles circonstances ce précieux monument historique a-t-il quitté la France pour entrer dans les collections des ducs de Toscane? Sur toutes ces questions, nous nous trouvons réduit aux conjectures, car les documents positifs font absolument défaut. A n'en pas douter, cette série de divertissements princiers naquit d'un caprice du roi Henri III, et les modèles furent très vraisemblablement demandés à un des peintres en vogue de la cour. Tout est bien français dans l'attitude, le caractère des figures-portraits de ces fêtes historiques. Quant à l'origine flamande des tapisseries, point d'hésitation possible. C'est bien le ton jaune vert des laines flamandes, tandis que la décoloration des verdures françaises tourne plutôt au bleu qu'au jaune. Les verts étant composés de deux tons superposés, le jaune et le bleu, les tapisseries flamandes, nous l'avons maintes fois constaté, perdent le bleu qui entrait dans le mélange et tendent ainsi à prendre un ton général tirant sur le jaune.

Si cette suite fut commandée par le roi Henri III, il se pourrait bien qu'elle n'eût été terminée et livrée qu'après sa mort. Les souvenirs de son prédécesseur ne présentaient qu'un médiocre intérêt pour l'ancien roi de Navarre, après son avènement à la couronne de France; n'est-il pas permis de supposer que, lors de son mariage, voulant offrir au duc de Toscane un présent vraiment royal, il fit partir à l'étranger ces belles tapisseries. D'ailleurs, on ne les voit figurer sur aucun inventaire français. Aucune mention n'en est faite dans nos vieilles archives. Sans doute, elles avaient quitté la France peu après leur livraison. Longtemps, elles restèrent ignorées; ce fut une véritable révélation quand on les montra dans le voisinage des autres tentures de la collection florentine. On en fit venir deux pièces à Paris, en 1904, à l'occasion de l'exposition des Primitifs français. Grâce à un amateur qui a rendu les plus signalés services à l'histoire de la tapisserie, nous possédons maintenant d'excellentes reproductions de ces belles pièces historiques, et nous pouvons ainsi en présenter une description détaillée :

1° La fête donnée aux ambassadeurs polonais nous introduit dans un bal à la cour de France. Au milieu, les couples de danseurs; à droite, les musiciens groupés sur un rocher élevé. La reine Catherine, assise dans le fond, est entourée de seigneurs et de dames. Au premier plan, à gauche, se tient debout le futur roi de France, causant avec les ambassadeurs vêtus de somptueuses robes ornées d'ornements singuliers. C'est le sujet reproduit ici.

2° La cour quitte le château d'Anet qu'on aperçoit dans le fond. Une longue file de cavaliers et de litières portées par des chevaux occupe la route, faisant plusieurs détours. Dans l'une de ces litières, on reconnaît la reine Catherine.

3° La quintaine : un cavalier armé de la lance part au galop pour frapper le dragon monté sur une colonne. Une tribune est occupée par les dames de la cour. Au premier plan, à droite, Henri III met le pied à l'étrier. Les dames attendent le moment de prendre part à la joute.

4° Combat à la barrière. Deux chevaliers à pied s'attaquent à la lance. Cette pièce a peu de largeur.

5° Joute sur l'eau, avec bateaux garnis de combattants; monstres marins; un pont traverse le fond de la scène. Sur le devant, à gauche, plusieurs seigneurs, parmi lesquels figurent le roi de Navarre et peut-être le duc de Guise.

6° Au milieu de la scène s'élève une île que des bateaux chargés de guerriers attaquent de tous côtés. Au premier plan, le frère de Henri III à côté d'une dame en riche costume.

7° Des cavaliers et des fantassins attaquent de toutes parts une sorte de fortin ayant la forme d'un

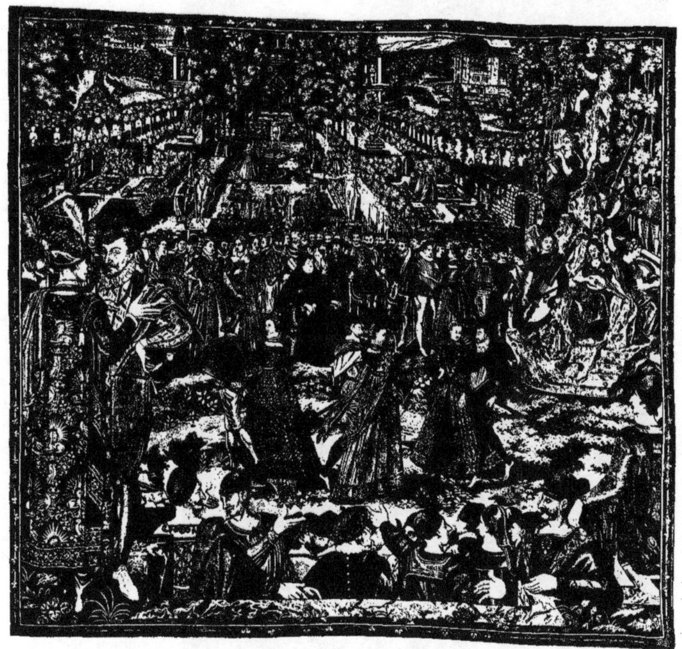

Fig. 80. — Réception des ambassadeurs polonais [Fêtes de Henri III]. Atelier flamand. Fin du XVIe siècle.

éléphant, érigé sur un tertre élevé et portant des guerriers qui lancent aux assaillants des javelots enflammés. Groupe de seigneurs et de dames richement parées au premier plan, à droite.

8° Grand carrousel. Au fond, une tribune au pied de laquelle se tiennent des enfants nus. Chars mythologiques; mêlée de cavaliers vers le milieu. A gauche, Catherine de Médicis avec un seigneur barbu qui ressemble tout à fait à Henri, roi de Navarre; à droite, plusieurs princesses, parmi lesquelles Louise de Lorraine, se présentant de face. Deux estafiers, assis sur les marches du perron où se tient la reine mère, laissent lire sur le dos de leur casaque la fin de la devise de Henri III : *Manet ultima cœlo*; preuve décisive, s'il en était besoin, qu'il s'agit ici de Henri III, non de Henri II. Le costume bien connu de Catherine de Médicis après son veuvage suffirait d'ailleurs à préciser la date et le sujet de la tenture.

A part l'intérêt que donne à cette suite la richesse du tissu, les sujets qui s'y trouvent retracés lui assurent une valeur historique de premier ordre. On possède peu de documents aussi précis, aussi complets sur le costume de la cour de France vers 1580. Les personnages des premiers plans seraient faciles à identifier à l'aide des nombreux crayons des Quesnel, des Du Monstier et autres artistes de la fin du XVIe siècle? A tous égards, la série des *Fêtes de Henri III* doit être tenue pour une des productions les plus originales, les plus caractéristiques de la tapisserie flamande vers la fin de sa plus brillante période. Les tapisseries représentant les scènes de l'histoire contemporaine deviennent de plus en plus rares à partir du XVIe siècle, et c'est pour cela que nous nous sommes attaché à signaler et à décrire dans les pages précédentes les pièces de ce genre qui nous ont été conservées ou dont la connaissance est venue jusqu'à nous.

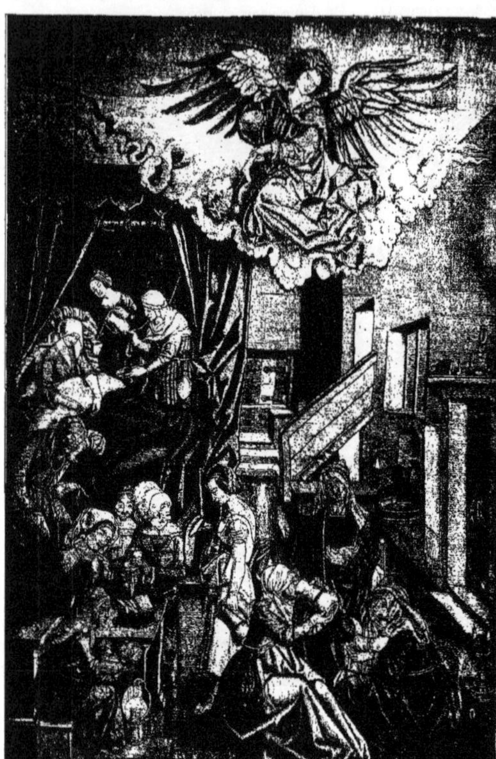

Fig. 81. — La Naissance de la Vierge. Commencement du XVIe siècle (Coll. Haentschel).

Les peintres de modèles. — La prodigieuse quantité de tentures exécutées dans les ateliers flamands en moins d'un demi siècle exigea nécessairement la collaboration de toute une pléiade d'artistes éminents, presque exclusivement absorbés par la préparation des modèles. La tapisserie doit son plus grand mérite au talent du peintre qui a présidé à sa conception. Une composition médiocre, avec une exécution aussi parfaite que possible, ne produira jamais qu'une œuvre inférieure. Il faut donc admettre que les maîtres les plus éminents de la Renaissance flamande devinrent les collaborateurs attitrés des tisseurs pendant une longue période. Quand on songe à la prodigieuse quantité et à la haute valeur des tapisseries conservées à Madrid, on se demande comment les peintres du XVIe siècle vinrent à bout d'une aussi vaste tâche.

On connaît de manière certaine les auteurs de certaines suites célèbres. A Bernard van Orley sont dues les suites inspirées par la *Bataille de Pavie* et par les *Chasses de Maximilien*. Les dessins sont conservés, on l'a dit, au Musée du Louvre. Mais de ce que la première idée appartient, sans doute possible, à Van Orley, il ne s'ensuit nullement qu'il ait tracé de sa propre main les modèles confiés aux tapissiers. Ces vingt ou vingt-cinq vastes compositions, peuplées de nombreux personnages avec des détails infinis, exigeaient toute une armée de peintres dirigés par une volonté supérieure. C'est ce qui se passait du temps de Louis XIV et de Le Brun, pour les tapisseries des Gobelins. Les maîtres du XVIe siècle avaient certainement donné l'exemple de cette répartition du travail. Sans doute, les nombreux élèves des peintres auxquels étaient confiées les commandes étaient chargés de porter les compositions de leurs patrons aux dimensions voulues par le client. N'est-ce pas ainsi que les disciples de Raphaël prenaient une part active à l'immense labeur des *Stanze* du Vatican? D'un autre côté, si le nom de Bernard van Orley est authentiquement attaché à quelques-uns des travaux les plus célèbres de son temps, il eut certainement des émules. La tâche colossale alors imposée aux artistes exigeait le concours de tous les peintres en vogue; les divergences d'inspiration qui se remarquent dans des œuvres presque contemporaines attestent la multiplicité et la diversité des auteurs.

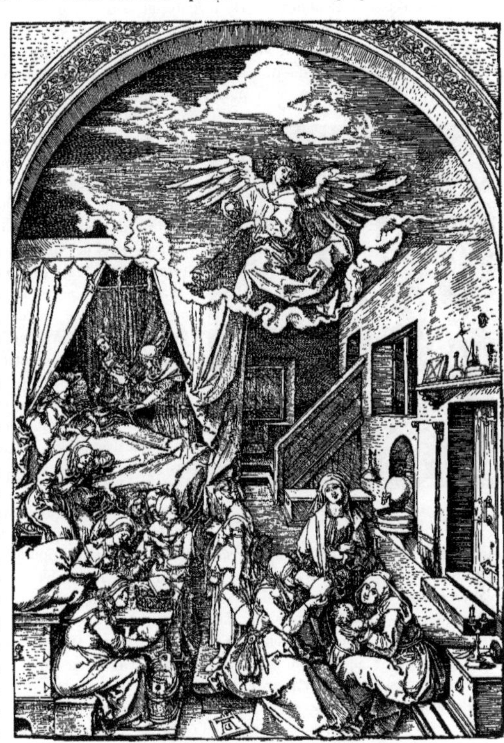

Fig. 82. — L'Histoire de la Vierge. Gravure d'Albert Durer.

Si les dessins authentiques de nos collections publiques ont permis d'attacher les noms de Van Orley et de Vermeyen à des suites historiques célèbres, un autre mode d'information, employé par plusieurs chercheurs, a donné de son côté des résultats dont il convient de tenir compte. Il s'agit de l'étude de ces inscriptions, souvent sans portée, semées, pour ainsi dire, sur les étoffes et les détails accessoires des pièces maîtresses du XVIe siècle. Évidemment, il faut lire ces légendes hiéroglyphiques avec une extrême prudence et une critique toujours en éveil. Il n'en est pas moins acquis que certains érudits sont arrivés, dans cet ordre d'investigations, à des résultats fort appréciables.

Nous devons à MM. A. J. Wauters, Joseph Destrée et A. Thiéry[1] des révélations d'autant plus intéressantes qu'elles révèlent des œuvres incontestables d'artistes fort estimés de leur temps, dont le nom seul était connu jusqu'ici. Au premier rang de ces maîtres, célèbres jadis par leur talent, dont aucune œuvre ne nous était parvenue, se place Jean van Room, dit aussi Jean de Brussel, parce qu'il était originaire de la capitale du Brabant, peintre officiel de Marguerite d'Autriche, gouvernante des Pays-Bas. Cet artiste, ignoré de la plupart des historiens, doit aux recherches des érudits cités plus haut un regain de célébrité, grâce aux nombreuses tentures dont il aurait donné les dessins. Le chanoine Thiéry n'a-t-il pas lu son nom sur les galons ou les draperies de personnages appartenant à la *Passion* de la cathédrale d'Angers, sur les accessoires du *Crucifiement* du Musée du Cinquantenaire, sur la *Prise de Jérusalem* de Notre-Dame de Nantilly, sur des tentures de la ville de Trente, sur des pièces enfin de la collection d'Espagne, sur d'autres panneaux encore appartenant à des amateurs? La similitude des inscriptions de ces différentes séries donne beaucoup de vraisemblance aux conjectures des historiens de la tapisserie flamande. Nul doute que l'examen approfondi des vieilles tentures, étudiées aujourd'hui comme elles ne l'ont jamais été, ne révèle d'autres particularités qui avaient échappé jusqu'ici à des yeux distraits.

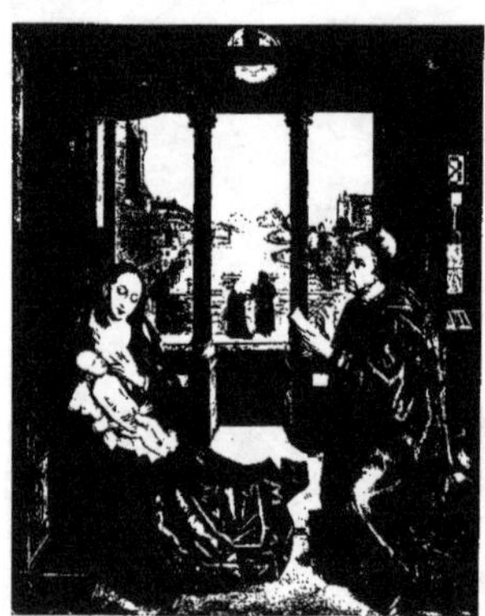

Fig. 83. — Saint Luc peignant la Vierge.
Tableau de Rogier Van der Weyden (Musée de Munich).

En cherchant bien dans les Musées où se cachent tant de trésors ignorés, on découvrirait sans aucun doute bien des projets de tapisseries encore inconnus, comme ces *Chasses de Stradan*, conservées au Louvre, dont les motifs ont défrayé plus d'un atelier.

Les travaux d'Alphonse Wauters ont mis en lumière les noms d'un certain nombre des élèves et collaborateurs obscurs des vieux maîtres flamands. On sait peu de chose sur les Adrien van Ghiesberghe, les Tons, les Josse van Liere. Quant à Michel van Coexyen, qu'on appelle plutôt Coxie, on le connaît mieux; il collabore souvent avec van Orley. Les Tons et van Liere, d'après Karel van Mander, s'appliquaient surtout au paysage. Guillaume Tons, ou Toens, chef d'une dynastie nombreuse d'artistes, peignait à la détrempe, avec quelque talent, des cartons étoffés d'arbres, de plantes, d'animaux, d'oiseaux. On a proposé de lui attribuer une partie de ces charmantes bordures où les fleurs et le feuillage jouent un si grand rôle. Les encadrements sont le plus souvent d'une autre main que le sujet central, cela s'explique facilement. Les deux fils de Guillaume Tons, Hans et Guillaume, peignaient aussi à la détrempe, procédé qui convient parfaitement aux modèles de tapisseries. Ces artistes virent l'Italie. Guillaume Tons le jeune dut son succès à ses petites figures et à ses bordures. Il eut lui-même un fils, Hubert, qui habitait Rotterdam au temps de Karel van Mander. Josse van Liere peignait aussi des verdures à l'huile et à la détrempe; il collabora peut-être avec Tons

1. Wauters (A.-J.), *Jean van Romme, dit Jean de Bruxelles, peintre de Marguerite d'Autriche* (La Gazette de Bruxelles, 21 septembre 1904). — Destrée (Joseph), *Tapisseries flamandes des Musées royaux* (Bulletin des Musées royaux des arts décoratifs et industriels, avril-juin 1904, avec pl.). — Du même, *Maître Philippe et Jean van Romme*, Bruxelles, Vromant, 1904. — A. Thiéry, *Les Inscriptions et Signatures des tapisseries du peintre bruxellois Jean de Bruxelles, appelé aussi Jean de Rome* (dit Jean de Brussel), Louvain, in-4°, 1907, 2 broch. in-4, avec fac-similés et pl.

le père aux paysages des *Chasses de Maximilien*. Sa vie, assez agitée, prit fin en 1583. Michel van Coxcyen ou Coxie, l'élève préféré et le successeur de Van Orley, recevait une indemnité annuelle de 50 florins par an pour fournir des cartons aux tapissiers. Lors du décès de cet artiste, survenu le 27 mai 1563, l'allocation fut attribuée à Pierre de Kempeneer, appelé par les Espagnols Piedro Campana ; il est connu surtout comme maître du peintre Moralès. Né en 1503, Kempeneer mourut vers 1580.

Albert Durer avait été signalé par divers historiens comme ayant travaillé pour la tapisserie. Jusqu'ici aucune preuve de cette collaboration n'avait été produite. Or, un panneau représentant la Naissance de la Vierge, qui faisait récemment partie des collections d'un grand marchand parisien, collections aujourd'hui en Amérique, reproduit très exactement la gravure bien connue du peintre de Nuremberg représentant le même sujet. Que l'artiste ait connu cette interprétation de son œuvre, c'est fort douteux. Il paraît certain qu'en gravant le sujet de la Mort de la Vierge, il ne songeait guère aux tapissiers.

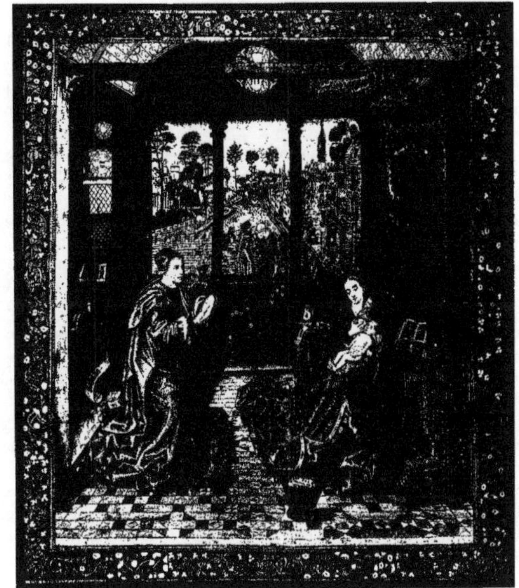

Fig. 84. — Saint Luc peignant la Vierge. D'après le tableau de Rogier Van der Weyden. Fin du XVe siècle (Musée du Louvre).

Voici déjà plusieurs années qu'on avait rapproché le panneau de tapisserie exposé au Musée du Louvre, où se voit saint Luc occupé, dans un charmant intérieur flamand prenant vue sur un paysage riant, à peindre le portrait de la Vierge, et le tableau de Van der Weyden exposé à la Pinacothèque de Munich, représentant le même sujet avec quelques différences insignifiantes. Sans doute, le maître flamand n'a pas connu cette copie de son œuvre ; le tapissier a probablement reproduit la peinture sans même consulter l'artiste. Dans ce cas, comme dans le précédent, on ne saurait tirer de ce rapprochement de la peinture et de la tapisserie la preuve que les peintres aient travaillé pour les ateliers de leur pays. Nous ne voyons là que les débuts d'une coutume qui s'est de plus en plus généralisée par la suite. En effet, depuis le XVIe siècle, les tapissiers ne se sont pas fait faute de reproduire les peintures des maîtres fameux, ou d'accommoder à leurs besoins les dessins ou les gravures des artistes en vogue. Toutes les époques fourniraient au besoin des exemples de ces arrangements. Nous les signalerons à l'occasion.

Parmi les dessinateurs célèbres de cartons, Félibien cite Matteo del Nassaro. Chargé par François Ier d'exécuter des modèles, cet artiste entreprit plusieurs voyages dans les Flandres pour surveiller l'exécution de ses projets. Frederico Zucchero, appelé dans les Pays-Bas pour prêter son concours aux ateliers de Bruxelles, dut ensuite partir pour l'Angleterre sur l'invitation de la reine Élisabeth ; il alla aussi en Espagne, mandé par Philippe II. Ces mentions encore bien vagues prouvent, du moins, que la plupart des peintres en renom devinrent les collaborateurs habituels des artisans de haute et de basse lisse. Mais comment distinguer l'œuvre de chacun d'eux dans cette quantité de sujets différents, perdant sous la main des tisseurs une partie de leur caractère particulier ?

Réglementation du métier de tapisserie. — Pour tisser la masse énorme de tentures dont il reste encore, après tant de pertes, une si grande quantité, un nombre considérable d'ouvriers était indispensable. Aussi, la corporation des tapissiers compte-t-elle parmi les premières de la ville de Bruxelles. En 1521 et en 1544, l'entrée des souverains du pays avait procuré aux corps de métier une occasion de se compter ; seuls, les bouchers et les merciers l'emportaient par leur nombre sur les tapissiers.

Inutile d'entreprendre ici l'énumération des ordonnances qui réglèrent les conditions du travail et interdirent les moyens empiriques de suppléer à l'imperfection de la teinture ou du tissage. Le plus ancien de ces règlements porte la date du 24 avril 1525. Au 15 mai 1528 remonte l'institution de la marque officielle des tapisseries bruxelloises : un écusson rouge entre deux B. La présence de cette marque sur une tapisserie, cette remarque a déjà été faite, fournit une preuve certaine que le travail est d'une date postérieure à l'année 1528.

Une explication assez singulière a été donnée du monogramme relevé sur nombre de tapisseries et dans lequel les initiales du maître de l'atelier sont groupées autour d'un dessin représentant le chiffre quatre. Ce signe annoncerait un travail exécuté pour la vente, non sur commande. Il constaterait que la tapisserie fut tissée pour un revendeur ou pour un tapissier faisant le commerce de tentures [1]. Bien entendu, nous ne nous portons pas garant de l'exactitude de cette ingénieuse interprétation.

L'édit du 16 mai 1544 resta longtemps la charte fondamentale du style ou métier de la tapisserie. Cet acte de l'autorité souveraine contenait de graves restrictions à côté de pénalités draconiennes. Le premier article énumérait les villes où la fabrication de la tapisserie était autorisée, à l'exclusion de toutes autres. En dehors de Bruxelles, Anvers, Bruges, Audenarde, Louvain, Alost, Enghien, Binche, Ath, Lille, Tournai et autres villes franches où le métier est organisé et réglé par les ordonnances, interdiction absolue d'ouvrir des ateliers et de monter des métiers. Nous résumons dans une note les dispositions principales de cet édit, dont le texte était rédigé en flamand [2].

1. M. Alphonse Wauters dit tenir cette interprétation du signe qui accompagne presque toutes les tapisseries bruxelloises de M. Ouverleaux, employé à la Bibliothèque royale ; mais où cet érudit a-t-il trouvé cette explication ?

2. L'ordonnance capitale du 26 mai 1544, « *sur le faict et conduite du stil et métier des tapisseries* », comprenait 90 articles. En voici les clauses essentielles :

L'art. 1er défend la fabrication de la tapisserie en dehors de Louvain, Bruxelles, Anvers, Bruges, Audenarde, Alost, Enghien, Binche, Ath, Lille, Tournai et autres francs lieux, dans lesquels le métier sera organisé et réglé par les ordonnances.

Pour fabriquer ou vendre des tapisseries, il faut être bourgeois de naissance ou par achat, et avoir fait trois années d'apprentissage sous un franc maître. Le maître ne peut engager qu'un apprenti ; celui-ci doit avoir au moins huit ans. Toutefois, le maître sera libre d'apprendre aussi le métier à son fils.

Après trois années d'apprentissage, pendant lesquelles il aura rempli toutes ses obligations, l'apprenti est reçu compagnon. Pénalités infligées aux compagnons qui dérobent des étoffes ou matières premières, ou emploient par méchanceté des matières défendues ou défectueuses. Interdiction à l'ouvrier engagé chez un maître de travailler pour son propre compte. L'ouvrage commencé doit être continué sans interruption ; il ne doit pas être arrêté pour d'autres travaux.

Tout maître incitant ses ouvriers à négliger le travail pour aller plus vite, ou à ne pas suivre leur modèle, est suspendu de son métier pendant une année. L'embauchage des ouvriers est puni d'une amende de dix carolus d'or.

Serment imposé aux récipiendaires d'observer les ordonnances et règlements du métier. Ils devaient, avant de se mettre à la besogne, déposer une marque ou un chiffre qu'on inscrivait sur le registre de la corporation. Ils déclaraient ensuite à quel travail ils comptaient se livrer, parce que, suivant le prix de la tapisserie, ils devaient employer certaines matières premières spéciales. Ainsi, pour les ouvrages du prix de vingt patars et au-dessus, la chaîne doit être de filés de laine de Lyon, d'Espagne, d'Aragon, de sayette, ou de fil filé à la quenouille. Défense de se servir de soies mélangées de fils. Dans les ouvrages de prix, les têtes et les traits des personnages seront *profilés* et *ouvrés* au fond de la tapisserie ; c'est-à-dire qu'il est interdit, non seulement d'ajouter de la couleur aux carnations, mais aussi de se servir de l'aiguille pour terminer l'ouvrage. La tapisserie doit être faite d'un seul morceau ; les quatre coins s'appliqueront exactement les uns sur les autres, autrement dit, la pièce devra être rectangulaire ; le tout sous

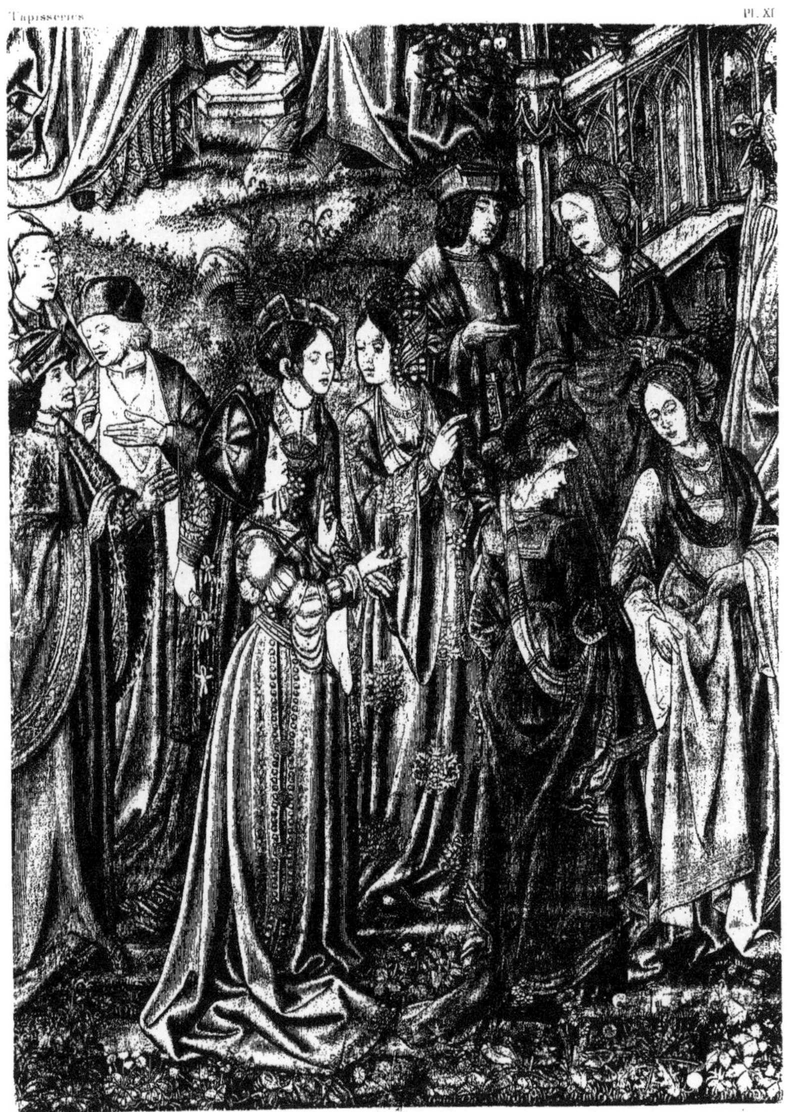

HISTOIRE DE DAVID ET DE BETHSABÉE (FRAGMENT)

ATELIER DE BRUXELLES PREMIÈRE MOITIÉ DU XVIe SIÈCLE

(Musée de Cluny)

Cette réglementation si étroite contribua sans doute au développement de l'industrie bruxelloise; mais les encouragements prodigués aux tapissiers par les deux princesses chargées de l'administration des provinces flamandes, Marguerite d'Autriche et, après elle, Marie de Hongrie produisirent aussi de féconds résultats. Ces gouvernantes commandèrent aux ateliers les plus renommés la plupart des belles tentures qui font aujourd'hui la gloire des collections espagnole et autrichienne. Par contre, lorsque le duc d'Albe voulut étouffer dans le sang les premières velléités d'affranchissement et les progrès de la religion réformée, ses rigueurs portèrent un coup terrible à la prospérité du métier. C'est qu'une industrie somptuaire comme celle-là ne peut vivre et se développer que dans un pays riche et tranquille. Les querelles intestines, les guerres civiles tuent nécessairement le luxe et chassent ceux qui en vivent. L'administration du duc d'Albe eut donc pour résultat certain d'obliger nombre de peintres et de tapissiers à demander un asile aux pays voisins [1]. Ce fut une émigration générale des maîtres les plus habiles, exactement comme celle dont la France fut la victime après la révocation de l'édit de Nantes. La plupart de ces fugitifs restent ignorés; parmi ceux dont on connaît l'odyssée figurent les peintres Jean de Witte et Nicolas Van Orley; ils émigrèrent en Wurtemberg et furent chargés par le duc Christophe de décorer le palais de Stuttgard. Des cartons de tapisseries leur furent aussi commandés. Au nombre des tisseurs qui s'exilèrent pour échapper aux poursuites du duc d'Albe, on rencontre François de Raes, Jean van Diegem, de Bruxelles, et Arnoul Hanno, de Tournai. Les exécuteurs des persécutions ducales ne s'en tinrent pas à ces violences exercées contre les personnes. Les biens des proscrits étaient confisqués; les plus belles tapisseries trouvées chez eux furent envoyées au souverain ou gardées par le gouverneur; celles qu'on ne réservait pas pour les maîtres du pays se vendaient à l'encan.

La persécution des religionnaires ne parvint pas à supprimer une industrie qui avait encore de si profondes racines dans les Flandres. L'administration sage et réparatrice des archiducs Albert et Isabelle rendit rapidement, au début du XVIIe siècle, la confiance aux travailleurs. Nous avons signalé précédemment [2] les tentures commandées par l'archiduc Albert pour célébrer le souvenir de ses succès contre les villes de Calais et d'Ardres. C'est vers la même époque, c'est-à-dire dans les dernières années du XVIe siècle, que la cour de France s'adressait aux tapissiers d'une petite cité flamande pour l'exécution de cette belle suite des *Fêtes de Henri III* dont il a été parlé plus haut. Les souverains étrangers avaient presque tous recours aux tisseurs des Pays-Bas pour enrichir leurs demeures de somptueuses étoffes. Mais les intermédiaires chargés de ces négociations étaient ordinairement des marchands ou des commissionnaires; et, par suite, on ignore le plus souvent le nom des tapissiers dans l'atelier desquels les commandes étaient exécutées. Les Archives des anciennes corporations ont toutes disparu, avons-nous dit. Aussi, sont-ils d'une extrême rareté les noms des tapissiers auxquels on peut faire honneur d'une œuvre connue. C'est le cas du célèbre Pierre van Aelst, dont la traduction de l'œuvre de Raphael a rendu le nom fameux. Constamment occupé à de nombreux travaux pour la gouvernante des Pays-Bas, Marguerite d'Autriche, ce maître tapissier eut certainement sous sa direction un personnel des plus nombreux.

peine de saisie et de confiscation au profit du seigneur. Le maître, avant de terminer une pièce, est tenu de faire tisser, à l'un des bouts, sa marque ou enseigne personnelle, et, à côté, la marque de la ville.

Obligation de refaire le tissu quand est signalé un défaut provenant d'une erreur de dessin ou de couleur; interdiction de dissimuler ce défaut par des couleurs appliquées sur l'étoffe. Cependant, le tapissier est autorisé à employer des crayons rouges, blancs ou noirs pour raviver les traits du visage et les nus des pièces restées longtemps sur le métier; ce travail se fera toujours à sec.

Des experts peuvent être chargés par l'acheteur de contrôler si le travail est conforme aux prescriptions des ordonnances. Après cet examen, il n'a plus de recours contre le fabricant. La contrefaçon des dessins est punie d'une amende de 30 carolus d'or.

Le courtage des tapisseries est exclusivement réservé aux commerçants de Bergues et d'Anvers; ils reçoivent 4 deniers par gros de Flandre pour leur commission. Ils doivent déclarer le prix exact de la vente, sous peine d'une amende de 100 carolus d'or.

Suivent les articles relatifs aux visites des doyens et jurés, aux registres contenant les noms des maîtres et les observations des jurés. Ceux-ci scellaient du sceau de la ville les certificats de maîtrise délivrés aux ouvriers désirant aller pratiquer leur métier dans d'autres centres pour se perfectionner.

Les peines les plus sévères étaient édictées contre ceux qui apposaient sur leurs ouvrages une marque de ville dont ils n'avaient pas le droit de se servir. La première de ces punitions était la confiscation. Quant à ceux qui contrefaisaient, falsifiaient ou enlevaient la marque d'un autre maître, ils étaient chassés du métier et avaient le poignet droit coupé. La peine était cruelle, mais eut-on jamais l'occasion de l'appliquer? Elle avait au moins l'avantage de garantir l'acheteur contre les fraudes.

1. Wauters, *Les Tapisseries bruxelloises*, p. 178.
2. Voy. ci-dessus, p. 151 et 152.

Les marques des tapissiers. — Les noms de plusieurs contemporains et émules de Van Aelst ont été sauvés de l'oubli. On a déjà signalé plus haut Jean Pissonnier, auteur d'un *Triomphe de Jules César* (1510). Gabriel van Tommen vendait à l'empereur Charles-Quint, en 1516, des verdures à feuillages, bêtes sauvages et chasses; cinq ans plus tard, nouvelle acquisition par le souverain d'une tenture de *Persée*, en huit pièces, et de huit autres panneaux de *Chasses*, du même chef d'atelier.

La famille des Pannemaker tient une des premières places dans l'industrie bruxelloise, à côté de Van Aelst; ses représentants sont chargés des travaux les plus vastes et les plus somptueux. Le chef de la dynastie, Pierre de Pannemaker, livre à Marguerite d'Autriche, en 1519 et 1520, plusieurs scènes de la Passion, notamment le *Christ au jardin des Oliviers* et le *Portement de croix* conservés à Madrid, et dont les modèles sont attribués à Van Orley. Trois ans plus tard, il reçoit, avec le titre de tapissier de Marguerite d'Autriche, de nouvelles commandes de la gouvernante des provinces flamandes et de l'Empereur lui-même. Il travaille encore pour la cour d'Espagne en 1534. Henri de Pannemaker, cité en 1541, serait le fils de Pierre. Quant à Guillaume de Pannemaker, un des plus illustres artisans de Bruxelles, l'auteur de la *Conquête de Tunis*, on ignore quel degré de parenté le rattache aux précédents; mais il appartient, c'est hors de doute, à la même famille. Guillaume avait pris l'engagement[1] de n'employer au travail de la *Conquête de Tunis* que les meilleures laines et soies, et d'occuper constamment, sur chacune des douze pièces, sept tisseurs, soit quatre-vingt-quatre en tout. Encore fallut-il cinq années pour tout terminer; commencée le 20 février 1549, la tenture complète était livrée le 21 avril 1554. Le prix de 12 florins l'aune porte la dépense totale des douze cent quarante-six aunes à la somme de 14.952 florins. Pannemaker reçut en plus une rente de cent livres en témoignage de la satisfaction de l'Empereur. Est-ce à notre Guillaume de Pannemaker que fut accordée, le 17 septembre 1578, la place de concierge de la maison située dans le parc de Bruxelles, dénommée la maison de Sassignies? Si c'est lui qui obtint cette faveur, le tapissier de la *Conquête de Tunis* aurait prolongé sa vie jusqu'au dernier quart du XVIe siècle. Parmi les tentures conservées à Madrid, plusieurs des plus importantes lui sont attribuées, notamment une *Histoire d'Abraham* en sept pièces, les cinq panneaux des *Fables d'Ovide* et l'*Histoire de Noé*, exécutée en collaboration avec François Geubels. Il a signé aussi trois pièces de l'*Apocalypse* et les quatre *Péchés capitaux*. Trois tentures de Vienne portent également sa marque : les *Armes de Charles-Quint* (n° XXXIII), les *Sept péchés mortels* (n° XXXV) et les *Paysages avec animaux* (n° LXVI).

Des Van Aelst et des Pannemaker il convient de rapprocher les tapissiers suivants : d'abord François Geubels, dont le monogramme est inscrit sur plusieurs pièces de Madrid; puis Guillaume de Kempenare, à qui Marie de Hongrie achète une *Histoire d'Hercule* en 1539, et aussi Jean Dermoyen, auteur d'une *Histoire de Josué*, vendue à Charles-Quint en 1544; enfin un certain Léon, à qui est attribuée la *Légende d'Herkinbald* du Musée de Bruxelles, tissée en 1513 sur les cartons de ce Jan van Brussel, ou Jan van Romme, dont il a été question plus haut, cartons reproduisant les peintures de Van der Weyden placées jadis à l'Hôtel de Ville de Bruxelles. Évidemment, on ne parviendra jamais à dresser la liste complète des artisans ayant collaboré aux grandes tentures de Madrid et de Vienne. Qu'il suffise d'avoir rappelé qu'au premier rang des chefs de l'industrie bruxelloise figuraient, au XVIe siècle, les Van Aelst, les Pannemaker et les Geubels.

Les initiales ou monogrammes de ces tapissiers hors ligne sont caractéristiques; on les connaît maintenant de façon certaine. Les pièces antérieures à 1528 n'ayant pas de marque, aucune signature ne désigne les travaux de Van Aelst. Ceux de Guillaume Pannemaker portent un W surmonté d'un P; les deux lettres sont séparées par une double barre. Quant à Geubels, sa marque se compose des initiales F. G.

1. Houdoy (J.), *Les tapisseries de Charles-Quint représentant la Conquête du Royaume de Thunes par l'Empereur Charles-Quint*. Histoire et documents inédits, Lille, 1873, in-8. M. Houdoy donne le texte des contrats passés avec le peintre Vermay et le tapissier Guillaume de Pannemaker, pièces capitales conservées dans les Archives départementales du Nord. Les cartons furent payés trois cents florins carolus.

Sur les tapisseries de la collection d'Espagne, il n'a été relevé que neuf signatures de tapissiers [1], tandis qu'à Vienne, le Dr Ernst Ritter von Birke en compte une quarantaine. Ces monogrammes demeurent pour la plupart inexpliqués, sauf ceux de Willem ou Guillaume Pannemaker, de François Geubels et peut-être de Jan Segers. A partir du xviie siècle, beaucoup de chefs d'atelier inscriront sur leurs œuvres leur nom en toutes lettres, ce qui rend les attributions plus sûres.

Alexandre Pinchart a découvert dans les Archives du royaume de Belgique un document des plus curieux sur les marques des vieux tapissiers. Ce document se rapporte aux ateliers d'Audenarde. Nul doute qu'il en ait existé d'analogues pour les autres centres de fabrication; mais celui d'Audenarde est le seul qui ait été signalé jusqu'ici. Sur une feuille de papier sont dessinées les signatures ou monogrammes de vingt-quatre chefs d'atelier, avec les noms du tapissier à la suite de chaque dessin. La plupart de ces noms sont nouveaux. Cependant, deux d'entre eux ont été reconnus sur des tentures ayant date certaine; les noms de Pierre Willemets et de Jean de Waghenere paraissent sur des pièces de 1542 et 1544, ce qui date approximativement le tableau ci-dessous reproduit. Enfin, les panneaux d'une *Histoire de David* conservée à Vienne portent les initiales A C, du tapissier Arnould Cobbaut, inscrites sur le troisième rang.

MARQUES DES TAPISSIERS D'AUDENARDE

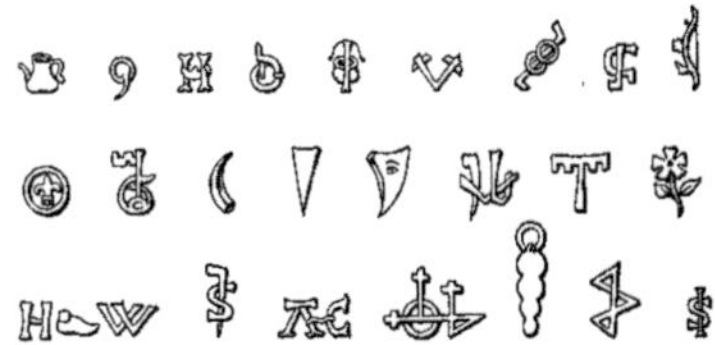

NOMS DES TAPISSIERS DONT LES MARQUES FIGURENT CI-DESSUS :

Première ligne horizontale, neuf marques : 1° Pierre de Brauere ; 2° Josse Walrave ; 3° Hubert Stalins ; 4° Gilles Mahieus ; 5° Arnould van den Kethele ; 6° Pierre van Rakebosch ; 7° Guillaume van den Cappellen ; 8° Jean Pontseel ; 9° Jean Boogaert.

Deuxième ligne horizontale, huit marques : 10° Remi Cruppenn ; 11° Gilles Morreels ; 12° Martin van den Muelene ; 13° Pierre Willemets (cité en 1542) ; 14° Matthieu van Boereghem ; 15° Jacques van den Broucke ; 16° Jean de Bleeckere ; 17° Jean de Waghenere (cité en 1544).

Troisième ligne horizontale, sept marques : 18° Antoine van den Neste [2] ; 19° Jean Talpaert ; 20° Arnould Cobbaut ; 21° Thomas Nokermann ; 22° Jean de Clynckere ; 23° Jean Dervael ; 24° Jacques Benne.

Dans un chapitre précédent, nous nous sommes occupé des ateliers secondaires des Pays-Bas pendant la première moitié du xvie siècle ; il ne reste rien à ajouter à ce qui a été dit. Les œuvres relativement assez rares de ces centres provinciaux se distinguent malaisément les unes des autres. Nous avons dû constater que les anciens métiers de Tournai avaient presque entièrement cessé leur travail. Au xvie siècle, Bruges et Anvers étaient plutôt des entrepôts que des centres de fabrication. La ville

1. Ces monogrammes ont fourni matière à des explications assez plausibles. Sur la deuxième pièce de l'*Histoire de Cyrus*, un chiffre composé des lettres N, L, E, S a été lu Nicolas Leyniers. Sur les trois premières pièces de la *Prédication des Apôtres*, on a cru pouvoir reconnaître les signatures de Jean Raes et de J. Geubels. Un J et un L, sur la septième pièce du *Scipion*, serait la marque de Jean Leyniers ; un A et un L accolés sur plusieurs pièces de l'*Histoire de Romulus* désigneraient Antoine Leyniers.

2. Pinchart estime que les lettres H W conviennent mieux à Hans (Jean) de Waghenere qu'à Antoine van den Neste.

d'Audenarde seule conservera, jusqu'à une époque avancée du siècle suivant, une réelle importance industrielle, et encore les persécutions de Philippe II durent-elles réduire singulièrement le nombre des douze ou quatorze mille tapissiers dont la présence avait été constatée dans la ville et les faubourgs sous Charles-Quint. Quoi qu'il en soit, la production de ces artisans, répandus sur toute la surface des Pays-Bas et dont on peut porter le nombre à trente ou quarante mille, atteignit certainement d'incalculables proportions.

En regard de cette fécondité, les travaux des ateliers installés en Italie, en Allemagne et d'autres pays de l'Europe occupent une place bien modeste. Seules, les provinces septentrionales de la France pourront lutter avec l'industrie flamande. La France du Nord et la Flandre restent donc la terre classique de la tapisserie, le centre par excellence de la fabrication de la haute et de la basse lisse.

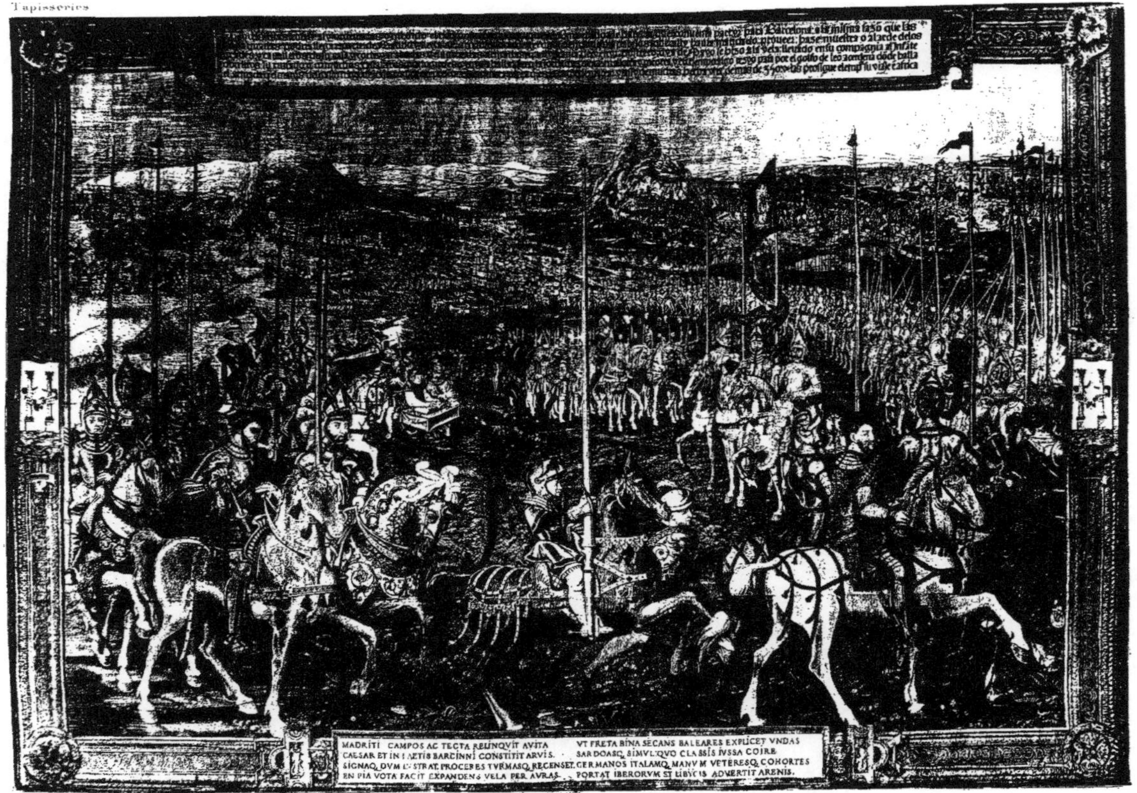

MADRITI CAMPOS AC TECTA RELINQVIT AVITA
CAESAR ET IN LAETIS BARCINNI CONSTITIT ARVIS.
SIGNAQ. DVM LVSTRAT PROCERES TVRMASQ. RECENSET.
EN PIA VOTA FACIT EXPANDENS VELA PER AVRAS.

VT FRETA BINA SECANS BALEARES EXPLICET VNDAS
SARDOASQ. SIMVL QVO CLASSIS IVSSA COIRE
GERMANOS ITALAMQ. MANVM VETERESQ. COHORTES
PORTAT IBERORVM ET LIBYCIS ADVERTIT ARENIS.

LA CONQUÊTE DE TUNIS : REVUE DE L'ARMÉE

ATELIER DE GUILLAUME DE PANNEMAKER D'APRÈS LES CARTONS DE JEAN VERMAY. MILIEU DU XVIe SIÈCLE

Collection royale de Madrid

CHAPITRE IX

La tapisserie en Italie, en Allemagne, en Angleterre et en Espagne pendant le XVIe siècle.

Italie. — Les pays voisins et rivaux de la France n'avaient pas attendu l'immense développement donné à l'art de la tapisserie par les centres flamands pour essayer de dérober aux ateliers septentrionaux le secret de la fabrication de ces *Arazzi* universellement admirés. L'Italie fut la première à entrer dans cette voie. Ces villes si intelligentes, si vivantes, si sensibles à toutes les manifestations de l'art, s'étaient préoccupées, dès les premières années du xve siècle, d'attirer chez elles les représentants les plus qualifiés de l'industrie dont elles savaient apprécier les brillantes applications. Les potentats des vieilles cités italiennes donnaient l'exemple en formant d'importantes collections de tentures. L'exemple partit des Gonzague de Mantoue; il fut bientôt imité à Ferrare par les seigneurs d'Este, à Rome par le Souverain Pontife. On ne se contenta pas d'acquérir les spécimens les plus précieux de l'art nouveau, on voulut posséder et voir travailler les auteurs de ces chefs-d'œuvre. Des tapissiers franco-flamands passèrent les monts. Ils montèrent leurs métiers dans les palais italiens ou dans leur voisinage. Le premier de ces émigrés s'appelait Jean de France; nous l'avons trouvé installé à la cour de Mantoue dès 1419. Le mouvement s'était bientôt étendu de proche en proche; il avait gagné Venise, Ferrare, Sienne, Rome, Pérouse, Bologne, Milan, Correggio, d'autres villes encore, où la présence de hautlisseurs a été constatée. Les résultats ne répondirent pas à l'effort. Soit que les nouveaux venus n'eussent pas rencontré l'appui sur lequel ils comptaient, soit que les petits seigneurs de la péninsule se fussent bien vite lassés d'une tentative exigeant de grosses avances et ne donnant que des résultats très lents, les ateliers italiens n'eurent qu'une durée éphémère. Nous avons raconté leurs vicissitudes pendant le xve siècle et la vie errante de ces tapissiers nomades, réduits à errer de ville en ville, sans parvenir à se fixer nulle part. Peut-être, la nostalgie du pays natal leur rendait-elle pénible le séjour de ces contrées nouvelles, au milieu de populations si différentes par leurs instincts, leurs coutumes et leur langage, de la patrie flamande. Il nous a fallu constater que la plupart des ateliers italiens, dont certains avaient brillé d'un vif éclat pendant leur éphémère existence, avaient cessé tout travail avant le xvie siècle. Deux villes seulement, Florence et Ferrare, persistèrent dans leur entreprise et produisirent des œuvres estimables dont nous possédons encore de remarquables spécimens. Les autres, Venise, Rome, Mantoue, Vigevano renouvelèrent les tentatives infructueuses du Moyen Age. Elles appelèrent des tapissiers en renom, sans parvenir à les fixer. Aussi les tentures italiennes n'occupent-elles qu'une place assez modeste dans l'histoire générale de l'industrie somptuaire.

Ferrare. — L'atelier de Ferrare, nous l'avons constaté plus haut, avait presque complètement suspendu son travail en 1505. Il ne le reprit guère qu'après l'avènement du duc Hercule II, qui prit possession du gouvernement en 1534 et mourut en 1559. A ce prince se rattachent quelques-unes des œuvres les plus originales, les plus décoratives de cette période. Il avait appelé des Flandres deux artisans de réelle valeur, Nicolas et Jean Karcher. Le premier s'installait à Ferrare en 1536 et y travaillait avec six hautlisseurs qu'il avait amenés avec lui. Il avait trouvé un tapissier bruxellois, Gérard Slot, établi dans les états d'Este depuis 1529 et qui devait y demeurer jusqu'à sa mort, en 1562.

Nicolas Karcher, au bout d'une dizaine d'années passées à Ferrare, était appelé à Florence et allait s'y fixer. Après son départ (1546), Jean Karcher reste seul à la tête de l'atelier ferrarais et déploie dans ses fonctions une remarquable activité. Sans doute, il avait fait venir des Flandres plusieurs compatriotes pour l'aider dans ses travaux, car, en un espace de cinq années seulement, il termina vingt-cinq tapisseries, ce qui suppose un personnel assez considérable. Cette période de prospérité ne dura guère que de 1556 à 1561 ; mais la mort d'Hercule II (1559) leur avait déjà porté un coup funeste, quand celle du chef de l'atelier vint précipiter leur décadence. Le fils de Jean Karcher, Louis Karcher, peintre en même temps que tapissier, prit la direction de l'atelier ; il ne parvint pas à prolonger son existence. On ignore la date exacte de l'arrêt complet des travaux ; elle suivit de près le décès de Louis Karcher. Au XVIIe siècle, le garde meuble des princes de Ferrare ne contenait pas moins, assure-t-on, de cinq cents tapisseries, les unes fabriquées dans la ville même, les autres d'origine flamande.

Des peintres en réputation avaient collaboré aux travaux des tapissiers de Ferrare. Jules Romain, notamment, avait exécuté pour eux les modèles des *Triomphes de Scipion* ou d'un *Combat des géants.* D'après un érudit local [1], on lui devrait aussi d'autres compositions consacrées par la gravure : *Un chirurgien mettant des ventouses à une femme*, — scène bien étrange comme sujet de décoration — trois *Batailles*, le *Repos en Égypte*, *Rémus et Romulus allaités par la louve*, *Jupiter et ses frères se partageant l'Empire du monde*. D'autres artistes furent appelés à travailler pour l'atelier ferrarais. Le Vénitien Pordenone commence une série des *Scènes de l'Odyssée*. Sa mort interrompt l'ouvrage ; il est terminé par Guglielmo Boides et Camillo Filippi. Benvenuto Tisi, dit le Garofalo, un des chefs de l'école ferraraise, est chargé de composer les huit scènes de l'*Histoire de saint Georges et de saint Maurelius* [2], offertes par le chapitre à la cathédrale, où elles sont encore exposées. Jean Karcher achève, en 1552, cette tenture commencée deux ans plus tôt. Elle n'est montrée au public que les jours de grandes fêtes religieuses ; aussi, est-elle peu connue.

Luca Cornelio, ou Luca d'Olanda (Lucas Engelbrecht), fut aussi employé par le duc d'Este ; il dessinait des grotesques, des vues de ville, des paysages avec animaux. On lui doit notamment les bordures des tapisseries du dôme de Ferrare. Mais les artistes les plus étroitement attachés à l'atelier de Ferrare furent les peintres Dosso Dossi et son frère Battista, connu surtout comme paysagiste. Ce dernier, jusqu'à sa mort (1548), livra nombre de modèles où le paysage, traité avec un goût original, jouait le principal rôle. Il recevait pour chaque carton de 25 à 40 ducats d'or.

Battista Dossi donna les cartons d'un *Parnasse*, d'*Apollon et Minerve*, de *Berceaux de verdure* et d'une *Histoire d'Hercule* que la mort de l'auteur empêcha de terminer et dont l'achèvement fut confié à Guglielmo Boides (ou de Malines) et à Camillo Filippi.

Une tenture de *Jeux d'Enfants*, série où le paysage occupe une place importante, comme dans toutes les productions de l'atelier ferrarais, a été exposée à Paris, en 1878, par M. Charles Ephrussi. Cette suite, dont il existe encore six pièces, aurait été destinée au cardinal Hercule Gonzague de Mantoue, dont elle porte les armes. Elle est attribuée à Karcher.

Parmi les artistes appelés à travailler pour l'atelier de Ferrare, on signale encore les noms des peintres indigènes Girolamo da Carpi, Jacopo Vighi d'Argenta, Leonardo da Brescia et Giovanni Battista de Bologne. Plusieurs de ces peintres fixés à la cour de Ferrare s'occupaient presque exclu-

1. Cittadella, *Notizie relative a Ferrara.* — Giuseppe Campori, *Arazzeria Estense.*

2. Eugène Müntz, dans l'*Histoire de la tapisserie italienne* faisant partie de l'*Histoire générale de la tapisserie* (p. 59-60), cite les quatre sujets de la vie de saint Maurelius et les quatre sujets de la vie de saint Georges, et reproduit deux de ces compositions.

sivement de la composition des bordures. Les maîtres en réputation dédaignaient ce travail comme au-dessous de leur talent. Bronzino, invité à fournir les entourages de ses compositions pour l'atelier de Florence, exigea pour cette besogne un supplément de prix.

Les peintres de bordures travaillant ordinairement pour les tapisseries ferraraises étaient le Flamand Lucas Engelbrecht et les Italiens Tomaso de Trévise, Bernardino et Domenico Bellone.

La cathédrale de Côme possède huit pièces rarement exposées, et seulement à l'occasion des grandes fêtes religieuses. Quatre de ces tapisseries sont consacrées à la Vie de la Vierge : *Mariage; Présentation au temple; Mort de la Vierge; Assomption.* Sur les quatre autres se voient des scènes de l'Ancien Testament : *Moïse donnant les tables de la loi; Sacrifice d'Abraham; Meurtre d'Abel; David demandant au grand-prêtre du pain pour son armée.* Un seul panneau, la *Mort de la Vierge*, porte une signature et une date : Factum Ferrariæ MDLXII. Comme toutes les bordures, larges de 0 m 70 environ, agrémentées de figures d'enfants avec guirlandes de fleurs et de fruits et écussons, sont identiques, il n'y a pas d'incertitude sur l'origine commune de ces huit panneaux, dont le peintre milanais Giuseppe Archimbolo dessina les modèles. La conservation de cette tenture, dont toutes les pièces mesurent à peu près les mêmes dimensions (5 mètres de large sur 4 m 50 de hauteur), ne laisse rien à désirer; sa coloration a gardé beaucoup d'éclat[1].

Le Musée des Gobelins a fait l'acquisition de deux spécimens remarquables du talent de Battista Dossi et de l'habileté des tapissiers ferrarais. Le paysage y occupe une place prépondérante. Des figures de femmes, à moitié métamorphosées en arbres, entrelacent leurs rameaux en forme d'arceaux. Sur l'une des deux pièces, une femme est plongée dans une source; c'est la nymphe Aréthuse. Sur l'autre, Phaéton est précipité de l'empyrée. Celle-ci porte une inscription et une date : Factum Ferrariæ MDXXXXV. Ces deux pièces, de très vastes dimensions, ont encore fort grande allure, malgré leur état de dégradation et malgré l'altération des couleurs[2].

Eugène Müntz a donné la liste des tapisseries de Jean Karcher, exécutées dans l'espace de cinq ans seulement, de 1556 à 1561; c'est évidemment la plus belle période de l'atelier. Trente et une pièces figurent sur ce relevé, soit six au moins par an. L'atelier de Ferrare doit être placé tout à fait en tête des fabriques italiennes de tapisseries. Un seul rival peut lui disputer la première place, c'est l'atelier de Florence; encore les œuvres que les tapissiers florentins nous ont laissées n'ont-elles pas la saveur des tentures ferraraises. Celles-ci tirent leur originalité de l'importance accordée à l'élément décoratif; grotesques, paysages, verdures, rinceaux y jouent le rôle principal avec une fantaisie et un imprévu dont le charme l'emporte beaucoup sur le style classique, prétentieux et lourd de certaines manufactures rivales. Les tapisseries de Ferrare ont pour elles, avec une singularité de bon aloi, la grâce et le charme. Ne sont-ce pas les qualités essentielles d'un pareil travail? Cette direction tenait-elle à l'influence du duc Hercule II? Il est permis de le supposer, en constatant la rapidité de la décadence aussitôt après la mort de ce personnage. Les métiers ferrarais ne cessèrent de décliner sous son successeur Alphonse II (1559-1597) et ne survécurent pas à ce prince. La vogue croissante des cuirs de Cordoue aurait, assure-t-on, porté un coup fatal à la haute lisse au xvie siècle, comme firent plus tard les papiers peints et les étoffes de tenture au xviiie siècle.

Florence. — La fondation de l'atelier florentin, l'*Arazzeria Medicea*, est due à Cosme Ier, duc, puis grand-duc de Toscane de 1537 à 1574. Ses successeurs, François Ier (1574-1587) et Ferdinand Ier (1587-1609), continuèrent avec une sollicitude éclairée l'œuvre de leur prédécesseur, et prolongèrent

1. Nous devons ces renseignements pris sur place à l'obligeance de M. G. Clausse, l'érudit historien des grands architectes italiens. Comme la plupart des détails consignés ici sont inédits, nous avons cru devoir nous étendre un peu sur les tapisseries de Côme. L'auteur des cartons a été signalé par Eugène Müntz dans les *Tapisseries italiennes* (p. 60). Les modèles étaient commandés dès 1558, et, en 1560 seulement, le tapissier Luigi Charchera (Louis Karcher), fils de feu maître Giovanni (Jean Karcher), s'engageait à terminer, dans un délai de cinq mois et demi, la dernière pièce, le *Mariage de la Vierge*.

2. Voyez la notice qui leur est consacrée dans *Histoire et description de la manufacture nationale des Gobelins*, par A. Darcel et J. Guiffrey (*Inventaire des richesses d'art de la France*), p. 28-29.

sa durée jusqu'aux premières années du XVIIe siècle. Tandis qu'on éprouve beaucoup de difficulté à recueillir les moindres détails précis sur la biographie et les travaux des grands tapissiers des Pays-Bas, grâce aux Archives bien conservées et bien classées de la cité florentine, il a été possible de reconstituer dans les moindres détails les travaux exécutés pour la maison de Médicis. Un savant italien, M. G. Conti, a consigné dans un livre très nourri le résultat de ses laborieuses recherches[1]. Nous ne saurions en présenter ici qu'un résumé succinct; le lecteur désireux d'approfondir la question devra se reporter à l'ouvrage de l'historien florentin ou à l'analyse donnée par Eugène Müntz dans la section des Tapisseries italiennes de l'*Histoire générale de la Tapisserie*.

L'atelier des Médicis s'ouvrit le 20 octobre 1546, sous la direction des deux Flamands, Jean Rost et Nicolas Karcher, frère de Jean, que nous avons vu débuter dans l'atelier de Ferrare. Le duc Cosme avait offert aux étrangers des conditions très brillantes pour les décider à se fixer dans sa capitale. Chacun d'eux recevait une pension annuelle de 600 écus d'or et avait la jouissance gratuite d'un atelier en ville. La faculté d'accepter tous les travaux commandés par des particuliers leur était accordée, et le duc leur payait toutes les tapisseries qu'il prenait pour lui. Sous ces conditions rémunératrices, ils avaient contracté l'engagement d'installer vingt-quatre métiers et de former des apprentis à leurs dépens. Parmi les tapissiers dont les noms sont inscrits sur les registres de l'atelier figurent plusieurs Italiens; après la mort de Karcher et de Rost, l'entreprise fut dirigée par des Florentins.

La date de la mort de Nicolas Karcher n'est pas connue. Elle précéda de quelques années celle de Jean Rost, qui s'éteignit vers 1560, à un âge très avancé, dans un état voisin de la misère. Rost eut pour successeur son fils, nommé Jean comme lui, qui reste à la tête de la manufacture jusqu'en 1565. Après la mort de Giovanni di Giovanni Rosto, deux Italiens sont préposés à la direction des tapissiers : Sconditi et Benedetto Squilli; ce dernier demeure seul au bout de trois années et poursuit sa carrière jusqu'en 1587, date de son décès. Il a pour successeur Bartolomeo Papini, qui ne cesse ses fonctions qu'en 1621. La plupart de ces chefs d'atelier signèrent les ouvrages exécutés sous leur direction. Jean Rost le père avait adopté pour signature un poulet à la broche, qu'on rencontre sur nombre d'œuvres florentines de la meilleure période. On ignore si Karcher avait une signature ou une marque spéciale. Leurs successeurs inscrivaient sur leurs œuvres leur nom en toutes lettres ou leurs initiales. A côté de la signature du chef de fabrication se rencontre souvent le signe particulier de l'atelier florentin : la fleur de lis rouge, fleuronnée, entre deux F.

Les artistes les plus renommés du temps fournirent des modèles à l'*Arazzeria Medicea*. Parmi ces artistes on doit citer au premier rang le Bronzino. Il peint les modèles d'une *Histoire de Joseph* en vingt sujets, en collaboration avec le Pontormo et François Salviati. Les compositions du Pontormo ne furent pas agréées et les deux autres maîtres restèrent seuls chargés de l'exécution des modèles. La tenture de l'*Histoire de Joseph* porte la marque de Jean Rost; elle existe encore et est exposée dans une des salles du Conseil municipal de Florence, au Palais Vieux. D'après Vasari, elle avait coûté 60.000 écus d'or; ce prix, si élevé pour l'époque, n'avait pas enrichi le vieux maître. D'ailleurs, le duc avait exigé qu'il n'entrât dans le tissu que de la soie et du fil d'or et d'argent.

Le Bronzino avait fourni les modèles suivants : *Joseph vendu par ses frères*, les *Douze frères de Joseph*, *Joseph en prison*, l'*Arrestation de Benjamin*, la *Femme de Putiphar*, le *Repas de Pharaon*. Salviati peignit le *Songe de Pharaon*. Quant aux cartons de Pontormo non acceptés, ils représentaient la *Coupe* et la *Fuite de Joseph*. Le tout était terminé dès 1549. Les deux chefs de l'entreprise s'étaient partagé à peu près également la besogne. Le Bronzino fournit encore d'autres compositions, parmi lesquelles on signale le *Parnasse* et l'*Hippocrène* (1556), puis un *Marsyas*, peint en 1566. L'artiste

1. *Ricerche storiche sull' arte degli Arazzi in Firenze*, Florence, 1875, in-12.

mourut en 1572. Son collaborateur, François Salviati (1510-1563), l'avait précédé dans la tombe, après avoir livré au grand-duc une *Histoire de Lucrèce*, dont Vasari fait grand éloge. On cite aussi de sa composition une *Histoire d'Alexandre le Grand*, reproduite par la suite, pour Pierre-Louis Farnèse, dans les ateliers des Pays-Bas.

Agnolo di Cosimo est l'auteur d'une *Flore, répandant des fleurs*, interprétée par J. Rost et conservée au Musée de Florence. Dans cette composition tourmentée se voient nettement les défauts et exagérations des maîtres de cette période de décadence.

Le peintre Francesco d'Albertino, dit le Bachiacca, mort en 1577, peignit pour l'atelier florentin une

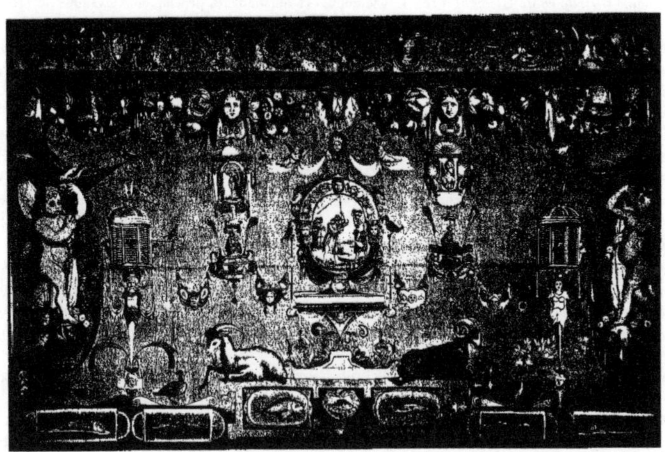

Fig. 85. — Grotesques de Bachiacca. Atelier de J. Roost, vers 1560 (Musée des tapisseries, à Florence).

tenture des *Douze Mois* et une autre tenture de *Grotesques*. Ici, les motifs de décoration, les épisodes rappelant les occupations de chaque saison remplacent les grands personnages classiques et trop académiques du Bronzino et de Salviati. L'artiste s'est surtout préoccupé du caractère ornemental de son œuvre, et les quatre tentures des *Douze mois*, exécutées par Rost en 1552 et 1553, presque exclusivement tissées de soie et d'or, font vraiment honneur à leur auteur. Les *Grotesques* portent aussi la marque de Rost ; toutefois, il faut le reconnaître, l'exécution de cette suite est plutôt inférieure à celle des *Mois*. Ces deux tentures de Bachiacca n'en restent pas moins une des plus heureuses tentatives de l'atelier florentin, dans le sens décoratif.

L'*Histoire de saint Marc* fut commandée à Rost par le procureur de l'œuvre de Saint-Marc, en 1550, probablement sur les cartons de Jacopo Sansovino. Le tissu ne devait contenir que de la soie et du métal, sans aucun mélange de laine. Ces quatre morceaux, qu'Eugène Müntz a fait reproduire, sont malheureusement peu accessibles aux curieux, car ils sont ordinairement relégués dans les combles de la cathédrale. L'œuvre de Jean Rost fut, comme on voit, considérable ; leur auteur mérite une des premières places parmi les tisseurs de son temps.

Le duc Cosme Ier avait commencé l'exécution d'une suite racontant les faits mémorables de l'histoire de sa famille. De 1572 à 1574, on travaille sans interruption à cette tenture dont voici les principaux sujets : *Histoire de Laurent le Magnifique* : 1. Laurent fait construire Poggio Caiano; 2. Laurent couronné par la Prudence. — *Histoire de Cosme Ier* : Cosme secourant François Sforza. — *Histoire de Cosme l'Ancien* : 1. Cosme faisant bâtir un hospice à Jérusalem ; 2. Cosme fondant le couvent de Fiesole ; 3. Cosme faisant construire une bibliothèque ; 4. Cosme recevant les ambassadeurs napolitains. — *Histoire de Jean de Médicis* : 1. Jean attaqué sur le pont Saint-Ange ; 2. Combat près de Parme ; 3. Traité conclu avec un capitaine suisse ; Jean de Médicis et François Ier ; 4. Attaque de Milan. — *Histoire de Clément VII* : 1. Clément VII décidant de proclamer Alexandre de Médicis duc de Florence ; 2. Clément VII conférant à Alexandre le titre de duc. — *La Justice et la Libéralité*. — *Le Temps et Minerve*. — *La Fortune et la Prudence*. Cette suite rentre dans la catégorie des tapisseries purement historiques. Les Médicis, n'ayant pas beaucoup d'exploits militaires à commémorer, se bornaient à exalter leurs fondations pieuses ou scientifiques, en même temps que les étapes successives de leur établissement à Florence.

Après la mort de Cosme Ier, l'activité de l'atelier florentin ne se ralentit pas; mais les derniers représentants de la grande période de la Renaissance avaient disparu, et le duc François Ier en était réduit à emprunter le concours d'artistes médiocres, tels que Alessandro Allori et Jean van der Straten, dit le Stradan. Les peintres de mérite inférieur sont le plus souvent d'une fécondité extraordinaire. Ceux-ci ne manquèrent pas à la règle. Allori fournit aux tapissiers une *Histoire de Latone*; une *Histoire de Pâris*, en quatre panneaux; une *Adoration des Mages*; une *Fuite en Égypte*; l'*Histoire de Phaéton*, en six pièces; une *Histoire de Niobé* et une *Histoire de Bacchus*, de quatre sujets. L'antiquité et la mythologie sont en grande faveur à la cour de Toscane; les sujets religieux deviennent de plus en plus rares. Quant au Stradan, élève de Vasari, il est surtout chargé d'exécuter des cartons de tapisseries et des portières destinées aux appartements ducaux. Il donna, entre autres modèles, une allégorie sur la *Vie humaine*, en dix sujets, et de nombreuses *Scènes de chasse* au lièvre, au lapin, à la loutre, à la licorne, au chat sauvage, au cygne, au canard sauvage[1]. Ses compositions sont généralement pauvres et vides. Ce n'était pas un artiste comme celui-là qui eût été capable de relever la réputation de l'Arazzeria Medicea.

Bartolomeo Pappini avait, comme on l'a vu, remplacé, en 1587, Benedetto Squilli comme directeur des ateliers. Il travailla surtout d'après les cartons d'Allori qui meurt en 1607 et a pour successeur Bernardino Poccetti. Pappini resta en fonctions jusqu'en 1621. Ce fut une des périodes les plus lamentables de l'histoire de la manufacture. Jamais elle ne tomba aussi bas ; pour s'en rendre compte, il suffit de visiter le Musée des Tapisseries installé dans le palais de la Crocetta et de comparer les ouvrages de Pappini avec ceux des directeurs antérieurs. Cependant, ces productions médiocres avaient une clientèle dans les États voisins. L'aune de tapisserie coûtait 26 livres en moyenne. Une *Histoire de David* trouvait, en 1580, amateur à Venise; on vendait, en 1585, six portières exécutées sur les dessins d'Alessandro Allori. L'année suivante, un citoyen de Bergame achetait une *Visitation*.

La faveur d'Allori persista sous Ferdinand Ier, successeur de François Ier (1587-1609). Pendant cette période, il donne un nombre considérable de cartons, notamment : une *Histoire de saint Jean-Baptiste*, quatre pièces; les *Centaures*, six pièces tissées de 1588 à 1590; la *Guerre de Portugal*, six panneaux qui ne furent peut-être pas reproduits sur le métier, des couvertures de mulets et un devant d'autel avec *la Vierge, les saints et le doge de Venise*. Son successeur, Poccetti, peignit le modèle de quatre panneaux sur le *Printemps*.

1. Les *Chasses du Stradan*, avec commentaire latin, ont été gravées par Jean Collaert et éditées par Philippe Galle vers 1600. Ces planches représentent surtout des chasses au tigre, à la panthère, au singe. Les dessins de ces compositions singulières sont conservés au Louvre.

Il faut attendre le règne de Ferdinand Ier (1621) et l'arrivée du tapissier parisien Pierre Fèvre pour constater un effort énergique dans le but de tirer l'atelier florentin de sa torpeur et de sa lamentable décadence. Nous reviendrons sur cette résurrection de la tapisserie florentine quand nous nous occuperons du XVIIe siècle.

La présence de tapissiers étrangers ou indigènes a été constatée dans diverses villes d'Italie au cours du XVIe siècle ; mais ils ne font qu'un court séjour et paraissent surtout occupés aux travaux de rentraiture. C'est le cas de ceux dont les érudits italiens ont signalé la présence à Rome, à Mantoue et à Venise. Inutile d'insister sur ces artisans obscurs, dont on ne connaît pas une œuvre. Jean Rost apparaît à Rome, en 1558, sur la demande du Pape, pour organiser un atelier de haute lisse ;

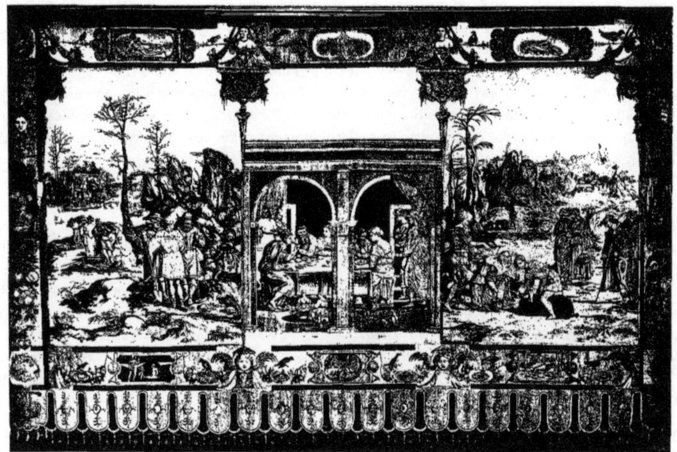

Fig. 86. — Suite des Mois : Décembre, Janvier, Février, d'après Bachiacca. 1553 (Musée des tapisseries, à Florence).

mais la mort de Paul IV, survenue l'année suivante, fait abandonner le projet. On trouve notre maître tisseur à Venise en 1550 ; mais il n'y demeure que peu de temps. Les seuls établissements ayant eu quelque durée et produit quelques résultats sont les ateliers de Vigevano, près de Milan, et de Gênes.

Vigevano. — L'installation des tapissiers à Vigevano, constatée par le marquis d'Adda, serait due à Jean-Jacques Trivulce, maréchal de France de 1499 à 1518 ; c'est entre ces deux dates qu'il faut placer l'arrivée des tapissiers dans le Milanais. Certaines œuvres de cette manufacture locale existent encore et sont conservées chez les descendants du personnage qui les fit exécuter. La Casa Trivulzio à Milan possède douze tapisseries représentant les Mois de l'année, sous l'aspect d'une grande figure occupant le centre de la composition, entourée d'épisodes relatifs aux plaisirs et aux travaux de chaque saison. L'écusson des Trivulce, avec la devise NETES MAI, et l'inscription IO. IA. TRIVS. MAR. VIGL. FRANCIE MARES. [Jean-Jacques Trivulce, marquis de Vigevano, maréchal de France], est répété sur chaque pièce, dans le haut de la composition. Les cartons ont été attribués à un des maîtres les plus habiles de l'école lombarde, le Bramantino. Le tapissier n'a pas voulu être oublié. Il a inscrit son nom dans la lisière de la tapisserie représentant le mois de février sous cette forme : *Ego Benedictus de Mediolani hoc opus fecit cum sociis suis in Viglevani.* De pareilles signatures sont extrêmement rares. Celle-ci nous révèle le nom d'un tapissier italien fort habile ; Eugène Müntz a vanté la fraîcheur, la distinction de cette suite dont il loue également le dessin et le tissage. L'atelier de Vigevano a certainement produit d'autres tentures que les *Mois* de la Casa Trivulzio. Quelques auteurs parlent aussi de tapisseries sorties d'ateliers milanais.

Gênes. — Deux tapissiers étrangers, Vicentius della Valle et Pierre de Bruxelles, sollicitent, en 1551, l'autorisation de s'installer à Gênes. Un privilège de dix ans et d'autres avantages leur sont accordés. Deux ans après, un autre Flamand, Denis de Bruxelles, fils de Martin, vient s'installer à son tour dans la même ville. Pendant dix ans, cet étranger travaille pour les grandes familles génoises, les Grimaldi, les Doria, les Lomellino ; on attribue à cet atelier une *Rencontre d'Ulysse et de Pénélope*, qui appartenait en ces derniers temps au peintre Villa.

Si l'Italie n'est pas parvenue à acclimater chez elle l'industrie de la haute lisse, elle a fourni du moins quantité de modèles aux artistes flamands. Il convient de rappeler ici les nombreux cartons attribués au plus illustre des élèves de Raphaël. Jules Romain a donné le dessin de certaines tentures fameuses qui, bien que tissées en Flandre, restent entièrement italiennes d'inspiration et de goût. Au premier rang se placent les vingt-deux compositions de cette *Histoire de Scipion*, qui a joui d'une célébrité universelle et que les ateliers flamands ont maintes fois reproduite[1]. De Jules Romain également serait la suite des *Fructus Belli*, dont le mobilier national français possède aussi une copie, tissée aux Gobelins en même temps que celle de l'*Histoire de Scipion*, avec les armes du maréchal de Saint-André. D'autre part, le Louvre conserve les cartons des *Triomphes* offerts par le peintre anglais Richard Cosway au roi Louis XVI. Il faut citer également une *Histoire de Lucrèce* (5 pièces), les *Triomphes de Bacchus* (7 pièces), l'*Histoire d'Orphée* (8 pièces), les *Grotesques* (10 pièces), les *Douze Mois* (12 pièces), l'*Enlèvement des Sabines* (5 pièces), les *Triomphes de Vénus ou de l'Amour* (3 pièces), les *Combats des Titans et des Dieux* (4 pièces), l'*Histoire de Jules César* (8 pièces), des *Batailles* (3 pièces), soit plus d'une centaine de modèles. N'y avait-il pas là de quoi occuper plusieurs ateliers pendant de longues années? Et, de fait, les modèles de Jules Romain furent recopiés sur les métiers flamands jusqu'au milieu du XVIIe siècle.

ALLEMAGNE. — Le goût des tentures historiées s'étant peu à peu répandu dans tous les pays d'Europe, chacun d'eux cherche à se libérer du tribut payé aux tapissiers du Nord de la France et des Pays-Bas. On circonvient, on cherche à séduire les artisans de Bruxelles et d'Audenarde par la promesse de privilèges et d'avantages rémunérateurs, afin de les décider à s'expatrier et à se fixer à l'étranger. C'est ainsi que la présence d'ouvriers de haute lisse a été constatée dans différentes villes du centre de l'Europe ; mais, soit que les recherches n'aient pas été poursuivies avec méthode et persévérance, soit que les archives anciennes aient en partie disparu, on est réduit, dans la plupart des cas, à de vagues indications. Nous ne saurions toutefois nous dispenser de recueillir et de grouper ici les faits constatés. D'autres découvertes viendront s'y joindre peu à peu, et la vérité arrivera un jour à se dégager des nuages qui l'obscurcissent encore.

Des scènes religieuses conservées dans les églises et les collections publiques d'Allemagne ont été considérées par les historiens comme produits de l'industrie locale. Le Musée National de Munich possède une *Adoration des Mages* provenant de la collection de Reider, à Bamberg, et présentant une particularité curieuse. Au-dessous de la scène principale, est représentée, dans des dimensions exiguës, une nonne assise devant un métier de haute lisse. Cette sorte de signature n'annoncerait-elle pas que

1. Sur l'*Histoire de Scipion*, consulter l'étude très documentée de M. le colonel d'Astier, intitulée : *La belle tapisserye du Roy (1532-1597) et les tentures de Scipion l'Africain*, Paris, Champion, 1907, pet. in-4, avec de nombreuses reproductions de dessins et de tapisseries.

la tapisserie fut en honneur dans les couvents du centre de l'Allemagne? Quant à l'attribution du modèle de cette œuvre à Wohlgemuth, c'est pure hypothèse. Il faut attendre des preuves plus positives que celles qu'on a invoquées jusqu'ici pour admettre que Wohlgemuth, Albert Durer ou Holbein[1] ont été sollicités de travailler pour les hautlisseurs. Par elle-même, la chose n'a rien d'invraisemblable; mais la certitude manque et fera peut-être toujours défaut.

Certaines tentures de Nuremberg, le *Supplice de saint Laurent*, conservé dans la sacristie de

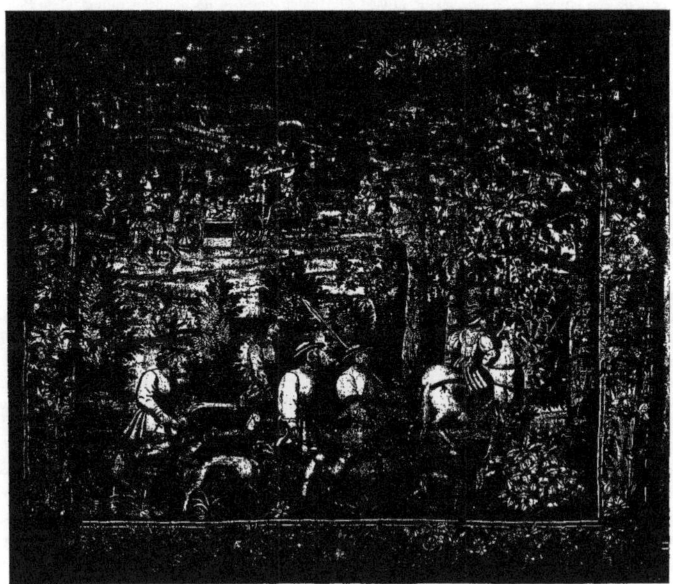

Fig. 87. — Le départ pour la chasse. Flandres. XVIe siècle (Musée de Florence).

l'église de ce nom, avec la date de 1511, et un dosseret de Saint-Sebald, daté de 1497, représentant la *Vierge adorant l'Enfant Jésus au milieu de saints et de saintes*, passent pour avoir été tissées sur place par des ouvriers étrangers. Nous rappelons sous toutes réserves cette tradition locale.

La première tentative dûment constatée pour établir un atelier de haute lisse dans l'Allemagne du centre date de 1540. Le prince Othon-Henri de Neubourg attire et installe dans la petite ville de Lauingen, en Bavière, des ouvriers flamands chargés de tisser, sur les cartons de Mathias Gerung de Noerdlingen, des tentures destinées aux salles du château de Neubourg. La plupart de ces panneaux existent encore; les uns sont restés à Neubourg; d'autres appartiennent au Musée de Munich. Le

1. Des cartons de tapisserie attribués à Holbein furent proposés, en 1779, par M. de la Traverse au comte d'Angiviller pour la collection royale. Le directeur des Bâtiments conçut quelques doutes sur l'authenticité des peintures, et l'affaire n'eut pas de suite. La correspondance échangée à cette occasion a été publiée dans les *Nouvelles Archives de l'art français*, t. VII, 1879, p. 259-262.

tissu est assez commun ; peu de soie et pas de fil de métal ; mais le dessin un peu naïf donne aux figures de guerriers bardés de fer, ou de nobles dames représentées sur ces arbres généalogiques, une assez belle tournure. La plupart des tentures à blasons héraldiques disposés sur un arbre généalogique sont d'origine allemande ou suisse ; c'est la règle générale. Constatons cependant que Gaignières, dans ses dessins de tapisseries, nous apprend que cette disposition fut plus d'une fois imitée en France.

A côté de ces tapisseries armoriées, le Musée de Munich possède un panneau rappelant le *Pèlerinage fait à Jérusalem par le prince Othon-Henri de Neubourg*, enfin une pièce datée de 1557, contenant l'arbre généalogique de ce prince après sa nomination comme électeur de Bavière. Son successeur, Albert V, conçut un moment le dessein d'installer à Munich même des métiers de haute lisse ; le projet n'eut pas de suite. La première manufacture de tapisseries de Munich ne date que de 1603.

Les rigueurs exercées en Flandre par les souverains espagnols contre les adhérents à la Réforme secondèrent les efforts des princes allemands qui cherchaient à introduire dans leurs États la fabrication des tapisseries historiées. Des ouvriers fuyant la persécution religieuse trouvèrent un asile dans le Palatinat, où l'Électeur Frédéric III, mort en 1576, les reçut avec empressement ; ils furent établis dans la petite ville de Frankenthal. D'autres réfugiés protestants travaillèrent quelque temps à Wesel, dans l'ancien duché de Clèves ; mais des ouvrages de ces fugitifs il ne reste aucun souvenir. D'ailleurs, les princes allemands ne cessèrent jamais de faire venir les tapisseries destinées à la décoration de leurs châteaux de Bruxelles et des autres centres manufacturiers de la Flandre.

Suisse. — Inutile d'entrer dans l'examen des origines de certaines pièces conservées dans des collections particulières et attribuées aux ateliers allemands ou suisses, car les documents certains font défaut. Contentons-nous de signaler quelques tentures rentrant dans cette catégorie, telles que l'*Histoire de la malheureuse reine de France*, dite *Histoire du chien de Montargis*, datée de 1554[1] ; une pièce qui a appartenu à M. Charles Ephrussi, où huit femmes sont groupées autour d'un lion ; le *Mauvais riche et Lazare*, du Musée archéologique de Lille, daté de 1597. Ces deux panneaux sont attribués à des ateliers de la Suisse sur lesquels on ne possède d'ailleurs aucun renseignement précis, ainsi que l'*Histoire de saint Vincent*[2], datée de 1515, conservée à Berne, et qui aurait été commandée à des artisans indigènes par le chanoine Henri Woeflin ou Lupulus. Le tissu de ces pièces est d'ailleurs assez grossier.

Angleterre. — L'Angleterre ne montra pas moins de goût, au XVIe siècle, pour les somptueuses tentures que les autres pays d'Europe ; mais elle continua longtemps à s'approvisionner dans les Pays-Bas, et ne s'occupa qu'assez tard d'installer des métiers chez elle. On a voulu voir une œuvre de fabrication anglaise dans un petit *Saint Georges* exposé par M. de Schickler en 1876 ; mais cette attribution ne s'appuie que sur de vagues considérations de goût, sur le caractère des têtes et de l'architecture. Un essai curieux est tenté vers la fin du règne de Henri VIII. William Sheldon installe le tapissier Robert Hicks en son manoir de Burcheston, dans le Warwickshire, et le charge de reproduire en laine, dans d'assez vastes dimensions, les cartes des comtés d'Oxford, de Worcester, de Warwick et de Gloucester[3]. Trois de ces cartes figurent encore dans le Musée de la Société philosophique d'York. Enfin, on a constaté la présence dans diverses villes de la Grande-Bretagne de réfugiés allemands fuyant les persécutions religieuses ; mais des travaux de ces artisans isolés on ne sait presque rien.

Nous avons signalé ci-dessus la tenture représentant la *Destruction de l'Armada de Philippe II*, exécutée par des tapissiers flamands pour les Anglais et détruite dans un incendie du Parlement. Un

1. Cf. Müntz, *Tapisseries allemandes*, dans l'*Histoire générale de la tapisserie*.

2. Voyez ci-dessus, p. 66, les reproductions de l'*Histoire de saint Vincent*.

3. Walpole, *Anecdotes of painting*, édit. Wornum, t. I, p. 235. — Cf. Müntz, *Tapisseries allemandes, anglaises, etc.*, p. 24.

peuple de marins devait avoir un goût particulier pour des représentations de scènes maritimes. Il nous souvient avoir rencontré dans un des palais de la Couronne, à Hampton-Court, des tentures où étaient figurés des vaisseaux. Les Anglais avaient une prédilection pour les sujets de cette nature; les Allemands préféraient les arbres généalogiques et les écussons armoriés; c'est bien dans le caractère de chaque peuple. Les cartes géographiques et les plans ne sont pas rares au XVIe siècle. Le plan de Paris en tapisserie, exécuté vers 1530, est resté célèbre. Un grand amateur américain, M. Ffoulke, possédait une carte de la Terre Sainte, tissée en laine.

DANEMARK. — Le roi de Danemark Frédéric II, voulant décorer de tapisseries le château de Kronen-

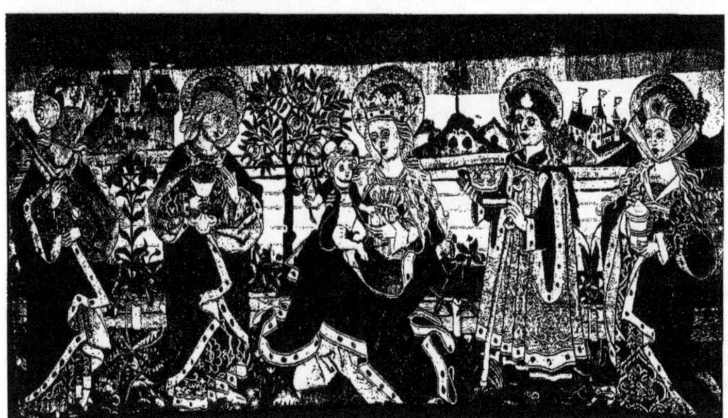

Fig. 88. — La Vierge et l'Enfant Jésus adorés par des saints et des saintes. Tapisserie allemande. Fin du XVe siècle.

borg, alors en construction, fit venir d'Anvers, en 1578, le tapissier Hans Knieper et lui confia l'exécution des tentures projetées. L'atelier, d'abord installé à Elseneur, fut transféré à Slansgerup[1]. A Knieper sont attribuées deux belles pièces du Musée de Copenhague, où sont représentés les rois de Danemark, Éric et Abel, avec de nombreuses inscriptions en langue danoise. Elles auraient été exécutées dans le pays même, de 1585 à 1596. La marque tissée dans la lisière, un B précédé d'une couronne, serait celle d'un atelier danois.

SUÈDE. — Le dépouillement méthodique des anciennes archives a permis au Dr John Böttiger[2] de fixer les points essentiels, ignorés auparavant, de l'histoire de la tapisserie en Suède. Ce n'est guère qu'aux environs de l'année 1540 qu'on voit de véritables tisseurs installés dans le pays par Gustave Vasa. Il se fabriquait bien avant leur arrivée une étoffe à double face, analogue au tissu finlandais avec deux ou trois couleurs, dit « tissu russe », dont l'usage est encore très répandu; mais les premiers tapissiers proprement dits, venus peut-être de l'étranger, sont Daniel van Santhro (1544), Remigius, d'origine française, et surtout Paul de Bucher et Nils Eskilson. Ce dernier, Suédois d'origine, paraît

1. Van de Graft, *De Tapijt fabriken*, p. 98.

2. La *Collection des tapisseries de l'État suédois*, 4 fol. in-fol., Stockholm, nombreuses planches. Le quatrième volume contient la traduction de la partie historique, par Gaston Lévy-Ulmann, maître de conférences à l'Université d'Upsal. Cet ouvrage est une des plus importantes contributions à l'histoire de la tapisserie.

avoir eu toute la confiance de Vasa et de son fils Éric XIV. On le suit dans ses travaux et ses pérégrinations de 1545 à 1569; il est fâcheux qu'on ne puisse lui attribuer avec certitude aucune des tentures de fabrication suédoise conservées dans la collection royale ou dans le Musée historique de Stockholm. Gustave Vasa possédait trente-huit pièces de tapisserie, dont sept existent encore. Parmi ces dernières se trouvent peut-être des ouvrages suédois, notamment cette *Apparition du Christ à Marie*, datée de 1544, et portant une inscription avec les armoiries de familles du pays[1]. M. Böttiger, dans sa grande publication, n'a pas manqué de reproduire la plupart de ces exemplaires primitifs de l'industrie nationale. Ils accusent la naïveté d'un art à ses débuts et la maladresse de mains encore peu expérimentées. D'ailleurs, l'influence flamande s'y fait largement sentir dans le dessin comme dans l'exécution.

Le fils de Gustave Vasa, le roi Éric XIV, se montra très épris de tous les raffinements de la Renaissance. Il attira dans sa résidence de Kalmar, dès 1558, des tapissiers et des artisans de tout genre. L'atelier comptait une dizaine de travailleurs en 1561. La même année, Éric faisait acheter à Anvers plusieurs tentures : une *Histoire de Troie*, une *Histoire du roi Ezéchias*, une *Histoire d'Auguste*. Il encouragea surtout les deux maîtres tapissiers de son père, Paul de Bucher et Nils Elkinson. Ce dernier recevait 250 marks de traitement avec un habillement et était nourri à la table royale. Dans la collection du roi Éric, comptant soixante-trois panneaux de tapisserie, on remarque plusieurs pièces aux armes de Suède, évidemment tissées dans le pays, comme cette tenture consacrée aux plus anciens rois légendaires du Nord et représentant les *Histoires de Magog, de Gotus, de Suénon, d'Erik Ier*. Deux de ces panneaux existent encore : le *roi Magog* et le *roi Suénon*; ils témoignent de l'habileté des artisans de 1560. Le tissu est mélangé de nombreux fils d'or et d'argent. M. Böttiger a consacré une longue étude à ces précieux monuments.

Le successeur d'Éric, le roi Jean III, négligea la tapisserie pour prodiguer tous ses encouragements aux orfèvres. Cependant, l'importation de tentures exécutées dans les ateliers étrangers ne se ralentit pas. En 1584, deux Néerlandais introduisaient en Suède « seize pièces de tapisserie brodées de perles » et recevaient en payement de leurs marchandises « 2.000 tonneaux de blé ». Plusieurs artisans continuaient à travailler pour le Roi. Ils se nomment Antonius et Vilain Drolant, Gabriel et Matts Larsson. Le plus occupé de tous, et le dernier qui maintint l'art du tapissier en Suède fut un certain Jören van den Heijde. De 1570 à 1587, il figure sur les comptes et reçoit le payement de plusieurs verdures. Les inventaires rédigés sous le règne de Jean font mention de cent trente-six pièces constituant la collection du souverain, auxquelles avaient été réunies une quarantaine de tapisseries apportées de Pologne par Laurentius Rilschi. Sur le règne de Sigismond, successeur de Jean III, les documents font défaut. Le maître Jören van den Heijde poursuit sa carrière jusqu'en 1596, année où il ne paraît plus sur les comptes. C'est le dernier tapissier dont on rencontre le nom à la fin du XVIe siècle.

Dans les autres pays de l'Europe, en Espagne, en Russie, en Hongrie, en Pologne, on n'a pas rencontré jusqu'ici la moindre trace d'un atelier de tapisserie pendant le XVIe siècle. Les tentures antérieures à 1600, encore existantes, proviennent donc, pour la totalité, soit des Pays-Bas espagnols, soit des manufactures italiennes dont l'histoire est résumée ci-dessus, soit enfin des ateliers français dont il sera question dans le chapitre suivant.

1. Cette pièce capitale est au Musée historique.

CHAPITRE X

La tapisserie en France depuis 1520 jusqu'à la fin du xvie siècle : ateliers de Tours, de Reims, d'Orléans, d'Aubusson. — Les tapissiers parisiens sous François Ier et les derniers Valois.

Un précédent chapitre contenait l'énumération succincte des tentures de date et d'origine certaines, appartenant aux églises de nos différentes provinces. Nous croyons avoir démontré que la plupart de ces tapisseries portaient en elles un caractère bien français et sortaient d'ateliers nationaux. Ainsi, l'art textile, qui avait brillé d'un si vif éclat dans notre pays durant le Moyen Age, et dont les premiers foyers furent Paris et Arras, ne cessa jamais d'avoir chez nous ses représentants. Si la ruine des ateliers d'Arras fut complète après la prise et la destruction de la ville par l'armée de Louis XI, si l'occupation de Paris par les Anglais suspendit pendant une longue suite d'années toutes les industries somptuaires dans la capitale, certaines provinces recueillirent les artisans chassés de leur pays natal, et des métiers s'installèrent sur différents points de la France. Mais, d'une part, les lacunes considérables des anciennes archives laisseront toujours dans l'oubli bien des faits importants ; d'un autre côté, il n'y a que depuis peu de temps qu'on s'occupe de ces humbles artisans à qui est due la séculaire réputation du goût français et qu'on commence à entreprendre le dépouillement méthodique des vieux dépôts publics ou privés, pour y recueillir les moindres détails sur la vie industrielle et artistique du passé. Cependant, les résultats obtenus jusqu'ici sont un suffisant encouragement à persévérer dans cette vaste enquête. C'est aux recherches de patients érudits qu'on doit les renseignements certains, déjà publiés, ou encore inédits, et que nous produirons ici, sur les travailleurs provinciaux du xvie siècle et sur les tapissiers qui luttèrent vaillamment, à Paris même, contre la concurrence des métiers flamands. En coordonnant les faits positifs, révélés par les papiers des dépôts publics et des tabellions d'autrefois, nous parviendrons, croyons-nous, à établir que l'art de la peinture en matières textiles ne cessa jamais d'être pratiqué, et avec succès, dans les provinces françaises.

Tours. — La région qui paraît avoir occupé la première place pendant cette période de transition entre l'époque des corporations et l'institution de manufactures royales, exclusivement entretenues par le souverain et ne travaillant que pour lui seul, est la province de Touraine. L'installation de la cour sur les bords de la Loire, la résidence du souverain à Chinon, à Tours, à Amboise, à Chambord, avait attiré aux environs de Tours, non seulement la vieille noblesse de France, s'empressant d'édifier de somptueuses demeures dans le voisinage immédiat de la résidence royale, mais encore toute une colonie d'artisans employés à la décoration de ces châteaux seigneuriaux. Dès la fin du xve siècle, la présence d'un certain nombre de tapissiers sur les bords de la Loire résulte formellement de documents anciens [1].

1. Deux érudits ont recueilli les éléments d'une histoire de la tapisserie à Tours et aux environs : Charles de Grandmaison, *Documents inédits pour servir à l'histoire des arts en Touraine*, 1870, in-8, et le Dr E. Giraudet, *Les artistes tourangeaux*, Tours, 1885, in-8. On trouve dans les ouvrages de ces auteurs tout ce que de longues recherches ont révélé sur les ateliers de la Touraine.

Tout d'abord, il importe de mettre le lecteur en garde contre une erreur et une confusion fréquentes. Dans les comptes, il est souvent question de tapissiers et valets de chambre du Roi, chargés de l'installation des salles, de la garde et de la conservation des tentures. Ce sont là des officiers ou des commensaux de l'hôtel du souverain ; ils n'ont aucun titre à figurer parmi les hautlisseurs ou les artisans proprement dits. Nous n'avons pas à nous occuper de ces gardes de la tapisserie, sauf peut-être dans certains cas tout à fait exceptionnels, tel que celui de Robert Gaultier, maître tapissier du roi Charles VIII, désigné dans les comptes de l'hôtel du roi comme prenant soin de ses tapisseries pendant ses déplacements, à partir de 1490. Même observation pour son fils, René Gaultier, qui figure encore, en 1568, sur les actes d'un notaire de Tours[1]. Jean et Étienne Lefèvre, ou Lefebvre, sont employés, en 1493, comme maîtres tapissiers de Charles VIII et d'Anne de Bretagne, à l'ameublement du château d'Amboise[2]. A la fin du XVIe siècle paraissent les noms d'Étienne Lemaire, maître tapissier de la reine douairière de France à Tours[3], et de Michel Boulanotte, maître tapissier du roi (1589-1602). Inutile de multiplier ces citations.

Mais, en même temps que ces commensaux de la maison royale, de véritables ouvriers de haute lisse sont cités dans les documents, comme ce Jean Denizot, nommé dès 1454, et son fils André Denizot, recevant, en 1493, 963 livres 10 sous pour fourniture d'une chambre de menue verdure sur soie et de vingt-trois tapis damasquins, destinés à l'ameublement du château d'Amboise[4].

Charles de Grandmaison a proposé une ingénieuse hypothèse[5]. Ayant remarqué que la maison occupée par les Ursulines, lors de leur installation à Tours, au début du XVIIe siècle, portait le nom de maison de la petite Bourdaisière, il en tire cette conclusion assez séduisante, mais qui aurait besoin de confirmation, que le surintendant des Bâtiments royaux, Babou de la Bourdaisière, avait eu l'intention d'installer dans ce logis un atelier de haute lisse. En effet, ce personnage avait dans ses attributions la direction de la manufacture royale de tapisseries installée à Fontainebleau par François Ier. Les lettres lui conférant cette fonction portent la date du 22 janvier 1535. Il serait donc fort naturel que ce ministre, chargé de développer l'industrie à laquelle le souverain portait un vif intérêt, se fût occupé de l'installer dans une ville possédant déjà des tapissiers. L'élevage des vers à soie et la culture du mûrier n'avaient-ils pas été introduits en Touraine par Louis XI ? La ville de Tours ne jouissait-elle pas d'une grande réputation dans la fabrication des étoffes de soie brochées? Il semblait donc tout indiqué de joindre à cette industrie somptuaire la pratique d'un métier que les Flamands venaient de porter à son plus haut degré de perfection. Tous les États de l'Europe étaient tributaires des Pays-Bas pour les tapisseries. François Ier venait d'y commander la fameuse tenture de *Scipion*, dite le *Grand Scipion*, en vingt-deux panneaux, tenture qui lui coûtait vingt-cinq mille écus[6]. Comme la France n'avait jamais cessé de posséder d'habiles artisans, elle renfermait déjà les éléments indispensables pour disputer à la maison d'Autriche une suprématie industrielle qui nous avait appartenu jadis.

A l'époque même où Babou de la Bourdaisière était chargé de la direction de l'atelier de Fontainebleau, travaillait à Tours un tapissier de haute lisse, jouissant d'une véritable renommée. Il se nommait Jean Duval et avait épousé, vers 1525, Barbe de Mortaigne, fille de Pasquier de Mortaigne, maître tapissier du roi François Ier, installé à Tours depuis plusieurs années. Jean Duval aurait donc été établi par le surintendant des Bâtiments du Roi dans la maison dite plus tard la petite Bourdaisière. Il travailla surtout pour les églises du voisinage. La confrérie de Saint-Sébastien de Saumur lui demandait, en 1537, une tenture d'après les modèles de Jehan de Pouzay. Le travail devait être payé sur le pied de 9 livres l'aune. Nouvelle commande, en 1544, pour l'église Saint-Pierre de Saumur. Duval

1. Dr Giraudet, *Les artistes tourangeaux*, p. 200, 201.
2. *Ibid.*, p. 257.
3. *Ibid.*, p. 259.
4. *Ibid.*, p. 119.
5. *Documents inédits sur les arts en Touraine*, p. XXXII.
6. Sur l'histoire des tapisseries françaises sous François Ier, il convient de se reporter à la *Renaissance des Arts à la cour de France*, du comte de Laborde (Additions au tome Ier, 1855, p. 960 à 1000). Ce savant d'une si vaste intelligence avait déjà tracé les grands traits de l'histoire de l'industrie qui nous occupe sous la Renaissance.

devait retracer l'histoire du patron de l'église, d'après les cartons de Robert Delisle et Jehan Delastre, peintres angevins. L'église de Saumur possède encore cette suite composée de cinq panneaux, sur lesquels se lisent les dates 1546-1548. La coïncidence absolue des dates ne laisse aucun doute [1]. On possède donc là une œuvre importante et bien authentique du plus fameux des tapissiers tourangeaux. La *Vie de saint Saturnin*, exécutée à l'origine pour une église de Tours, provenait aussi de l'atelier de Duval. M. Alfred Spont [2] a prouvé que cette tenture avait été tissée sur les cartons du peintre florentin André Polastron, vers 1528, et donnée par Jacques de Semblançay à l'église Saint-Saturnin de Tours. Nous aurions donc, dans les trois pièces conservées aujourd'hui à Angers, — une quatrième se trouve au château de Langeais, — une œuvre certaine des ateliers de Tours qui peut être attribuée aussi bien à Jean Duval qu'à son beau-père, Pasquier de Mortaigne. Serait-il téméraire de supposer que l'un des deux coryphées de la tapisserie tourangelle au milieu du XVIe siècle est également l'auteur de cette *Vie de saint Florent*, déposée dans l'église de Saumur, dont l'exécution est antérieure d'une quinzaine d'années à l'*Histoire de saint Pierre*. Les personnages de l'*Histoire de saint Florent* affectent un caractère français bien marqué et se rapprochant sensiblement des traditions du Moyen Age, tandis que les monuments, les accessoires de la *Vie de saint Pierre* rappelleraient plutôt le style de la Renaissance italienne. La différence des dates explique suffisamment ces nuances.

A la fin du XVIIIe siècle, les églises de Tours possédaient plusieurs tentures attribuées par la tradition à Jean Duval [3]. D'abord, à la cathédrale, sept pièces avec sujets de l'Ancien et du Nouveau Testament, à personnages de grandeur naturelle; puis, à Saint-Saturnin, huit panneaux, dont quatre existent encore, comme on vient de le dire, trois à Angers et le quatrième à Langeais; enfin, une suite de cinq tapisseries représentant des sujets de la vie de saint Pierre et de saint Paul, datés de 1541 à 1545, se trouvait, en 1580, d'après le même auteur, chez le chanoine Delabarre.

Jean Duval se présente donc avec un bagage assez important pour prendre place parmi les tapissiers les plus distingués de la Renaissance française. Il meurt en 1552, laissant trois fils et une fille : 1° Étienne, tapissier comme son père, marié, en 1554, avec la fille d'un orfèvre joaillier de Tours. Ses ateliers étaient rue des Carmes. — 2° Marc, peintre et tapissier; celui-ci dirigea l'atelier paternel comme associé de son frère Étienne. Il paraît sur les registres des délibérations de la ville de Tours, de 1566 à 1585. — 3° Hector, le dernier des fils de Jean Duval, paraît s'être appliqué exclusivement à la peinture. Un fils d'Étienne, nommé Jean comme le chef de la dynastie, continua les traditions de la famille et tint un atelier de haute lisse qu'il cédait, en 1585, à un autre tapissier, nommé Claude Pillois.

Jean Duval avait épousé vers 1525, avons-nous dit, la fille d'un autre artisan tourangeau, Pasquier de Mortaigne. Ce nom était porté par deux frères, Pasquier et Nicolas, tous deux tapissiers, tous deux installés à Tours, recrutant pour leurs métiers des apprentis dont les engagements existent encore chez les notaires de la ville [4]. Les comptes des Menus plaisirs de François Ier relatent un payement de 410 livres tournois aux frères de Mortaigne « pour besongner à une tapisserye de soye, où « seront figurés une Léda avec un Satyre et autres dépendances ».

Un autre tapissier, nommé Claude de Mortaigne, très probablement parent des précédents, vivait à la même époque. Il mourut avant 1528.

Dans la deuxième moitié du XVIe siècle vivait à Tours une famille de tapissiers qui occupe une place au moins égale à celle des Duval dans l'histoire locale. Alexandre Motheron paraît pour la première fois dans un acte public en 1550. Il prend une part active aux préparatifs faits pour l'entrée du roi Henri III en 1573. Il avait épousé Renée Pageau, dont il eut, en 1564, un fils nommé Nicolas. Nicolas Motheron est cité sur les comptes municipaux comme maître tapissier; il avait remplacé son père,

1. Voyez Célestin Port, *Les artistes angevins*, Angers, 1881, in-8, aux noms de Pouzay, Delastre et Delisle. Le compte cité par l'érudit archiviste nomme bien Duval pour la tapisserie de saint Sébastien, mais dit seulement, pour celle de saint Pierre, qu'elle fut tissée à Tours.

2. Alfred Spont, *Semblançay, la bourgeoisie financière au début du XVIe siècle*, 1882, p. 238.

3. Benoist de la Grandière, *Histoire manuscrite de la mairie de Tours*.

4. Dr Girandet, p. 299.

en cette qualité, en 1585. Pendant de longues années, l'atelier végète dans une sorte d'obscurité; l'ouvrage lui fait complètement défaut, jusqu'au jour où la municipalité de Tours, à l'instigation du gouverneur, le maréchal de Souvré, se décide à signer des conventions avec Motheron, Jacques Cottart et Jean Gaboury, associés des Comans et des de La Planche de Paris, pour rétablir l'ancien atelier de tapisseries. L'atelier est alors installé à la Petite-Bourdaisière. Comme l'acte de sa fondation est du mois d'août 1612, le nouvel atelier de Tours appartient au XVIIe siècle. Nous verrons plus tard qu'il poursuivit, avec un certain éclat, son existence jusqu'en 1650 environ.

A côté de ces familles de tapissiers, installées à poste fixe durant plusieurs générations, certains comptes ont conservé les noms d'artisans isolés, cités une fois ou deux, sans laisser d'autre trace de leur existence. Contentons-nous de les énumérer sommairement : François Drouin, maître tapissier à Tours, livre soixante-seize aunes de verdure à personnages pour le château d'Amboise, au prix de 360 livres tournois. Son fils, Nicolas Drouin, paraît comme maître tapissier de la reine Louise de Savoie en 1529 [1]. Claude Fagot, maître tapissier de Tours, avait travaillé à l'ameublement du château d'Amboise dès 1494. Charles VIII l'envoya à Naples pour rapporter en France un chargement de tapisseries et de peintures pesant ensemble 87.000 livres. Il était escorté dans cette expédition de vingt-deux serviteurs et « gens de métier [2] ». Un tapissier de haute et de basse lisse, originaire de Flandre, nommé François Duboys, vient s'établir à Tours vers 1575. Au bout de trois ans, une modique subvention du maire et des échevins lui était accordée, à la condition d'entretenir les tapisseries de l'Hôtel de Ville. De nouveaux secours lui sont votés à la condition qu'il formera des apprentis. Il livre plusieurs pièces semées de fleurs de lis sur fond d'azur au bureau des trésoriers généraux de France, à raison de 3 écus et un tiers l'aune, avec quelques autres panneaux sans valeur. La ville l'emploie surtout à « raccoustrer » ses tentures, parmi lesquelles est citée une *Vie de Joseph*. François Duboys disparaît vers 1596. Le Dr Giraudet a reproduit la marque de cet artisan [3].

De Bonaventure Haste et de son fils Nicolas on sait seulement qu'ils prenaient le titre de maîtres tapissiers de haute lisse vers 1600 et étaient employés à la réparation des tentures de la ville [4].

Pierre Lambert (1552-1582) paraît dans divers actes notariés comme tapissier de haute lisse; on ne possède aucun renseignement sur ses ouvrages. Claude Pilloys [5] loue, en 1585, ainsi qu'on l'a vu plus haut, la boutique et les ateliers de Jean Duval, deuxième du nom; cet atelier était situé sur la paroisse Saint-Saturnin, quartier général des tapissiers tourangeaux. Nicolas Trouvé, maître tapissier et valet de chambre de Henri III en 1575, était fils d'un tapissier de haute lisse portant le même nom. Signalons enfin un certain Léonard Lombard, d'une famille de tapissiers aubussonnais [6], s'engageant à livrer à un magistrat du siège présidial de Tours huit sujets de l'*Histoire d'Abraham*, plus trois autres pièces, au prix de 120 écus l'une. Le marché porte la date du 24 décembre 1591. Cette famille des Lombard est bien connue. Elle travaillait en 1625 pour le chapitre de Reims.

Sans doute, les résultats recueillis par les historiens de l'art en Touraine sont loin de nous renseigner complètement sur les ateliers régionaux et leurs travaux. Encore permettent-ils de conclure à l'existence permanente de métiers de haute lisse sur les bords de la Loire et à l'activité ininterrompue de ces métiers. Les noms des Mortaigne, des Duval, des Motheron méritent d'être inscrits parmi ceux des maîtres tapissiers ayant le plus contribué, pendant le XVIe siècle, à défendre et à maintenir la réputation de l'industrie française.

Reims. — Parmi les noms relevés sur les actes des notaires tourangeaux, il en est un qui a donné lieu à une singulière méprise; il s'agit de cet Étienne Lemaire, signalé ci-dessus comme maître tapis-

1. Dr Giraudet, *Les artistes tourangeaux*, p. 126.
2. *Ibid.*, p. 155.
3. *Ibid.*, p. 131.
4. Dr Giraudet, p. 217.
5. *Ibid.*, p. 324.
6. *Ibid.*, p. 379 et 273.

sier de la reine douairière de France. Il ne semble pas que ce Lemaire, vivant dans la deuxième moitié du XVIe siècle, ait jamais travaillé en haute lisse, et cependant le docteur Giraudet, ayant lu ce nom sur le galon du vêtement d'un des personnages de la *Vie de la Vierge* de Reims[1], a cru voir là une signature de tapissier[2]. Tirer de cette hypothèse la conclusion que la tapisserie de Reims sortait

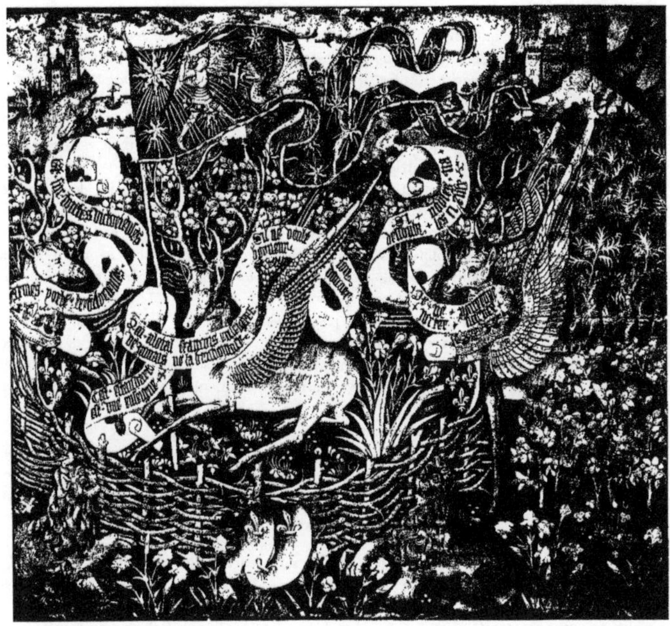

Fig. 89. — Tapisserie armoriée de France. Première moitié du XVIe siècle (Musée de Rouen)[3].

de l'atelier de Tours semblait par suite la conséquence logique d'un raisonnement qui pèche par la base. Or, ce Lemaire de Tours n'est nullement qualifié tapissier de haute lisse, mais tapissier de la Reine, c'est-à-dire employé à gages dans sa maison. Il vivait fort longtemps après la date de l'exécu-

1. Voyez ci-dessus (p. 94-96) la description des deux tentures de Reims, la *Vie de la Vierge* et l'*Histoire de saint Remi*, accompagnée d'une planche représentant un des miracles du patron de la ville.

2. Dr Giraudet, p. 259, article Lemaire (Etienne).

3. Les légendes inscrites sur les banderoles de cette tapisserie héraldique suffisent pour permettre de lui attribuer une origine française. On lit sur le phylactère de gauche :

Armes porte très glorieuses
Et sur toutes victorieuses.

Sur celui du milieu :

Cest estandart est une enseigne
Qui a loial Francois enseigne
De jamais ne l'abandonner
S'il ne veult son honneur donner.

Et sur celui de droite :

Si nobles n'a dessoubz les cieulx
Je ne pourroie porter mieulx.

M. Gaston Le Breton, qui avait acquis cette belle pièce pour le Musée de Rouen, en même temps qu'un panneau de l'*Histoire de Diane* dont il sera parlé plus loin, déclare n'avoir pu découvrir aucun renseignement sur sa provenance (*Réunion des Sociétés des Beaux-Arts des départements*, 21e session, 1898, Paris, Plon, p. 97-109 : *Notice sur deux anciennes tapisseries du Musée des Antiquités de Rouen*).

tion de la *Vie de la Vierge*, terminée dans le premier tiers du XVIe siècle. Enfin, il est sans exemple, à notre connaissance, qu'un fabricant de tapisseries ait jamais inscrit son nom au milieu de son ouvrage. Les signatures des chefs d'atelier doivent être cherchées sur les lisières, non ailleurs.

Un érudit rémois [1], qui a étudié de très près les tapisseries données par Robert de Lenoncourt à son église cathédrale, hasarde sur cette inscription une explication au moins ingénieuse. Il lit très distinctement IOH... LEMAIRE. INA. et suppose que l'ignorance du tapissier a dénaturé le dernier mot qui devait être INV., ce qui donne *Johannes Lemaire invenit*. Quel est ce Jean Lemaire ? Est-ce le Jean Lemaire de Belges ou de Bavai, connu par ses nombreux écrits, homme de confiance et en quelque sorte factotum de Marguerite d'Autriche? M. Loriquet admet qu'il fut chargé par Robert de Lenoncourt de donner la description des sujets à reproduire sur les panneaux de la *Vie de la Vierge*, ce qui expliquerait le mot *invenit* placé après le nom de Lemaire. Si spécieuse qu'elle paraisse, cette interprétation ne nous semble guère plausible. Au moins faudrait-il établir les rapports de l'archevêque avec la cour de Marguerite d'Autriche. Les mêmes tapisseries de Reims sont surchargées d'autres inscriptions inexplicables et dont l'étude est faite pour tenter la sagacité des amateurs d'énigmes. N'était-ce pas un usage très fréquent alors de garnir les galons et parements des robes ou des tuniques de lettres capitales, plus ou moins ornées, n'ayant souvent aucun sens? La *Vie de la Vierge* de Reims présente ainsi de nombreuses légendes inintelligibles, et, dans tous les cas, il est bien certain que celle où toutes les lettres de l'alphabet sont inscrites dans leur ordre naturel doit être considérée comme un simple motif décoratif.

Qu'on se soit adressé à un savant, à un lettré pour choisir les scènes du Nouveau Testament devant être intercalées, comme cela se faisait souvent alors, entre deux sujets tirés de la Bible, cela s'explique naturellement. Les peintres sont en général peu versés dans la lecture des textes sacrés. Il fallait bien leur présenter un canevas arrêté; sinon, ils commettaient de graves hérésies.

C'est un travail préparatoire de cette nature que M. Guignard, archiviste de l'Aube [2], a publié jadis, en insistant sur la marche suivie pour l'exécution d'une tenture destinée à une église. Il n'est donc pas invraisemblable qu'on ait usé du même procédé pour fournir au peintre les éléments de ses compositions. L'hypothèse de M. Loriquet, relative à l'intervention de Jean Lemaire de Belges, serait ainsi admissible, s'il était établi qu'il eût entretenu des relations avec Robert de Lenoncourt ; mais ces rapports ne sont nullement prouvés.

Il n'y a pas lieu de revenir sur les deux belles tentures données aux églises de Reims par le prélat qui vivait en 1520. Il suffit de renvoyer à ce qui a été dit ci-dessus sur les tapisseries de la *Vie de la Vierge* et de l'*Histoire de saint Remi*. Nous insisterons toutefois sur un point capital. Ces œuvres remarquables accusent un caractère français indiscutable. Aucune influence italienne ne se fait sentir dans le dessin des personnages et dans la composition générale. Évidemment, l'auteur des cartons se rattache aux anciennes traditions; c'est un représentant attardé du Moyen Age. Très probablement, il dut travailler sous les yeux et la direction de l'archevêque, à Reims même. Nous croyons même que les tapissiers avaient dû installer leurs métiers dans les dépendances du palais archiépiscopal. Venaient-ils des Flandres ou de la Touraine ? On l'ignore; mais le mode d'exécution, les couleurs employées, tout semble indiquer des artisans français, et bien français. C'est ce que nous tenions surtout à constater. Quant à leur attribuer une origine champenoise, c'est aussi difficile que d'en faire honneur aux ateliers tourangeaux [3].

1. Charles Loriquet, *Les tapisseries de Notre-Dame de Reims*, etc., Reims, 1876, in-12. Ce volume est une des meilleures études publiées sur les tapisseries conservées dans les églises de France.

2. Guignard (Philippe), *Mémoires fournis aux peintres chargés d'exécuter les cartons d'une tapisserie destinée à la collégiale Saint-Urbain de Troyes, représentant les légendes de saint Urbain et de sainte Cécile*, Troyes, 1851, in-8. Cette étude a paru dans les *Mémoires de la Société académique de l'Aube*.

3. Voici le sujet des dix-sept tableaux de la *Vie de la Vierge* : 1° L'arbre de Jessé ou la généalogie de Jésus; 2° Anne et Joachim renvoyés par le grand-prêtre ; 3° La rencontre à la porte dorée ; 4° La Nativité de la Vierge; 5° La Présentation de Marie au temple ; 6° Marie dans le temple ;

Beauvais. — La suite des *Premiers rois de la Gaule*, conservée dans la cathédrale de Beauvais, a longtemps intrigué les historiens. Elle n'était pas destinée primitivement à la cathédrale. Pour qui et à quelle occasion avait-elle été commandée ? M. Jules Badin a soulevé dernièrement un coin du voile qui cachait les origines de cette tenture si originale. Un chanoine de l'église de Beauvais, Nicolas d'Argillières, habitait, de 1510 à 1561, dans le voisinage de la cathédrale, une maison construite sur les fondations de l'ancienne enceinte romaine. Un joli porche gothique, existant encore dans l'angle de la cour de cet hôtel, est surmonté d'un écusson portant, sculptées dans la pierre, les armoiries du chanoine. Or, c'est précisément le blason qui se retrouve sur les tapisseries de la cathédrale. Il faut donc admettre comme un fait acquis que ces panneaux ont été commandés pour Nicolas d'Argillières, et probablement exécutés sous ses yeux et sous sa direction, à Beauvais même, vers 1530. Ce millésime se lit sur une des pièces, et il concorde bien avec les costumes des personnages. L'idée de cette suite des *Premiers rois des Gaules*, fondateurs des principales villes du pays, est empruntée au livre de Jean Lemaire de Belges sur les *Illustrations de Gaule et singularitez de Troye*. Imprimé à Lyon en 1509 et 1512, ce roman historique obtint un immense succès ; ce qui explique qu'un homme d'église ait songé à faire traduire sur le métier quelques-unes de ses légendes les plus singulières [1].

Cinq panneaux, divisés en neuf compartiments et accompagnés chacun d'un quatrain explicatif en vers décasyllabiques, font passer sous nos yeux quelques-uns des vingt-deux rois ayant régné dans les Gaules depuis le déluge jusqu'à l'époque qui a suivi le siège de Troie, d'après le roman historique du secrétaire de Marguerite d'Autriche. Presque tous portent le costume du temps de François Ier. C'est d'abord Samothès, fils de Japhet, premier roi des Gaules, en costume oriental quelque peu fantaisiste. De ses successeurs immédiats, nulle mention ; on arrive à Jupiter Celte, neuvième souverain de cette dynastie imaginaire. Hercule de Libye, auquel il succède, avait épousé Galathée, fille de Celte. Vient ensuite le onzième roi, Galathès, fils d'Hercule ; il laisse son nom à la Galathie, depuis nommée Gaule ; derrière lui, un vaste panorama étale une carte géographique avec les provinces, les mers et les rivières dont les noms sont tissés dans la tapisserie. Sur la même pièce, troisième de la tenture, paraît Lugdus, treizième roi, fondateur de la ville de Lyon. Son successeur, Belgius, a donné son nom à la Gaule Belgique. Jasius, quinzième roi, vient ensuite sur la quatrième tapisserie. Ce souverain fut mis à mort par son frère Dardanus qui, après son crime, s'empressa de quitter sa patrie et devint le fondateur de Troie. Le dix-huitième roi, Paris, habillé à la mode du début du XVIe siècle, est déclaré le fondateur de la ville de Paris. Enfin, sur le dernier panneau, se montrent ensemble les vingt-troisième et vingt-quatrième rois, Rémus, qui jeta les fondements de Reims, et Francus, fils d'Hector, à qui la France doit son nom. Si on ne peut fixer avec une certitude absolue le pays où la tapisserie fut tissée, les compositions et les personnages ont tous les caractères essentiels d'une œuvre bien française.

Nous voyons ici un exemple remarquable de ces cartes géographiques dont le goût se répandit un peu partout vers le milieu du XVIe siècle. Nous avons signalé plus haut la carte de la Palestine de la collection de M. Ffoulke, de Washington. C'est probablement à la même période, c'est-à-dire aux environs de l'an 1550, qu'appartient le fameux plan de Paris en tapisserie, acquis vers le milieu du

7° Joseph et les autres prétendants à la main de Marie ; 8° Mariage de la Vierge ; 9° L'Annonciation ; 10° La Visitation ; 11° La Nativité de Jésus ; 12° L'Adoration des Mages ; 13° La Présentation de Jésus au temple ; 14° La Fuite en Égypte ; 15° La Sainte Famille ou les trois Maries ; 16° La Mort de la Vierge ; 17° L'Assomption. — L'*Histoire de saint Remi* se compose de dix tapisseries sur chacune desquelles sont réunis deux ou trois sujets différents. Voici la scène principale de chaque panneau : 1° Naissance de saint Remi ; 2° Saint Remi recevant dans son ermitage les prêtres qui lui apportent les insignes de l'épiscopat ; 3° Miracles du saint : Incendie éteint ; jeune fille ressuscitée ; le saint appelant les oiseaux à sa table ; remplissant de vin un tonneau vide ; 4° Bataille de Tolbiac, Baptême de Clovis ; 5° Épisodes de la vie de saint Guénébaud, sacré évêque de Laon par saint Remi ; 6° Diverses scènes dans lesquelles le saint ressuscite un mort pour démentir les faux témoins produits par son gendre revendiquant un héritage légué à l'église ; 7° Concile où sont condamnés les Ariens ; 8° Vieillesse et mort de saint Remi ; 9° Funérailles et ensevelissement du saint ; 10° Translation de son corps ; miracles opérés par ses reliques. C'est sur cette dernière tapisserie qu'est tissé l'admirable portrait agenouillé de l'archevêque Robert de Lenoncourt, un pur chef-d'œuvre, avec l'inscription donnant la date de la tenture (1531).

1. Abbé Barraud, *Notice sur les tapisseries de la cathédrale de Beauvais*, Beauvais, 1853, in-8. — Jubinal a donné, dans ses *Anciennes tapisseries historiées*, des reproductions de la série des rois des Gaules.

XVIIIe siècle, par les échevins de la ville, avec les plans de plusieurs autres capitales : Rome, Constantinople, Venise, Jérusalem. On perd la trace de ce monument si précieux pour la topographie parisienne pendant la Révolution [1].

Orléans. — Les ateliers de Tours et de Beauvais fournissent la preuve positive que la fabrication de la tapisserie en France avait résisté à la concurrence redoutable de Bruxelles et des autres manufactures flamandes. D'autres exemples viennent confirmer la vitalité persistante de cette vieille industrie nationale. Un tapissier brugeois, nommé Pierre Godefroy, avait résidé quelque temps à Orléans et s'en retournait, en 1557, dans sa patrie, quand il fut menacé de poursuites pour avoir tenu des propos séditieux, c'est-à-dire favorables aux Français. L'instruction ouverte contre lui nous apprend que l'atelier d'Orléans avait réuni une douzaine d'ouvriers, les uns Flamands, les autres originaires de Paris ou d'autres villes françaises. Cet atelier était dirigé par Godefroy et par Pierre Hercelin, dont le neveu, Ferrand Hercelin, travaillait sur les mêmes métiers. Ces Flamands avaient émigré en France après la trêve de Vaucelles; mais leur séjour dura peu. On ne possède aucun détail sur leurs travaux.

Aubusson et Felletin. — Bien qu'il ne subsiste aucun renseignement positif sur les métiers d'Aubusson et de Felletin au XVIe siècle, il paraît certain que les tapissiers de la Marche ne cessèrent de travailler pendant cette époque à des ouvrages assez communs. Ils sont cités de temps en temps dans les inventaires; nous avons constaté l'installation d'un habitant de Felletin sur les bords de la Loire. Enfin, une ordonnance de Henri III augmentait les droits antérieurement établis sur les produits de Felletin. Cette aggravation de charges eût-elle été possible si l'industrie locale n'avait déjà atteint un certain degré de prospérité.

Amiens. — Des émigrés flamands avaient fondé une colonie dans la ville d'Amiens. Gérard Wauthier, originaire de Saint-Trond, vient s'y installer vers 1542 et y demeure jusqu'en 1557. Il y laissait des élèves, car un arrêt du Parlement de Paris, daté du 6 septembre 1559, mentionne et énumère dix hautlisseurs amiénois. Ces noms indiquent une nationalité française; aucun ne paraît venir des Pays-Bas. L'inventaire du mobilier de la Couronne sous Louis XIV enregistre plusieurs tentures, dont une *Histoire de Tobie*, en douze pièces, attribuée aux anciens ateliers d'Amiens. Les maîtres parisiens, dans l'introduction de leurs statuts publiés en 1718, vantent l'habileté des hautlisseurs de la Picardie ; mais on ne connaît aujourd'hui pas un seul de leurs ouvrages. Des recherches dans les archives locales arriveraient peut-être à compléter les premiers éléments recueillis jusqu'ici sur un centre de fabrication qui paraît avoir joué un rôle fort honorable.

Châtillon. — Un inventaire des meubles du château de Joinville en 1583 fait mention de pièces de tapisseries dites façon de Châtillon, employées aux usages les plus vulgaires. C'était sans doute une fabrique installée par les Guises à Châtillon-sur-Seine [2].

Cadillac. — L'atelier de Cadillac, près de Bordeaux, dont la création est due au duc d'Épernon, nous a laissé une œuvre très curieuse, en dépit de la grossièreté de l'exécution. Nous voulons parler des vingt-sept sujets de l'*Histoire du roi Henri III*, qui figurent sur l'inventaire de la Couronne sous Louis XIV, et dont plusieurs panneaux sont conservés au Musée de Cluny. Par une sorte d'émulation, les grands seigneurs établissaient dans leurs châteaux des tapissiers de haute lisse, à l'exemple du souverain.

1. La série de ces plans, avec une carte de l'Italie, aussi en tapisserie, avait été acquise, en 1737, des héritiers du sieur Morel, conseiller au Parlement, au prix de 2360 livres. Ils avaient appartenu à la famille de Guise et sont inscrits dans l'inventaire rédigé après le décès de Mlle de Guise, morte à Paris le 3 mars 1688 (voir Inventaire de l'hôtel de Guise dans les *Nouvelles Archives de l'art français*, 1896, p. 156.) Une grande gouache avait été exécutée d'après le plan de tapisserie ; elle a péri par le feu en 1871. Une gravure exécutée d'après la gouache porte cette inscription *Dheulhand delin. et sculp.*, *1756*. De l'autre côté ces mots : *Præfect. et Ædil. acquis. 1766*. Cet achat fut décidé sur l'initiative de Turgot.

2. Nous possédons un bandeau orné de feuillages et de fruits portant cette inscription ancienne : *Fait à Castillon*. Serait-ce un produit de l'atelier de Châtillon-sur-Seine ?

ARABESQUES _ LA MORT DE JOAB

ATELIER DE FONTAINEBLEAU — MILIEU DU XVIe SIÈCLE

[illegible] de la Manufacture des Gobelins

Vers la fin du XVIe siècle. Duplessis-Mornay adressait à son maître, le roi de Navarre, un mémoire sur l'installation dans ses états d'une colonie de tapissiers chassés des provinces flamandes par les persécutions religieuses. Le projet n'eut pas de suites; il montre tout au moins que les idées qu'il mit plus tard à exécution hantaient l'esprit d'Henri IV avant qu'il montât sur le trône de France[1].

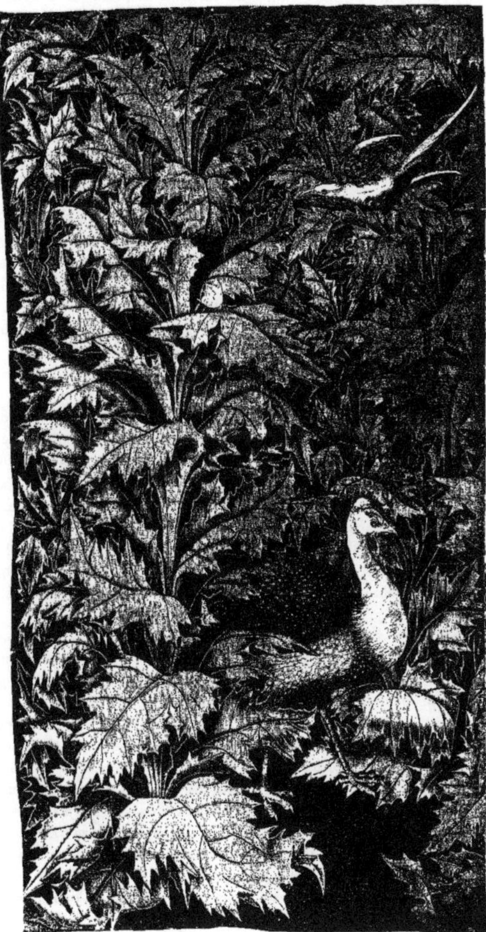

Fig. 90. — Feuillage décoratif. XVIe siècle (Collection Brauer).

Moulins. — D'un autre mémoire, également adressé à Henri IV après son avènement, il résulte que la reine douairière Catherine de Médicis avait eu l'intention d'installer dans la ville de Moulins une manufacture de tapisseries, et, à cet effet, avait fait planter dans le parc du château quantité de mûriers devant fournir de la soie à l'atelier projeté, « et dès lors, ajoute le rapport, fut ordonné que les « manufactures de toutes « sortes de tapisseries, façon de Flandres, se « feraient audit Moulins, et « que les soyes provenant « desdits mûriers seroient « pour lesdites tapisseries, etc... Et depuis, ladite dame, en 1582, mit « les tapisseries à Orléans... » Or, il résulte d'une lettre de Catherine,

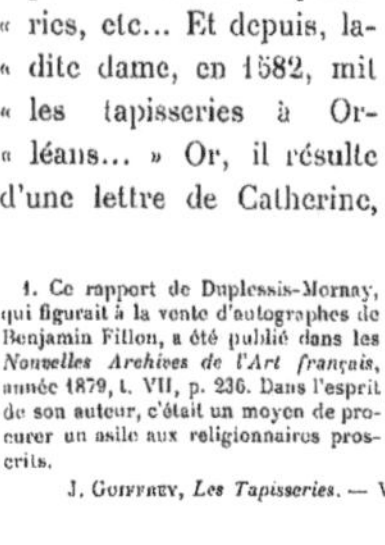

1. Ce rapport de Duplessis-Mornay, qui figurait à la vente d'autographes de Benjamin Fillon, a été publié dans les *Nouvelles Archives de l'Art français*, année 1879, t. VII, p. 236. Dans l'esprit de son auteur, c'était un moyen de procurer un asile aux religionnaires proscrits.

écrite à Fontainebleau, en date du 4 août 1582, adressée aux maire et échevins d'Orléans, ville donnée à la reine par ses fils, qu'une manufacture de tapisserie, remplie de Flamands, existait à cette époque dans cette ville, et que la reine se préoccupait d'augmenter le nombre des travailleurs. Cet atelier a-t-il quelque rapport avec celui à la tête duquel s'était trouvé, quelques années auparavant, Pierre Hercelin. Il paraîtrait assez singulier que deux tentatives, indépendantes l'une de l'autre, se fussent produites, à si peu d'années d'intervalle, pour installer des métiers dans la même ville.

Paris. — Nous avions exclusivement en vue, dans les pages précédentes, des hautlisseurs de province, soit indigènes, soit originaires des centres flamands. Nous allons maintenant exposer ce qu'on sait des ateliers parisiens à l'époque de la Renaissance et raconter les premières tentatives faites pour substituer aux artisans libres et indépendants des ouvriers aux gages du souverain, ne travaillant que pour lui, dans des locaux dépendant des maisons royales.

La tapisserie de haute lisse ne cessa jamais d'avoir des représentants dans la capitale. Même aux plus sombres jours de la guerre de Cent Ans, pendant l'occupation anglaise, Paris avait gardé quelques métiers. Ils végétaient misérablement sans doute ; mais ils conservaient la tradition. L'éloignement de la cour, son séjour prolongé sur les rives de la Loire arrêta longtemps les efforts tentés pour faire revivre la vieille réputation des artisans parisiens. Et pourtant, d'après certains documents[1] encore inédits, il est permis d'affirmer que, sous les règnes de François Ier et de son successeur, un certain nombre de tapissiers trouvaient le moyen, sinon de prospérer et de faire fortune, au moins de se maintenir et de travailler à Paris. Quelques-uns même jouissaient, semble-t-il, d'un certain renom. La pratique d'un métier se conservait alors dans la même famille pendant plusieurs générations, et les mêmes noms se retrouvent dans une corporation pendant un siècle et davantage. Les artisans dont il sera question ci-après sont tous qualifiés tapissiers de haute lisse ; tous habitent Paris, et, presque toujours, à la suite de leur nom, sont indiqués le quartier et la rue où ils demeurent. Pas une mention de tapissier de basse lisse ne figure sur ces actes. C'est un point capital, car il démontre que les Parisiens gardèrent fidèlement les procédés anciens, tandis que la basse lisse régnait exclusivement aux Pays-Bas. Aussi, quand Henri IV fit venir les artisans flamands, fondateurs de la première manufacture du faubourg Saint-Marcel, les grands corps de l'État, défenseurs inflexibles des vieilles coutumes, firent-ils entendre d'énergiques protestations contre l'invasion d'une fabrication considérée comme moins parfaite que celle en usage dans les ateliers français.

Un grand nombre de marchés mentionnent une application de la tapisserie qu'on serait tenté de considérer comme d'un ordre tout à fait inférieur. Nos Parisiens tissent nombre de couvertures pour les mulets. Or, les ateliers les plus renommés ne dédaignent pas ce genre de travail, auquel ils pouvaient appliquer les apprentis ou les ouvriers peu habiles. Toutes ces couvertures de mulets ont ordinairement les mêmes dimensions : deux aunes sur une aune trois quarts, soit quatre aunes en carré. Le prix varie ordinairement de cinq ou six livres par aune. Une couverture coûte donc de vingt à vingt-cinq livres. La décoration paraît toujours à peu près la même : armoiries du propriétaire cinq fois répétées, aux quatre coins et au milieu, les écussons étant probablement reliés par des rinceaux ou des ornements. Nos tapissiers parisiens ne se confinaient pas d'ailleurs dans ces ouvrages vulgaires. Quand l'occasion se présente, ils se chargent volontiers de reproduire des sujets religieux pour les églises ou des compositions historiques pour les châteaux princiers et les demeures de la bourgeoisie.

Un prince aussi épris de toutes les expressions de l'art que François Ier ne pouvait manquer de montrer le goût le plus vif pour les ouvrages des tapissiers. Il donna un témoignage éclatant de cette

1. Notre confrère M. Germain Bapst a bien voulu nous communiquer diverses copies de traités passés par les tapissiers devant les notaires de Paris. C'est un plaisir pour nous de lui exprimer nos bien sincères remerciements. Les autres actes cités plus loin viennent des Insinuations du Châtelet de Paris. Comme tous ces documents sont inédits, nous en reproduisons ici de nombreux extraits.

sollicitude pour les ouvrages de haute lisse quand il songea à installer dans une de ses demeures un atelier de haute lisse. Nous exposerons dans le chapitre suivant tous les détails qu'il a été possible de recueillir sur cet établissement royal. Mais avant que cette création donnât des résultats appréciables, il fallait bien que le prince trouvât le moyen de satisfaire son besoin de magnificence et de luxe. Les artisans parisiens, occupés surtout à des ouvrages communs et de peu de prix, n'étaient guère en mesure de répondre aux désirs du souverain. Aussi dut-il s'adresser aux ateliers dont la réputation éclipsait celle de tous les autres métiers et chargea-t-il les tapissiers les plus renommés de Bruxelles de l'exécution des riches tentures destinées à la décoration de ses châteaux, comme on le verra par la suite. Mais ce que nous devons constater ici, c'est que le nom du roi ne paraît jamais

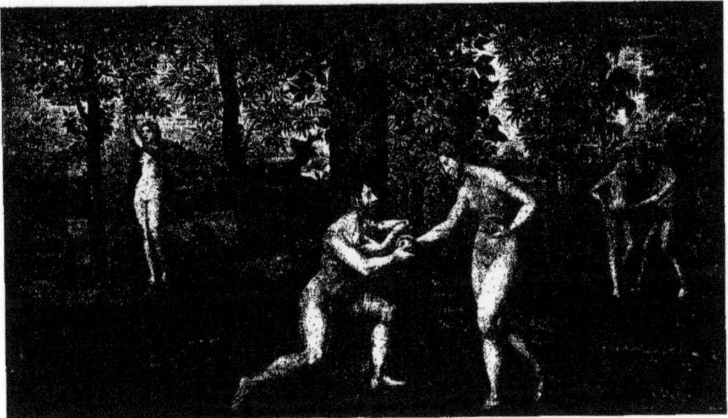

Fig. 91. — Adam et Ève dans le Paradis terrestre. Atelier de Bruxelles, xvie siècle (Musée de Florence).

parmi les clients de nos artisans parisiens. A vrai dire, on n'a dépouillé qu'une infime partie des minutes notariales ; même dans le cas où celles qui restent à examiner ne devraient mentionner aucune commande royale, il ne faudrait pas s'étonner qu'après l'installation de l'atelier de Fontainebleau le souverain n'eût pas recours à d'autres artisans que ceux qu'il avait pris à son service.

Parmi ces tapissiers de haute lisse dont les noms sortent aujourd'hui de l'oubli, plusieurs occupèrent une place importante dans les annales de l'industrie. En 1547, paraît un Girard Laurent, chargé de nombreux ouvrages. Ce nom reparaîtra sous Henri IV et encore sous Louis XIV. La dynastie des Laurent ou Laurens joue un grand rôle dans l'histoire de la tapisserie française. A peu près à la même date, on rencontre Pierre du Larris ou du Larry, Antoine du Larry, son parent, Guillaume Torcheux et Pierre Blasse. Ce dernier étant mort en 1550, on dressa un inventaire de ses métiers, et son fils, aussi nommé Pierre, prit sa succession.

Dès 1519 (1520 n. st.), Jean de la Roy (ne faut-il pas lire du Larry ?) se charge d'exécuter pour le Parlement de Rouen trois aunes et demie de tapisserie à fleurs de lis, payées 9 livres 18 sous.

Deux des artisans les plus en vue de la corporation, Guillaume Torcheux et Girard Laurens, tous deux tapissiers en haute lisse, prennent l'engagement par-devant notaires, en 1536, de livrer pour la Chancellerie dix pièces de tapisserie de trois aunes et un demi-quartier de haut, contenant en tout deux cent cinquante aunes, devant être terminées en une année, au prix de 110 sous tournois l'aune. Ladite tapisserie « à champ bleu, semé de fleurs de lis jaune doré; lesdites fleurs de lis équidistans « en droite ligne et dessaignées en tous sens, dont le champ en portera quatorze, y comprins les deux « demyes du haut et bas... » Et aux bordures « d'un quartier de large ou environ, comprins les filletz, « sera les fonds de rouge obscur... à lacs d'amours et cordes d'entrelacs et esd. entrelasseries aura « des F et des salamandres couronnées, puis l'un, puis l'autre. Et seront lesd. F de couleur jaulne « doré fine fayette, et les salamandres de cynople aussi fine fayette [1]... »

D'autres documents mentionnent des ouvrages plus originaux de nos deux associés. En 1546, Torcheux, qui habite rue du Temple, près le jeu de paume de Bracque, s'engage à livrer à Jacques d'Angennes, sieur de Rambouillet, dans les six mois, une pièce de tapisserie de 4 aunes de haut sur 3 et demie de large, au prix de 12 écus sol. d'or l'aune. Le marché qui s'étend longuement sur la qualité des matières premières n'indique pas le sujet. Torcheux jouissait d'une certaine aisance, car il cédait, en 1543, à son fils, étudiant en l'Université de Paris, une maison située aux Gatines.

Girard Laurens occupe, dès le milieu du XVIe siècle, une des premières places parmi les fabricants de haute lisse. Nous le voyons chargé de nombreux et importants travaux. Son nom revient à sept ou huit reprises dans les minutes notariales. C'est, en 1542, une table d'autel représentant un *Crucifiement*, pareille à celle de l'église Saint-Martin-des-Champs, qu'il s'engage à confectionner pour Claude de Moussy, marchand de Paris, au prix de 14 livres l'aune. Voilà certes un véritable ouvrage d'art. Quelques années plus tard, en 1547, il entreprend un travail moins relevé pour le compte du grand écuyer de France. Il se charge, par acte du 18 avril, de terminer avant la Saint-Jean, soit dans un délai de deux mois, neuf couvertures de tapisserie de haute lisse, dont six pour servir aux mulets, au prix de cent sous tournois l'aune. Girard Laurens demeurait rue Saint-Antoine; c'est l'adresse qu'il donne à plusieurs reprises. Nouvelle fourniture de couvertures à mulets en 1549, pour le service du cardinal de Lorraine. Cette fois, notre tapissier, ayant accepté une commande de dix-huit pièces, au prix de 16 livres l'une, s'est associé deux de ses confrères, Guillaume Torcheux et Pierre Blasse. Le 3 mai 1551, autre marché pour huit couvertures, moyennant le prix de 6 livres l'aune, à livrer le 1er juillet à Claude Gouffier, sieur de Boissy, grand écuyer de France. Un travail plus digne de son talent lui est confié, le 2 mai 1556, par les marguilliers de la fabrique de l'église de Saint-Nicolas-des-Champs. Il s'agit cette fois d'une pièce de tapisserie de dix-neuf aunes ou environ de contenance « où sera le miracle faict par led. saint Nicolas sur la multi- « plication des bleds par luy achetez à Sainct-Adrien et distribuez à la ville de Lisse ». La livraison devait avoir lieu le 15 août, et le prix de l'aune était fixé à 10 livres, double du prix ordinaire des couvertures. Pour terminer des ouvrages de cette importance en si peu de temps, Laurens entretenait certainement un nombreux personnel dans son atelier de la rue Saint-Antoine.

Le contrat de mariage, conclu en 1570, entre Jean Laurens, fils de Girard, tapissier de haute lisse comme son père, avec Anne Jacob, fille de l'élu de Pontoise, François Jacob, nous apprend que notre maître tapissier eut au moins deux fils qui suivirent la profession de leur père; car, dans un marché du 9 septembre 1581, Girard Laurent le jeune, demeurant rue Culture-Sainte-Catherine, probablement fils de Girard l'ancien et frère de Jean, s'engageait à exécuter dans l'espace d'un an, au prix de 5 livres l'aune, pour le compte de Robert Miron, sieur de Germonville et de Fourqueux, contrôleur général des finances, « la quantité de... (*sic*) pièces de tapisserie des *Sept planètes* qu'il « commandera pour mectre en ladite salle dud. lieu de Fourqueux. » Nous aurons à revenir sur cette famille parisienne.

Pierre Blasse ne paraît qu'une seule fois, en 1549, et meurt l'année suivante; encore son travail se

1. Cette description rappelle le dessin de la collection Gaignières, jadis reproduit par nous dans notre *Histoire de la Tapisserie*, publiée chez Mame (p. 221), où la salamandre alterne avec l'F couronné et la fleur de lis dans un entourage de cordelières.

borne-t-il à deux couvertures de mulets destinées à Gilles Bohier, évêque d'Agde, du prix de 10 livres chacune; son nom mériterait à peine d'être cité si nous ne possédions sur lui un curieux document et s'il n'avait laissé un fils pour continuer ses travaux. Blasse étant mort en 1550, sa veuve et son fils font établir l'inventaire de ses meubles; l'acte constate la présence de deux métiers, l'un de quatre aunes de long, évalué 50 livres, l'autre de trois aunes, prisé 30 livres, avec 800 broches. Pierre Blasse le fils entreprend surtout des ouvrages communs, soit, en 1569, six tapisseries pour mulets, du prix de 12 livres pièce, destinées à François de Scépeaux, seigneur de Vieilleville, maréchal de France. Six autres couvertures de mulets en haute lisse sont acquises le 13 février 1571, au prix de 34 livres pièce, par Louis de Saint-Gelais, seigneur de Lansac, capitaine des cent gentilshommes de la maison du Roi. Enfin, notre artisan, logé à l'hôtel de Sens, signe, le 31 mars 1571, un marché prouvant qu'il était capable à l'occasion d'entreprendre d'autres ouvrages que ces vulgaires couvertures de bêtes de somme. Le sieur Nicolas Hannequin, seigneur du Pierry, notaire, lui commande quatre pantes de ciel de lit, décorées de quatre histoires de la *Vie de Tobie* dans des ovales, pour la somme de 61 livres 12 sols. Il est à noter que, dans tous ces contrats, le tapissier prend l'engagement de rehausser son tissu de trois soies : jaune, verte et bleue.

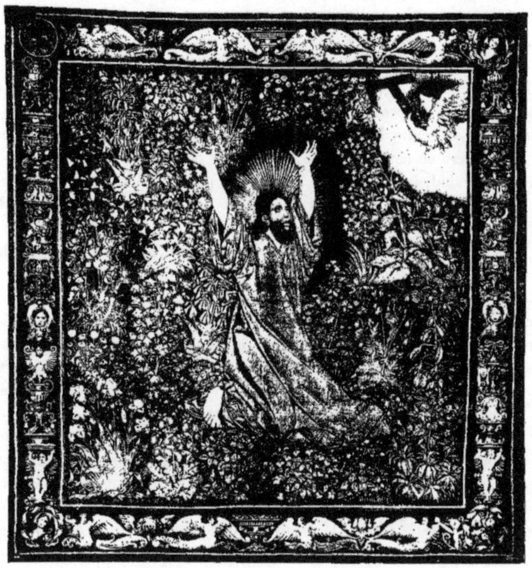

Fig. 92. — Le Christ au Jardin des Oliviers. Musée de Besançon. Atelier français (xvie siècle).

Les du Larry ont certainement tenu, parmi les tapissiers parisiens, un rang à peu près égal à celui des Laurens. L'auteur de la famille, Pierre du Larry, habitait, en 1547, la rue des Haudriettes, près l'échelle du Temple, dans le voisinage de ses collègues, les Laurens et les Blasse. Tous les chefs de l'industrie de la haute lisse se trouvent donc groupés, sous François Ier, dans ce quartier du Marais. Comme les autres artisans dont nous venons de parler, les du Larry travaillent surtout à des couvertures de mulets. Pourtant, quand il paraît pour la première fois, en 1547, Pierre entreprend, pour deux orfèvres parisiens, deux pentes de haute lisse de trois aunes de long sur une demi-aune de haut, décorées d'armoiries, de verdures et d'oiseaux. Le prix de 12 livres par aune indique un tissu assez soigné. Les autres marchés ne parlent guère que de couvertures de mulets. En 1548, treize de ces couvertures, du prix de 7 livres 2 sous pièce, lui sont demandées par Madame Marguerite de France, sœur unique du Roi, semblables à neuf autres pièces déjà livrées. Le travail doit être achevé entre le 4 mai et le 24 juin. Nouvelles fournitures de couvertures chargées de cinq écussons, au comte de Tavannes, en 1551, au prix de 23 livres pièce ; de deux couvertures armoriées, à Charles du Bec, sieur de Boury, en 1554, payées ensemble 55 livres 4 sous ; enfin de quatre autres couvertures, aux écussons de Guy de Castelnau de Clermont, capitaine des hommes d'armes du Roi, en 1567, moyennant la somme totale de onze écus d'or.

L'année suivante paraît un autre du Larry, Antoine, habitant, comme Pierre, rue des Haudriettes, près l'échelle du Temple. En 1586, il se charge, pour le prix de trente livres, de la confection d'une pièce de haute lisse, le *Miracle des Ardents*, pour Pierre Queneaulx, prêtre clerc de l'église de Sainte-Geneviève.

Thomas Fourdy, ou Fourdin, demeurant rue de la Vannerie ou de la Verrerie, époux de Catherine Caudelier, passe, le 4 décembre 1544, un marché avec Jean de Caraciol, prince de Melphe, vicomte de Martigues en Provence, seigneur de Châteauneuf-sur-Loire, pour l'exécution de dix couvertures de mulets, chacune de trois aunes et demie, où seront reproduites « les armes dudit prince, garnies « de timbres et lambrequins par le milieu et aux quatre coings une armoirie, avec l'ordre tout à « l'entour dud. prince et aussi l'escripture par les bords etc... » lesdites couvertures « aussi bonnes « comme celles que led. Fourdy a faictes pour M^r le prince de la Roche sur Yon », au prix de 22 livres 10 s. la couverture [1].

Voici un tapissier qui paraît avoir été employé à des travaux plus délicats et plus relevés que la plupart de ceux cités ci-devant. Guillaume Brocquart, demeurant rue du Grenier-Saint-Ladre, associé pour la circonstance avec Léon Brocquart, s'engage, en 1543, à exécuter, dans un délai de deux ans, moyennant six écus soleil l'aune carrée, la tapisserie « de Madame de Saincte Genevicfve, contenant la vie de ladite saincte... » pour le compte de Philippe Le Bel, abbé de Sainte-Geneviève-du-Mont [2]. Or, quelque temps auparavant, un artiste bien connu, Jean Cousin, de Sens, avait reçu de la confrérie de Sainte-Geneviève, mission de « faire troys patrons de tappisserie, painctz en toille, de la « grandeur, largeur et hauteur que ung autre patron, jà par led. Cousin faict, où feu reverend Père en « Dieu frère Guillaume Le Duc, abbé dud. Saincte Genevicfve, est portraict et priant..., à chascun « desquelz patrons y aura deux histoires de Saincte Genevicfve, aussi bien ou mieulx que led. patron « que led. Cousin a jà faict..... » Prix : 120 livres tournois. Cousin devra reprendre chaque patron pour 15 livres qui pourront valoir sur le prix de quatre autres patrons, de mêmes dimensions, également consacrées à des scènes de la vie de sainte Geneviève, qu'on se propose de lui commander.

L'acte est d'une réelle importance ; il prouve que les modèles des tapisseries religieuses sont demandés aux artistes les plus renommés. Il n'existe plus rien de ces « patrons » de Jean Cousin, ni des huit tapisseries dont il avait donné le dessin. On peut douter que ces modèles, commandés par une confrérie pieuse, aient servi à l'exécution de la tenture exécutée deux ans plus tard par Guillaume Brocquart. Il est pourtant difficile d'admettre que deux séries différentes de cartons sur le même sujet, pour la même église, aient été livrés par deux artistes à un aussi court intervalle de temps. En tout cas, ces pièces montrent dans quelle estime était tenu maître Guillaume Brocquart. Nous le retrouvons l'année suivante, chargé d'un autre travail de même nature que le précédent. Le 15 mai 1544, notre tapissier reçoit de la confrérie de la chapelle Saint-Sébastien, Saint-Antoine et Saint-Adrien, la commande d'un parement d'autel de deux aunes de long sur une aune, moins un seizième de large, moyennant le prix de 63 livres. Une clause dit que l'ouvrage devra être « si bien faict qu'il « y en ait dedans la ville de Paris pour le présent quant à la soye et façon, et faire deux anges qui

1. Ce marché a été publié par M. Ernest Coyecque, *Recueil d'actes notariés du XVIe siècle*, Paris, 1905, p. 607. L'ouvrage de M. Coyecque donne dans leurs moindres détails les clauses de l'acte, prouvant que les plus minutieuses précautions étaient prises pour la bonne exécution du travail.

2. E. Coyecque, *Recueil d'actes notariés...*, p. 481. Un fac-similé de ce contrat a été donné par M. Noël du Caire dans la *Revue bleue*, pour accompagner un article sur les Archives notariales de la Seine à l'hôtel de Lauzun (n° du 24 juin 1899, p. 789 à 793). De son côté, M. Coyecque publie dans son *Recueil d'actes notariés* (p. 319) le contrat portant commande de huit modèles à Jean Cousin.

« tiendront une couronne sur le chef et diadème de l'ymaige dud. Saint Sébastien, le diadesme, cou- « ronne et les testes d'ange et robe dud. Sainct Adrien tout enrichis d'or et rehaulcer les ymages de « bordures dud. parement de fine soye de Paris, etc.... [1]. »

Pierre le Bryain, qualifié tapissier ordinaire du Roi, demeurant à Fontainebleau, — on le retrouvera quand il sera question de l'atelier fondé par François Ier — prenait, le 15 avril 1547, l'engagement de livrer, dans un délai de deux ans, à Ysabeau Cotereau, femme de messire Jacques d'Angennes, sieur de Rambouillet [2], neuf pièces de tapisserie de haute lisse, dont ni les dimensions, ni le sujet ne sont mentionnés, à raison de seize écus d'or soleil l'aune.

Pierre Le Boyart, comme le précédent, travaillait à Fontainebleau pour le Roi ; il y était employé à reproduire « en layne les paintures et stucq de la grant galleryе dudit Fontainebleau ». La somme de 675 livres, à lui allouée comme acompte en l'année 1547, témoigne de l'importance de ses travaux et de l'estime dont il jouissait.

Nous revenons à Paris avec Pierre Blanc, demeurant rue Comtesse-d'Artois, chargé, le 8 avril 1562, par Me Thilbert Barjot, maître des requêtes de l'Hôtel, président au Grand Conseil, d'exécuter, pour le prix de 9 livres 10 sous l'aune, une pièce de la *Vie de saint Vincent*, destinée à l'église de Saint-Germain-l'Auxerrois. Deux tapisseries terminées sont déjà en place; celle de Blanc devra être finie pour la Saint-Jean. Il ne lui est donc accordé que deux mois et demi de délai [3].

Un marché, du 8 juin 1573, par lequel Pierre du Molin s'engage à tisser pour la confrérie des maîtres tapissiers courtepointiers de Paris deux pièces, l'une avec l'*Image de saint Louis*, l'autre représentant les *Quatre Évangélistes*, donne de curieux détails sur les conditions du travail. La figure de saint Louis, accompagnée de deux anges, devra être faite d'or, d'argent et de soye, d'aussy bonnes estoffes et aussi bien frappées et mises en œuvre que la bannière de Saint Jean en Grève, « mesme sera la chaîne de soie ». Les quatre Évangélistes, « en rond et chapeaulx de triomphe », devaient être tissés dans les mêmes conditions que l'*Image de saint Louis*.

Guillaume Claude vivait à Paris, dans le quartier où sont installés les Gobelins. Il habitait hors la porte Saint-Marcel, rue d'Albon, à l'enseigne du *Tuyau d'orgue*. Les ouvrages qui lui sont confiés annoncent un maître habile. C'est une tapisserie de deux aunes trois quarts de long sur une aune et demie de haut, où sera représenté « le *pourtraict de Octavien Empereur avec* « *la Sibille et la Vierge tenant son fils* qui sera faict en un nuage au ciel ». Ce travail, commandé par Gilles de Fresne, bourgeois de Paris, doit être payé 22 livres un tiers. Le marché porte la date du 25 septembre 1578. Une autre commande de deux tapisseries, à l'*Histoire de saint Christophe*, donnée, le 7 avril 1580, au même Guillaume Claude, par Antoine Gastineau, procureur au Parlement de Paris, à raison de 6 livres l'aune, renferme de curieuses indications sur le prix des matières premières. La laine employée devra être, d'après le contrat, de la valeur de 16 sols la livre, les sayettes françaises de 26 sols, « le « rehaulssement et habillement des personnages sera de fine soye à 20 sols l'once, de couleur jaulne, « verte et bleue... et ne pourra ledit Claude applicquer à ladite pièce que des laines françoise, bonnes, « loiales, etc. et aulcune layne d'Auvergne, de quelques couleurs qu'elles soyent... »

Nouveau marché, du 26 janvier 1584, portant engagement de Guillaume Claude de faire une tapisserie de haute lisse, de cinq aunes en carré, du prix de 26 livres, pour le sieur Hugues Fremyn, maître brodeur. Les bourgeois et les artisans se passionnent, à leur tour, pour les ouvrages de haute lisse ; et voici un ouvrier brodeur qui fait travailler pour son compte un tapissier en réputation.

L'ouvrage du tapissier Guillaume Trubert, demeurant rue Saint-Martin, à l'enseigne de l'Échiquier d'or, paroisse Saint-Laurent, mentionné dans un acte du 4 mai 1585 et destiné à l'église de la Madeleine, représentait « Notre Seigneur preschant sur le perron du Temple de Jérusalem ». L'acte donne

1. Communication manuscrite de M. Germain Bapst.

2. On a vu plus haut le sieur de Rambouillet lui-même acquérir une tapisserie de Guillaume Torcheux en 1546.

3. Pâques tombait le 29 mars en 1562.

cette indication précieuse que le carton était l'œuvre de François Quesnel. Il rappelle en outre que Guillaume Trubert avait eu pour maître Maurice Dubout, occupé dans ce temps-là à une tapisserie pour l'église de Saint-Méderic. Le tapissier recevait 8 livres et demie par aune carrée. Le marché entre dans des détails minutieux sur la qualité, le prix, la teinture des laines et des soies. Il enjoint même à Trubert de prendre ses laines chez Gilles de Goix, marchand de Paris. La pièce devait être terminée en deux mois. Cette observation s'applique à tous les contrats qu'on vient de passer en revue. La rapidité de travail de ces anciens tapissiers est bien faite pour étonner quand on la rapproche de la lenteur actuelle.

Après le luxe de détails contenus dans les marchés notariés, les notes biographiques données par les contrats de vente, de mariage ou autres, enregistrés au Châtelet, paraîtront bien sèches. On peut tout au moins y recueillir plusieurs noms de tapissiers non cités ailleurs. C'est ce que nous allons faire en dressant une liste sommaire des artisans en haute lisse inscrits dans les registres du Châtelet et dans ceux du Parlement de Paris [1] :

1534 et 1540 : Thomas Hardy, tapissier, reçoit 110 livres 10 sous et 141 livres 14 sous du Parlement de Paris, pour ouvrages de son métier [2].

1544 : Guillaume Tricheuz l'aîné, tapissier de haute lisse, rue du Temple, donne à Guillaume Tricheuz le jeune, son fils, étudiant en l'Université de Paris, divers biens et héritages, notamment une maison au village des Gastines [3].

1546 : Nicolas Eustace, maître tapissier de haute lisse; donation mutuelle avec Jeanne Carrel [4], sa femme.

1550 : Pierre De La Dehors, maître tapissier de haute lisse, mort avant l'année 1550, année où sa femme porte le titre de veuve [5].

1551 : Donation par Marguerite Langlois, femme de Pierre du Larry, maître tapissier, à Jean Texier, maître tapissier de haute lisse, et à Jeanne du Larry, sa femme, de ce qui peut lui revenir dans la succession d'un parent [6].

1552 : Girard de Louvain, nommé juré tapissier de haute lisse, en remplacement de Guillaume Patras, sortant de charge. Girard Laurens était un des concurrents de Girard de Louvain [7].

1553 : Jehan Le Bel, reçu maître tapissier de haute lisse à Paris [8].

1553 : Donation de droits successoraux par Jean Dudan, tapissier de haute lisse, et Geneviève Macquart, sa femme [9].

1562 : Sentence ordonnant une enquête dans une instance pendante entre Jacques de Pompadour, aumônier ordinaire du Roi, et François Robert, *marchand tapissier à Felletin* en la Marche [10].

1570 : Philippe Herisson, tapissier de haute lisse, reçoit en don de sa mère une grande maison sise rue des Vieux-Augustins et Coquillière [11].

1581 : Donation mutuelle de Louis Thieulin, maître tapissier de haute lisse, et de Françoise Toutevoie, sa femme [12].

1584 (11 avril) : Contrat de mariage d'Antoine du Larry, maître tapissier de haute lisse, rue des Haudriettes, à l'enseigne du Pressoir d'or, et de Jeanne Vallès, veuve d'Antoine Lerat, maître tonnelier [13].

1. Voici les noms de quelques tapissiers de haute lisse parisiens, sur lesquels on n'a rencontré jusqu'ici qu'une brève indication :

1537 : Jacques Langlois : une pièce de tapisserie pour un contrôleur de l'argenterie du Roi, à 75 sols parisis l'aune.

1537 : Loys Thulin ; huit couvertures de mulets armoriées pour Mgr de Clèves, à raison de 4 livres par aune.

1540 : Jacques Langlois s'associe avec Thomas Fourd et Pierre Larry, pour un an, en vue de l'exécution d'ouvrages pour le maréchal d'Annebault.

2. Archives Nationales, X ᴬ, 1538, fol. 106 v°, et 1544, fol. 249 v°.

3. *Ibid.*, Y 89, fol. 354 v°. Il a été question ci-dessus d'un Guillaume Torcheux, demeurant rue du Temple. C'est probablement le même que le tapissier désigné ici sous le nom de Tricheux.

4. *Ibid.*, Y 93, fol. 196 v°.

5. Archives Nationales, Y 96, fol. 258 v°.

6. *Ibid.*, Y 97, fol. 58 v°. On a vu plus haut divers actes relatifs à Pierre du Larry, dont le beau-frère exerçait la même profession que lui.

7. *Ibid.*, Y 5249, fol. 245.

8. *Ibid.*, Y 5249, fol. 295.

9. *Ibid.*, Y 99, fol. 91 v°.

10. *Ibid.*, X^{2A}, 50. Les mentions de tapissiers de Felletin sont très rares au XVIᵉ siècle.

11. *Ibid.*, Y 110, fol. 295 v°.

12. *Ibid.*, Y 123, fol. 197 v°.

13. *Ibid.*, 125, fol. 443 v°. Antoine du Larry était sans doute le fils de Pierre du Larry dont il a été question précédemment. Il habitait, ainsi que Pierre, rue des Haudriettes.

1586 : Jean Thirlin, tapissier de haute lisse, décédé. Sa veuve se remarie[1].

1586 : Contrat de mariage de Maurice Hambourg, tapissier de haute lisse, âgé de trente-quatre ans, et de Catherine Larcher, veuve de Jean de Croissy, maître tapissier courtepointier[2].

1598 : Donation par Denis Lamy, tapissier de haute lisse, à Hugues Lamy, son fils, de droits successoraux[3].

Tous ces tapissiers de haute lisse, dont nous ne connaissons guère que les noms et deux ou trois ouvrages, avaient certainement sous leur direction plusieurs compagnons. La rapidité avec laquelle leurs ouvrages s'exécutent prouve assez que nos ateliers parisiens comptaient, au XVIe siècle, d'assez

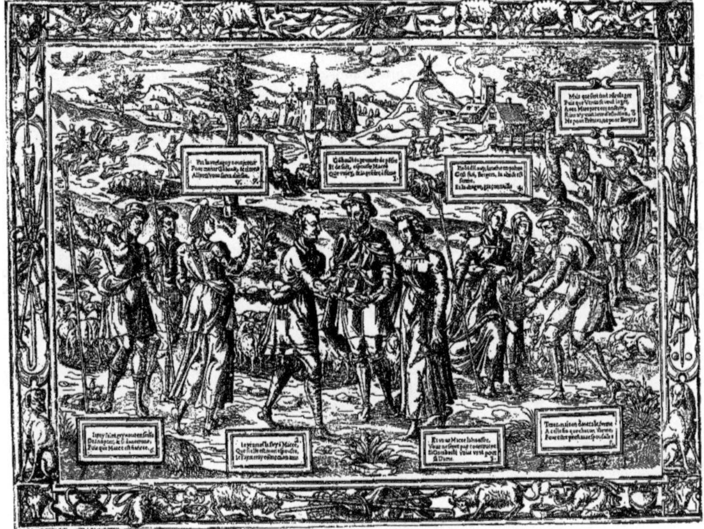

Fig. 93. — L'Histoire de Gombaut et de Macé : les Fiançailles. D'après une gravure du XVIe siècle.

nombreux travailleurs. Avec cette promptitude d'exécution, la quantité de tentures fournies par eux fut nécessairement considérable. Et pourtant, nous n'en avons pas trouvé une pouvant leur être attribuée avec certitude. Sans doute, les travaux communs, ces couvertures de mulets dont il est si souvent question dans les marchés, étaient voués d'avance à une rapide destruction. C'est à peine si on en a quelque idée, d'après les estampes contemporaines et d'après certaines tapisseries, comme les *Chasses de Maximilien*, où les bêtes de somme sont harnachées à la mode du temps. Mais nos tapissiers, nous en avons cité plus d'une preuve, travaillaient souvent d'après les modèles fournis par les premiers artistes du temps. Les Jean Cousin, les François Quesnel, les Antoine Caron, d'autres

1. Arch. Nat., Y 127, fol. 287 v°.
2. *Ibid.*, Y 128, fol. 261 v°.
3. Arch. Nat., Y 137, fol. 9 v°. Nous aurions pu multiplier ces citations; celles-ci nous ont paru suffisantes.

encore, ont peint pour eux des cartons. Longue est la liste des peintres à peu près oubliés, que Félibien, dans ses *Entretiens*, signale comme collaborateurs des tapissiers au début du XVIIe siècle. Quant aux verdures qui constituent le travail courant de tous les métiers de haute ou de basse lisse, français ou étrangers, certaines particularités de coloration pourraient bien mettre sur la trace de leur origine. La teinture verte des laines et des soies, comme il a été dit plus haut, est formée de la superposition d'un bleu et d'un jaune. Or, dans les verdures flamandes, la couleur jaune domine, tandis que le bleu l'emporte dans les verdures d'origine française ; c'est une remarque qu'une longue expérience nous a permis de faire. Chacun peut la contrôler. Un examen approfondi des procédés de teinture et des résultats qu'ils ont donnés fournirait donc peut-être un élément capital pour établir un classement parmi les vieilles tentures. Mais combien peu en existe-t-il encore du XVIe siècle parmi les tapisseries communes et de fabrication courante !

Voici, par exemple, une série très populaire en France, reproduite à maintes reprises pendant un siècle et davantage, car on en possède encore nombre de répétitions avec d'importantes variantes. Nous voulons parler de l'*Histoire de Gombaut et de Macé*, cette représentation des plaisirs et des peines des habitants de la campagne, si française par ses allusions gauloises, par son caractère, par ses légendes. Dès le XVIe siècle, ces scènes jouissent d'une grande faveur. Les belles gravures sur bois conservées au Cabinet des Estampes en fournissent la preuve indubitable [1]. Il paraît donc certain que les tapissiers des derniers Valois ont traduit, eux aussi, les épisodes de l'*Histoire de Gombaut et de Macé*. Ceux du XVIIe siècle n'ont eu qu'à les copier. Et cependant, il n'existe peut-être pas un exemplaire de ces scènes champêtres antérieur à 1600, bien que leur origine semble remonter au XVe siècle et peut-être aux dernières années du XIVe [2].

Une brève analyse des huit tableaux résumant la vie du paysan fera ressortir l'originalité de ce roman villageois. Chaque panneau renferme plusieurs scènes parfois risquées, que commentent des dialogues en vers octosyllabiques, inscrits dans des cartouches. Une légende placée dans le haut résume le sujet. Ainsi, sur le premier panneau, dit la Chasse aux Papillons, la moralité de la composition est celle-ci :

Pour avoir plaisir à largesse,
N'est thrésor, ne telle richesse
Que voir en l'auge de dix ans [3]
Bergers et bergères disans
Mots joyeux en menant liesse.

Le jeu de boules ou du tiquet vient ensuite. L'intention égrillarde des légendes s'accentue. Dans le Musée des Gobelins est exposée une tapisserie de l'atelier royal du XVIIe siècle, où la composition primitive du jeu de boules a été réduite et sensiblement modifiée. Les bordures de cette pièce sont remarquables.

La troisième tapisserie nous montre les bergers et bergères formant une ronde autour d'un joueur de cornemuse, debout au pied d'un ormeau qui se dresse au centre du tableau ; cette scène a son commentaire dans les vers du principal cartouche :

Est-il plaisir plus gracieux
Que voir en lieu délicieux
A vingt ans Vénus avec Mars?
Plus vaut que d'escuz mille marcs
Et n'est thrésor tant précieux.

1. Voy. Jules Guiffrey, *Les Amours de Gombaut et de Macé*, étude sur une tapisserie française du Musée de Saint-Lô, Paris, 1881, in-4, 5 planches et 9 fac-similés d'estampes anciennes. Huit de ces estampes reproduisent les gravures sur bois de la fin du XVIe siècle, dont une série complète en superbes épreuves est entrée, il y a une trentaine d'années, au Cabinet des Estampes de Paris.

2. Dans ses *Lundis* (t. XIV, p. 294), à propos de Villon, Sainte-Beuve signale une idylle champêtre de Philippe de Vitré, qui fut évêque de Meaux, de 1350 au 9 juin 1361 ; les personnages de ce petit poème rustique sont le bûcheron Franc-Gonthier et la dame Hélène, sa femme. — L'inventaire de Florimond Robertet publié par Eugène Grésy (*Mémoires des Antiquaires de France*, 1868), daté du mois d'août 1532, mentionne une tenture de Gombault et Massé.

3. Une variante dit : quinze ans.

Nous arrivons à la scène du repas, où le moraliste rapproche la vie pastorale et les soucis des gentilshommes, toujours avec une pointe de sel gaulois. Les fiançailles de Gombaut et Macé occupent la cinquième pièce. Puis, c'est la Noce, avec des allusions de plus en plus risquées. Cette scène dut obtenir le plus vif succès, car on en rencontre de nombreuses répétitions isolées, avec d'importantes variantes. Le résumé philosophique de l'inscription finale prévoit les soucis prochains qui menacent les jeunes époux [1]. Les deux derniers tableaux, l'un représentant le loup emportant une brebis et le berger pris dans les filets, l'autre sur lequel la mort avec sa faux poursuit les couples de paysans se sauvant éperdument, ont certainement eu moins de vogue que les précédents. Ce dernier sujet n'a même dû être reproduit que très rarement. Il manque à la suite de Saint-Lô, tandis que les précédents sont répétés avec de constantes variantes, non seulement dans les divers ateliers français de Paris et de province, mais encore par les artisans de Bruxelles. Peu de tapisseries ont joui d'une faveur pareille dans le monde de la cour et de la ville [2]. Molière a consacré ce succès persistant dans une scène de *l'Avare*, bien souvent citée.

Elle appartient à la même famille que l'*Histoire de Gombaut et Macé*, cette curieuse traduction de la première églogue de Virgile dont les débris sont exposés au Musée de la ville de Sens. Sur l'intention de l'artiste, pas d'incertitude ; les fragments de vers latins, *Tityre tu patulæ recubans... O Melibæe deus nobis, etc.*, nous fixent sur la qualité des figurants. Malgré les injures du temps et celles encore plus graves des restaurateurs, ces bergers et ces bergères montrent une élégance qu'on ne rencontre pas dans les scènes de Gombaut et de Macé. Cette tapisserie, directement inspirée des souvenirs antiques, appartient certainement à la seconde moitié du XVIe siècle, et sort très probablement d'un atelier français. Nous n'en connaissons pas d'autre accusant aussi franchement l'admiration de nos ancêtres pour la littérature classique.

Le volumineux recueil de Gaignières, conservé au Cabinet des Estampes de la Bibliothèque Nationale, renferme une collection de dessins coloriés reproduisant des tapisseries avec armoiries, dont un certain nombre provenait certainement des ateliers français du XVIe siècle [3]. Nous avons jadis publié deux de ces dessins [4].

Certaines pièces de cette collection dataient des règnes de Charles VII, de Louis XII, de François Ier, de Henri III ; d'autres portent les blasons du prince de Condé, du cardinal d'Amboise, de Philippe Chabot, amiral de France, du duc de Rohan, de Charles de la Tremoïlle, prince de Tarente, de Jean d'Escoubleau, sieur de Sourdis, de Jacques de Genoilhac, dit Galiot, de François de Coligny, d'Étienne Poncher, archevêque de Sens, et aussi de divers notables bourgeois.

La plupart des tapisseries dont Gaignières voulait conserver la décoration et les armoiries ont disparu. Nous avons longtemps cherché un des originaux qui avaient jadis inspiré ces dessins ; et, après de longues investigations, le hasard nous a fait rencontrer récemment deux des tapisseries dont la reproduction figure dans le recueil de la Bibliothèque Nationale.

L'une d'elles représente les armoiries et la devise de cette famille des Miron qui furent, pendant plus d'un siècle, de père en fils, médecins des rois de France. La pièce principale de l'écu consiste en un miroir ou *mire*, armes parlantes de la famille, répétées aux quatre angles et affectant cette forme ronde et bombée qu'on retrouve sur un des panneaux de la *Dame à la Licorne*. Le miroir est fixé

1. Voici la strophe finale de cette dernière composition :

Après rire et galler, en somme,
Le galant prend grand charge et somme
Quand mariage le menasse
D'entrer et se mettre en la nasse
Où tout soucy enfin l'assomme.

2. Outre la suite de Saint-Lô, en sept pièces, nous connaissons une tapisserie du *Mariage* à Orléans, deux autres sujets dans les collections de la ville. Nous avons vu autrefois chez M. Braquenié la scène des fiançailles avec la marque de Bruxelles. Certaines suites ne portent pas d'inscriptions, comme la pièce exposée par M. Fenaille en 1904, et une série de six pièces, vendue à l'Hôtel Drouot, il y a une vingtaine d'années, avec des sujets nouveaux, notamment celui du jeu du canard ou de l'oie, encore en usage dans certaines campagnes. Enfin, nous avons rencontré plusieurs pièces isolées chez des marchands parisiens.

3. Le volume des tapisseries porte la cote Pc 18.

4. Dans l'*Histoire de la tapisserie* publiée par Mame. De ces deux pièces l'une est au chiffre et à la salamandre de François Ier, avec trois écussons aux armes royales ; l'autre reproduit les armoiries de François de Noailles, évêque de Dax, mort en 1587.

sur un écusson à dessin irrégulier, suspendu par une lanière à la branche d'un arbre, oranger ou grenadier, dont le tronc se dresse au milieu d'une prairie émaillée de fleurs où s'ébattent un cerf, un daim, des lapins et autres animaux. Dans le haut, au milieu d'un vol d'oiseaux aux divers plumages, deux anges soutiennent une sphère armillaire à laquelle fait allusion la légende, quatre fois répétée dans la bordure, dont les lettres forment le principal motif de décoration, et ainsi conçue : « A qui par foy et charité espère, au bon endroit vers luy tornent lespère [les sphères]. »

L'origine bien française de cette tenture ne saurait faire de doute. Sort-elle d'un atelier parisien

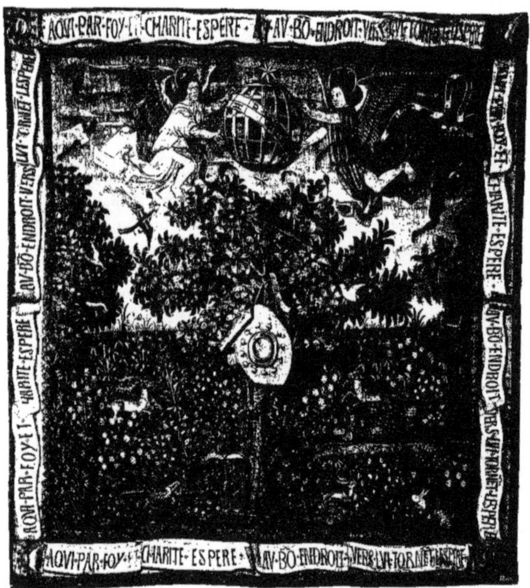

Fig. 94. — Les armoiries de François Miron. Tapisserie française du XVIe siècle (Collection Brauer).

ou de quelque manufacture provinciale ? Il est impossible de trancher la question. La singularité de la composition en constitue le principal intérêt, et on ne s'étonnera pas qu'elle ait attiré l'attention d'un fureteur tel que Gaignières et qu'elle lui ait paru mériter une place dans ses collections[1].

La collection Gaignières renferme aussi le dessin d'une tapisserie de Gui de Baudreuil, abbé de Saint-Martin-aux-Bois. La décoration consiste en deux écussons répétés chacun deux fois aux angles et groupés dans un écartelé qui occupe le centre. Un érudit provincial, M. Philippe des Forts, a retrouvé et signalé[2] deux tentures portant le même blason, l'une et l'autre appartenant à la Renaissance. L'une de ces tentures, conservée au château de Favelles, dans le Loir-et-Cher, chez M. de Baudreuil, représente une élégante Minerve, vêtue de draperies flottantes, portant d'une main un

1. Ce curieux monument héraldique appartenait naguère à M. le Commandant André Jullien, de Tonnerre.

2. *Compte rendu du Congrès archéologique de France tenu à Beauvais en 1905* (p. 554-560, avec deux planches).

casque, de l'autre, une branche d'olivier. La devise : *Sub sole sub umbra virens* est reproduite trois fois dans la bordure et dans la pièce elle-même. En haut, l'écusson des Baudreuil et une inscription latine dans un cartouche carré. A noter, dans la bordure, des cœurs couronnés. C'est vraisemblablement une tenture commandée à l'occasion d'un mariage [1].

Ces armes des Baudreuil, écartelées de celles de Saint-Martin, se retrouvent sur cinq petites pièces symboliques, appartenant à M. de Kermaingant, de un mètre carré chacune, représentant les diverses

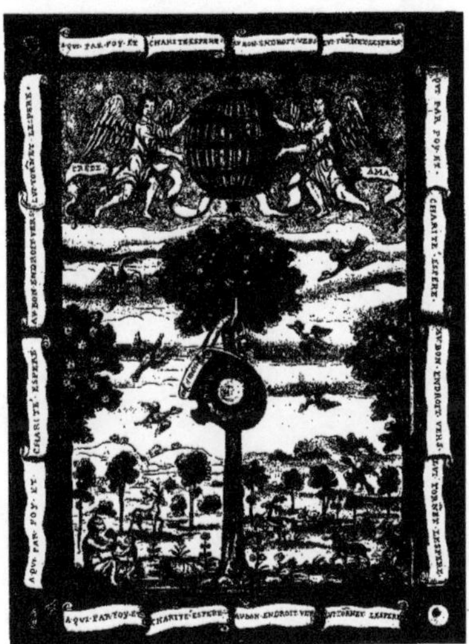

Fig. 95. — Les armoiries de François Miron, d'après le dessin de Gaignières.

vicissitudes de la vie humaine sous l'allégorie d'un cerf poursuivi par des chiens nommés Jeunesse, Froid, Peine, Soucy, Ignorance, Vanité, etc. La date de ces tapisseries doit être fixée entre les années 1520 et 1530. Elles ont tous les caractères d'un travail français.

1. En attendant que la publication des dessins de Gaignières ait rendu accessibles à tous les travailleurs les précieux documents amassés par l'actif collectionneur auquel est due la connaissance exacte de quantité de monuments aujourd'hui disparus, on peut consulter l'*Inventaire* de cette collection publié par Henri Bouchot, en 1891 (2 vol. in-8 de 506 et 565 pages, Plon et Nourrit) ; il donne les détails les plus précis sur les dessins de tapisseries. On sait que Gaignières s'attachait surtout aux monuments rappelant par des blasons, des devises, des initiales, des insignes, le souvenir des personnages ayant joué un rôle important dans notre histoire. Pour nous en tenir aux tapisseries, il a fait dessiner principalement des pièces aux chiffres de François Ier (n° 1 de l'*Inventaire*) ; à la devise de Henri III : *Manet ultima cœlo* (n° 1724) ; à celle de Louis XIII : *Erit hæc quoque cognita monstris* (n° 1725), ou aux devises des familles de Lorraine et de Gueldres, de Montmorency et de Saint-Simon, des Clermont-Gouffier, des Egmont-Luxembourg, des Noailles, des comtes de Gand et de bien d'autres. Quelques-unes des pièces citées sont d'une date antérieure au XVIe siècle, comme cette tenture à l'écusson de France (décrite au n° 1719) avec deux Cerfs pour supports, dont la légende annonce que les armoiries sont celles du roi Charles VII. Ces supports rappellent la tapisserie héraldique avec cerfs portant des oriflammes à légendes du Musée de Rouen, dont on a donné ci-dessus une reproduction. Même les suites représentant des scènes tirées de l'histoire sacrée ou profane, telles que l'*Histoire de l'enfant prodigue* (n°s 3751-376 de l'*Inventaire*), ou les *Combats d'animaux* (n°s 3757-3764), ou encore les *Divertissements champêtres* (n° 3764) n'ont été admises par le collectionneur dans ses séries historiques qu'en raison des légendes ou des devises qu'elles portent. Il est seulement regrettable que l'auteur d'un travail aussi complet et aussi savant que l'*Inventaire* rédigé par M. Bouchot n'ait pas joint à la table générale des noms de personnes et de lieux une nomenclature des principales matières, avec laquelle on aurait retrouvé facilement les reproductions de tapisseries éparses dans les différents volumes. Il faut parcourir un par un les 7.321 articles décrits, pour ne laisser échapper aucun numéro concernant les tentures. En effet, sous le n° 1 figure un panneau au chiffre de François Ier, et les n°s 7312 à 7319 signalent encore des répétitions de la suite de l'*Enfant prodigue*.

Voici donc deux tapisseries connues de Gaignières qui existent encore. Il faut espérer que lorsque les précieux dessins conservés à la Bibliothèque auront été mis à la disposition des érudits et des amateurs par une publication devenue nécessaire et actuellement en préparation, d'autres tentures, dont on ignore la provenance, pourront être identifiées. Ces tapisseries, qui portent les armes d'un personnage illustre ou réunissent les écussons de plusieurs familles aristocratiques, étaient fort répandues au XVIe siècle, non seulement en Allemagne, où elles jouissaient d'une faveur particulière, mais encore en France, comme le prouve le recueil dont on vient de parler et qui compte près de cent cinquante dessins de tentures armoriées avec les sujets les plus variés.

CHAPITRE XI

Les manufactures royales de tapisseries sous François Ier, Henri II et les derniers Valois. — L'atelier de Fontainebleau et la tenture de Diane. — L'atelier de la Trinité et l'histoire d'Artémise. — Les ateliers parisiens sous Henri IV avant l'établissement de la première manufacture des Gobelins.

Durant tout le Moyen Age et jusqu'au milieu du xvie siècle, les tapissiers de haute et de basse lisse, organisés en corporations, travaillaient librement, à leurs risques et périls, pour la clientèle de la bourgeoisie ou de la cour. François Ier eut le premier l'idée d'installer dans une maison royale un atelier à la charge du trésor et dont, par contre, tous les travaux seraient réservés à la décoration de la demeure du souverain. De 1530 environ date l'établissement de cette première manufacture royale, installée, lors de sa création, dans le palais de Fontainebleau. Si cet atelier a laissé peu de souvenirs, si on connaît assez mal ses travaux, il a certainement suggéré l'idée de cet établissement des Gobelins qui a porté si haut, dans le cours du xviie siècle, la réputation des tapissiers français. La création de François Ier a contribué ainsi à protéger et à sauver de la ruine une des plus glorieuses industries somptuaires de notre pays, exposée à périr d'inanition et de misère à la suite des guerres civiles et des bouleversements politiques si le Roi ne l'eût prise sous sa protection immédiate. L'art de la tapisserie ne saurait en effet se développer qu'à la faveur de la paix, dans un milieu raffiné, disposant de grandes ressources. Si des princes ne s'intéressent pas directement à ses travaux, il ne tarde pas à s'étioler, à périr d'inanition.

Les renseignements qu'on possède sur notre première manufacture royale se bornent à bien peu de chose : des noms de tapissiers, des dates assez vagues, la mention de payements à des travailleurs, employés non plus à la tâche, mais à la journée. La date de la fondation reste indécise ; quant aux travaux de ces artisans de choix, on en est réduit aux hypothèses. Il y a peu de temps, d'ailleurs, que l'existence de cette institution a été révélée par des documents dignes de confiance.

A M. Léon de Laborde revient l'honneur d'avoir fait connaître le premier les tapissiers de Fontainebleau. Il a recueilli leurs noms dans ces Comptes des Bâtiments du xvie siècle, analysés d'abord dans la *Renaissance des Arts* [1] et réimprimés depuis dans une publication plus complète [2]. C'est à cette source qu'il faut recourir si l'on veut avoir des notions précises sur la première manufacture royale de haute lisse.

Aux environs de l'année 1530 est fixée, avons-nous dit, la fondation de l'atelier de Fontainebleau. Les noms de quatorze ou quinze tapissiers figurent dans les documents de l'époque. Il est très probable que le personnel de la manufacture était plus considérable. D'ailleurs, aucun détail ne subsiste sur le nombre des métiers en activité. Tout ce que nous apprennent les Comptes, c'est que ces ouvriers royaux reproduisaient les cartons exécutés sur papier par le peintre Claude Badouyn, d'après les stucs et les peintures de la grande galerie. Ces passages résument toute l'histoire de l'atelier. En voici le texte [3] :

1. L. de Laborde, *La Renaissance des arts à la cour de France*, in-8, t. I (1850), p. 431-4.
2. L. de Laborde, *Comptes des Bâtiments du Roi* (1528-1571), in-8, t. I (1877), p. 205-7, et t. II (1880), p. 372-378.
3. Ces articles ont paru d'abord dans la *Renaissance des Arts à la cour de France*, t. I, p. 431-2, puis dans les *Comptes des Bâtiments du Roi* de 1528 à 1571, t. I, p. 105-107. Il ne faut pas oublier que les registres originaux n'existent plus et que M. de Laborde n'a connu qu'une analyse abrégée de ce document, rédigée pour André Félibien vers la fin du xviie siècle.

« A Badouyn, peintre, pour avoir vacqué, tant à la façon des patrons des tapisseries que à la façon et peinture d'un tableau à frais en façon de tapisserie, contre la muraille, en la salle des poisles, au grand pavillon près l'estang dudit lieu, à raison de 20 livres par mois.

« Audit Badouin, paintre, pour avoir vacqué à faire des patrons de tapisserie, suivant certains tableaux estans en la grande gallerie dudit lieu, pour servir de patrons à ladite tapisserie, à raison de 20 livres par mois. »

Ouvrages de tapisserie.

« A Jean Le Bries, tapissier de haulte lisse, pour avoir vacqué esdits ouvrages de tapisserie de haulte lisse suivant les patrons et ouvrages de stucq et paintures de la grande gallerie dudit chasteau de Fontainebleau, à raison de 12 liv. 10 s. par mois.

« A Jean Desbouts, tapissier de haulte lisse, pour avoir vacqué esdits ouvrages, à raison de 12 liv. 10 s. par mois.

« A Pierre Philbert, tapissier de haulte lisse, *idem.*

« A Pasquier Mailly, tapissier de haulte lisse, *idem.*

« A Jean Texier, tapissier, à raison de 10 liv. par mois.

« A Pierre Blassay, tapissier, *idem.*

« A Pierre Le Bries, tapissier, à raison de 15 liv. par mois.

« A Salomon et Pierre de Herbaines frères, maistres tapissiers, ayant la garde des tapisseries du Roy, du chasteau de Fontainebleau, la somme de 240 livres pour leurs gages de une année, à cause de leur dite charge.

« A Jean Marchay, tapissier de haulte lisse, pour avoir vacqué aux ouvrages susdits, à raison de 13 liv. par mois.

« A Nicolas Eustace, tapissier de haulte lisse, à raison de 12 liv. par mois.

« A Nicolas Gaillard, tapissier de haulte lisse, *idem.*

« A Louis du Rocher, tapissier de haulte lisse, *idem.*

« A Claude le Pelletier, tapissier de haulte lisse, *idem.*

« A Jean Souyn, tapissier de haulte lisse, pour avoir vacqué à recoudre et regarnir les tapisseries qui estoient gastées, assavoir : une chambre de tapisserie de l'*Histoire de Purgatoire d'Amours*, contenant huit pièces ; une autre chambre de tapisserie de l'*Histoire du Romant de la Roze*, contenant cinq pièces ; une autre chambre de tapisserie de l'*Histoire de Jule Cesar*, aussy contenant cinq pièces ; une autre chambre de tapisserie de l'*Histoire de Gédéon*, contenant onze pièces ; quatre grandes pièces de l'*Histoire d'Alexandre*, à raison de 10 livres par mois. »

Tous ces tapissiers, on l'a remarqué, travaillent en haute lisse, même le réparateur de vieilles tentures ou rentraiteur Jean Souyn. Pierre Le Bries semble avoir eu la conduite de l'atelier, car il reçoit 180 livres de traitement par an, tandis que ses collaborateurs ne sont payés que 150 ou même 120 livres. Les frères de Herbaines paraissent simplement préposés à la garde des tentures ; une distinction importante est donc à établir entre la qualité de tapissier de haute lisse et celle de maître tapissier. Quant à Souyn, son rôle est bien nettement indiqué ; il s'occupe exclusivement de réparer les trente-trois tapisseries énumérées ici.

Le peintre Claude Badouyn ou Baudouin, chargé de la confection des cartons, travaillait à la grande galerie et en divers endroits du château dès 1535. Son nom paraît à côté de ceux de Lucas Romain, Charles Carmoy, Francisque Cachenemis et Jean-Baptiste Baignequeval, artistes employés à la fois aux patrons des tapisseries, à diverses peintures du château et aux ouvrages de stuc.

Le Primatice, qui resta si longtemps le grand ordonnateur des travaux de Fontainebleau, est chargé, en 1532, de porter en Flandre un petit patron de *Scipion l'Africain*, pour la tapisserie que le Roi fait tisser à Bruxelles et de rapporter le grand patron de ladite histoire[1]. Nous ne le voyons pas intervenir autrement dans l'exécution des tentures destinées au Roi, et il ne semble pas avoir été en rapport avec les tapissiers de Fontainebleau.

Matteo del Nassaro, de Vérone, cet autre Italien employé aux besognes les plus diverses, vend à François Ier, en juin 1538, deux pièces de tapisserie d'or et de soie, à verdure et petits personnages, des *Histoires d'Actéon et d'Orpheus* au prix de 20 écus l'aune[2]. Ces tentures venaient de Bruxelles; une commission est allouée à un marchand de cette ville qui se chargeait de leur transport. Quel rôle a donc joué Matteo dans cette négociation? Est-il un simple intermédiaire? Ou bien a-t-il fourni les patrons des tapisseries? Ce rôle conviendrait mieux à un peintre en réputation; mais impossible de

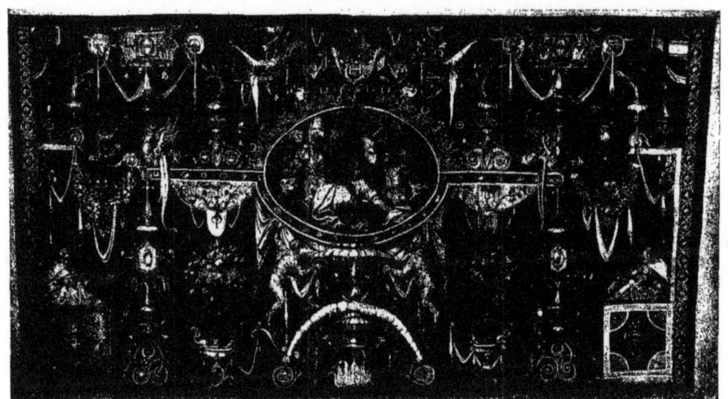

Fig. 96. — Cybèle. Atelier de Fontainebleau, vers 1550.

préciser. L'atelier de Fontainebleau reste donc enveloppé d'une profonde obscurité. L'époque de sa création, celle de l'interruption des travaux demeurent fort incertaines, et ce n'est pas sans de grandes hésitations qu'on lui attribue quelques ouvrages de style bien français que nous allons passer en revue.

Parmi les productions qui feraient le plus d'honneur à l'atelier de François Ier, on s'accorde à ranger l'*Histoire de Diane*, dont quatre pièces sont conservées au château d'Anet et une cinquième au Musée de Rouen. En outre, les Gobelins conservent deux fragments et une pièce entière, le tout acquis par Alfred Darcel, offrant des rapports très marqués avec les Arabesques de Ducerceau; on a cru y reconnaître certains emblèmes de Diane de Poitiers. Ces pièces, purement décoratives, d'une inspiration très originale, d'une exécution serrée, font honneur à leurs auteurs. L'une d'elles, la plus complète, représente, dans un cartouche central entouré de minces colonnettes, d'arabesques, de statuettes, de guirlandes de fleurs et de fruits, la *Mort de Joab*. Dans les deux autres, inspirées du même esprit, se détachent sur un fond bleu tirant sur le vert des cartouches centraux, contenant : l'un, Cérès tenant des épis de ses deux mains; l'autre, Cybèle accompagnée de quatre enfants et d'une licorne. Sur le champ de la pièce, entre le médaillon central et la bordure extérieure, des

1. De Laborde, *Comptes des Bâtiments*, t. II, p. 336. Il recevait 200 écus pour les frais du voyage. Ses gages annuels pour travailler aux ouvrages de stuc de Fontainebleau s'élevaient à 600 livres (*Ibid.*).

2. *Ibid.*, t. II, p. 370.

arabesques, des Chimères, des masques, des sphinx sont reliés par des volutes et des feuillages, parmi lesquels on discerne les lettres H et D et des croissants répétés en diverses places, éléments qui forment le principal motif de l'encadrement. Ces croissants, ces initiales datent la tapisserie. Son exécution se place sous Henri II. Darcel faisait honneur de ces panneaux à l'école du Rosso ; ils se rattacheraient davantage, selon nous, à la manière de Ducerceau, et s'ils nous étaient parvenus moins mutilés, ils compteraient parmi les bons modèles de la Renaissance française. Quant à l'attribution de la tapisserie à l'atelier de Fontainebleau, proposée par Darcel, elle a pour elle toutes les vraisemblances. Fondé vers 1532 ou 1535, cet atelier n'aurait pas survécu au règne de Henri II ; sa durée aurait donc été d'un quart de siècle. Quatorze tapissiers habiles, travaillant sans relâche pendant vingt-cinq ou trente années, ont parfaitement pu exécuter une cinquantaine de pièces et même davantage.

L'*Histoire de Diane*, attribuée, elle aussi, aux tapissiers de l'atelier royal, mérite par sa composition, par la richesse de ses bordures, par ses emblèmes et ses attributs, comme par la finesse de son tissu, une mention spéciale. Elle daterait aussi du règne de Henri II ; les croissants et les devises [1] rappellent Diane de Poitiers, pour qui cette tenture aurait été composée.

Dans le château d'Anet, qui fut peut-être leur premier asile, sont encore exposées quatre des pièces de l'*Histoire de Diane* [2]. Une cinquième fut acquise, il y a quelques années seulement, par M. Gaston Lebreton, alors conservateur des Musées de Rouen, pour le Musée des Antiquités de la ville [3].

Peut-être la tenture fut-elle plus considérable à l'origine. Voici les scènes que nous connaissons :

1° Latone fugitive et accompagnée de ses deux enfants change les paysans en grenouilles ; conservée au château d'Anet [4].

2° Diane implore Jupiter pour obtenir le don de chasteté ; au Musée de Rouen. Toussaint Dubreuil a traité le même sujet d'une manière très différente dans la tenture exécutée plus tard aux Gobelins.

3° Diane sauve Iphigénie, qui allait être immolée, en lui substituant une biche ; au château d'Anet.

4° Trompée par son frère Apollon, Diane perce d'une flèche le beau chasseur Orion qu'elle ne reconnaît pas dans les flots de la mer ; au château d'Anet.

5° Diane condamne Méléagre à mort pour avoir tué le sanglier qu'elle avait envoyé ravager la contrée qui l'avait oubliée dans un sacrifice offert à tous les dieux ; au château d'Anet.

Ces tapisseries, presque carrées, méritent bien l'admiration qu'un fin et savant connaisseur professait à leur égard. « Le ton, disait Anatole de Montaiglon, ne vise en rien au luxe et à l'éclat de la « couleur ; il est, il a toujours été doucement sobre et harmonieux, et elles sont si exceptionnellement « belles que je n'en ai jamais vu dans le même genre qui en approchassent seulement. » Quant à la pièce du Musée de Rouen, elle a subi autrefois une altération singulière. Les armes de la famille Grillo, de Gênes, un grillon avec deux G, ont été substituées, à une époque déjà ancienne, au delta grec et aux chiffres enlacés de Henri II et de Diane de Poitiers.

A. de Montaiglon n'hésite pas à attribuer cette belle suite à l'atelier royal de Fontainebleau. L'opinion d'un érudit de cette compétence mérite d'être prise en sérieuse considération. « Il est « bien probable, dit-il, que ces tapisseries sont dues aux dessinateurs et aux ouvriers de Fontaine- « bleau puisque le dessin et le travail ne sont ni flamands, ni italiens, mais parfaitement français. »

Les tapisseries de Diane revenues aujourd'hui au château d'Anet, qu'elles ont certainement décoré

1. Les devises répétées sur chaque pièce : *Sic immota manet* et *Non frustra Jupiter ambas* se rapportent aux aventures bien connues de Latone et à la naissance de Diane.

2. Sur cette tenture, il faut consulter surtout l'article d'A. de Montaiglon, *Diane de Poitiers et son goût dans les arts*, publié dans la *Gazette des Beaux-Arts*, 1878, t. XVII, p. 296, 300, avec planches. Cet article a été tiré à part.

3. G. Lebreton, *Notice sur deux anciennes tapisseries du Musée des Antiquités de Rouen*, dans le Compte rendu de la Réunion des Sociétés des Beaux-Arts des départements de 1898, 22e session, p. 97-109, avec deux planches en phototypie.

4. Voy. Désiré Roussel, *Histoire et description du château d'Anet, depuis le Xe siècle jusqu'à nos jours*, petit in-fol., 1875. L'auteur consacre un chapitre spécial aux tapisseries, p. 92, reproduit les pièces de Latone et de Méléagre en photographie et aussi les longues inscriptions en dix vers placées dans le haut de chaque sujet.

au XVIe siècle, portent avec elles la marque de leur première destination. Les devises : *Sic immota manet* et *Non frustra Jupiter ambas* n'appartiennent qu'à Diane de Poitiers seule. Cette origine se trouve confirmée par les attributs introduits dans les bordures latérales, véritables merveilles d'élégance ornementale.

L'*Histoire de Diane* avait sans aucun doute été commandée et exécutée sous le règne et peut-être par les ordres du roi Henri II, tandis que les pièces de l'*Histoire d'Artémise*, avec ses allusions à la vie et aux aventures de Catherine de Médicis, sont d'une vingtaine d'années plus récentes.

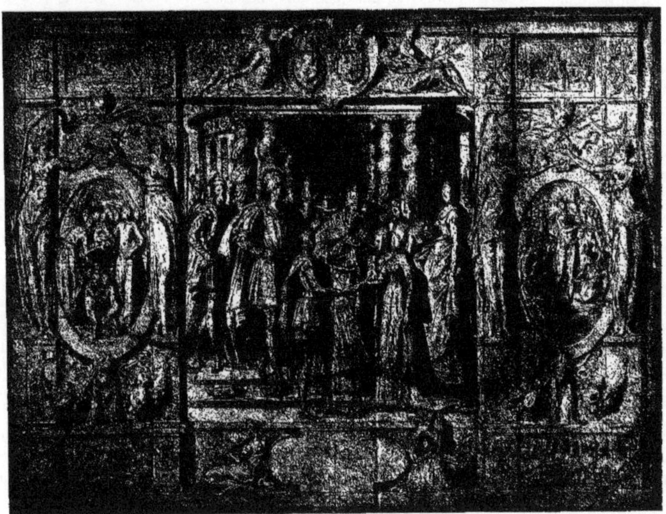

Fig. 97. — Histoire d'Artémise : Mariage du dauphin François II (Bibliothèque royale de Madrid).

Toutefois, ces ouvrages de l'atelier de Fontainebleau ne donnaient pas pleine satisfaction au goût de nos souverains pour les riches tentures. Nous avons vu François Ier envoyer dans les Pays-Bas ses artistes favoris pour hâter la livraison des tapisseries commandées. Les documents originaux [1] nous font connaître un certain nombre de séries acquises par ce prince chez les principaux fabricants ou marchands flamands.

En 1532, Pierre de Pannemaker reçoit 1.800 écus soleil, à compte de 7.500 écus, dus pour une tapisserie de fil d'or, d'argent et de soie qu'il est chargé de faire pour le Roi; par un oubli fâcheux, le sujet n'est pas mentionné. Puis, c'est Melchior Baldi, représentant ou facteur de Marc Crétif, qui cède au roi de France, en 1534, au prix de 7.503 écus, ou 16.882 livres 7 deniers, les *Histoires de Rémus et Romulus*, les *Espaliers*, la *Création du Monde*, le tout au prix de 35 écus l'aune. L'ensemble comprenait donc 215 aunes. Les mêmes marchands vendent, cinq ans plus tard, cinq tapis-

1. *Acquits au comptant du règne de François Ier*, publiés à la suite des *Comptes des Bâtiments*, de Léon de Laborde, t. II, p. 372-376.

series à or et soye, des *Cinq âges du monde*, au taux de 20 écus soleil l'aune, faisant au total 3.993 livres 15 sous.

Trois pièces des *Actes des Apôtres* sont envoyées à François Ier par d'autres Flamands, en 1534, au prix de 50 écus d'or soleil l'aune, le tout montant à 8.254 livres 13 sous. S'agit-il ici de tentures d'après les cartons de Raphaël? Le prix de 50 écus indiquerait un tissu d'une qualité exceptionnelle. Un marchand de Bruxelles livre au roi, en 1538, trois pièces et quatre pentes formant la garniture d'un ciel de lit de camp, à l'*Histoire de Phébus*, pour 50 écus soleil l'aune, soit 1.961 liv. 13 sous. L'année suivante, une *Histoire de Josué*, en huit panneaux, mesurant 171 aunes et demie, à 40 écus l'aune, faisant au total 15.440 livres 15 sous 6 deniers, est acquise d'Emanuel Riccio, Génois établi à Anvers. Voici donc sept tentures, et vingt-cinq ou trente tapisseries, pour le moins, entrées en quelques années dans le garde-meuble royal. De tous ces trésors, que reste-t-il aujourd'hui? Rien absolument, car notre mobilier national ne possède aucune pièce pouvant se comparer aux tentures d'Espagne. Il y a longtemps d'ailleurs que ces trésors ont été dissipés ou détruits; aucune des tapisseries de François Ier n'est signalée dans l'inventaire du mobilier de la Couronne sous Louis XIV. A partir de 1539, les importations de l'étranger diminuent. L'atelier de Fontainebleau fournit maintenant des éléments suffisants pour la décoration des résidences royales.

Dès le commencement du règne de Henri II, une nouvelle manufacture, dont l'existence devait se prolonger durant près d'un siècle, attestait la préoccupation constante de nos rois désireux de soustraire notre pays au tribut onéreux que le luxe de la cour payait aux Flamands. Mais il importe de bien constater tout d'abord que l'atelier de la Trinité, institué par Henri II, ne prit jamais le caractère d'un atelier de tapisserie proprement dit, dans le genre de ceux de Fontainebleau ou des Gobelins. La maison de la Trinité de la rue Saint-Denis était à la fois hospice et orphelinat [1]. On s'était proposé de fournir un gagne-pain aux enfants sans parents ou abandonnés. La grande vogue de la tapisserie suggéra l'idée d'apprendre ce métier à un certain nombre des orphelins de la Trinité. C'est de cette pépinière que sont sortis plusieurs artisans ayant joui de leur vivant d'une véritable notoriété. Cependant, certains ouvrages de cette école qui nous sont parvenus ne donnent pas une idée avantageuse de leur habileté.

La maison de la Trinité de la rue Saint-Denis n'étant réellement qu'un orphelinat, non un atelier de haute lisse, nous n'insisterons pas sur son histoire. Qu'il suffise de constater que le règlement donné à cet établissement le 22 septembre 1551, le seul texte qui fixe la date de sa création, ne parle que d'une façon très générale des métiers enseignés aux apprentis. Les uns apprendront la peinture, d'autres la haute lisse; de jeunes garçons devront s'occuper à carder des laines, des jeunes filles à filer. On n'en sait pas davantage. Sur la date où prit fin cette institution, on est également réduit à des conjectures. L'atelier se trouvait encore en activité sous Louis XIII et disparut probablement quand Colbert réunit aux Gobelins tous les artisans épars dans les différents quartiers de Paris. On connaît les fragments de plusieurs tentures exécutées par les orphelins de la Trinité, et peut-être les premières séries de l'*Histoire d'Artémise*, destinées à la reine Catherine, provenaient-elles de cette maison. Nous sommes mieux renseignés sur la *Vie du Christ* commandée pour l'église Saint-Médéric, ou Saint-Merri. Le peintre Henri Lerambert en avait fourni les cartons, au moment même où il travaillait aux modèles de l'*Histoire d'Artémise*. Le Cabinet des Estampes

1. Il existe une histoire manuscrite de cet établissement hospitalier, à la Bibliothèque Nationale (fonds Baluze, 95, fol. 361-372) et composée par Me Claude de Bulles, « précepteur dudit hospital, chappelain du « cabinet et aulmosnier ordinaire de la Chambre du roy Henri III..., « septembre 1602 ». L'auteur fait remonter la fondation de la maison à 1202; elle recevait alors les pauvres pèlerins. En 1544, la Trinité fut destinée par le prévôt des marchands et les échevins à hospitaliser les pauvres atteints de maladies contagieuses. Les enfants de ces pauvres devaient être séparés de leurs parents et mis en apprentissage. La combinaison ne donna pas les résultats attendus, et, le 12 septembre 1551, les délégués constatent que les enfants mis en apprentissage avaient abandonné les maîtres auxquels ils étaient confiés « pour à quoi obvier « pour l'avenir, iceulx déléguez auroient fait ériger plusieurs boutiques « et dresser plusieurs mestiers au dedans ledit hospital, où ils auroient « institué des maistres artisans de divers estats... » D'atelier de tapisserie, nulle mention. Il n'en résulte pas moins du passage cité que c'est bien de la fin de l'année 1551 que date l'introduction de l'enseignement de la tapisserie dans l'hôpital de la rue Saint-Denis.

possède une série de dessins de Lerambert qui seraient l'idée première des tapisseries de Saint-Merri. Ces dessins ne dénotent pas un talent bien original.

A la bibliothèque de la ville de Paris est conservé le texte original du marché conclu entre les marguilliers de l'église Saint-Merri et Maurice Dubout, tapissier de haute lisse, demeurant dans l'enclos de la Trinité, rue Saint-Denis[1]. Dubout s'engage à travailler sans interruption, sur deux ou trois métiers, aux pièces qui lui seront demandées. Les marguilliers payaient la laine, mais en déduction

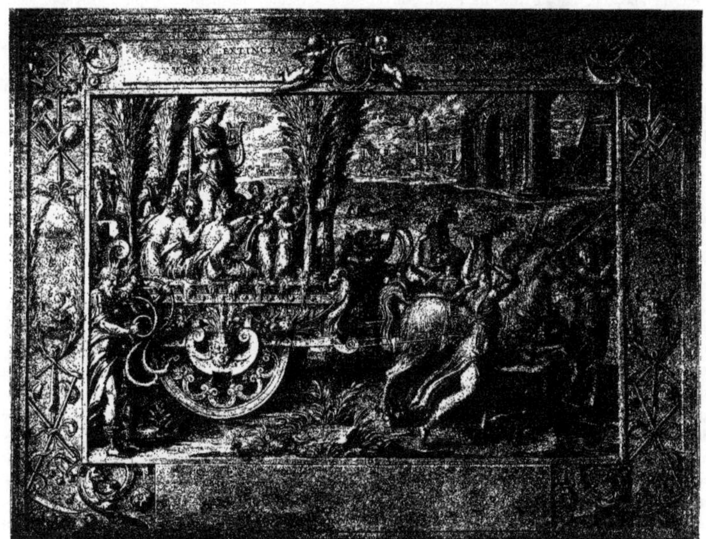

Fig. 98. — Histoire d'Artémise : Le char d'Apollon et des Muses. Dessin d'Antoine Caron (Cabinet des Estampes).

du prix de la tapisserie, fixé à douze écus soleil l'aune carrée. On compte cinquante livres de laine par pièce, valant 35 sous la livre. Dubout s'engageait à rehausser de soie le tissu partout où cela paraîtrait nécessaire, notamment dans les clairs ; il s'interdisait absolument la peinture dans les visages et les carnations. Le maître tapissier venait d'ailleurs de livrer une *Nativité* comme échantillon du travail convenu. Le marché fut conclu le 2 septembre 1584[2]. Sauval place en 1594 l'achèvement de la tenture. Depuis longtemps, la presque totalité de ces tapisseries a disparu. Les derniers historiens de Paris, Piganiol de la Force, Thiéry, ne les mentionnent même pas. Il en existe cependant encore quelques fragments : une tête de saint Pierre au Musée de Cluny, les têtes du Christ et de plusieurs

1. Le texte de cet important contrat a été publié dans l'*Histoire générale de la tapisserie, Tapisseries françaises*, p. 91. La date de ce traité et celle de la convention passée par Dubout avec Denis Lamy, le 27 août 1585, montrent que notre maître tapissier s'était mis immédiatement à l'ouvrage et avait cherché à se procurer d'utiles collaborateurs.

2. Nous possédons la minute d'une convention passée, le 27 août 1785, entre Maurice Dubout et un tapissier de haute lisse, nommé Denis Lamy, par laquelle ce dernier, qui semble avoir joui d'une certaine réputation, s'engage à travailler dans la boutique de Dubout, dans l'hôpital même de la Trinité, aux tapisseries de Saint-Merry, et à n'accepter aucun autre ouvrage. Lamy devait recevoir 2 écus d'or soleil par aune de tissu, plus 5 écus de gratification pour chaque pièce terminée.

apôtres au Musée des Gobelins. Ce dernier morceau a sans doute beaucoup souffert de l'incendie qui détruisit, en 1871, une partie des magasins de la manufacture, avec quantité de tapisseries, car la laine paraît tout enfumée ; quant au dessin, bien que dénaturé par le temps, par les vicissitudes qu'il a subies, il n'a jamais dû accuser un style bien élevé. Lerambert n'est décidément pas un artiste d'un ordre supérieur. Quant à Maurice Dubout, il comptait certainement parmi les maîtres parisiens les plus habiles. Aussi, quand il fut question, sous le règne de Henri IV, d'installer un atelier indépendant de l'hôpital, eut-on recours à lui. Sauval nous a raconté les péripéties qui entravèrent cette première expérience. Après une visite à la Trinité, faite au cours de l'année 1594, nous raconte l'historien des Antiquités de Paris, le roi fut si content des résultats obtenus qu'il résolut de rétablir à Paris les manufactures de tapisseries « que le désordre des règnes précédents avait abolies. » Il y avait déjà longtemps qu'Henri portait un vif intérêt à l'industrie textile. Nous avons publié jadis un document curieux exposant un projet d'installation de tapissiers flamands dans le Béarn [1], alors qu'Henri n'était encore que roi de Navarre. Il était donc tout naturel qu'il songeât à réaliser ses anciens projets quand il fut installé sur le trône et quand l'ordre fut rétabli dans le royaume. Maurice Dubout était naturellement l'homme indiqué pour réaliser les projets du Roi. Le passage de Sauval est, croyons-nous, le seul document qu'on possède sur ces préliminaires de la fondation de notre manufacture des Gobelins ; aussi convient-il de le donner ici :

« Le Roi, dit Sauval, manda à Fontainebleau Dubourg avec Laurent, autre tapissier excellent ; mais comme Dubourg fut volé dans la forêt et qu'il ne put s'y rendre, le roi choisit l'autre qu'il établit, en 1597, dans la maison professe des Jésuites [2], où personne ne demeurait depuis le parricide de Jean Châtel, et, avec lui, du Breuil, peintre fameux, et Tremblai, fort bon sculpteur. Laurent était directeur de cette manufacture, à raison d'un écu par jour et 100 francs de gages, et comme il avait quatre apprentifs, leur pension fut taxée à 10 sols par jour pour chacun. Quant aux compagnons qui travailloient sous lui, les uns gagnoient 25 sols, les autres 30, les autres 40. Avec le temps, du Bout lui fut associé, et là demeurèrent jusqu'au rappel des Jésuites ; et, pour lors, ils furent transférés dans les galleries. » Maurice Dubout sortait, on vient de le voir, de la Trinité. Quant à Girard Laurent, il descendait très vraisemblablement de ce tapissier du temps de François Ier qui avait occupé un des premiers rangs dans la corporation des artisans parisiens. Après des aventures singulières et des déplacements fréquents, les deux maîtres tapissiers devinrent les chefs de cet atelier des Galeries du Louvre, sur lequel on possède encore si peu de détails et où paraissent avoir été fabriquées quelques-unes des plus belles pièces de la première moitié du XVIIe siècle. Nous aurons à revenir sur cet atelier qui comptait, Sauval le dit formellement, quatre apprentis et un nombre plus considérable de compagnons.

Pour en finir de suite avec les tapissiers de la Trinité dont Maurice Dubout fut le représentant le plus fameux, nous signalerons ici un de leurs derniers travaux ; c'est l'*Histoire de saint Crépin et de saint Crépinien*, commandée par la confrérie des cordonniers pour la chapelle qui lui appartenait dans l'église Notre-Dame de Paris. Cette tenture, la seule qu'on connaisse de la fabrication de la Trinité au XVIIe siècle, existait encore en 1870. Sur quatre pièces, trois périrent dans l'incendie allumé par la Commune, en 1871. La dernière, conservée à la manufacture des Gobelins, inspire une assez pauvre idée de l'habileté technique des orphelins tapissiers. Encore, nous a-t-elle conservé un renseignement capital ; d'après l'inscription [3] placée au milieu de la bordure supérieure, la tenture datait de 1634 et 1635 ; ainsi, l'atelier de la Trinité, où la tenture avait été tissée, d'après une légende inscrite

1. *Nouvelles archives de l'Art français*, 3e série, t. I, 1879, p. 236-239. Ce projet, portant la date de 1583, a été attribué à Duplessis-Mornay. Le document original appartenait à Benjamin Fillon.

2. Les bâtiments de la maison professe des Jésuites sont occupés par le lycée Charlemagne, qui conserve encore des témoignages fort intéressants de cette première affectation.

3. Voici le texte de cette inscription : « *Régnant Louis le Juste,* « *XIIIe de ce nom, roy de France et de Navarre, ces quatre piesses de* « *tapisserie représentant la Vie et Martire de saint Crespin et Crespinien,* « *ont esté faictes es années 1634 et 35 des bienfaists des maistres cordonniers, pour servir à décorer leur chapelle fondée en l'église Notre-Dame* « *de Paris.* »

sur une des tapisseries détruites, existait encore à cette date. Il ne disparut probablement que sous Colbert, lors de l'organisation des Gobelins. Le panneau qui a survécu au désastre de 1871, divisé en trois sujets, représente les deux saints distribuant leurs biens aux pauvres, apprenant le métier de cordonnier et comparaissant devant un juge qui ordonne de les fouetter. On ignore quels épisodes offraient les pièces aujourd'hui disparues.

De toutes les tentures françaises des dernières années du XVIe siècle, nulle n'égala jamais en réputation cette *Histoire d'Artémise*, originairement créée pour célébrer les actions et les vertus de Catherine de Médicis, et qui allait conserver son intérêt d'actualité sous plusieurs générations. Les mêmes modèles furent recopiés pendant près d'un siècle, sous trois régences successives, avec de légères modifications dans les attributs, les initiales et les devises. Certaines des pièces qui existent encore se rapportent à la régence de Marie de Médicis, d'autres à la minorité de Louis XIV. Pas une seule ne remonte à l'époque de sa création et ne porte les chiffres ou attributs de Catherine de Médicis. C'est cette princesse cependant qui en aurait suggéré la première idée dans des circonstances qu'il convient de rappeler[1].

Un bourgeois parisien nommé Nicolas Houel, apothicaire fort en faveur à la cour et admis dans l'intimité de la reine mère, eut l'idée de célébrer les hautes vertus de cette princesse dans une série de dessins dont il confia l'exécution aux artistes les plus renommés de son temps, Antoine Caron, François Quesnel et leurs émules. Chaque dessin était accompagné d'un assez médiocre sonnet de la manière de Houel, commentant et expliquant le sens de la composition, le tout avec épître dédicatoire et discours préliminaire rimé. La majeure partie de ces compositions, au nombre de trente-neuf, sont conservées au Cabinet des Estampes de notre Bibliothèque Nationale.

L'*Histoire d'Artémise* se partage en trois chapitres ou trois actes successifs. Tout d'abord, la reine combat les Rhodiens et prend leur ville, allusion directe aux troubles de la France et aux victoires sur les Réformés. La pompe triomphale fournit l'occasion de montrer de longues processions de soldats chargés de dépouilles et de trophées, des chars traînés par des animaux fabuleux portant les figures allégoriques des Muses, enfin la reine victorieuse elle-même. Une seconde série nous fait assister à la construction du monument funéraire élevé à Mausole par l'inconsolable veuve. Enfin, la dernière suite expose la sollicitude avec laquelle la reine veille à l'éducation du prince, son fils, les exercices physiques auxquels il est soumis, les leçons qu'il reçoit des philosophes ou des savants, enfin tous les détails de l'instruction d'un souverain accompli. Ces scènes se trouvaient convenir aussi bien au jeune Louis XIII et à Louis XIV enfant qu'à Charles IX adolescent ou à son frère Henri III.

Les bordures des dessins portent les attributs caractéristiques de la personne à laquelle l'œuvre est dédiée. C'est une pluie de larmes tombant sur un brasier ardent qu'elle éteint, avec cette légende explicative : *Ardorem testantur — extincta vivere flamma*; aux angles, deux K accolés, initiales du nom de la princesse, surmontés de la couronne royale. D'autres emblèmes, torches renversées, miroirs brisés, cyprès et faulx rappellent aussi le veuvage et les regrets inconsolables de la veuve.

Aux trente-neuf dessins du Cabinet des Estampes s'ajoutent trois compositions conservées au Musée du Louvre. Elles sont du même auteur, ou plutôt des mêmes artistes que la suite principale, car l'intervention de deux mains différentes a été depuis longtemps constatée. Enfin, dans un récent voyage en Espagne, mon fils, attaché à la conservation des peintures du Louvre, a découvert, à la Bibliothèque royale de Madrid, huit dessins de la même série que ceux de notre Cabinet des Estampes[2]. La collection complète comptait donc au moins quarante-huit sujets. Un certain

1. Voyez *Nicolas Houel, apothicaire parisien du XVIe siècle, fondateur de la maison de la Charité Chrétienne et inventeur de la tenture d'Artémise*, par Jules Guiffrey. Extrait des *Mémoires de la Société de l'Histoire de Paris et de l'Ile-de-France*, t. XXV (1898). Il a été fait tirage à part de 96 pages.

2. Avec les dessins de l'*Histoire d'Artémise*, la bibliothèque de Madrid

nombre fut reproduit en haute lisse et les tapisseries existent encore dans les collections du Mobilier National; mais beaucoup d'autres sont restées inutilisés, à moins qu'ils n'aient figuré dans la tenture primitive, celle qui dut être présentée à la reine mère et dont on ne connaît pas aujourd'hui une seule pièce. Récemment, M. Charles de Beaumont a signalé quelques fragments conservés dans un château de Touraine, et qui paraissent appartenir à une tenture d'*Artémise* destinée à la reine Catherine. Alfred Darcel, l'ancien administrateur des Gobelins, avait reconnu dans ces débris très mutilés le prototype de la tenture d'*Artémise*[1].

L'importance capitale de l'*Histoire d'Artémise*, dans l'histoire de la tapisserie française, a été signalée depuis longtemps. Dès 1853, A.-L. Lacordaire, dans sa *Notice historique*, constatait que, dans l'espace d'un siècle environ, de 1570 à 1660, dix tentures d'Artémise, dont quelques-unes de dix ou de quinze pièces, avaient été mises sur le métier, « ne formant pas moins de 66 pièces de « tapisserie, de 360 aunes de cours et 1.440 aunes carrées, équivalant à une superficie de « 1.711 mètres carrés[2] ».

Lacordaire commettait une légère erreur en fixant à soixante-six le nombre des tapisseries consacrées à la reine Artémise. L'inventaire du Mobilier de la Couronne dressé sous Louis XIV[3] n'énumère pas moins de quatre-vingt-quatre pièces, réparties en dix séries et divisées en deux catégories distinctes : pièces rehaussées d'or, au nombre de trente-sept, pièces en laine et soie, comprenant quarante-sept tableaux et formant six tentures. Ces dernières, plus anciennes que les autres, seraient du dessin d'Antoine Caron, tandis que les pièces enrichies de métal seraient inspirées par les modèles d'Henri Lerambert. Malgré leur antériorité, les tapisseries de Caron ne semblent avoir présenté aucun des attributs bien connus de la reine Catherine. Ainsi, dès le XVIIe siècle, aucune des pièces de la tenture primitive ne paraît subsister dans le Mobilier de la Couronne. Les initiales ou attributs dont la présence permet de dater les tapisseries se rapportent aux rois Henri IV et Louis XIII, jamais à leurs prédécesseurs. Nous avons donc là des compositions de la plus pure Renaissance française, reproduites cinquante ou soixante années après leur exécution. Le Garde-meuble national

en conserve onze autres racontant la vie et les hauts faits d'Henri II, ainsi que l'indique le titre suivant : « *Les faicts et gestes du très « puissant et très victorieux roy de France Henry II de ce nom, père du « peuple et restaurateur de l'art militaire.* » Au-dessous, le croissant et la devise : *Donec totum impleat orbem.* Ce titre est inscrit sur un piédestal supportant, entre deux lions accroupis, la statue équestre du Roi. Aux côtés, deux grandes Renommées debout sonnent de la trompette. Au-dessus d'elles, petites statues équestres d'Alexandre le Grand et de Jules César.

Comme ces dessins sont conservés dans une bibliothèque peu accessible, nous donnons, d'après les photographies exécutées par les soins de M. Fenaille, la description sommaire de chacun des dix sujets qui composent la suite, avec le portrait équestre du prince :

1° Le jeune prince béni par son père mourant étendu sur un lit. L'initiale de François Ier (F couronnée) est répétée huit fois dans les deux bordures horizontales.

2° Serment prêté par le Roi sur les livres saints ; un nombreux clergé l'entoure. Un gentilhomme, debout, tient le glaive droit devant lui. Fond d'église. L'encadrement, identique à celui des deux dessins suivants et très différent des bordures des autres scènes, est composé de rinceaux et d'enfants, avec les armes du Roi et de la Reine dans le haut, et les chiffres H K sur les côtés.

3° Couronnement de la Reine, dans une église à colonnes, au milieu d'une nombreuse assistance.

4° Un général espagnol (?) s'incline devant un guerrier en cuirasse portant le bâton de commandement, debout, devant une nombreuse troupe de cavaliers.

5° Le Mariage. Les deux jeunes époux, portant la couronne, se donnent la main. Un prélat les bénit. Le roi est debout à gauche, la reine à droite ; ils sont accompagnés de courtisans.

Les encadrements de cette scène et des suivantes sont divisés en plusieurs compartiments, deux en haut, deux, ovales, sur les côtés, et deux en bas. Chacun de ces cartouches renferme une scène allégorique se rapportant au sujet central.

6° Scène allégorique : *Honor* et *Veritas* sont unis par *Amor*. Six petites compositions entourent ce groupe central et contiennent des allusions à Mausole et à Henri II.

7° Un belluaire conduit un lion à un cardinal. Au fond, sous une tenture, le Christ à table au milieu de ses disciples ; des seigneurs et des prélats les regardent.

8° La Royauté tenant un étendard fleurdelisé, assise sur un amas de javelots, de piques, de boucliers et de cadavres. Tous les princes de la maison de France, depuis Pharamond jusqu'à saint Louis et Philippe, figurent ici, debout autour du motif central ou dans les encadrements. On en compte une quinzaine. Leur nom est écrit au-dessous d'eux.

9° Entrevue du Roi et de Clément VII à Marseille ; Henri épousa Catherine, nièce du pape, quelques jours après.

10° Combat acharné de cavaliers et de fantassins armés de lances. L'initiale de François Ier, huit fois répétée, semble indiquer que l'artiste a voulu représenter une des actions de ce prince, peut-être la bataille de Marignan.

Les autres dessins conservés à Madrid et rapportés de France, suivant une ancienne tradition, par le prince de la Paix, se rapportent à la régence de Catherine de Médicis et au règne de ses fils, comme les compositions conservées au Cabinet des Estampes de Paris.

1. Ces fragments consistent surtout en bordures où sont réunis le foyer éteint par les larmes avec la devise : *Ardorem*, etc., les doubles K couronnés, les torches renversées, les miroirs brisés, les cyprès, la faulx, tous les emblèmes enfin des dessins du Cabinet des Estampes. Ils ont été retrouvés dans les greniers du château de Luynes, autrefois Maillé. L'article que leur a consacré M. Charles de Beaumont sous le titre : *Un prototype inédit de l'histoire d'Artémise*, a paru dans le Compte rendu de la 20e session du Congrès des Sociétés des Beaux-Arts des départements, tenue en 1896. Paris, Plon, in-8, 1896, p. 164-173.

2. A.-L. Lacordaire, *Notice historique sur les manufactures impériales de tapisseries des Gobelins et des tapis de la Savonnerie*, Paris, 1853, in-8, 204 p. Il existe de nombreuses éditions de cette notice (voir notre Bibliographie des tapisseries) ; celle de 1853 est la plus complète.

3. *Inventaire général du mobilier de la Couronne sous Louis XIV* (1663-1715), Paris, 2 vol. in-8, librairie de *l'Art*.

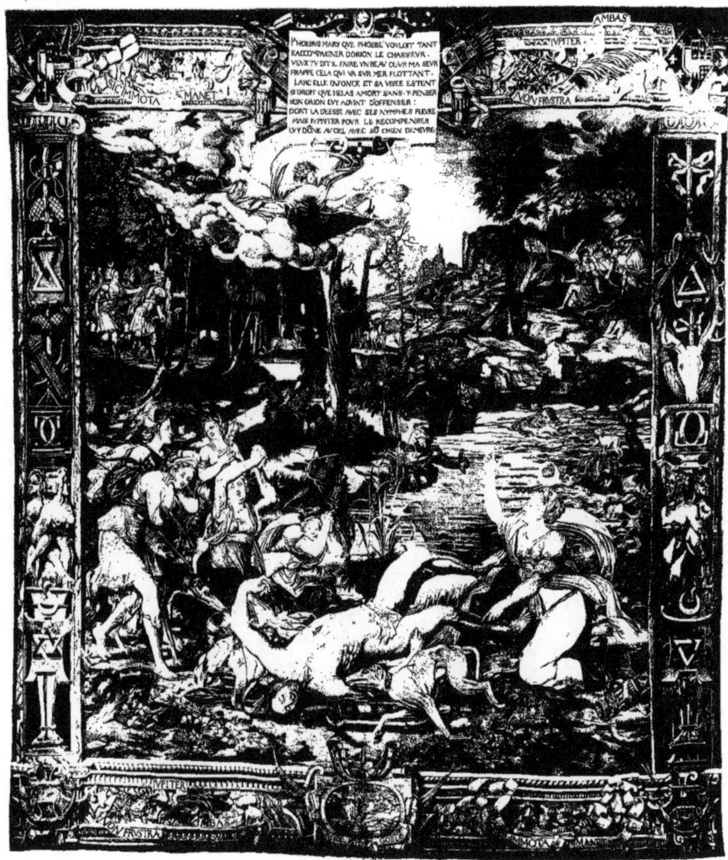

LA MORT D'ORION

ATELIER DE FONTAINEBLEAU. MILIEU DU XVIe SIÈCLE

Coll[illegible] de M. le Comte de [illegible]

possède encore vingt-huit pièces de l'*Histoire d'Artémise*, formant quatre tentures dont tous les sujets sont différents.

Un inventaire de ces tentures, rédigé en 1792, ne citait plus que cinquante-neuf tapisseries. Vingt-neuf avaient disparu depuis 1680. En raison de l'importance capitale de cette suite pour l'histoire de l'art français, nous reproduisons la description succincte des six tentures énumérées sur l'Inventaire de 1792 sans toutefois en donner le détail pièce par pièce [1] :

1° Une tenture en tapisserie, de laine et soie, rehaussée d'or, représentant l'*Histoire d'Artémise* en quinze pièces, dans une bordure à cartouches et grotesques, fond brun, au milieu de laquelle, par le haut, sont les armes de France et de Navarre, soutenues par six anges de grisaille, et aux quatre coins d'elle, satyres, aussi de grisaille, contenant 63 aunes de cours sur 4 aunes et demie de haut. Cette suite et les deux suivantes portent les chiffres de Marie de Médicis.

2° Une tenture en tapisserie de haute lisse, de laine et soie, relevée d'or, dessin de Lerambert, fabrique de Paris, représentant l'*Histoire d'Artémise* dans une bordure fond brun, à cartouches, dont il y a huit à fond d'or avec grisailles, quatre aux quatre coins, fond rouge, avec des mufles de lion, et deux aux deux costés, fond bleu, avec des M et un caducée, contenant 33 aunes de cours sur 4 aunes et demie de haut, en huit pièces.

3° Une tenture de tapisserie de haute lisse, de laine et soie, fabrique de Paris, représentant l'*Histoire d'Artémise*, dessin de Lerambert, en sept pièces, dans une bordure fond rouge brun, à festons de fleurs et de fruits et à cartouches fond bleu, dans lesquels sont des M couronnés ; aux quatre coins, quatre figures de grisaille accroupies ; à chacun des côtés, un mufle de lion, et, par le haut, les armes de France et de Navarre, soutenues par quatre anges de grisaille, contenant 35 aunes de cours, sur 4 aunes et demie de hauteur.

4° Une tenture de huit pièces (dont l'Inventaire ne donne pas le détail, mais se rapportant toutes à une marche triomphale). Hauteur 4 aunes et demie sur 34 aunes de cours.

5° Une tenture de tapisserie de laine et soie, de haute lisse, de Paris, dessin de Caron, où est représentée l'*Histoire d'Artémise*, en dix pièces, dans des bordures à festons de fruits. A celle d'en haut, il y a les armes de France, portées par six anges de grisaille, et aux quatre coins des anges (?) accroupis et un masque au-dessus, aussi de grisaille, contenant 44 aunes de cours sur 4 aunes de haut.

6° Une tenture de tapisserie laine et soie, haute lisse, de Paris, dessin de Caron, où est représentée l'*Histoire d'Artémise*, en onze pièces, dans des bordures de cartouches et rinceaux, sur différents fonds ; à la bordure d'en haut de chaque pièce il y a les armes de France, portées par six anges de grisaille ; aux quatre coins, quatre grandes figures d'hommes nus, aussi de grisaille, contenant 42 aunes de cours sur 4 aunes de haut.

Ces six tentures, comprenant jadis cinquante-six pièces, se trouvent actuellement réduites à quatre suites de six ou sept panneaux chacune. Voici d'ailleurs la composition des séries actuellement conservées au Mobilier National : 1° La guerre contre les Rhodiens et le triomphe de la Reine (sept panneaux) ; 2° Les chars de triomphe (huit pièces) ; 3° L'éducation du jeune prince (sept sujets) ; 4° L'administration de la régente (six tableaux) [2]. Ces diverses séries n'appartiennent pas toutes à la même époque. Elles se distinguent par la différence des bordures, décrites avec grand détail dans des inventaires imprimés. Contentons-nous de rappeler ici que la suite du Triomphe sur les Rhodiens porte dans le galon inférieur la marque distinctive des ateliers parisiens, le P suivi d'une fleur de lis,

1. La description détaillée de chacune des pièces des diverses suites existantes encore d'*Artémise* a été publiée par nous dans l'*Inventaire des Richesses d'art de la France* : Paris, Monuments civils ; t. IV, p. 1-204, Histoire et description des tapisseries du Garde-meuble. La description est accompagnée de la reproduction des monogrammes.

2. Dans la Notice sur Nicolas Houel signalée ci-dessus, nous avons reproduit le texte de l'inventaire de 1792, relatif aux pièces de l'*Histoire d'Artémise*, et donné la liste complète des tapisseries conservées au Garde-Meuble, d'après la description imprimée dans l'Inventaire des Richesses d'Art.

et, à droite, une signature composée d'un T et d'un H. Toute cette première série est exposée dans une pièce du rez-de-chaussée au palais de Fontainebleau. Sur la deuxième suite, celle des Chars de Triomphe, il n'a été relevé ni marque ni signature. Les deux dernières suites, retraçant les différents épisodes de l'Éducation du prince et l'Administration de la Régente, portent sur presque toutes les pièces le monogramme formé des lettres F V D P, que nous lisons : *Frans van den Planken*, forme flamande du nom de François de la Planche, un des fondateurs de la première manufacture des Gobelins. Sur d'autres panneaux sont inscrites les initiales T H et F M, appartenant probablement à divers chefs d'atelier de l'atelier des bords de la Bièvre.

En nous étendant, comme nous venons de le faire, sur certaines tentures du XVIIe siècle, nous avons sensiblement dépassé les limites assignées au présent volume et anticipé sur les dates. Toutefois, il était difficile de scinder les explications relatives à l'Histoire de la tenture sur laquelle nous venons de nous arrêter en dernier lieu, et comme les modèles de ces tapisseries ont gardé tous les caractères de la Renaissance et les ont conservés à travers les modifications introduites dans les encadrements, il n'y avait pas de raison sérieuse pour ne pas insister dès maintenant sur l'histoire de cette tenture, comme nous l'avons fait pour l'*Histoire de Gombaut et de Macé*, que les tapissiers ne cesseront de recopier bien après l'an 1600.

Au commencement du XVIIe siècle se produit un fait capital dans l'histoire de l'industrie dont nous racontons l'histoire. Aux efforts individuels des ateliers libres, à l'initiative des artisans indépendants se substitue le travail collectif et anonyme des manufactures d'État, fondées et subventionnées par le souverain. La création de la première manufacture des Gobelins marque une rupture complète avec les traditions séculaires.

Avec l'an 1600, une ère nouvelle s'ouvre donc pour la tapisserie. Les temps héroïques, l'âge d'or sont définitivement clos. Jamais plus à l'avenir les tapissiers ne produiront des merveilles comparables à celles que nous venons de signaler. Des artistes éminents lutteront avec talent contre la décadence envahissante. Et ce sera la France qui soutiendra le plus vaillamment la lutte contre les défaillances du goût et l'indifférence croissante du public.

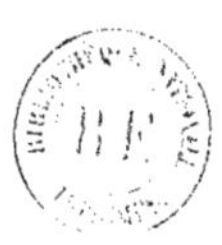

TABLE GÉNÉRALE

DES ATELIERS, DES NOMS DE TAPISSIERS ET DES SUJETS DE TAPISSERIES

CITÉS DANS CE VOLUME

A

B

C

1. Peut-être le même que Blassay.

D

E

F

G

T

U

V

W

YZ

TABLE DES PLANCHES HORS TEXTE

TABLE DES GRAVURES INSÉRÉES DANS LE TEXTE

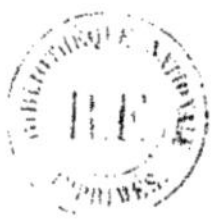

TABLE DES CHAPITRES

CORRECTIONS

P. 52, ligne 27 : une Annonciation des Mages, *lisez* : une Adoration des Mages.
P. 120, fig. 67 : Premières années du XIVe siècle, *lisez* : du XVIe siècle.
P. 153, fig. 79 : Jone Pine, *lisez* : John Pine.
P. 156, fig. 84 : Coll. Haentschel, *lisez* : Hoentschel.
P. 159, ligne 24 : la Mort de la Vierge, *lisez* : la Naissance de la Vierge.

DIVISION DE L'OUVRAGE

TOME I

LES IVOIRES.

TOME II

LES MEUBLES DU MOYEN AGE ET DE LA RENAISSANCE. — LES SCULPTURES MICROSCOPIQUES. — LES CIRES.

TOME III

LE MOBILIER AU XVIIe ET AU XVIIIe SIÈCLE ET PENDANT LES PREMIÈRES ANNÉES DU PREMIER EMPIRE.

TOME IV

L'ORFÈVRERIE RELIGIEUSE ET L'ORFÈVRERIE CIVILE AU MOYEN AGE ET A LA RENAISSANCE.

TOME V

L'ORFÈVRERIE RELIGIEUSE ET L'ORFÈVRERIE CIVILE AU XVIIe ET AU XVIIIe SIÈCLE. — LA BIJOUTERIE ET LA JOAILLERIE. — L'HORLOGERIE. — LA GLYPTIQUE.

TOME VI

LA TAPISSERIE DES ORIGINES A LA FIN DU XVIe SIÈCLE.

TOME VII

LA TAPISSERIE DU XVIIe AU XVIIIe SIÈCLE.

TOME VIII

LES ÉTOFFES. — LES TAPIS. — LES BRODERIES. — LES DENTELLES.

TOME IX

LA CÉRAMIQUE ORIENTALE. — LES FAÏENCES HISPANO-MORESQUES. — LES FAÏENCES ITALIENNES.

TOME X

LA CÉRAMIQUE FRANÇAISE DU MOYEN AGE ET DE LA RENAISSANCE.

TOME XI

LA CÉRAMIQUE FRANÇAISE (suite) : ROUEN, LYON, NÎMES, NEVERS. — LES FABRIQUES NORMANDES. — MOUSTIERS, MARSEILLE, STRASBOURG, ETC. — LES POTERIES D'ALLEMAGNE ET DE FLANDRE.

TOME XII

LES ORIGINES DE LA PORCELAINE EUROPÉENNE. — LES FABRIQUES FRANÇAISES ET ÉTRANGÈRES AU XVIIIe SIÈCLE.

TOME XIII

LES ÉMAUX PEINTS EN FRANCE ET A L'ÉTRANGER A L'ÉPOQUE DE LA RENAISSANCE. — PETITOT ET SES SUCCESSEURS. — LES ÉMAUX DE SAXE.

TOME XIV

LA VERRERIE. — LA MOSAÏQUE. — LES VITRAUX. — LA PEINTURE SUR VERRE.

TOME XV

LA FERRONNERIE ET LA SERRURERIE. — LA DINANDERIE ET LES PETITS BRONZES. — LES PLAQUETTES. — LES INCRUSTATIONS SUR MÉTAUX. — LES CUIRS OUVRAGÉS ; LA RELIURE. — LES ARMES. — LA COUTELLERIE.

Les tomes I, II, III, IV et VI sont en vente.

L'ouvrage formera 15 volumes grand in-4° comprenant près de 1.500 illustrations.

Prix de l'ouvrage complet........................ **750** *fr.*
Prix de chaque volume vendu séparément.......... **60** *fr.*

(Le tome Ier (Ivoires) étant sur le point d'être épuisé n'est plus vendu séparément).

Il a été tiré 20 Exemplaires sur papier du Japon.............................. **3.000** *fr.*

MACON, PROTAT FRÈRES, IMPRIMEURS.